Mongolei

Unterwegs im Land der Nomaden

Von Marion Wisotzki, Erna Käppeli,
Ernst von Waldenfels

Trescher Verlag

2., aktualisierte und überarbeitete
Auflage 2010

Trescher Verlag
Reinhardtstr. 9
10117 Berlin
www.trescher-verlag.de

ISBN 978-3-89794-167-0

Herausgegeben von Detlev von Oppeln und
Bernd Schwenkros

Reihenentwurf: Bernd Chill
Gesamtgestaltung: Bernd Chill
Satz: Britta Dieterle
Lektorat: Corinna Grulich
Stadtpläne und Karten: Johann Maria Just,
Martin Kapp

Das Werk einschließlich seiner Teile ist urheberrechtlich geschützt. Jede Verwertung ist ohne Zustimmung des Verlages unzulässig. Dies gilt insbesondere für den Aushang, Vervielfältigungen, Übersetzungen, Nachahmungen, Mikroverfilmung und die Einspeicherung und Verarbeitung in elektronischen Systemen. Alle Angaben in diesem Buch wurden sorgfältig recherchiert und überprüft, trotzdem kann für die Richtigkeit keine Gewähr übernommen werden. Hinweise und Informationen unserer Leserinnen und Leser nimmt der Verlag gerne entgegen. Bitte schreiben oder mailen Sie unter obiger Adresse.

Gedruckt auf chlorfrei gebleichtem Papier

Printed in Germany

Land und Leute

Ulan Bator

Die zentralen Aimags

Der Norden

Der Osten

Der Süden

Der Westen

Sprachführer

Reisetips von A bis Z

Inhalt

Vorwort	11
Hinweise zur Benutzung	12
Zeichenlegende	12
Entfernungstabelle	13
Das Wichtigste in Kürze	14

Land und Leute 16

Geographie	18
Großlandschaften	19
Klima	26
Flora und Fauna	28
Naturschutz	43
Geschichte, Politik	
und Wirtschaft	48
Bevölkerung und Sprache	77
Ethnische Zusammensetzung	78
Religion	84
Schamanismus	84
Volksreligion	87
Buddhismus	88
Kultur	94
Naadamfest	94
Kunsthandwerk	108
Musik und Gesang	110
Malerei	115
Literatur	117
Film	120
Mongolische Küche	123

Ulan Bator 130

Die Hauptstadt	132
Geschichte	133
Die Innenstadt	140
Sükhbaatar-Platz	142
Parks	145
Klöster und Museen	147
Kloster Gandan	147
Bogd-Khan-Museum	149
Choijin-Lamyn-Museum	151
Zanabazar-Museum	154

Inhalt

Museum für Naturgeschichte	154

Ulan-Bator-Informationen	157
Banken, Post, Internet	157
Unterwegs in Ulan Bator	160
Unterkunft	162
Gastronomie	164
Galerien	167
Oper und Theater	167
Einkaufen	167

Die zentralen Aimags 170

Töv-Aimag	172
Zuunmod	172
Manzushiryn khiid	173
Bogd Khan uul	175
Songino Khairkhan uul	180
Terelj	180
Günjin Süm	181
Khan Khentii	182
Khustain nuruu	183

Övörkhangai-Aimag	184
Arvaikheer	184
Elsen Tasarkhai	185
Khogno Khan uul	185
Kharkhorin	187
Karakorum	188
Erdene Zuu	192
Khujirt	194
Orkhon-Wasserfall	195
Tövkhönii khiid	196
Shankh khiid	196
Khuissin Naiman nuur	196

Arkhangai-Aimag	197
Tsetserleg	197
Taikhaar chuluu	199
Tsenkher	200
Khorgo Terkhiin Tsagaan nuur	200
Khööshöö tsaidam	201
Ögii nuur	202
Khar Balgas	203

Inhalt

Der Norden 204

Selenge-Aimag 206
Sükhbaatar 207
Dulaankhaan 207
Orkhon 208
Yöröö Bayan Gol 211
Amarbayasgalant 211
Bayangol 213
Darkhan 214

Bulgan-Aimag 219
Bulgan-Stadt 219
Uran uul und
   Khutag Öndör Sum 221
Im Norden des
   Bulgan-Aimags 222
Im Süden des
   Bulgan-Aimags 223
Erdenet 226

Khövsgöl-Aimag 229
Mörön 231
Südlich von Mörön 235
Khövsgöl nuur 235
Khar Us 238
Khankh 238
Khatgal 240
Darkhad-Senke 242
Renchinlkhumbe 242
Im Osten des
   Khövsgöl-Aimags 243
Bulnain rashaan 243

Der Osten 248

Khentii-Aimag 250
Öndörkhaan 252
Rundreise durch den Aimag 253
Baldan Bereeven khiid 254
Binder 255
Dadal 255
Delgerkhaan 256
Burkhan Khaldun 257

Inhalt

Dornod-Aimag	258
Choibalsan	260
Kherlen Bars	261
Nördlich von Choibalsan	262
Menengiin-Steppe	262
Khalkhgol	263
Nömrög	263
Sükhbaatar-Aimag	264
Baruun Urt	264
Sükhbaatar	266
Dariganga-Sum	267
Ganga nuur	268
Altan Ovoo	268
Shiliin Bogd uul	268
Khurgiin-Tal	268
Taliin agui	269
Lkhachinvandad uul	269

Der Süden 270

Dundgov-Aimag	272
Mandalgov	272
Ikh Gazryn Chuluu	274
Zagiin Us	274
Tsagaan Suvrag	275
Baga Gazryn Chuluu	276
Ongiin Gol	277
Dornogov-Aimag	278
Sainshand	278
Khamariin khiid	280
Süikhent	282
Ergeliin Zoo	282
Bürdene-Quelle	283
Zamyn Üüd	283
Choir (Govsümber-Aimag)	284
Ömnögov-Aimag	285
Dalanzadgad	286
Bajan Zag	289
Gurvan Saikhan nuruu	289
Khongoryn els	290
Nemegt nuuru	291

Inhalt

Bayankhongor-Aimag	292
Bayankhongor-Stadt	294
Jargaljuut	295
Galuutin khavtsal	295
Böön Tsaagan nuur und Orog nuur	296
Ikh Bogd uul	296
Trans-Altai-Gobi	297
Gov-Altai-Aimag	298
Altai-Stadt	300
Khasagat Khairkhany nuruu	300
Mongol els	301
Sutai uul und Sharga-Gobi	302
Eej Khairkhan Uul	302
Großes Gobi-Reservat	303
Takhi-Tal	303

Der Westen 304

Zavkhan-Aimag	306
Uliastai	308
Otgon Tenger uul	309
Eine Fahrt durch den Aimag	310
Telmen nuur	312
Büst nuur	312
Khar nuur	312
Khomyn-Ebene	313
Uvs-Aimag	314
Ulaangom	315
Kharkhiraa-Tal	317
Uvs-nuur-Becken	317
Khyargas nuur	319
Türgen uul	318
Achit nuur	319
Bayan-Ölgii-Aimag	320
Ölgii-Stadt	323
Tsengel	325
Altai Tavan Bogd	325
Siilkhemiin nuruu	326
Tsambagarav uul	326
Develiin Aral	327

Inhalt

Khovd-Aimag	328
Khovd-Stadt	330
Khar Us nuur	332
Zu den Dünen Mongol els	333
Mankhan-Senke	334
Chandman	334
Tsenkheriin agui	334
Mönkh Khairkhan	335
Sprachführer	336
Reisetips von A bis Z	344
Glossar	379
Die Mongolei im Internet	381
Literaturhinweise	381
Über die Autoren	385
Danksagung	385
Kartenregister	386
Ortsregister	386
Ortsregister Ulan Bator	391
Personen- und Sachregister	392
Bildnachweis	397

Essays

Traditionelle mongolische Medizin	42
Dürren und Brände	46
Die Pferdekopfgeige	113
Rezept für Buuz	128
Öndör Gegeen Zanabazar	136
Das Orkhontal	190
Wie weit kann der Bogen gespannt werden?	209
Hirschsteine und Menschensteine	224
Die Entstehung des Khövsgöl-Sees	239
Besuch beim Rentiervolk	244
Der Yak	311

Vorwort

Wildblühende Steppe, kristallklare Seen, leuchtender Sternenhimmel, heitere Begegnungen, lädierte Motoren und deftige Mahlzeiten... Beschreibungen wie diese werden von Rückkehrenden mit glänzenden Augen aneinandergereiht. Selten hört man eine Aufzählung von Sehenswürdigkeiten, die man ›besichtigt‹ hat. Tatsächlich eignet sich die Mongolei nicht dazu, möglichst viele in Reiseführern und Prospekten erwähnte Highlights abzufahren. Die Entfernungen sind riesig, und es gibt keine Straßen, die schön gradlinig von einem Punkt zum anderen führen. Hundert verschiedenartige Begebenheiten sorgen für Überraschungen, erfordern Umwege und Umorientierung. Doch lassen Sie sich nicht entmutigen. Dem offenen Geist liegt das Bedeutsame vor den Füßen.

Wir sind ausgezogen in die verschiedenen Regionen der Mongolei, haben eindrucksvolle Naturschönheiten und historische Stätten aufgesucht, manch Schale Stutenmilch mit den Nomaden geleert und unsere Eindrücke zusammengetragen. Und wir sind uns einig, eine Reise in die Mongolei liegt im Erleben, im Sich-Einlassen auf die Menschen und ihre Lebensweise. So ist jede Reise individuell und bewegt jeden auf seine Weise. Seien Sie gewiß, die unberührte Natur der Mongolei ist der zauberhafteste Reisebegleiter, den man sich wünschen kann. Er spricht zu einem in prächtigen Farben und unvergleichlichen Schauspielen.

Und wer den langen Weg in die Mongolei auf sich nimmt, wird freudig von den Menschen aufgenommen und als willkommener Gast behandelt. Selber seit Jahrhunderten von Weideplatz zu Weideplatz ziehend, sind die Mongolen stets neugierig auf Geschichten von anderen Flecken der Erde. Das bescheidene Leben mag den einen befremden, den anderen inspirieren. Spuren hinterläßt es bei jedem. Doch auch die Moderne hat in die Mongolei Einzug gehalten. Traditionelle und neuzeitliche Elemente findet man überall, und oft sind sie auf überraschende Weise kombiniert. Besonders in Ulan Bator fügen sie sich zu einem außergewöhnlichen und doch auch sympathischen Chaos zusammen.

Es heißt ›Nomaden reisen nie ohne Grund‹, reisen Sie mit offenem Herzen und lassen Sie die Begegnung mit Andersartigem Grund ihrer Reise sein. Benutzen sie diesen Reiseführer als Vorbereitung und als Leitfaden, doch entdecken Sie die Mongolei neu.

Wir wünschen Ihnen ein außergewöhnliches Erlebnis.

Das Autoren-Team

Nomadenfrau beim Umzug

Hinweise zur Benutzung

Zunächst findet sich im Buch ein Kapitel über **Land und Leute,** in dem die Mongolei und ihre Bewohner ausführlich dargestellt werden. Im **Reiseteil** werden die einzelnen Bezirke der Mongolei (Aimags) vorgestellt, zuerst die Hauptstadt, dann die Regionen im Zentrum des Landes. Es folgen die Aimags im Norden, Osten, Süden und Westen des Landes. Im Anhang finden sich alle reisepraktischen Informationen wie die **Reisetips von A bis Z,** ein **Sprachführer, Glossar, Internet- und Literaturhinweise**.

Für die Transkription der mongolischen Bezeichnungen wurde die englische **Schreibweise** verwandt, da sie am häufigsten in der Mongolei und vor allem auf den Karten anzutreffen ist. Trotzdem läßt es sich nicht vermeiden, daß der Reisende auf verschiedene Umschreibungen der mongolischen Orte und Namen trifft.

Im Buch wird für die mongolische Hauptstadt aus Gründen der Lesbarkeit und der nach wie vor verbreiteten Verwendung der Name Ulan Bator gebraucht; der mongolische Name lautet Ulaanbaatar. Die **Karten** sind lateinisch beschriftet, zur besseren Orientierung sind die Ortsnamen im Text bei der ersten Nennung auch in kyrillischen Buchstaben aufgeführt.

Zeichenlegende

- Vorwahl, nützliche Websites, allgemeine Informationen
- Anreise mit dem Flugzeug, Flughafen
- Anreise mit dem Auto
- Anreise mit dem Bus, Busbahnhof
- Anreise mit der Bahn, Bahnhof
- Anreise mit dem Taxi, Taxistand
- Hotels, Gästehäuser
- Jurtencamps
- Restaurants
- Museen, Klöster
- Theater, Veranstaltungen
- Märkte, Einkaufsmöglichkeiten
- Schwimmbad, Badehaus

Häufig verwendete Begriffe:

khot (хот)	Stadt	uul (уул)	Berg
sum (сум)	Kreiszentrum	els (элс)	Düne
khiid (хийд)	Kloster	davaa (даваа)	Paß
nuur (нуур)	See	Ger Camp	Jurtencamp
gol (гол)	Fluß		

Hinweise zur Benutzung [13]

Entfernungstabelle Mongolei

	Choir	Erdenet	Darkhan	Ulaan-gom	Zuun-mod	Öndör-khaan	Mörön	Khovd	Sükh-baatar	Baruun Urt	Dalan-zadgad	Arvai-kheer	Uliastai	Mandal-gov	Choi-balsan	Sains-hand	Altai	Bulgan	Bayan-hongor	Ölgii	Tset-serleg	Ulan Bator
Ulan Bator	223	373	223	1417	43	338	779	1487	321	565	575	431	1023	275	661	450	1037	336	639	1709	477	-
Tsetserleg	700	338	519	940	520	815	379	1039	617	1042	634	255	546	752	1138	927	589	282	191	1085	-	
Ölgii	1766	1423	1604	291	1752	2047	928	222	1702	2274	1657	1278	725	1579	2370	2159	672	1367	1070	-		
Bayankhongor	696	529	862	1131	682	977	570	848	808	1204	500	208	470	509	1300	853	398	473	-			
Bulgan	559	59	240	1026	379	674	348	1321	335	901	743	364	828	611	997	776	871	-				
Altai	1094	927	1260	693	1080	1375	585	450	1358	1602	898	606	195	907	1698	1286	-					
Sainshand	226	823	673	1867	430	302	1229	1937	771	334	499	645	1423	344	520	-						
Choibalsan	439	1034	884	2078	704	323	1440	2148	982	193	1031	1092	1684	736	-							
Mandalgov	187	648	498	1692	232	417	1054	1357	596	664	300	301	979	-								
Uliastai	1246	884	1065	529	1066	1361	390	503	1163	1588	970	678	-									
Arvaikheer	664	635	654	1195	474	769	634	1056	752	996	379	-										
Dalanzadgad	480	948	798	1992	717	717	1354	1348	896	839	-											
Baruun Urt	477	938	788	1982	566	227	1344	2052	886	-												
Sükhbaatar	544	279	98	1361	407	659	683	1808	-													
Khovd	1710	1380	1710	243	1530	1825	893	-														
Mörön	1002	407	588	678	822	1117	-															
Öndörkhaan	235	711	561	1755	313	-																
Zuunmod	204	416	266	1460	-																	
Ulaangom	1640	1085	1266	-																		
Darkhan	446	180	-																			
Erdenet	596	-																				
Choir	-																					

Das Wichtigste in Kürze

Formalitäten
Für die Einreise wird ein Visum benötigt, das einfache Touristenvisum gilt 30 Tage. Für Reisen in die Nähe der russischen oder chinesischen Grenze ist ein Grenzzonenschein erforderlich, für Naturschutzgebiete ein Permit.

Impfungen
Empfohlen werden Impfungen gegen Tetanus, Diphtherie, Polio und Hepatitis A, ggf. Tollwut (Trekking).

Geld
Die Landeswährung ist der Tugrik (offiziell MNT, abgekürzt Tg), 1 Euro entspach Anfang 2010 ca. 2000 Tugrik. Der US-Dollar fungiert als Nebenwährung, der Euro wird immer beliebter.
In Ulan Bator gibt es Wechselstuben, größere Hotels tauschen Geld. Einige Banken lösen Reiseschecks ein, mit Kreditkarte (VISA, Master) und Reisepaß bekommt man in Ulan Bator und den Aimagzentren (große Siedlungspunkte) ebenfalls Bargeld. In vielen großen Hotels, Restaurants und Kaufhäusern kann man mit Kreditkarte bezahlen.
Geldautomaten finden mehr und mehr Verbreitung, Automaten der ›Golomt Bank‹ und der ›Trade&Development Bank‹ akzeptieren Visa-, EC- sowie Master Card.

Autofahren
Bei Anreise mit dem eigenen Fahrzeug wird an der Grenze eine Kaution fällig. Die Mehrzahl der Straßen sind Pisten oder Feldwege, eine Durchschnittsgeschwindigkeit von 30 bis 40 km/h ist normal. Autos mit Fahrer können in Ulan Bator und den Aimagzentren gemietet werden.

Reisen im Land
Überlandbusse fahren in alle größeren Siedlungen. Manche Fahrten dauern allerdings mehrere Tage. Zwischen russischer und chinesischer Grenze verkehrt die Transmongolische Eisenbahn. Wegen der großen Entfernungen und der Straßenbedingungen sind Inlandsflüge eine Alternative.

Telefon
Internationale Vorwahl: 00976.
Vorwahl Ulan Bator: 11.
Vorwahlen Handynummern: 9.
Außerhalb Ulan Bators ist Handy-Empfang nur in Aimagzentren und in deren Umkreis von ca. 1,5 Kilometern möglich.
Feuerwehr: 101.
Polizei: 102.
Medizinischer Notruf: 103.
Verkehrspolizei: 124, 32 10 08.
SOS Medica Mongolia: 34 55 26.
Zentrale Notrufnummer zum Sperren von EC-, Kredit-, Kunden- und Handykarten: 00 49/11 61 16, oder über Berlin 00 49/30/40 50 40 50.

Verständigung
In Ulan Bator kann man sich mit vielen jungen Mongolen auf englisch oder deutsch unterhalten. Ältere Einwohner sprechen eher Russisch, einige aber auch Deutsch. Trotzdem wird man sich häufig mit Händen und Füßen oder aufgeschriebenen Vermerken verständigen müssen. In Ulan Bator gibt es Übersetzerbüros.

Unterkunft
In Ulan Bator gibt es Hotels in allen Preisklassen zwischen 5 und 80 Euro. Im Sommer sollte man sich rechtzeitig um eine Reservierung kümmern. Große Hotels in Ulan Bator entsprechen einem

guten westlichen Standard, kleinere sind eher schlicht, Guesthouses sind jugendherbergsähnliche Unterkünfte. Die Hotels in den Aimagzentren sind sehr einfach, Zimmer mit eigener Waschgelegenheit und WC gehören bereits zur Kategorie ›Voll-Luxus‹. Ger Camps (Jurtencamps) findet man überall an den Touristenzielen. Die meisten Camps haben Restaurants, Duschen mit (heißem) Wasser und WCs. Preise: 25–50 Euro, inkl. drei Essen, nur Übernachtung ab 10 Euro.

Ausführliche Informationen in den Reisetips von A bis Z ab Seite 344.

Sehenswürdigkeiten

Die schönsten Klöster und Museen
Kloster Amarbayasgalant (S. 211), Kloster Erdene Zuu (S. 192), Kloster Gandan (S. 147), Bogd-Khan-Museum (S. 149), Kloster Tövkhön (S. 196)

Naturschönheiten
Orkhon-Wasserfall (S. 195), Khövsgöl-See (S. 235), Singende Dünen Khongoryn els (S. 290), Geierschlucht (S. 290), erloschene Vulkane (S. 264), Gebirge Türgen uul (S. 318), Nationalpark Tavan Bogd uul (S. 325), Berg Otgon Tenger (S. 309)

Geschichtliches
Dinosaurier (S. 285), Hirsch- und Menschensteine (S. 224), Karakorum (S. 188), Dschingis Khans Geburtsort Dadal (S. 255)

Begegnungen
Naadam-Fest (S. 94), Jagen mit Adlern (S. 320), Öndör Gegeen Zanabazar (S. 136), Rentierzüchter (S. 244), Tanz- und Gesangsensembles (S. 167)

Kloster Amarbayasgalant im Selenge-Aimag

Die Mongolei ist ein Land, das durch seine Ursprünglichkeit besticht. Die Menschen leben mit ihren Traditionen und sind doch beeindruckend offen für die Welt.

Land und Leute

Geographie

Dem interessierten Leser alter Reiseberichte wird schnell auffallen, daß man viele der beschriebene Regionen oder Siedlungen vergeblich auf der Karte der heutigen Mongolei sucht. Das liegt weniger an veränderten Bezeichnungen und schon gar nicht an eventueller Ungenauigkeit der Berichtenden, sondern vielmehr daran, daß die Mehrzahl der Reisenden mongolische Gebiete besuchten, die heute im Norden Chinas liegen. Deshalb sei darauf hingewiesen, daß die nachfolgenden Erläuterungen sich auf das Territorium der Mongolei als selbständiges Staatsgebilde beziehen, wie es seit 1921 besteht.

Die Mongolei, im zentralen Teil Asiens gelegen, grenzt im Norden und Nordwesten auf 3485 Kilometern an den sibirischen Teil Rußlands. Im einzelnen sind es die autonomen russischen Republiken Altai, Tuwa und Burjatien. Im Süden und Osten ist China der Nachbarstaat. Über die Hälfte der 4673 Kilometer langen Grenze mit China wird durch das autonome Gebiet der Inneren Mongolei gebildet. Im Südwesten grenzt die Mongolei an das autonome Gebiet Xinjiang und an die Provinz Gansu.

Mit einer Gesamtfläche von über 1 564 116 Quadratkilometern ist die Mongolei mehr als viermal so groß wie Deutschland. Zwischen dem 52. und 41. Breitengrad gelegen, befindet sie sich etwa auf gleicher Höhe mit Mitteleuropa, allerdings 8000 Kilometer weiter östlich, zwischen dem 87. und 119. Längengrad.

Berglandschaft im Khövsgöl-Aimag

Gebirge

Mit einer durchschnittlichen Höhe von 1580 Metern ist die Mongolei ein ausgesprochenes Hochland. Knapp ein Viertel des Landes liegt zwischen 2000 und 3000 Meter über dem Meeresspiegel. Zum Vergleich: Die Zugspitze ist 2962 Meter hoch. Die höchste Erhebung, der Khuiten uul, liegt im Westen, im Mongolischen Altai, und mißt 4374 Meter. Mit 560 Metern über dem Meeresspiegel ist der im Osten gelegene Salzsee Khökh nuur der niedrigste Punkt des Landes.

Die Oberflächengestalt der Mongolei wird durch die angrenzenden und in das Territorium hineinreichenden sowie durch die auf dem Territorium liegenden Gebirgsmassive des Altai, Sajan, Tannu-Ola, Khangai und Khentii bestimmt. Das Relief des Landes ist deutlich von den einheitlich verlaufenden Bögen der Gebirgszüge des Mongolischen Altai, Gobi-Altai und Khangai geprägt. Sie ziehen sich von Nordwest nach Südost. Zwischen den Gebirgszügen liegen weite Becken und Senken, in denen sich großflächige Salz- und Süßwasserseen befinden. Im Osten des Landes erstreckt sich ein ausgedehntes Hochplateau, das von einzelnen Bergketten und Hügeln unterbrochen wird. Südlich vom Gobi-Altai schließt sich die Trans-Altai-Gobi an, die weit nach China hineinreicht.

Gewässer

Durch den Norden der Mongolei zieht sich die Wasserscheide Asiens. Vom Altai über das Khangai-Gebirge hin zum Xinggan (China) teilt sie das Land in zwei ungleiche Teile: die nördliche, waldreiche Region, die in den Pazifischen Ozean beziehungsweise das nördliche Eismeer entwässert, und den abflußlosen Süden, der zwei Drittel des Landes einnimmt. Die Gebiete der Binnenentwässerung werden vorwiegend durch Wüstensteppe und Wüstenlandschaft geprägt.

Insgesamt gibt es etwa 4000 Flüsse und über 3500 Seen auf dem Territorium der Mongolei. Einige von ihnen trocknen in niederschlagsarmen Zeiten aus, hinterlassen eine mit Salzkruste überzogene Senke, versumpfte Ebenen oder ein mit Geröll gefülltes, ausgetrocknetes Flußbett. Mit einer Fläche von 3350 Quadratkilometern ist der im Nordwesten gelegene, salzhaltige Uvs nuur der größte See der Mongolei. Der Khövsgöl-See mit einer Fläche von 2620 Quadratkilometern ist der zweitgrößte See. Er ist das bedeutendste Frischwasserreservoir des Landes. Seine etwa 380 Kubikkilometer stellen knapp 0,5 Prozent der gesamten Süßwasserreserven der Erde. Die wichtigsten Flüsse sind Selenge, Orkhon und Kherlen.

Großlandschaften

Wer bei der Mongolei vor allem an Wüsten- und Steppenlandschaften denkt, liegt zwar nicht falsch; die landschaftliche Vielfalt des Landes ist aber weitaus größer. Neben Wüstensteppen, Fels- und Geröllwüsten und Sanddünen gibt es einige Gebirge, deren Gipfel zum Teil über 4000 Meter in die Höhe ragen: Ostsajan-Gebirge, Mongolischer Altai, Gobi-Altai, Khangai, Khentii-Gebirge. Fruchtbare Hochtäler und erloschene Vulkane sind hier zu finden. Unzählige Salz- und Süßwasserseen

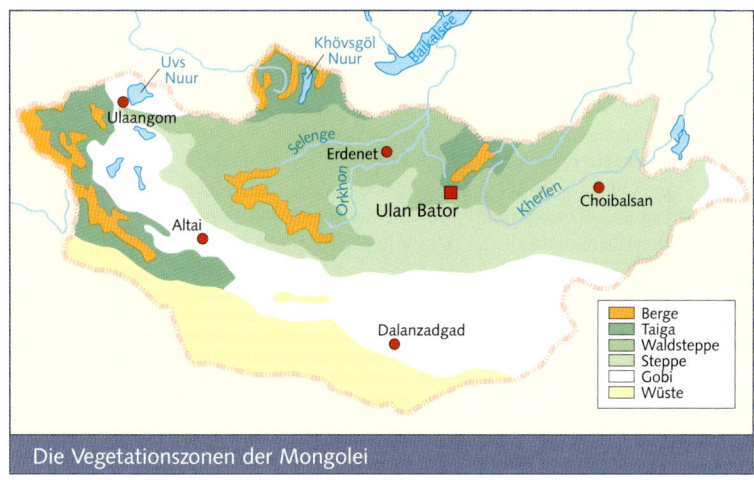

Die Vegetationszonen der Mongolei

dominieren das Becken der Großen Seen im Westen der Mongolei. Im Osten des Landes überwiegen flache Steppengebiete.

Ausläufer des Ostsajan-Gebirges

Im äußersten Norden der Mongolei bestimmen die Hochgebirgszüge des Ostsajan und seine Ausläufer das Aussehen der Landschaft (Aimag Khövsgöl). Der See Khövsgöl liegt, eingebettet zwischen den Gebirgszügen Khordol Saridag und Bayangiin nuruu im Westen und dem Kheven Üüriin Saridag im Osten, in einer Höhe von 1645 Metern. Er ist 136 Kilometer lang, erreicht eine Breite von 36 Kilometern und ist bis zu 267 Meter tief. Der Khövsgöl umfaßt etwa 70 Prozent des gesamten Süßwasservorkommens der Mongolei. Gegenüber dem nördlichen Ufer erhebt sich der Mönkh Saridag mit 3491 Metern. Das Areal wird von ausgedehnten Taigawäldern bedeckt und von unzähligen kleinen verzweigten Flüssen durchzogen. Im Süden grenzt die Region an die Massive des Khangai-Gebirges.

Mongolischer Altai

Im Westen der Mongolei, an den Grenzen zu China und Rußland, erheben sich die Massive des Mongolischen Altai (Aimags Bayan-Ölgii, Uvs, Khovd, Gov-Altai). Sie gehören, ebenso wie der Gobi- und der Russische Altai, zum großen Altai-Gebirgssystem, das zwischen dem Westsibirischen Tiefland und der Gobi liegt.

Der Mongolische Altai besteht aus mehreren über 3000 Meter hohen Parallelketten, die sich über 800 Kilometer von Nordwest nach Südost ziehen. Von einer anfänglichen Breite von über 370 Kilometer im Westen wird er nach Südosten hin schmaler und erreicht eine Ausdehnung von etwa 100 Kilometern. Einzelne Massive werden durch Senken vom Hauptkamm getrennt und bilden isolierte Höhenzüge. Zu ihnen zählt das Türgen-Gebirge im Nordwesten, das sich mit seinen bis zu 4037 Meter hohen Gipfeln (Kharkhiraa) wuchtig aus der Beckenlandschaft der großen Seen erhebt. Unmittelbar im Grenzgebiet des Länderdreiecks Mongolei/China/Rußland liegt der Gebirgsabschnitt des Tavan Bogd uul, der aus fünf Gipfeln besteht, unter ihnen der Khuiten uul, der mit 4374 Metern die höchste Erhebung der Mongolei ist. Im Tavan Bogd uul nimmt der 20 Kilometer lange Potanin-Gletscher seinen Anfang, der sich weit in die Täler hineinzieht. Im gesamten Areal des Mongolischen Altai werden Gipfel und Kämme von über 200 großen und kleineren Gletschern bedeckt. Nach Südosten verliert der Mongolische Altai an Höhe und geht in den Gobi-Altai über. Der Mongolische Altai speist zahlreiche Flüsse, unter ihnen den wichtigen Fluß Khovd gol, der nach 516 Kilometern in den See Khar Us nuur mündet.

Gobi-Altai

Der Gobi-Altai erstreckt sich über eine Länge von etwa 700 Kilometern (Aimags Gov-Altai, Bayankhongor, Ömnögov, Övörkhangai). Die Gebirgskette wird immer wieder durch Senken getrennt, so daß einzelne Massive erkennbar sind. In seinen größten Ausdehnungen erreicht er eine Breite von etwa 100 Kilometern. In den Sockelbereichen der meist kahlen und nur spärlich bewachsenen Berge dehnen sich riesige Flächen mit Verwitterungsschutt aus und prägen weite Teile der Landschaft. Das höchste Massiv ist das Ikh Bogd uul mit bis zu 3957 Metern über dem Meeresspiegel. Zum östlichen Teil des Gobi-Altai gehört der Gebirgszug des Gurvan Saikhan nuruu. Südlich vom Gobi-Altai dehnt sich, weit bis nach Nordchina hinein, die Trans-Altai-Gobi aus.

Vogelfelsen im Khyargas-See

Becken der Großen Seen

Im Westen der Mongolei liegt das Becken der Großen Seen, das insgesamt eine Fläche von über 100 000 Quadratkilometern einnimmt (Aimags Uvs, Khovd, Zavkhan, Gov-Altai). Im Norden wird es durch die Ausläufer des Tannu-Ola (Rußland), im Westen durch den Mongolischen Altai, im Süden durch den Gobi-Altai und im Osten durch den Khangai eingeschlossen. In sich ist das Becken deutlich gegliedert. Ein Westausläufer des Khangai, der Gebirgszug des Khan Khökhiin nuruu, erstreckt sich in die Große Senke und trennt das Uvs-Becken vom Becken des Khyargas nuur und der Senke mit den Seen Khar Us nuur, Khar nuur und Dörgön nuur. Salzsümpfe, Wüstensteppe, Wüste und Sanddünenfelder sind charakteristisch für diese Senke. Auffallend sind grüne Uferzonen an den beständig wasserführenden Flüssen, die in die Seen der Senke fließen. Unterbrochen von den Gebirgszügen Khasagt Khairkhan und Khan Tashir, setzt sich das Becken der Großen Seen im Tal der Gobi-Seen in südöstliche Richtung fort.

Tal der Gobi-Seen

Zwischen Khangai im Norden und Gobi-Altai im Süden erstreckt sich über 600 Kilometer von Nordwest nach Südost eine Senke, die deutlichen Wüstencharakter trägt (Aimags Gov-Altai, Bayankhongor, Övörkhangai, Dundgov). In ihr befinden sich zahlreiche Seen, die durch Grundwasser oder durch Flüsse vom Khangai gespeist werden. Es sind abflußlose Salz- und Süßwasserseen mit geringer Tiefe. In niederschlagsarmen Zeiten trocknen nicht wenige von ihnen aus und hinterlassen Sumpfgebiete oder große Salzpfannen. Der bedeutendste See ist der Böön Tsaagan nuur mit einer Fläche von etwa 250 Quadratkilometern. Kies- und Sandebenen umgeben das schilfbewachsene Ufer.

Khangai

Der Khangai ist das Herzstück der Mongolei (Aimags Zavkhan, Bayankhongor, Arkhangai, Övörkhangai). Das Hochgebirge erstreckt sich vom Nordwesten des Landes bis an die im Osten gelegene Khalkh-Ebene. Der etwa 500 Kilometer lange Hauptkamm erreicht im Mittel eine Höhe von 3000 Metern. Der höchste Gipfel ist mit 4021 Metern der Otgon Tenger. Er ist heute die einzige dauerhaft mit Schnee bedeckte Erhebung im Khangai. Typisch für den Khangai sind Hochtäler mit fruchtbaren Weideflächen, die von Bergketten umfriedet sind. Abgesehen vom steilen, felsigen Hauptkamm weist der Khangai vorwiegend abgerundete Bergkappen auf. Während der nördliche Teil des Khangai verhältnismäßig dicht bewaldet ist, dominiert im südlichen Teil Wüstensteppe. Im Khangai fällt die in der Mongolei weitverbreitete Tal-Asymmetrie besonders auf: Die Nordhänge der Berge sind bewaldet und über weite Flächen mit kräuter- und gräserbestandener Gebirgssteppe überwachsen. Die Südflanken hingegen, häufig weit steiler abfallend als die flach geneigten Nordseiten, zeigen sich als Gebirgs- und Wüstensteppe oder als zerklüftete Hänge. Geglättete Granitwände und Gruppen großer

Nord- und Südhang im Khentii-Gebirge

geschliffener Felsblöcke zeugen von einstiger Gletschertätigkeit im Khangai. Im Nord-Khangai weisen erstarrte Lavaströme, Täler mit mächtigen Basaltdecken, erloschene Vulkane und heiße Mineralquellen auf vulkanische Aktivitäten hin, die aus erdgeschichtlicher Sicht noch nicht allzu lang zurückliegen.

In den Bergen des Khangai entspringen zahlreiche Flüsse, so Orkhon und Ider, die über den Fluß Selenge in den Baikalsee münden, oder die Flüsse Tes und Zavkhan, die sich durch Wüstensteppe und Wüste ihren Weg bahnen und in die Senke der Großen Gobi-Seen entwässern.

Khentii-Gebirge

Nordöstlich vom Khangai liegt das Khentii-Gebirge (Aimags Töv, Khentii), das sich im Norden bis an die russische Grenze erstreckt und dort in das Jablonov-Gebirge übergeht. Die höchste Erhebung des Khentii ist der Asralt Khairkhan mit 2800 Metern. Die Nordhänge des Gebirges sind stark bewaldet. Mehr als zehn Prozent des gesamten mongolischen Waldbestandes befindet sich im Khentii. Die Südhänge sind häufig steil und schroff und bilden bizarre Felsformationen. Die weiten, gut bewässerten Täler sind von sattem Grün überzogen. Im Osten läuft der Khentii allmählich in die Ostmongolische Senke aus, der südliche Zipfel des Gebirges endet kurz vor Ulan Bator. Im Westen grenzt das Gebirgsmassiv an das fruchtbare Areal der Flüsse Orkhon und Selenge. Der Khentii ist Quellgebiet für drei große Flüsse: die Tuul, die über den Baikalsee in das Nordpolarmeer fließt, und für den Onon und den Kherlen, die über den Fluß Schilka (Rußland) beziehungsweise über den Dalai nuur (China) in den Amur fließen und dann in den Pazifischen Ozean münden.

Ostmongolische Ebene

Für den Osten der Mongolei sind ausgedehnte flache Steppengebiete charakteristisch (Aimags Dornod und Sükhbaatar). Nur vereinzelt erheben sich Bergketten und Hügel aus der Ebene. Im Schnitt erreicht die Steppenplatte eine Höhe zwischen 800 und 1200 Metern. Die weite Federgrassteppe in der Ebene gehört zu den letzten großen unberührten und weitgehend intakten Graslandschaften der Erde.

Im Norden fließt der Kherlen durch die Ostmongolische Ebene, und die Uferzonen bilden einen deutlichen Kontrast zur umliegenden Steppenlandschaft. Die Ostmongolische Ebene geht im Nordosten in das flachere Barga-Becken über, das in China seine Fortsetzung findet und durch die Massive des Großen Xinggan begrenzt wird.

Im Süden stößt die Ebene auf die Tökhömiin-Senke, die die Fortsetzung der Ostgobi ist. Diese langgestreckte, im Profil wenig schwankende Senke erreicht eine Höhe zwischen 800 und 1000 Metern. Sie zeigt typische Steppenlandschaft, durchzogen von Sumpfgebieten.

Gobi

Die Bezeichnung Gobi ist nicht eindeutig und führt häufig zu Irritationen. Manche Karten weisen die große Beckenlandschaft in Zentralasien als Gobi aus und schließen die Wüste Taklamakan und das Dschungarische Becken – beide in China – ein. Andere, so der Wissenschaftler Theodore Monod, beschränken die Gobi auf die Gebiete der Wüstensteppe in Nordchina und im Süden der Mongolei. Für zusätzliche Verwirrung sorgt die Tatsache, daß die Mongolen den Begriff Gobi nicht für eine bestimmte Region nutzen, sondern als Beschreibung einer Landschaftsform. ›Gobi‹ heißt in diesem Fall Wüstensteppe, Fels- und Geröllwüste, während der Begriff ›els‹ Sanddünengebiete umschreibt.

Der nördliche Teil der Gobi liegt nach Theodore Monod in der Mongolei und ist vor allem durch Hangschutt, Flußgeröll, Löß und Wüstensteppe gekennzeichnet. Salztonebenen mit Sümpfen und Salzseen ergänzen das Bild. Nur drei Prozent der Fläche werden von Sanddünen bedeckt, dies aber nicht als zusammenhängende Formation. Es gibt eine Vielzahl kleinerer und größerer Sandflächen. Davon erreichen einige eine Ausdehnung von über 100 Kilometern, so die Areale der Böörög Deliin els im Nordwesten des Landes, die Mongol els im zentralen westlichen Teil der Mongolei und die Khongoryn els im Süden. Trotz des extrem kontinentalen winterkalten Trockenklimas weist die Gobi eine überraschend vielfältige Vegetation auf.

Zur Gobi-Region zählen vier große geographische Gebiete der Mongolei. Als Pre-Altai-Gobi wird das Areal zwischen Altai und Khangai bezeichnet. Es schließt das Becken der Großen Seen und die Senke der Gobi-Seen ein. Die Trans-Altai-Gobi wird im Norden durch den Altai und im Süden durch den Tianshan begrenzt, sie liegt also zu großen Teilen in China. Die östliche Fortsetzung des Mongolischen Altai, der Gobi-Altai, wird als gesonderte Gobi-Region ausgewiesen. Der südöstliche Teil der Mongolei wird auch als Ostmongolische Gobi bezeichnet. Im Norden wird sie durch die Steppe der Tökhömiin-Ebene begrenzt, im Süden und Osten erstreckt sie sich über die Grenze hinein nach China. In der Ostgobi wechseln sich Wüste und Wüstensteppe ab, dazwischen treten immer wieder Sanddünenfelder auf wie die der Dalai els bei Zuun Bayan und die der Moltsog els bei Dariganga.

Gewässer und Berge in der Mongolei

Fluß	Länge Mongolei in km	Gesamtlänge in km
Entwässerung Nordpolarmeer		
Orkhon	1124	1124
Selenge	593	992
Tuul	819	819
Eg	475	475
Ider	452	452
Delger	445	445
Chuluut	415	415
Entwässerung Pazifischer Ozean		
Kherlen	1090	1264
Onon	296	808
Ulz	420	428
Khalkhyn gol	233	233
Binnenentwässerung		
Zavkhan	808	808
Tes	568	568
Khovd	516	516
Baydrag	310	310
Bulgan	250	310

See	Größe	Salz-/Süßwasser	Aimag
Uvs nuur	3350 km²	Salzsee	Uvs
Khövsgöl	2620 km²	Süßwasser	Khövsgöl
Khar Us nuur	1852 km²	Süßwasser	Khovd
Khyargas nuur	1407 km²	Salzsee	Uvs
Buir nuur	615 km²	Süßwasser	Dornod
Khar nuur	575 km²	Süßwasser	Khovd
Dörgön nuur	305 km²	Salzsee	Khovd
Achit nuur	297 km²	Süßwasser	Uvs/Bayan-Ölgii

Berg	Höhe	Gebirgsmassiv	Aimag
Khuiten	4374 m	Mongolischer Altai	Bayan-Ölgii
Mönkh Khairkhan	4204 m	Mongolischer Altai	Khovd
Tsast	4193 m	Mongolischer Altai	Bayan-Ölgii/Khovd
Tsambararav	4165 m	Mongolischer Altai	Bayan-Ölgii/Khovd
Otgon Tenger	4021 m	Khangai	Zavkhan
Kharkhiraa	4037 m	Mongolischer Altai	Uvs
Ikh Bogd	3957 m	Gobi Altai	Bayankhongor
Mönkh Saridag	3491 m	Sajan-Gebirge	Khövsgöl
Asralt Khairkhan	2800 m	Khentii	Töv

Höhen- und Längenangaben weisen selbst bei mongolischen Quellen zum Teil Unterschiede auf. So wird der niedrigste Punkt (Khökh nuur im Dornod-Aimag) zwischen 532 und 560 Metern angegeben. Die im Reiseführer angegebenen Zahlen sind der physikalischen Karte der Mongolei (2004) entnommen.

Klima

Ihre 250 Sonnentage im Jahr verdankt die Mongolei dem vorherrschenden extrem kontinentalen Klima. Die hohen Gebirgszüge des Altai, Sajan und Xinggang schließen das Land ein und verhindern den Zustrom der feuchten maritimen Luftmassen. Die Höhenlage des Landes und seine große Entfernung von den Küsten der Weltmeere sind weitere klimabestimmende Faktoren. Ihr Zusammenwirken ergibt für die Mongolei ein sehr trockenes und von extremen Temperaturschwankungen gekennzeichnetes Klima. Einem langen kalten Winter folgt ein kurzer warmer Sommer. Frühjahr und Herbst als Übergangszeiten sind sehr kurz und weisen in sich große Temperaturunterschiede auf.

Jahreszeiten

Im Winter wird das Wetter von einem relativ stabilen Hochdruckgebiet im Nordwesten des Landes bestimmt. Blauer, meist wolkenloser Himmel und klirrende Kälte charakterisieren diese Jahreszeit. Der kälteste Monat ist der Januar. In weiten Teilen des Landes liegen die mittleren Januartemperaturen unter minus 15 Grad Celsius, im Norden unter minus 25 Grad. An einigen Tagen ist ein Temperaturabfall auf minus 35 Grad möglich, bis hin zu Extremwerten von minus 50 Grad.

Im Frühjahr treffen arktische Strömungen auf warme aus dem Süden. Ihr Zusammentreffen löst stürmische Winde aus, die eine Geschwindigkeit von weit über 15 Metern pro Sekunde – das entspricht Windstärke 7 Beaufort – erreichen können. Während der Übergangsphase zum Sommer können die Tagestemperaturen um 30 Grad schwanken. Ab dem späten Frühjahr, also Ende Mai, lassen die Temperaturen ein Pflanzenwachstum zu. In der kurzen Vegetationsperiode von drei bis vier Monaten bringt die Natur eine Vielzahl von Gräsern, Kräutern und

Blumen hervor, wachsen Bäume und Sträucher, reifen wilde Beeren, Sanddorn und Melonen. Vor allem der Norden des Landes wird von einem saftigen Grün überzogen, selbst in den Wüstenregionen wächst und blüht es.

Im Sommer, wenn die meisten Touristen das Land besuchen, treten im Laufe des Tages erhebliche Temperaturschwankungen auf. Ein Unterschied von 15 bis 20 Grad ist normal. Der wärmste Monat ist der Juli. Durchschnittlich werden 15 bis 20 Grad im Norden und 20 bis 25 Grad im Süden gemessen, die Höchstwerte klettern auf 35 beziehungsweise 41 Grad. Obwohl es im Sommer sehr warm ist, wird nur in wenigen Teilen des Landes eine Jahresdurchschnittstemperatur über 0 Grad erreicht. Auch in der Landeshauptstadt liegen sie unter dem Gefrierpunkt. Mit minus 2,9 Grad Durchschnittstemperatur ist Ulan Bator die kälteste Hauptstadt der Welt.

Ein weiteres Merkmal des extrem kontinentalen Klimas ist die geringe Luftfeuchtigkeit. Im Jahresdurchschnitt liegt sie in der Mongolei je nach Region zwischen 55 und 65 Prozent. Die trockene Luft macht die Kälte wie auch die Sommerhitze relativ erträglich. Die geringen Niederschlagsmengen fallen vorwiegend in den Sommermonaten Juni, Juli und August: 500 Millimeter in den Gebirgslagen, 200 bis 300 Millimeter in der Steppenzone und weniger als 150 Millimeter in der Gobi. Im kalten Winterhalbjahr von Oktober bis März fallen insgesamt nur knapp zehn Prozent der Jahresniederschlagsmenge. Während sich im Nordwesten des Landes die Schneedecke dann bis zu 150 Tage hält, sind es im Süden etwa 30, gebietsweise nur 10 Tage.

Buddhistische Nonnen beim Rodelspaß

Bezeichnend für die extremen klimatischen Besonderheiten ist, daß sich in der Mongolei sowohl der südlichste Punkt des Permafrostbodens der Nordhalbkugel befindet (47 Grad nördlicher Breite, wie Dijon), als auch die nördlichste Wüste (50 Grad nördlicher Breite, wie Prag).

Klimaerwärmung

Die Auswirkungen der globalen Klimaerwärmung werden auch in der Mongolei immer stärker spürbar. Das zeigt sich unter anderem im Auftauen der oberen Bodenschichten, die bisher Permafrost aufwiesen, und im Abschmelzen des Gletschereises. Ein schweizerisch-russisches Forschungsteam unter Leitung des Paul-Scherrer-Institutes hat mittels Gletscherbohrungen im Altai (Belucha-Gletscher) nachweisen können, daß sich die Temperaturen im Ländereviereck Rußland, Kasachstan, China und Mongolei in den letzten 150 Jahren um 2,5 Grad erhöht haben. Das ist, laut Aussage der Wissenschaftler, fast das Dreifache des Durchschnittswertes in der Nordhemisphäre. Zu einer gleichartigen Aussage führten die Forschungsergebnisse von Experten der Columbia University. Basierend auf der Tatsache, daß Bäume in Hochgebirgslagen bei erhöhten Temperaturen vergleichsweise schneller wachsen und breitere Jahresringe bilden, untersuchten sie Kiefern in Hochgebirgslagen der Mongolei. Sie stellten dabei fest, daß die Kiefern während des letzten Jahrhunderts immer breitere Jahresringe gebildet haben.

Die Erwärmung bedroht insbesondere die Lebensgrundlage der Nomaden. Durch die erhöhten Temperatur treten häufiger Dürren auf, dadurch wächst in einigen Gebieten nicht genug Gras für die Viehherden. Die Tiere können folglich nicht genug Fett anlegen, um den harten Winter zu überleben. Allgemein wird der Pflanzenwuchs geringer, und im Frühling treten immer häufiger und heftigere Sandstürme auf.

Flora und Fauna

Die Mongolei, von einigen auch liebevoll das Grasland genannt, wird häufig mit der endlosen Weite der Steppe in Verbindung gebracht oder mit den Sanddünen der Wüste Gobi. So zutreffend diese Vorstellungen auch sind, sie erfassen doch nur einen Teil der landschaftlichen Vielfalt. Aufgrund der unterschiedlichen geographischen und klimatischen Bedingungen wird die Mongolei in sechs verschiedene Zonen eingeteilt: Hochgebirgszone, Gebirgstaiga, Gebirgswaldsteppe, Steppe, Wüstensteppe und Wüste. Jede Landschaftszone weist ihre eigene Pflanzen- und Tierwelt auf und ist Lebensraum von einigen seltenen Spezies.

Etwa neun Prozent der Gesamtfläche ist von Nadel- und Mischwald bedeckt, der das südliche Ende des größten Waldsystems von Sibirien ausmacht und ein wichtiger Lebensraum für Wildtiere ist. Wüsten und Hochgebirge, Taiga und Mittelgebirge wechseln sich ab. Mittendurch zieht sich ein Grassteppengürtel, der durch traditionelle Nomadentierhaltung extensiv genutzt wird. Weiter weisen Seen und Flüsse, Lagunen, Oasen, Sumpfgebiete und andere Feuchtgebiete in allen

Flora und Fauna [29]

Im Kharkhiraa-Nationalpark

Zonen ihre eigene typische Fauna und Flora auf. Es ist eine unendliche Vielfalt, die den Reisenden immer wieder überrascht und aufs neue beeindruckt.

In diesem faszinierenden Hochland leben die Mongolen seit Jahrhunderten in Abhängigkeit und in Einklang mit der Natur. So blieb ihr Lebensraum auf natürliche Weise geschützt und die Vielfalt der Tier- und Pflanzenwelt bis heute größtenteils erhalten.

Hochgebirgszone

Etwa fünf Prozent des Territoriums der Mongolei werden der alpinen Zone zugerechnet. Dazu gehören die Höhenzüge des Mongolischen Altais und die des Khangai-Gebirges, die Regionen nördlich und westlich vom Khövsgöl-See sowie Teile des Khentii-Gebirges. In den schnee- und gletscherfreien Lagen bedecken niedrigwachsende Nadelbäume wie die Kriechkiefer sowie Wiesenflächen mit Steinbrech, Segge und alpiner Wiesenraute den Boden. Steinböcke, Rothirsche und der König der Berge, der Schneeleopard, bevorzugen diese eher karge Landschaft.

Gebirgstaiga

Die mongolische Gebirgstaigazone ist Teil des riesigen südsibirischen Waldsystems. Sie kommt im Khentii-Gebirge, um den Khövsgöl-See und an den waldbedeckten Hängen des Khangai-Gebirges vor. Typisch sind geschlossene Zedern-, Fichten-, Kiefern- und vor allem Lärchenwälder. Etwa 70 Prozent des Baumbestandes wird durch die Sibirische Lärche gestellt. In den höheren Lagen dominiert die Sibirische Kiefer, und eine Vielzahl von Moosen und Flechten begrünt den Boden. Die Taigawälder bilden etwa fünf Prozent der Gesamtfläche der Mongolei. Moschustiere, Elche, Rentiere, Zobel und Eichhörnchen leben weitgehend ungestört in diesen Gebieten. Nicht selten hört man den Kuckuck und zuweilen auch den Bartkauz durch die Wälder rufen.

Blumenwiese im Gebirge

Gebirgswaldsteppe

Die Gebirgswaldsteppe kommt an den unteren Hängen des Khentii- und Khangai-Gebirges, im Mongolischen Altai, im Orkhon- und Selenge-Flußbecken und in den östlichen Bergen der Mongolei vor. Charakteristisch für diese Zone sind begrenzte Mischwälder an feuchteren und kühleren Stellen und Steppengebiete an eher trockenen Stellen. In diesen Gebieten finden sich unter anderem Elche, Wölfe, Sibirische Rehe, Dachse, Wildschweine und Murmeltiere. Die meisten von ihnen sind sehr beliebt als Jagdwild. Ebenso sind Bartrebhühner, Schwarzmilane und Großtrappen hier heimisch. Kräuter, Gräser und eine Fülle an Wildblumen wachsen auf den offenen Wiesen, und verschiedene Wildbeeren reifen in den lichteren Waldteilen.

Die Gebirgswaldsteppe nimmt etwa 25 Prozent der Landesfläche ein. Sie ist für mongolische Verhältnisse dicht besiedelt, da ihre Weideplätze und die vorhandenen Wasserreserven den Nomaden und ihren Herden relativ gute Lebensbedingungen liefern.

Steppe

Ausgedehntes Gras- und Weideland, die Steppe, bildet das geographische wie auch das wirtschaftliche Herz der Mongolei. Diese Zone macht 20 Prozent der Gesamtfläche aus und ist das wichtigste Nutzland für die Viehherden der Nomaden. Die Steppengebiete dehnen sich als Gürtel vom ganz östlichen Teil der Mongolei bis hin zum Becken der Großen Seen im Westen des Landes aus.

Das südöstliche Steppengebiet ist größtenteils unbewohnt und wenig entwickelt. Diese ungestörte Fläche Land wird von tausenden von Gazellen, im speziellen von der Mongoleigazelle, durchwandert. In der Steppe tauchen überall Nagetiere wie Ziesel, Hamster und eine Vielfalt an Mäusen auf und verschwinden genauso schnell wieder. Unter den Vögeln suchen Jungfernkraniche, Mönchsgeier, Schwarzmilane, Kolkraben, Elstern und Krähen diese Gebiete auf. Während der kurzen Vegetationsperiode im Sommer blühen in der Steppe eine reiche Wildblumenvielfalt und verschiedene Kräuter, die teilweise für medizinische Zwecke genutzt werden.

Wüstensteppe

Die Wüstensteppe nimmt ebenfalls 20 Prozent der Gesamtfläche ein und umfaßt die Übergangszone von der Grassteppe zur Wüste. Sie kommt im Gebiet zwischen dem Altai- und dem Khangai-Gebirge vor und schließt das Becken der Großen Seen ein. Heftige Winde, Sandstürme, geringer Niederschlag sowie tiefliegende Salzebenen sind kennzeichnend für diese Zone. Trotz der unwirtlichen Bedingungen bestreiten hier viele Nomaden ihren Lebensunterhalt mit Kamelen, Schafen und Ziegen. Wüsten- und Federgräser, Mandelbüsche und verschiedene Erbsensträucher zieren die trockene Erde. Beliebt sind Zwiebelgewächse, die hervorragend zum Würzen geeignet sind. Die Saiga-Antilope und hunderte von

Nagetieren, Echsenarten und Schlangen bewohnen die steinigen Böden. Steppenflughühner fliegen oft in riesigen Trupps morgens und abends zum Trinken.

Wüste

Die Wüste Gobi umfaßt den größten Teil der südlichen Mongolei. Sie gilt neben Nordamerika als Saurierland schlechthin. Archäologen fanden hier zahlreiche Überreste von Dinosauriern und urzeitlichen Säugetieren. Eine beachtliche Zahl von Saurierskeletten konnte aufgespürt und teilweise fast vollständig ausgegraben werden. In diesem wissenschaftlich interessanten Gebiet gab es einst eine üppige Vegetation. Heute prägen Geröllfelder, schroffe Felsformationen, Salztonebenen und vereinzelte Sanddünenfelder das Bild der Landschaft. Dennoch weist diese Zone verschiedene Vegetationen auf, da sie von Bergmassiven mit unfruchtbaren Ausläufern über Ebenen mit Gobi-Federgras, Salzkräutern und verschiedenen anderen kleinwüchsigen Pflanzen bis hin zu grünen, baumgesäumten Oasen reicht. Eine besondere Bedeutung kommt dem Saxaul zu. Dieser salzresistente knorrige große Strauch spielt eine wichtige Rolle für die Bodenbefestigung und als Windschutz. Sein weitverzweigtes, tiefreichendes Wurzelnetz garantiert ihm auch in den trockensten Zeiten Nahrung. Seine Rinde speichert Wasser, und die kleinen Blätter beköstigen Kamele und Wildtiere. Der kleine Saxaul-Sperling ist sozusagen sein Haustier.

Die Wüste ist Lebensraum von gefährdeten Arten wie Wildesel, Gobibär und Wildkamel.

Tierwelt

In der Mongolei sind rund 140 verschiedene Säugetiere, 20 Reptilien und über 450 Vogelarten beheimatet. In den Seen und Flüssen werden 75 Fischarten, darunter Hecht, Taiman und Baikal-Omul gezählt, und annähernd 15 000 Insektenarten bevölkern Luft und Boden. Zu den weltweit seltenen Tieren gehören der Schneeleopard, der Gobibär, das Wildkamel, der Wildesel und das Przewalskipferd. Trotz der geringen Bevölkerungsdichte und weitgehend intakter Gebiete sind viele der Großtierarten bestandsgefährdet. Die Gründe dafür sind unterschiedlich, liegen jedoch vor allem in der Jagd, der Wilderei und der Zerstörung des Lebensraumes. Inzwischen setzen sich internationale Naturschutzorganisationen für den Schutz wildlebender Tiere ein. Einige der stark bedrohten Tierarten, die auf der Roten Liste der Säugetiere der Mongolei aufgeführt sind, werden unten beschrieben. Für weitere Informationen siehe www.regionalredlist.com.

Schneeleopard

Der Schneeleopard (Uncia uncia, mongolisch: Tsookhor irves), der König der Berge, lebt im Himalaja und in den zentralasiatischen Gebirgen. Der Weltbestand wird insgesamt auf 7000 geschätzt, wovon noch etwa 500 bis 1000 in der Mongolei leben. In der Mongolei kommt er im Kharkhiraa uul und Altai, Khankhökhiin

Flora und Fauna [33]

Gecko

nuruu, im Khangai-Gebirge, im Gobi-Altai und der Region um den Khövsgöl-See vor. Meistens halten sich die Schneeleoparden in der Mongolei zwischen 750 bis 3500 Metern Höhe auf.

Der Schneeleopard ist mit seinem graugelbbraunen Fell, das mit dunkelgrauen Rosetten besprenkelt ist, gut getarnt. Die männlichen Katzen werden bis zu 55 Kilogramm schwer, die weiblichen etwas weniger. Sie ernähren sich überwiegend von Steinböcken und dem Wildschaf.

Inzwischen gilt der Schneeleopard als stark gefährdet, hauptsächlich durch die zwar in allen Staaten verbotene, aber dennoch praktizierte Wilderei. Seine Körperteile werden für viel Geld an die chinesische Medizin verkauft und sein außerordentlich schönes Fell gehandelt. Lebensraumzerstörung und abnehmende Bestände seiner natürlichen Beute sind weitere Gründe. Hinzu kommt, daß der Schneeleopard die Herden der Nomaden angreift und deshalb gejagt wird. Dadurch besteht unter den Nomaden wenig Verständnis für die Notwendigkeit, den Schneeleoparden zu schützen.

Das mongolische Jagdgesetz verbietet das Jagen von Schneeleoparden seit 1972. Inzwischen versuchen einige Naturschutzorganisationen Einkommensalternativen für die ländliche Bevölkerung zu schaffen, um der Wilderei Einhalt zu bieten. Weitere Informationen auf der Homepage des mongolischen WWF unter www.wwf.mn.

Gobibär

Der Gobibär (Ursus arctos gobiensis, mongolisch: Mazaalai bavgai) wird von manchen Wissenschaftlern als eine Unterart des Braunbären angesehen. Mit Hilfe von DNA-Proben forschen Biologen gegenwärtig, inwiefern der Gobibär mit dem Braunbären verwandt ist.

Gobibären sind deutlich kleiner und leichter – 100 bis 120 Kilogramm – als Braunbären. Ihre bevorzugten Lebensräume liegen in Wüstengebieten, speziell in der Gobi. Der Gobibär hat ein hellbraunes Fell mit dunkleren Stellen auf Kopf, Bauch und Beinen. Bei manchen Bären sind helle Streifen um den Hals erkennbar.

Obwohl der Gobibär sich ausschließlich innerhalb des strenggeschützten Gebietes der Gobi aufhält, ist er vom Aussterben bedroht. Sein Bestand wird noch auf 25 bis 40 Tiere geschätzt. Inzucht und die relativ niedrige Reproduktionsrate gefährden sein Fortbestehen. Hinzukommt, daß verstärkt auftretende Dürren und dadurch bedingte Austrocknung der Oasen die Lebensbedingungen des Gobibären verschlechtern. Das Jagen von Gobibären ist nicht erlaubt.

Wildkamel

Das Wildkamel (Camelus bactrianus ferus, mongolisch: Khavtgai temee) ist eine Stammform des domestizierten Kamels, das in ganz Zentralasien vorkommt. Das Wildkamel wurde vom Forscher Przewalski 1879 in der Lop-Nor-Region in China entdeckt. Sie sind die einzigen Wildkamele der Welt, bewohnen den Südwesten der Gobi und die anschließenden Gebiete und sind vom Aussterben bedroht. In der Mongolei leben die Wildkamele ausschließlich in streng geschützten Gebieten. Ihr Bestand wird auf nur noch rund 450 geschätzt, und sie werden von der IUCN global als ›vom Aussterben bedroht‹ und in der Mongolei als ›stark gefährdet‹ eingestuft.

Primäre Bedrohung ist die Kreuzung mit domestizierten Kamelen. Man weiß, daß Nomaden absichtlich und illegal ihre Kamele mit Wildkamelen kreuzen. Verlust von Lebensräumen durch den Goldbergbau und die damit verbundene Wasserverschmutzung sind weitere Faktoren, die den Bestand gefährden. Zusätzlich verhindert ein kilometerlanger Grenzzaun zwischen China und der Mongolei eine natürliche Migration in geeignete Lebensräume. Das Jagen von Wildkamelen ist nicht erlaubt.

Gazellen

*Jeder, der meint zu wissen, wo und zu welcher Zeit
man eine Gazelle findet, täuscht sich.*

Mongolisches Sprichwort

Während der Migrationszeit überqueren mehr als eine Million Mongoleigazellen unbehindert den Osten der mongolischen Grassteppe. Sie wandern in Herden von über 50 000 Tieren und ziehen nach Süden, wenn es kälter wird, und während der heißen Jahreszeit nach Norden. Diese Migration ist die letzte große Wanderung von Huftierherden in Asien. Man unterscheidet zwei verschiedene Gazellenarten in der Mongolei, die Mongoleigazelle und die Kropfgazelle.

Mongoleigazellen (Procapra gutturosa, mongolisch: Tsagaan zeer) waren in der Mongolei einst weit verbreitet. Der Bau der Transsibirischen Eisenbahn verdrängte sie in den Osten und Südosten. Ihr Bestand ist unklar und kann von 800 000 bis zu 2,5 Millionen reichen. Mongoleigazellen ernähren sich von verschiedenen Grasarten wie Lauch, Beifuß, Federgras und Schwingel. Wassertümpel und Pfützen liefern ihnen kostbares Trinkwasser nach einem starken Sommerregen. Leider haben die Wanderherden eine unsichere Zukunft wegen geplanter großer Bauprojekte – etwa Ölbohrungen, Bergbau, Bau von Straßen und Pipelines –, die ihre Wanderwege weiter abschneiden.

So wird die Mongoleigazelle als stark gefährdet eingestuft. Das Jagen der Mongoleigazelle ist trotzdem zwischen dem 1. September und dem 1. Dezember erlaubt.

Kropfgazellen (Gazella subgutturosa, mongolisch: Khar suulti zeer) sind nicht so zahlreich wie die Mongoleigazellen. Man schätzt ihre Zahl auf 60 000. Sie leben in südlichen Gebieten der Mongolei und bilden oft zusammen mit den Mongoleigazellen Herden. Im Sommer sieht man sie in Gruppen von zwei bis zehn Tieren, während sie sich im Winter in größeren Herden vor den Angriffen des Wolfes schützen. Die Jungen werden im Juni geboren. Mit ihrem rotbraunen Fell sind sie auf dem Wüstenboden bestens getarnt. Ihre Nahrung beziehen sie vom Saxaul und von Wüstensträuchern. Kropfgazellen werden wegen ihres Fleisch und des Horns und zum Sport gejagt. Seit der Bestand gefährdet ist, wurde die Jagdzulassung beschränkt. Ihr größter Feind ist, neben dem Menschen, der Wolf.

Mongolische Saiga-Antilope

Die Mongolische Saiga-Antilope (Saiga tatarica mongolica, mongolisch: Bokhon) ist eine Unterart der Saiga-Antilope; sie kommt noch in einem kleinen Gebiet im Westen der Mongolei vor. Ihr Bestand wird auf 1000 bis maximal 2000 Tiere geschätzt, und sie ist als stark gefährdet eingestuft. Die größten Bedrohungen sind harte Winter, Konkurrenzkampf um Weideland mit den Viehherden der Nomaden, Überweidung und Wilderer, die es vor allem auf das Horn der männlichen Tiere abgesehen haben.

Wildesel

Ursprünglich in der Wüste und Halbwüste weit verbreitet, lebt der Wildesel (Equus hemionus luteus, mongolisch: Khulan) heute noch von der Trans-Altai-Gobi-Wüste bis zur östlichen Gobi, dem Ikh-Nartiin-chuluu-Naturschutzgebiet. Man schätzt ihren Bestand auf 10 000. Aufgrund des rapiden Rückganges ist der Wildesel als stark gefährdet eingestuft.

Der Wildesel hat viele pferdeähnliche Merkmale. Sobald es kälter wird, gruppieren sie sich in Herden von bis zu 1000 Tieren. Im Sommer jedoch teilen sie sich in kleine Weidegruppen ein. Der Wildesel bevorzugt Wüstensteppen. Er hat ein instinktives Gespür für Wasserlöcher, und man sieht ihn in Flußbetten danach graben.

Der Bestand ist vor allem wegen Wilderei und der Zerstörung von Lebensräumen durch menschliche Siedlungen und Bauprojekte gefährdet.

Wildschaf

Das mongolische Wildschaf (Ovis ammon, mongolisch: Argali) kommt in den meisten Berggebieten der Mongolei vor. Sein schnell schrumpfender Bestand wird noch auf 13 000 geschätzt. Das Wildschaf ist als stark gefährdet eingestuft.

Ein unverkennbares Merkmal sind seine geschwungenen Hörner. Oftmals sieht man die Wildschafe mit anderen Viehherden weiden. Die Wildschafe sind Opfer von Trophäenjagden, gilt doch ihr wunderschönes Horn als gerühmte Trophäe. Leider nimmt die Vergabe an Jagdlizenzen zu, da die Nachfrage steigt. Ausländer sind bereit, 18 000 US-Dollar für eine Jagdlizenz zu bezahlen, wovon ein Teil für den Schutz der Wildtiere eingesetzt wird.

Dürren und harte Wetterverhältnisse sind weitere Bedrohungen für das Fortbestehen des Argalischafes.

Murmeltier

Es gibt insgesamt 14 verschiedene Arten, unter anderem das Sibirische Murmeltier (Marmota siberica, mongolisch: Tarvaga) und das schwarze Altai-Murmeltier.

Das gelbe Sibirische Murmeltier ist das am weitesten verbreitete und kommt, abgesehen von der extremen Wüste, fast flächendeckend in der Mongolei vor. Das Sibirische Murmeltier wiegt bis zu acht Kilo und hat einen robusten Körper, kurze Gliedmaßen und ein strohgelbes Fell. Mit seinen starken kurzen Krallen gräbt das Murmeltier für seinen Winterschlaf ein tiefes Loch in den Boden. Im

Wildschafgeweih

Sommer sieht man die Tiere bei Gefahr blitzschnell in ihre Sommerunterschlüpfe verschwinden. Bei Gefahr warnen die Murmeltiere einander mit einer Aufeinanderfolge von schrillen Pfiffen. Sie leben in Kolonien. Während der Paarungszeit können die männlichen Tiere beim Kämpfen um ihre Weibchen beobachtet werden. Das Weibchen gebärt bis zu sechs Junge pro Jahr.

Das Murmeltier wird wegen seines Fleischs und seines Fell gejagt. Das Fleisch gilt als besonderer Leckerbissen in der Mongolei. Das Murmeltieröl hat einen hohen Anteil an Corticosterone 2 und wird vor allem in der traditionellen Medizin eingesetzt. Das kostbare Öl hilft bei Verbrennungen, Erfrierungen, Tuberkulose und wird auch als Nahrungsergänzung für Kinder und Tiere sowie als Lederweichmacher verwendet. Der Bestand an Murmeltieren ist von 1990 bis 2001 von 20 auf 5 Millionen gesunken. Für die Jahre 2005/06 bestand deshalb ein Jagdverbot, und das Murmeltier ist trotz der hohen Bestandzahl und der großflächigen Verbreitung als stark gefährdet eingestuft. Die Murmeltiere können Überträger der Pest sein.

Rothirsch

Der Rothirsch (Cervus elaphus, mongolisch: Bor goroos) kommt in den Bergregionen der Aimags Khövsgöl, Khentii, Altai und Gobi Altai vor. Rothirsche sind groß und haben ein rotbraunes Fell, das im Winter zu einem dicken braungrauen Fell wechselt. Die Rothirsche sind inzwischen vom Aussterben bedroht. Man schätzt ihren Bestand auf noch 8000. Sie werden wegen ihres Geweihbasts gejagt, der medizinisch höchst wirksame Substanzen enthält. Der Marktwert liegt zur Zeit zwischen 60 bis 100 US-Dollar pro Kilo Geweih.

Przewalskipferd

Przewalskipferde (Equus przewalskii, mongolisch: Takhi) sind die einzigen noch lebenden Urwildpferde. Sie waren in der Mongolei und in benachbarten Gebieten einst weit verbreitet.

Ende des 19. Jahrhunderts brachte der russische Forscher Nikolai Przewalski Fell und Schädel eines Urpferdes aus der Westmongolei nach St. Petersburg mit. Erst Jahre später fand der Forscher Iwan Poljakow heraus, daß es sich um ein in der Wissenschaft unbekanntes Tier handelte. Es wurde dem Entdecker zu Ehren Przewalskipferd genannt und trieb Sammler dazu, die Tiere gnadenlos zu jagen und abzutransportieren. 1968 war das letzte Urwildpferd in freier Wildbahn ausgestorben, es kam nur noch in Zoos und in Privateigentum außerhalb der Mongolei vor. Anfangs der 90er Jahre wurde der langgehegte Wunsch umgesetzt, die Pferde wieder auszuwildern. So gelangten die ersten Pferde nach Gobi-Altai und wenige Jahre später weitere 16 in das Khustain-nuruu-Schutzgebiet. Während Zuchtprogramme aufgestellt wurden, überwachten Zoologen und andere Experten die Auswilderung.

Das Urwildpferd kreuzt sich leicht mit domestizierten Pferden und muß deshalb strikt von diesen getrennt bleiben. Die Wildpferde unterscheiden sich

Przewalskipferd im Naturreservat Khustain nuruu

nicht nur äußerlich von domestizierten Pferden, sondern auch in der Anzahl ihrer Chromosomen: Ein Przewalskipferd hat 66 Chromosomen und ein domestiziertes 64.

Urwildpferde sind stämmig mit kräftigem Hals und Beinen. Sie haben dickhaarige Schwänze, eine kurze struppige Mähne und ein graubraunes Fell. Ein dunkler Streifen zieht sich von der Mähne bis zum Schwanz. Oft erkennt man feine Zebrastreifen an den Beinen. Die kräftigen Pferde überleben die extremen Winter der eurasischen Steppe, indem sie die Eisschicht mit ihren Vorderhufen freischarren und sich von der kargen Vegetation darunter ernähren.

Das Leben in freier Wildbahn trägt jedoch viele Gefahren, vor allem eisige Kälte und hungrige Wölfe. Informationen zum Wildpferd gibt es unter www.takhi.org.

Die mongolische Vogelwelt

Die Mongolei liegt auf der Migrationsroute einer Vielzahl von Vogelarten. Einige Arten ziehen von Sibirien durch die Mongolei nach Afrika, in das südliche Asien und nach Nordaustralien. Greifvögel wie der Hochlandbussard können in der ganzen Mongolei beobachtet werden. An den Gewässern sind Kormorane, noch einige Pelikane und eine reiche Vielfalt an Wasservögel ansässig.

Der Singschwan ist überwiegend im nördlichen Eurasien verbreitet und erreicht in der Mongolei seine südlichste Brutverbreitung. Er kann in der gesamten Mongolei an Seen beobachtet werden.

Den Jungfernkranich sieht man häufig in offenen Landschaften und nicht notwendigerweise an Gewässern. Im Herbst sammeln sie sich in großen Gruppen, zum Beispiel auf den Feldern in der Gegend von Kharkhorin, bevor sie durch den Himalaja ins indische Winterquartier ziehen.

Steppenflughühner sind typisch in Wüstensteppen und Wüstengebieten. Man trifft sie oft in riesigen Trupps an, wenn sie morgens und abends zum Trinken fliegen. Die Männchen versorgen ihre Jungen im Nest mit Wasser, das sie in ihrem weichen vollgesaugten Bauchgefieder im Flug transportieren.

Der Schwarzmilan, ein mittelgroßer, brauner Vogel mit einem leicht gegabelten Schwanz, ist der häufigste Greifvogel in der Mongolei. Er kann auch in Ulan Bator und oftmals bei Jurten und in Siedlungen beobachtet werden. Er ist ein Allesfresser und nimmt zusammen mit Kolkraben und Krähen eine wichtige Funktion bei der natürlichen Abfallbeseitigung ein.

Die Mönchsgeier, sehr große dunkelbraune Greifvögel, sieht man oft, wie sie sich in Gruppen über das Aas hermachen. Stirbt ein Tier in der Folge von Unfall, Krankheit oder eines natürlichen Todes, wird es immer den Geiern überlassen, denn Mongolen essen nur geschlachtete Tiere.

Der Westen der Mongolei beheimatet Steinadler, die von den Kasachen im Jagen von Füchsen und kleineren Steppentieren ausgebildet werden.

Eine Vielzahl weiterer kleiner Vögel kann Ornithologen begeistern, so Rubinkehlchen, Rußschnäpper, Zitronenstelze, Braunwürger und Steppenpieper.

Jagen und Wilderei

Mongolen verbieten das Jagen während der Lege- und Entwöhnungszeit des Hasen, Elchs, Rehs, Gazellen und anderen Tieren nach Gesetz. Folglich gibt es reichlich Tiere und eine wunderbare Vermehrung. Diejenigen, die das Gesetz verletzen, werden hart bestraft.

Marco Polo, 13. Jahrhundert

Jedes Jahr vergibt das mongolische Natur- und Umweltministerium Jagdlizenzen für eine gewisse Anzahl an Säugetieren und Vögeln. Dies erlaubt Touristen, seltene Arten gegen eine hohe Gebühr zu jagen. Je nach Spezies kann die Lizenz von 3500 bis zu 25 000 Euro kosten. Ein Teil des Betrages ist für die Erhaltung und den Schutz wildlebender Tiere gedacht. Die offiziell erlaubte Jagdzeit ist von Mitte April bis Mitte November. Jagdsperrzeiten variieren jedoch je nach Spezies. Dasselbe gilt für das Angeln. Allgemeine Angellizenzen können direkt vor Ort bei den lokalen Behörden eingeholt werden. Eine Ausnahme bildet das Fischen von Taimen. Dazu ist eine Spezialerlaubnis vom Naturministerium in Ulan Bator notwendig (www.taimen.org).

Im allgemeinen ist das Jagen von Wildtieren unter den Mongolen weit verbreitet und wird als natürliches Recht angesehen. Daher stoßen die neuen Jagdgesetze, die das Jagen in geschützten Gebieten und auf geschützte Arten verbieten, bei Einheimischen teilweise auf Unverständnis. So wird das Murmeltier auch weiterhin gejagt, obwohl in den Jahren 2005/06 offiziell ein Jagdverbot bestand. Die

Parkranger haben alle Hände voll zu tun, wollen sie den vielen Wilderern das Handwerk legen. Viele Wildtiere sind inzwischen vom Aussterben bedroht. Der Hauptgrund ist, daß sie wegen ihrer Felle, ihres Fleisches oder für die chinesische traditionelle Medizin rücksichtslos gejagt werden. Ein Braunbär soll eine wandernde Apotheke sein. Eine Bärengalle bringt beispielsweise 45 Euro ein und Moschusdrüsen bis zu 70 Euro. Dieser Preis liegt immer noch weit unter dem Marktwert, bedeutet aber für den lokalen Wilderer eine Menge Geld. So sind im Norden der Schneeleopard, der Rothirsch, das Argalischaf und das Moschus am Rande des Aussterbens. Durch die äußerst schwierige wirtschaftliche Situation sehen sich die Bewohner zur Wilderei gezwungen. So weit abgelegen vom Markt bleiben ihnen nicht viele Perspektiven.

Durch Information und Schaffung von Alternativen wird jedoch unter der Bevölkerung allmählich die Notwendigkeit der Gesetze verstanden.

Inzwischen versuchen die Nationalpark-Ranger in Zusammenarbeit mit Naturschutzorganisationen, die Bewohner auszubilden, zu informieren und vor allem Alternativen zu schaffen. In Khövsgöl entstand durch die Förderung des Tourismus eine neue Einnahmequelle.

Leider fallen manche Wildtiere auch ausländischen Trophäenjägern zum Opfer. Jedes Jahr sind Touristen dazu bereit, eine große Menge Geld für die Wildtierjagd auszugeben.

Die Naturschutzbehörde bittet die Besucher auch, keine Wildtierprodukte zu kaufen, da sie oft von gefährdeten Arten sind.

Pflanzenwelt

Die Mongolei überrascht mit einer vielfältigen Flora. Mehr als 3000 Gefäßpflanzen, 927 Flechten, 437 Moose, 875 Pilze und zahlreiche Algenarten sind festgehalten, während viele andere noch zu klassifizieren sind. Davon sind 150 Pflanzen endemisch und über 100 als selten oder gefährdet eingestuft, zum Beispiel der Sadebaum und einige Orchideenarten.

Angepaßt an eine kurze Vegetationsperiode, ›explodiert‹ die Natur förmlich im Spätfrühling und Sommer. Die ungewöhnliche Artenvielfalt und Farbenpracht bezaubert den Reisenden und begeistert den Kenner. Die beste Reisezeit für dieses Naturschauspiel liegt zwischen Mitte Juni und Ende August.

Die Flora der Mongolei blieb über Jahrhunderte unberührt, weitreichende Gebiete weisen ursprüngliche Vegetationen und seltene Pflanzenarten auf. Die Pflanzenwelt variiert stark nach Vegetationszone, Bodenbeschaffenheit, Landschaftstypen und klimatischen Einflüssen.

In den nördlichen und zentralen Bergen findet man Steinbrech, Jasmin und Enziane. Die meisten Bergblumen sind relativ winzig und zeigen sich in leuchtenden Büscheln. Die Taigawälder im Norden der Mongolei bestehen aus Sibirischer Lärche, aber auch Fichten und Arven (Zirbelkiefern). Akelei, Rhododendron, Eisenhut und eine Vielzahl an Beeren sieht man in lichteren Waldstellen, und an Waldrändern blühen wilde Klematis und Lilien, während Orchideen- und Nelkenarten in sumpfigeren Bergsteppen vorkommen.

Flora und Fauna [41]

Auch auf Wüstenboden gedeihen Blumen

Die flachen Gebiete der mongolischen Steppe liegen auf durchschnittlich 1580 Meter und damit so hoch wie viele Gebiete der Schweiz. So ist es kein Zufall, daß sich die Pflanzenwelten sehr ähneln. Die Wiesenblumen kommen hier im allgemeinen üppig vor. Im Juli ist die Steppe von einem Teppich aus Edelweiß überzogen, und man darf sie getrost pflücken. Die Mongolen stopfen sich mit dieser Blume das Kopfkissen aus, als Mittel gegen Kopfschmerzen und für gute Träume. Weiter erstreckt sich Weideland über 122 Millionen Quadratkilometer, wovon 20 000 Quadratkilometer für Heu genutzt werden.

Im Tiefland gedeihen Rittersporn, Primeln, Anemone, Großer Wiesenknopf und verschiedene Gräserarten wie das Federgras, in der kargen Vegetation der Halbwüste blühen wilder Lauch und viele verschiedene Gräser.

Bedrohungen für die reiche Pflanzenwelt zeigen sich in der Überweidung, in Waldbränden und Desertifikation. Hinzu kommt, daß Bauprojekte, Straßenbauten und Tourismus einige Gebiete aus dem Gleichgewicht bringen.

Pflanzenführer, die die ganze Mongolei abdecken, sind bis jetzt nicht erhältlich. Weitere Angaben für die medizinische Anwendung von Pflanzen und ein kleines Wildblumen-Nachschlagewerk bietet die Broschüre ›Wildflowers of Northern Mongolia‹ von Jamsran Oyumaa. Sie deckt allerdings nur den Norden ab.

Als Nahrungsergänzung sammeln die Mongolen die köstlichen Wildbeeren. Unter den Favoriten sind Heidelbeeren, Preiselbeeren, Johannisbeeren, Walderdbeeren und Vogelkirschen.

Traditionelle mongolische Medizin

Seit Jahrhunderten kennen die Mongolen die heilsame Wirkung von Pflanzen und Mineralien. Bereits Raschid ad-Din (1247–1318), Wesir am Hofe der mongolischen Herrscher Persiens, berichtete über verschiedene Rezepturen auf pflanzlicher Basis, die auch außerhalb des Landes bekannt waren. Mit der Verbreitung des Buddhismus verschmolz die traditionelle mongolische Heilkunde mit tibetischer, indischer und chinesischer Medizin. In dieser Verbindung wird die traditionelle mongolische Medizin seit Ende des 17. Jahrhunderts praktiziert.

Um ihr Wesen zu begreifen, muß man den Buddhismus in seinen Grundzügen verstehen, da Forschung und Praxis der Medizin einer der fünf Pfeiler in buddhistischen Klöstern waren. Die mongolische Medizin geht davon aus, daß alle Arten von körperlichen, geistigen und seelischen Erkrankungen mit Kräutern, Mineralien, Pflanzen und Extrakten von tierischen Körperteilen geheilt werden können. Eine Diagnose wird ganzheitlich und individuell gestellt. Der Puls stellt dabei ein wichtiges Instrument dar. Diagnose und Behandlung werden auf der Basis der fünf Elemente – Feuer, Wasser, Erde, Holz und Wind – vorgenommen, und die Medikamente werden unter Berücksichtigung des Stoffwechsels, des Wetters und der Jahreszeit verabreicht.

Die pflanzlichen und tierischen Produkte sind aufgrund ihrer Farbe, ihres Geschmacks und Geruchs klassifiziert, die chemische Zusammensetzung spielt dabei eine untergeordnete Rolle. Eine lange Tradition bei der Behandlung von Krankheiten hat unter anderem die Moxibustion. Dabei werden durch Abbrennen von Beifuß, getrockneten, jungen Tamariskenzweigen oder anderen Kräutern Akupunkturpunkte auf der Oberfläche des Körpers erwärmt.

Auch wenn die traditionelle Medizin und die Anwendung verschiedener pflanzlicher Rezepturen während der sozialistisch Zeit nie völlig in Vergessenheit gerieten, so verzeichnen sie heute doch eine deutliche Wiederbelebung. Es gibt in Ulan Bator Fabriken, die die Pflanzen und tierischen Produkte verarbeiten. Jeden Sommer gehen Studenten aufs Land und sammeln Kräuter und Pflanzen. Inzwischen kann man die traditionelle Medizin an der Universität studieren, und seit fünf Jahren gibt es in Ulan Bator das ›Manba Datsan‹ – eine Klinik und gleichzeitig Ausbildungszentrum. Für nähere Informationen: lama@magicnet.mn.

Hier ist eine kleine Liste von Pflanzen für medizinische Zwecke, die im ganzen Land bekannt sind: Schneelotus, Rosenwurz, Pfingstrosen, Hagebutte, Tauernblümchen, Weißer Enzian, Wegerich, Adonisröschen, Fingerkraut, Brennessel.

Hagebuttenstrauch

Andere Pflanzen werden wegen ihrer nahrhaften Wurzeln und Knollen geschätzt, darunter die wilde Zwiebel, der Schlangenknöterich, das Gänsefingerkraut und die wilde Lilie. Traditionell sind Mongolen sehr sorgfältig im Sammeln von Pflanzen, um sie vor dem Aussterben zu bewahren. So pflücken sie etwa den medizinisch wertvollen Schneelotus nur, wenn er schon durch die Hufe der Herden beschädigt ist. Sie nehmen nie Pflanzen, die stark und gerade wachsen. Damit zeigen sie ihren Respekt gegenüber der Natur. Leider ist hier hinzuzufügen, daß seit kurzem Pflanzen gedankenlos und verschwenderisch gepflückt werden und deshalb einige Arten in ihrem Bestand bedroht sind.

Einheimische Pflanzen werden bei der ländlichen Bevölkerung oft auch als ›Haushaltsgeräte‹ eingesetzt. Die hölzernen Zweige eines Strauch-Fingerkrautes geben zusammengebunden eine effektvolle Geschirrwaschbürste, der Stiel des Rispengrases dient als Docht und zusammengebunden als Besen. Für frische Luft in der Jurte genügt der Zweig eines aromatischen Wacholders.

Naturschutz

Die mongolische Kultur ist eng mit den Traditionen des nomadischen Lebens verbunden, für das die Nutzung und die Bewahrung des Lebensraumes stets von existentieller Bedeutung waren. Die Mongolen waren sich bewußt, daß ihr Lebensraum zerbrechlich ist und daß man sorgsam und vorausschauend mit den Gaben der Natur umgehen muß. Schützende Methoden und Prinzipien wurden über Generationen weitergegeben und oft in Form von Volksgeschichten gelehrt. Die Naturverehrung nahm dabei eine wichtige Rolle ein in dem Sinne, daß Vater Himmel, Mutter Erde und die Naturgeister verantwortlich für Fruchtbarkeit und Wohlstand sind, während der Mensch sich um Boden und Tiere kümmert. Besonders ehrwürdige Berge, Quellen oder Pässe waren Stätten, an denen man den Geistern und Göttern opferte, sich für das fette Vieh bedankte oder um einen milden Winter bat. Gleichzeitig wurde aber auf die Einhaltung überlieferter Gebote geachtet. Bereits in der Jassa, dem im 13. Jahrhundert durch Dschingis Khan verabschiedeten Gesetzbuch, findet sich eine Vielzahl von Regeln, die man heute als arterhaltende Maßnahme oder Hygienevorschrift bezeichnen würde. Es gab Jagd- und Schonzeiten für das Wild, besonders kräftige und schöne Tiere durften nicht erlegt werden. Pflanzen mußten erst ihren Samen in den Boden gegeben haben, bevor sie gesammelt werden durften. In der Nähe von Quellen durfte nicht gesiedelt und Wasser nicht verunreinigt werden. Das bedeutete nicht nur, daß es verboten war, in der Nähe zu urinieren oder zu schlachten, selbst das Schöpfen mit bloßen Händen war untersagt.

Die Form des Naturschutzes, in dem ganze Regionen als besonders bewahrungswürdig erklärt werden, kennen die Mongolen seit dem 18. Jahrhundert. 1778 wurde der Bogd Khan uul, das Gebirgsmassiv südlich von Ulan Bator, zum Schutzgebiet ernannt. Jagen und jegliche wirtschaftliche Nutzung waren strengstens untersagt. Ab den 1960er Jahren kamen weitere Naturschutzgebiete hinzu. Teile der Gobi, das Bulgan- und das Khökh-Serkh-Gebirge wurden zu streng geschützten Regionen, andere Areale wurden als Naturreservate oder Naturdenk-

[44] Flora und Fauna

Im Nationalpark Tavan Bogd uul im Nordwesten des Landes

mäler gekennzeichnet. Knapp vier Prozent der Gesamtfläche standen Ende der 80er Jahre unter Schutz.

Nach der politischen Wende gewann der Umweltschutz deutlich an Gewicht. Das neugegründete Ministerium für Natur und Umwelt übernahm die Verantwortung, und in rascher Folge wurden neue Gebiete unter Schutz gestellt. Die Teilnahme am Rio-Umwelt-Gipfel 1992 war ein wichtiger Anstoß, die Zusammenarbeit mit internationalen Umweltorganisationen aufzunehmen. Die Mongolei hat eine Anzahl von internationalen Abkommen unterzeichnet, darunter die Internationale Konvention zum Schutze der Biologischen Vielfalt. Sie nimmt an internationalen Umweltprogrammen teil wie dem ›Man and the Biosphere‹-Programm der UNESCO. Es gibt mehrere Weltkulturerbe-Stätten wie das Uvs-nuur-Becken und Teile der strenggeschützten Gebiete in der Gobi. Das zuständige Ministerium arbeitet eng mit dem ›WWF‹ und der ›UNDP - United Nation Development Programs‹ – zusammen.

In den letzten Jahren wurden strenge Gesetze zum Erhalt der Artenvielfalt verabschiedet, und inzwischen stehen über 13 Prozent der Landesfläche unter Schutz, das Ziel liegt bei 30 Prozent. Allerdings sollen in einigen Gebieten die wirtschaftlich bedeutenden Vorkommen an Bodenschätzen erschlossen werden, wodurch die aktuellen und die geplanten Schutzmaßnahmen immer wieder aufs neue debattiert werden. Diese Gratwanderung zwischen moderner wirtschaftlicher Entwicklung und Schutz des äußerst fragilen Naturraums begleitet die Mongolei seit Beginn des 20. Jahrhunderts. Der Bau von Straßen, Häusern und Fabriken bedeutete einen massiven Eingriff in die Natur. Der Baumbestand schrumpfte um die Hälfte. Nur langsam begann man mit der Aufforstung, und noch langsamer wachsen die Bäume unter den extremen klimatischen Bedingungen. Die entstandenen Städte, dabei besonders Ulan Bator, die ersten tierische Rohstoffe verarbeitenden Werke und vor allem die Bergbaubetriebe griffen und greifen empfindlich die Wasserressourcen an. Auch das Problem der Überweidung beschäftigt seit langem Nomaden und Umweltschützer. Aus wirtschaftlicher Not kamen in den letzten Jahren noch illegaler Raubbau und Wilderei hinzu. Der wirtschaftliche Aufschwung in China und die Öffnung der Grenzen führten zu einer erhöhten Nachfrage nach Tierprodukten und Pflanzen für die traditionelle Medizin. Wildtierbestände reduzieren sich alarmierend schnell. Ein weiteres äußerst schwieriges Problem stellt die Luftverschmutzung in Ulan Bator dar, die insbesondere im Winter dem blauen Himmel kaum eine Chance gibt.

Diese Ausführungen können nur ansatzweise verdeutlichen, vor welch gewaltigen Beschwernissen die Mongolei steht, wenn sie ihre einzigartige und bis heute noch weitgehend intakte Natur schützen und dennoch an der gesellschaftlichen Entwicklung teilhaben will.

Schutzgebiete

Die gegenwärtig bestehenden und über das ganze Land verteilten Naturschutzgebiete werden nach vier Kategorien unterschieden: strenggeschützte Gebiete, Naturreservate, Nationalparks sowie Natur- und Nationaldenkmäler.

Strenggeschützte Gebiete sind Regionen mit unberührter Wildnis und empfindlichem ökologischen Gleichgewicht. In der Regel sind sie nur für Forschungszwecke und bestandserhaltende Maßnahmen zugänglich. Es gibt einzelne ausgewiesene Zonen, in denen in geringem Maße Ökotourismus und die Ausübung von traditionellen religiösen Zeremonien zugelassen sind. In den strenggeschützten Gebieten sind Jagen, Angeln, Zelten und wirtschaftliche Nutzung strengstens untersagt.

Als Naturreservat werden Areale mit seltener Flora und Fauna ausgewiesen. In diese Kategorie fallen auch Gebiete mit besonderen geologischen Formationen und paläontologische Vorkommen.

Als Nationalpark werden weitgehend unberührte Gebiete geschützt, die von ökologischer oder kulturhistorischer Relevanz sind. Diese Regionen können von den Nomaden wirtschaftlich genutzt werden. In einigen Teilen wird der Ökotourismus gefördert.

Als Natur- und Nationaldenkmäler werden unikate Landschaftsgebiete und Plätze geschützt, die von geschichtlicher oder kulturhistorischer Bedeutung sind.

Für den Besuch der Naturschutzgebiete ist der Erwerb einer Zutrittserlaubnis (Permit) notwendig. Sie kostet etwa 3000 Tugrik und kann beim Betreten des Gebietes, in den lokalen Büros der Naturschutzverwaltung oder bereits in Ulan Bator beim Ministerium für Umweltschutz, Baga Toiruu 44, erworben werden.

Nützliche Adresse:
WWF Mongolia Programme Office, Ulan Bator, Amar Street 4, SBD-8, Tel. +976/11/311659, info@wwf.mn, www.mongolia.panda.org, u.a. mit Karten der Naturschutzgebiete und geschützten Zonen.

Dürren und Brände

Spricht der Mongole von ›Zud‹, ist es ernst, sehr ernst. Die Gesichter verdunkeln sich, und die Sorge um die Zukunft ist jedem anzumerken. Es geht um das Überleben der Herden, der Existenzgrundlage der Nomaden. Das Wörterbuch kennt für ›Zud‹ das Wort ›Viehsterben‹ und fügt erläuternd hinzu: ›Futtermangel durch Witterungsunbilden‹. Es ist nicht unbedingt nur das Ausbleiben von Niederschlägen, das Futtermangel zur Folge hat, auch zuviel Schnee oder Eiseskälte führen dazu, daß sich das Vieh nicht ausreichend ernähren kann.

Die Mongolen unterscheiden zwischen Weißem (Tsagaan), Schwarzem (Khar), Eisernem Zud (Tömör) und der Dürre, dem Gan. Weißer Zud ist verbunden mit außergewöhnlich starkem Schneefall. Eine anhaltend geschlossene Schneedecke von zehn Zentimetern und mehr macht es den Tieren unmöglich, nach Nahrung zu suchen. Häufig kommen noch eisige Schneestürme hinzu, so daß weder Mensch noch Tier in der Lage sind, in andere Weidegebiete umzuziehen. Ohnmächtig müssen die mongolischen Viehzüchter, die Araten, zuschauen, wie das Vieh verhungert und erfriert.

Jedoch auch zu wenig Schnee bedeutet Gefahr. Beim Schwarzen Zud sind Boden und Wasserstellen gefroren, es gibt weder Schnee noch zugängliches Eis, das die Tiere trinken könnten, und sie verdursten.

Der sogenannte ›Eiserne Zud‹ trifft die Nomaden und ihre Herden vor allem im Frühjahr, wenn es regnet und dann wieder langanhaltender Frost einsetzt. Eine undurchdringliche Eisschicht versiegelt die Weidefläche, das Futter ist unerreichbar.

Ausbleibender Niederschlag im Sommer, der Gan, läßt das Gras nur spärlich wachsen oder vorzeitig verdorren. Die trockene, strohgelb leuchtende Steppe kann die Tiere nicht ausreichend ernähren. Gan ist besonders gefährlich, weil sich die Tiere nicht genügend Reserven für den langen Winter anfressen können. Die Herden gehen geschwächt in die härteste Jahreszeit, und ein langer Winter kann den Bestand ernsthaft gefährden.

In jüngster Zeit waren weite Gebiete der Mongolei gleich zwei Winter hintereinander von Zud betroffen. In Folge der Katastrophen reduzierte sich der Nutztierbestand von 1999 zu 2001 um etwa 20 Prozent. Nicht wenige Araten verloren ihren gesamten Besitz. Einige wagten einen Neuanfang, häufig verbunden mit bescheidener staatlicher Unterstützung und vielen Schulden. Manch einer aber zog nach Ulan Bator, in der vagen Hoffnung, dort seinen Lebensunterhalt verdienen zu können.

Naheliegend ist der Gedanke, sich durch Heubevorratung vor Futtermangel zu schützen. Diese anderswo gängige Methode, sich auf den Winter vorzubereiten, ist in der Mongolei nur beschränkt möglich. Im wesentlichen gibt es nur in den niederschlagreicheren Gebieten im Norden Weideflächen, die eine Heumahd überhaupt zulassen. In sozialistischen Zeiten gab es Planvorgaben für die Futterreserven, und es war üblich, daß auch Studenten und Arbeiter zu Einsätzen aufs Land fuhren, um die Nomaden bei der Mahd zu unterstützten. Der Staat half, den Transport des kostbaren Gutes sicherzustellen, und die Kosten waren für die

Dürren und Brände [47]

Folgen eines Waldbrandes

Kooperative erschwinglich. Heute hängt viel von der Eigeninitiative der Araten ab, ob und wie viel zugefüttert werden kann. Jedoch ist gerade in Regionen, in denen die weniger ergiebigen Weideflächen liegen, zugekauftes Futter für viele Araten zu teuer geworden, und ihnen bleibt nur zu hoffen, daß der nächste Winter nicht zu streng wird.

Wird das Land von Dürren heimgesucht, droht eine weitere Gefahr für Mensch und Tier, das Feuer. Jedes Jahr kommt es zu weitflächigen Wald- und Steppenbränden. Die häufigste Ursache für die Brände ist der leichtsinnige Umgang mit Feuer, unachtsam weggeworfene Zigarettenkippen und Lagerfeuer. Blitzeinschläge und Funkenschlag bei elektrischen Überlandleitungen tun das ihrige. In den dünnbesiedelten und wasserarmen Gebieten breitet sich das Feuer schnell aus, ehe es wirksam bekämpft werden kann. Mit großem persönlichen Einsatz, aber völlig unzureichender Ausrüstung versuchen die Mongolen, die oft weitflächigen Brände zu löschen. Im Katastrophenjahr 1996 brach im Frühjahr an über 300 Stellen Feuer aus, und insgesamt brannte eine Fläche von etwa zehn Millionen Hektar.

Geschichte, Politik und Wirtschaft

Das mongolische Hochplateau ist schon immer dünnbesiedelt gewesen. Ackerbau ist nur auf wenigen Prozent der Landesfläche möglich und zudem sehr risikoreich: Die Vegetationsperiode ist kurz, und auch die regenreichsten Gebiete der Mongolei leiden periodisch unter extremen Dürren. Selbst eine intensive Viehhaltung ist kaum möglich, da die Grasnarbe auch in guten Jahren zu dünn ist. Lebt eine größere Tierherde länger an einem Ort, kann der Boden für Jahrzehnte zerstört werden.

Seitdem Menschen in der Mongolei leben, bleibt ihnen daher nur die Jagd oder die Viehzucht auf nomadischer Grundlage. Man muß mit den Tieren weiterziehen, wenn man in der Steppe überleben will. Es ist ein hartes Leben mit brütender Hitze im kurzen Sommer und Temperaturen bis zu minus 50 Grad in den langen Wintern. Doch dieses Leben hat, verglichen mit dem der ackerbauenden Völker, auch immer Vorteile gehabt: Weil die Bevölkerung so weit verstreut lebte, waren Leibeigenschaft und Sklaverei nie so drückend wie anderswo.

Die Menschen, die auf der mongolischen Hochebene lebten, hatten immer Kontakt mit den benachbarten Hochkulturen in den Oasen Turkestans und dem chinesischen Tiefland. Beeinflußt von beiden, aber auf ganz eigener, nomadischer Grundlage bildete sich eine einzigartige Kultur, die zeitweilig sehr weit entfernt liegende Regionen beeinflußt hat. Immer wieder führten kriegerische Stammesfehden oder Dürreperioden zu Wanderungsbewegungen, die wellenartig – und mit verblüffender Geschwindigkeit – bis nach Europa und den mittleren Osten ausstrahlten. So zog im 17. Jahrhundert ein mongolischer Volksstamm – die heutigen Kalmücken – mit Frauen, Kindern und dem Vieh in nur einem Jahr vom Westen der Mongolei bis an die Mündung der Wolga und legte dabei 3000 Kilometer zurück.

Das Postsystem mit Schnellreitern, das Dschingis Khan im 13. Jahrhundert einrichten ließ, war bis zur Erfindung der Eisenbahn zweifellos das schnellste der Welt. Fünf Tage dauerte es, bis ein Brief aus Khovd das 1500 Kilometer entfernte Ulan Bator erreichte. Für einen Brief von Berlin nach Paris, also die gleiche Entfernung, rechnete man noch im 18. Jahrhundert mit mindestens drei Wochen. Bis in die 1940er Jahre wurde das System mit Schnellreitern genutzt. Seine Voraussetzung war die umfassende Organisation einer Region von der Größe Westeuropas – eine staatsbildende Leistung, wie man sie von keinem anderen Nomadenvolk aus der Geschichte kennt.

Ur- und Frühgeschichte

Trotz des harten Klimas müssen schon sehr früh Menschen in der Mongolei gesiedelt haben. Seit den 1950er Jahren haben sowjetisch-mongolische Archäologenteams eine Vielzahl von steinzeitlichen Siedlungen ausgegraben, die diese These stützen.

Der wohl bedeutendste Fund wurde 1986 gemacht, als man im Bayankhongor-Aimag Steinwerkzeuge entdeckte, die gut 50 000 Jahre alt waren. Aus dieser

Felszeichnungen zeugen von der frühen Besiedlung der Mongolei

Epoche stammen auch die ersten Felszeichnungen auf dem Gebiet der Mongolei. Die schönsten hat man in der Höhle von Tsenkher im Aimag Khovd gefunden, im Westen der Mongolei.

Ein weiterer erstaunlicher Fund bei Tantsagbulag im Aimag Dornod im Osten des Landes beweist, daß das Klima in den letzten Jahrtausenden immer wieder heftig geschwankt haben muß. Wo es heute so trocken ist, daß in schlechten Jahren kaum das spärliche Steppengras hochkommt, hat es vor 5000 Jahren Getreidefelder gegeben. Das kann man aus Mahlsteinen und Hacken schließen, die bei einer bronzezeitlichen Siedlung ausgegraben wurden.

Doch der Getreideanbau war nur eine Episode. War für die Völker wärmerer und feuchterer Gebiete die Erfindung des Ackerbaus der Beginn einer neuen Lebensform, so war dies für die Bewohner der Mongolei die Zähmung des Pferdes. Wie man aus Ausgrabungen weiß, war dieser Vorgang spätestens um 2000 vor Christus abgeschlossen. Nun wurden die riesigen Entfernungen der Mongolei beherrschbar, und es konnten sich größere Zusammenschlüsse bilden.

So berichten denn chinesische Quellen ab dem zweiten Jahrtausend vor unserer Zeitrechnung immer öfter von kriegerischen Stämmen im Gebiet der heutigen Mongolei. Doch diese Quellen sind zu vage, als daß sich aus ihnen ein genaues Bild ergibt. Mehr über die ersten Reitervölker der Mongolei sagen die sogenannten Hirschsteine aus, mannshohe, viereckige Stelen, in die Tierzeichnungen eingraviert sind. Man findet sie vor allem im Norden und Westen der Mongolei. Seit dem 19. Jahrhundert haben sie Forscher angezogen, ohne daß man näheres über ihre Erbauer herausgefunden hätte. Immerhin gelang es, sie in das 1. Jahrtausend vor Christus zu datieren.

Die Skythen

Doch in den 1920er Jahren fand der sowjetische Archäologe Sergei Rudenko im sibirischen Teil des Altaigebirges, nicht weit von der mongolischen Grenze, den Grabhügel eines Kriegers, den das ewige Eis fast unversehrt konserviert hatte. Es war eindeutig ein Skythe, der Angehörige eines Reitervolkes, das in den Jahrhunderten vor der Zeitenwende die südrussischen Steppen beherrschte. Man konnte sogar noch seine Tätowierungen erkennen. Sie entsprachen den Tiergravuren, die man von den Hirschsteinen kennt. Als man sich mit den Tiersteinen nochmals näher befaßte, stellte man auch fest, daß die meisten an ihrer Basis von einem schmalen, runden Band umgeben sind, das an einen Gürtel erinnert. Schließlich finden sich auch an fast allen Hirschsteinen, jedenfalls den guterhaltenen, an ihrem oberen Ende Gravuren, die Ohrringen gleichen.

So vermuteten die Forscher, daß die Hirschsteine Skythenkrieger darstellen. Diese Theorie hat an Bedeutung gewonnen, seitdem deutsche Archäologen 2006 nunmehr auch im mongolischen Teil des Altai den Grabhügel eines Skythenkriegers gefunden haben.

Nur, warum fehlen in der Nähe der Hirschsteine die charakteristischen Kurgane, wie man die Grabhügel der Skythen nennt? Stattdessen gibt es seltsame viereckige und runde Steinumgrenzungen, die eindeutig von den Erbauern der Steinstelen stammen, wie amerikanische Archäologen herausgefunden haben. Handelt es sich bei dem Hirschsteinen vielleicht um eine Frühform der skythischen Begräbniskultur?

Sollte es tatsächlich so gewesen sein, dann wären die Reiterkrieger der Skythen, von denen bereits Herodot im 5. Jahrhundert vor Christus berichtet, die erste Welle von berittenen Nomaden, die aus den kalten Steppen der Mongolei in die viel fruchtbareren und wärmeren Steppen des Westens, nach Südrußland und Ungarn, aufgebrochen sind. Denn die frühesten Funde der Skythen und der ihnen kulturell nahestehenden Nomadenverbände, wie der Sauromaten und Saken, finden sich im äußersten Osten der eurasischen Steppe, und sie werden auf das 9. und frühe 8. Jahrhundert vor Christus datiert. Jüngere Zeugnisse ›wanderten‹ über Kasachstan und Südrußland weiter Richtung Westen. Im 7. Jahrhundert vor Christus lebten die Skythen im Nordschwarzmeerraum und an der mittleren Donau.

Die Xiongnu

Die Xiongnu sind die ersten Bewohner der Mongolei, von denen wir sichere Kunde haben. Vom 4. Jahrhundert vor Christus bis zum 2. Jahrhundert nach Christus lebten sie in den weiten Steppengebieten. Chinesische Quellen aus dem 2. Jahrhundert vor Christus berichten erstmals von ihnen. Ihr Name bezeichnet kein einzelnes Volk, sondern eine Föderation verschiedener Stämme, die sich mal mehr, mal weniger eng zusammenschlossen. Ihre Herkunft ist unklar, aber wahrscheinlich gehörten zu der Föderation bereits Stämme, die als Vorfahren der heutigen Mongolen angesehen werden können.

Die Xiongnu waren bald eine ernste Gefahr für die Chinesen, und nicht zufällig fallen die ersten großen Arbeiten an der Chinesischen Mauer in diese Zeit. Bis heute folgt sie recht genau der Grenze zwischen der trockenen und kalten mongolischen Hochebene und dem fruchtbaren, feuchten und warmen chinesischen Tiefland. Die Mauer war auch immer eine Kulturgrenze zwischen der Welt der Nomaden und den chinesischen Ackerbauern.

Doch trotz Mauer gab es zwischen den Kulturen stets auch einen starken Austausch. Die Nomaden lieferten Pferde, Tierfelle und Wolle an das Reich der Mitte, und die Chinesen versorgten die Viehzüchter mit Getreide und Töpferwaren, aber auch mit Luxusgütern wie Seide. Die Bewohner der Steppe übernahmen von den Chinesen Errungenschaften wie den Mondkalender. Die Chinesen waren den Nomaden zwar immer zahlenmäßig weit überlegen, aber selbst wenn die Chinesen ein Nomadenheer vernichtend schlugen, konnten sie ihren Sieg nur selten ausnutzen, weil ihre Gegner in den Weiten der Steppe verschwanden, wo sich für die chinesischen Heere nichts zu essen fand.

Umgekehrt verzichteten auch die Nomaden für den größeren Teil ihrer Geschichte darauf, längere Zeit über Ackerbauern zu herrschen. Zu groß war die

Mongolischer Krieger vor dem Parlamentsgebäude in Ulan Bator

Gefahr, sich zu assimilieren oder irgendwann einem Volksaufstand zum Opfer zu fallen.

Dennoch herrschte an der Grenze oft Krieg. Ursache war vor allem der nie versiegende Hunger der Nomaden nach chinesischen Luxusgütern. Zwar zogen es die Chinesen im allgemeinen vor, Tribut zu zahlen – den die chinesischen Quellen immer als ›Geschenke‹ an die Barbaren deklarieren –, aber wenn die Forderungen allzu drückend wurden, blieben die Lieferungen aus, und die Steppenbewohner drangen wieder einmal in das Reich der Mitte ein.

Die Geschichte der Xiongnu ist eng mit der Geschichte Chinas verbunden. Ihr Aufstieg vollzog sich parallel zur Ausbildung eines ersten geeinten China unter der Qin-Dynastie, dem Ausbau des Reichs unter der älteren Han-Dynastie, ihr Niedergang parallel zum Niedergang Chinas unter der jüngeren Han-Dynastie im 3. Jahrhundert nach Christus. Aufstieg und Niedergang der chinesischen Dynastien und der Xiongnu bedingten sich gegenseitig, denn solange es ein prosperierendes China gab, von dem man Tribut erpressen oder aus dem man Reichtümer rauben konnte, hatten die Oberhäupter der Xiongnu genügend Beute zu verteilen, mit der sie die einzelnen Stämme der Föderation bei der Stange halten konnten.

Mit dem Zerfall des Xiongnu-Reiches aufgrund von inneren Auseinandersetzungen zwischen den Stämmen begann eine Periode des Chaos. Einzelne Stämme überwanden die chinesische Mauer und etablierten in Nordchina kurzlebige Staaten. Weitere brachen nach Südchina auf, wo sie nach anfänglichen Erfolgen dann rasch assimiliert wurden. Andere dagegen brachen Richtung Westen auf, Richtung Europa. Historiker nehmen an, daß das Auftauchen der Hunnen im Europa des 5. Jahrhunderts eine Spätfolge des Zerfalls der Xiongnu-Föderation gewesen ist.

Die türkischen Großreiche

Etwa 50 Kilometer nördlich von Karakorum (heute Kharkhorin), der legendären Hauptstadt der Nachfolger Dschingis Khans, liegt eines der bedeutendsten Monumente, das die Mongolei vorzuweisen hat. Es ist eine rund drei Meter hohe Stele, zur einen Seite mit chinesischen Schriftzeichen versehen und auf der anderen Seite mit einem eigenständigen Alphabet. Auf beiden Seiten steht der gleiche Text, weshalb man das unbekannte Alphabet auch entziffern konnte. Die Sensation war nicht der Text – schon vorher war bekannt, daß sich zu der Zeit wieder eine Zentralmacht in der Steppe etabliert hatte –, es war die Sprache.

Die 732 errichtete Stele ist das älteste erhaltene Zeugnis einer Turksprache. Es ist verblüffend, daß man dieses Monument ausgerechnet in der Mongolei gefunden hat. Denn obgleich heute beinahe 200 Millionen Menschen eine Turksprache sprechen, ist diese Sprachfamilie in ihrer vermutlichen Ursprungsregion, mit Ausnahme der Kasachen ganz im Westen, nicht mehr vertreten.

Im 7. Jahrhundert tauchten die Erbauer der Stele als ›Tujue‹ zum ersten Mal in chinesischen Quellen auf; bis ins 10. Jahrhundert lösten sich verschiedene Dynastien ab.

Ihre Hauptstadt, Khar balgas, lag am oberen Orkhon, gleichfalls nicht weit von Karakorum entfernt. Aus Ausgrabungen ist ersichtlich, daß ihre Bewohner in begrenztem Ausmaß Bewässerungsanlagen errichtet hatten und Ackerbau trieben. Die Aristokratie war klar von den einfachen Soldaten geschieden und hatte größere Pferde wie auch eine bessere Ausrüstung.

Die Kitan

Nach dem Zerfall der letzten Turkreiche traten die Kitan in Erscheinung. Ihr Reich hatte sein Zentrum weiter im Osten und umfaßte weite Teile Nordchinas wie auch fast das gesamte Gebiet der heutigen Mongolei. Von ihrem Namen sind die persischen, türkischen und russischen Bezeichnungen für China abgeleitet. Die Kitan waren Viehzüchter, die in festen Häusern lebten und nebenbei Ackerbau trieben. Vermutlich war das Klima damals wesentlich günstiger als heute, und so finden sich ihre Anlagen zur Feldbewässerung bis an den Baikalsee und in den geschützten Tälern des Altaigebirges.

Die offene Steppe scheinen die Kitan nie ganz beherrscht zu haben. Um ihre Macht zu sichern, mußten sie die verschiedenen Stämme gegeneinander ausspielen. Chinesische Quellen berichten in diesem Zusammenhang von einer Gruppe von Stämmen, die mit den Kitan verbündet waren und sich ›Nation aller Mongolen‹ nannte. Doch der Name ist irreführend, denn eine weitere Stammesföderation, in den Quellen als ›Tataren‹ bezeichnet, sind, modern gesprochen, ebenfalls als ›Mongolen‹ zu bezeichnen.

Als die Kitan 1125 von den mandschurischen Jurchen vernichtend geschlagen wurden und ihr Reich sich auflöste, waren von der Niederlage auch ihre Verbündeten betroffen, die ›Nation aller Mongolen‹. Ihre Gegner, die ›Tataren‹, übernahmen nun die Herrschaft in der Steppe.

Dschingis Khan

Dschingis Khan ist die Zentralfigur der mongolischen Geschichte, nicht nur, weil er der berühmteste Mongole aller Zeiten ist. Er ist auch der Begründer der Nation, denn ohne ihn wäre die ›Nation aller Mongolen‹ nach ihrer Niederlage an der Seite der Kitai wohl für immer eine Fußnote der Geschichte geblieben.

Geboren um das Jahr 1162 als Temüjin, gehörte er zu einem Clan, der zuvor große Macht besessen hatte. Sein Urgroßvater war Quabul Khan, der größte Herrscher der ›Nation aller Mongolen‹. Doch Temüjins Vater hatte kaum mehr die Macht seiner Vorfahren. Er war in eine Fehde mit dem Stamm der Merkit verstrickt, denen er eine Frau, Temüjins Mutter, geraubt hatte, und er befand sich in schwelender Feindschaft mit den Tataren.

Noch bevor Temüjin volljährig war, wurde sein Vater von den Tataren vergiftet. Die Familie mußte sich verbergen, um weiteren Anschlägen zu entgehen. Daß es Temüjin gelang, aus dieser wenig aussichtsreichen Lage herauszukommen, hatte er neben seinen kriegerischen Fähigkeiten vor allem seinem organisatorischen und politischen Geschick zu verdanken.

[54] Geschichte, Politik und Wirtschaft

Dschingis-Khan-Denkmal in Dadal

Zunächst begab er sich unter die Patronage eines bedeutenden Stammesführers, dem er bald unentbehrlich wurde. Noch später trat er seine Nachfolge an. Einen potentiellen Rivalen band er durch den Eid des ›Anda‹, eine Art Blutsbrüderschaft, an sich, was eine spätere mörderische Fehde zwar nicht verhinderte, aber dem Emporkömmling eine Atempause verschaffte. Zudem nutzte er die Institution des Nökhör, um sich früh eine eigene Gefolgschaft zu verschaffen. Ein Nökhör war jemand, der sämtlichen Verpflichtungen zu seinem hergebrachten Stamm abschwor und sich mit Leib und Seele einem ausgewählten Mann zur Verfügung stellte. Daß ihn später nie einer seiner Nökhör verraten sollte, zeugt von Temüjins ausgezeichneter Menschenkenntnis. Auch wenn Temüjin später nicht mehr jeden Mann seiner immer größeren Heere persönlich als Nökhör verpflichten konnte, so wurde das zugrundeliegende, stammesüberwindende Prinzip Grundlage des späteren Großreichs. Egal aus welchem Stamm oder Volk ein Krieger kam: Mit dem Übertritt in das Heer wurde auch er ein Mongole, dessen Herkommen keine mehr Rolle spielte. Allein die Fähigkeiten des Einzelnen zählten. Gegliedert war das Heer nach dem Zehnerprinzip. 10 Mann bildeten die kleinste Einheit, 100 die nächstgrößere, die größte umfaßte 10 000 Krieger.

Ein Stamm nach dem anderen wurde besiegt und in das Heer eingegliedert. Bei all diesen Kämpfen achtete Temüjin darauf, nie völlig unprovoziert Kriege zu beginnen, sondern suchte immer dem Rechtsempfinden der Nomaden zu entsprechen. Schließlich ging es ihm nicht um Vernichtung, sondern die Eingliederung seiner Gegner in die Nation, die er zu formen begann. Bei seinen späteren Eroberungen in der seßhaften Welt fiel dann jegliche Rücksichtnahme weg – Bauern konnte er in seinen Heeren nicht gebrauchen.

Nachdem er den größeren Teil der mongolischen Hochebene unter Kontrolle gebracht hatte, wurde Temüjin 1206 auf einer Stammesversammlung zum ›Dschingis Khan‹ erhoben. Die Bedeutung des Wortes Dschingis geht wahrscheinlich auf das türkische Wort Tengiz zurück, was Ozean bedeutet und in der Vorstellung der Steppenbewohner große Weisheit symbolisierte. Später wurde die mongolische Variante des Namens – Dalai –, in gleicher Bedeutung Beiname des wichtigsten tibetischen Lamas.

Im Jahr 1207 drangen die Heere Dschingis Khans zum ersten Mal nach Nordchina ein, das damals in eine Reihe kleinerer Staaten zersplittert war. Sie wurden nacheinander unterworfen. 1215 wurde Zhongdu, das spätere Peking, eingenommen, aber Dschingis Khan entschied, daß es für eine Eroberung ganz Chinas noch zu früh sei. Er wandte sich Richtung Westen, wo er ganz im Westen der Mongolei die letzten bis dahin noch autonomen Stämme unterwarf. Von dort zog er weiter nach Zentralasien, das damals bereits mehrheitlich von Moslems bewohnt war, die ihre buddhistischen Beherrscher abschütteln wollten.

Als Dschingis Khans General Jebe Religionsfreiheit proklamierte und jegliche Plünderungen verbot, hatten die Mongolen leichtes Spiel. Wie reife Früchte fielen ihnen die Oasen eine nach der anderen in den Schoß. In den eroberten Gebieten lernten die Mongolen die uigurische Schrift kennen, die sie dann leicht abgewandelt selbst übernahmen. Mit dieser Adaption beginnt die Geschichte der mongolischen Literatur, ein weiterer wichtiger Schritt zur Formierung einer eigenständigen kulturellen Tradition.

Nach der Eroberung auch des nördlichen Iran wandte sich Dschingis Khan wieder China zu, wo er 1227 bei einem erfolgreichen Feldzug gegen den Staat der Tanguten in Nordchina starb. Die Legende berichtet, daß alle Augenzeugen des Begräbniszugs umgebracht wurden. Sein Grab, das man im jetzigen Aimag Khentii vermutet, wurde bis heute nicht gefunden.

Die Nachfolger des Dschingis Khan

Während Dschingis Khan im Iran und Nordchina Krieg führte, waren andere Teile seines Heeres bereits bis nach Südrußland vorgedrungen. Noch vor seinem Tod hatte Dschingis Khan festgelegt, wie dieses gewaltige Reich nach seinem Tod aufzuteilen war. Er ging dabei nach der alten Sitte vor, daß der älteste Sohn, der als erster seinen Hausstand gründete, sich am weitesten von der Familie entfernte, die Nachgeborenen weniger weit. Der jüngste Sohn schließlich blieb als ›Hüter von Herd und Feuer‹ bei den Eltern bis zu ihrem Tod und erbte danach den Hausrat.

Jochi, der älteste Sohn, bekam als entfernteste Eroberung das Land westlich von Jenissei und Aralsee »soweit wie die Hufe der mongolischen Pferde gekommen sind«. Aus diesem Erbe entwickelte sich das Reich der Goldenen Horde, das Rußland bis Ende des 14. Jahrhunderts tributpflichtig hielt. Da Turksprachige in diesem Khanat von Anfang an in der Überzahl waren, ging der Hof bald zur türkischen Sprache über. Die Konversion zum Islam tat ein übriges, die Goldene Horde dem mongolischen Ursprungsland rasch zu entfremden. Ende des 14. Jahrhunderts führten innere Streitigkeiten zur endgültigen Auflösung.

Der zweite Sohn, Tsagadai, bekam den südlichen Teil der heutigen chinesischen Provinz Xinjiang (auch als Ostturkestan bekannt) sowie das Land zwischen Amu Darya und Syr Darya, das damals zum persischen Kulturkreis zählte. Nach weiteren Eroberungen bildete sich das Reich der Ilh Khane, das von Iran wesentliche Teile des Mittleren Ostens beherrschte. Doch die persische Hochzivilisation bekam den Mongolen nicht. Rasch verloren sie den Kontakt zu ihren kriegerischen Wurzeln und nach kaum hundert Jahren verlor ihre Dynastie die Macht.

Der dritte Sohn, Ögödei, bekam die heutige Westmongolei und die südlich und westlich angrenzenden Steppengebiete. Dschingis Khan selbst hatte ihn noch auf dem Sterbebett als seinen Nachfolger als Großkhan bestimmt, was 1229 auf einer großen Reichsversammlung bestätigt wurde. Der vierte Sohn, Tolui, schließlich bekam die Stammlande der Dschingisiden, das heißt die östliche Mongolei.

Das legendäre Karakorum

Unter Ögödei als Großkhan wurde Karakorum (Kharkhorin) errichtet. Handwerker aller Länder wurden in die Hauptstadt am oberen Orkhon verschleppt. Ein gefangener französischer Goldschmied schmiedete einen mannshohen Baum aus Edelmetall, aus dessen Zweigen sich von Wein bis zu Kumiss die verschiedensten Getränke ergossen. Kaufleute aus allen Richtungen trafen ein. Sie machten in Karakorum Station auf dem Weg von Osten nach Westen und umgekehrt. Die Kaufleute waren die eifrigsten Befürworter der mongolischen Macht, konnte man doch ohne lästige Grenzen zwischen Europa, dem Mittleren Osten und China Handel treiben. Marco Polo hat seine berühmte Reise in dieser Zeit unternommen. Es kamen auch zahlreiche Missionare ins Land, die die religiös eher gleichgültigen Mongolen unbedingt zu ihrem Weg der Seligkeit bekehren wollten. Der Franziskaner Wilhelm von Rubruk wurde vom französischen König geschickt und schrieb in seinem Reisebericht, daß er wenigstens einmal mit einem Mullah gleicher Meinung war: Als beide gemeinsam mit einem Schamanen stritten, der die Existenz eines einzigen Gottes rundweg in Zweifel zog.

Die Blütezeit Karakorums währte nur wenige Jahrzehnte. Unter Ögödei und seinen Nachfolgern wurden die Kriege in China fortgesetzt, bis unter Kublai Khan (1215-1294) der letzte Widerstand gebrochen war. Kublai Khan erklärte sich 1260 zum Großkhan, nachdem er sich gegen seinen Bruder Arigböge durchgesetzt hatte. Arigböge war strikt dagegen, daß Mongolen als neue Oberschicht nach China übersiedeln sollten. Er wollte seinem Volk seine angestammte Lebensweise in der Steppe lassen und sich darauf beschränken, Tribut von unterworfenen Völkern

Ausgrabungen im heutigen Kharkhorin (Karakorum)

zu beziehen. Kublai Khan setzte sich jedoch durch, gab die alte Hauptstadt auf und verlegte das Zentrum des Reiches in das neuerrichtete Dadu, das heutige Peking.

Es war das erste Mal in der Geschichte, das ganz China von einer fremden Dynastie regiert wurde. Sehr lange dauerte die Herrschaft der Mongolen nicht. Um ihre Herrschaft abzusichern, hatten die Reiter aus der Steppe ein viergliedriges Gesellschaftssystem eingeführt. Sie selbst standen an der Spitze, direkt nach ihnen kamen Muslime zentralasiatischer Herkunft, die einen großen Teil der Verwaltungsarbeit erledigten. Da sie Fremde waren, konnte man sie leichter kontrollieren als chinesische Beamte. Unter den Muslimen standen Nordchinesen und ganz unten schließlich die Chinesen aus den Südprovinzen.

Dieses System rief immer mehr Unzufriedenheit hervor und wurde 1368, knapp hundert Jahre nach seiner Einführung, von einem Volksaufstand hingefegt. Die Dynastie der Ming gelangte an die Macht. Im ersten Schwung nach der erfolgreichen Vertreibung der Mongolen stieß sie weit in die Steppe vor und zerstörte Karakorum.

Zeit der Wirren

Der Erfolg der Ming gegen die Mongolen war nur kurzlebig, schon bald drangen Mongolen wieder über die große Mauer vor. Ernsthaft in Gefahr geriet China jedoch nicht mehr. Denn im Gegensatz zu Dschingis Khan schafften es seine Nachfolger nicht mehr, die Mongolen zu einen. Im Süden und Norden rangen die zahlreichen Nachkommen des großen Khans um die Macht, und im Westen des Landes tauchte eine ganz neue Linie von Stammesfürsten auf. Man faßt sie unter dem Namen Oiraten zusammen.

Perioden der Wirren und unablässiger Machtkämpfe hatte es auch schon vorher gegeben, doch jetzt trat ein neues Element hinzu. Die Vergrößerung der Heere wie auch die Einführung besserer Körperpanzer und Waffen führte dazu, daß nur der Heerführer auf Dauer Erfolg haben konnte, der über eine größere Menge an Ackerland verfügte, die ihn sowohl mit Lebensmitteln als auch mit Handwerkern versorgte. Die Vorherrschaft wechselte daher zwischen den Oiraten, die sich auf die Oasen Turkestans – der heutigen chinesischen Provinz Xinjiang – stützten, und Stämmen der südlichen Mongolei – der heutigen chinesischen Provinz Innere Mongolei –, die chinesisch besiedelte Gebiete als Basis nutzten. Beide Seiten rangen nicht nur um die Vorherrschaft in der Steppe, sie stießen auch in Tibet zusammen, das in dieser Zeit gleichfalls eine Periode innerer Wirren durchmachte. Hier wurde um die Frage gerungen, welche religiöse Richtung des Buddhismus das Volk annehmen und welcher Lama die politische Macht haben sollte. In diesem Zusammenhang war das Treffen des höchste Repräsentanten der neuen, reformierten Gelugpa-Schule, Sönam Gyatsho (1543–1588) mit dem einflußreichen mongolischen Fürsten Altan Khan (1507–1582) äußerst bedeutsam. Während der Begegnung erinnerte man sich an die guten Beziehungen, die der mächtige Kublai Khan und der in Tibet hochangesehene Phagba-Lama gepflegt hatten. Im beiderseitigen Interesse galt es, diesen Bund zu erneuern. Während dieses Treffens verlieh der mongolische Fürst dem hohen buddhistischen Würdenträger aus Tibet den Titel Dalai Lama, ›Ozeangleicher Lehrer‹. Sönam Gyatsho ernannte postum seine Vorgänger zum ersten beziehungsweise zweiten Dalai Lama und gilt somit als dritter Dalai Lama. Mit dieser Begegnung gewann der tibetische Buddhismus zunehmend an Einfluß auf alle Stammesgebiete der Mongolei. Als der III. Dalai Lama verstarb, wurde in einem Jungen aus dem Geschlecht des Altan Khans seine Reinkarnation wiedererkannt. Der IV. Dalai Lama (1589–1616) blieb der einzige Nicht-Tibeter in dieser bedeutenden Reinkarnationslinie.

Herrschaft der Mandschu

Im späten 16. Jahrhundert begann die Ming-Dynastie im benachbarten China zu bröckeln. Ihre Nachfolge traten die Mandschu an. Das war ein mit den Mongolen weitläufig verwandtes Volk, das bereits längere Zeit in dem Gebiet nördlich der Großen Mauer, der ›Mandschurei‹, einen eigenen Staat gegründet hatte.

Bei ihrer Eroberung Chinas gingen die Mandschu eine Reihe von Bündnissen mit mongolischen Nachbarstämmen ein. Mit deren Hilfe eroberten sie Peking, wo 1640 die neue Dynastie ausgerufen wurde. Um Aufstände zu vermeiden, wurden die verbündeten mongolischen Stämme nicht den unterworfenen Chinesen gleichgestellt, sondern bekamen einen Sonderstatus und eine eigene Verwaltungsstruktur. Diese Organisation ist der Ursprung einer Sonderentwicklung dieser Stämme, deren Gebiet man bald als das der ›Inneren Mongolei‹ zu bezeichnen begann.

Es dauerte rund hundert Jahre, bis auch die ›Äußere Mongolei‹, also das Staatsgebiet der heutigen Mongolei, unter die Herrschaft der Mandschu kam. Während sich die Mandschu in China etablierten, hatten auch die Oiraten ihren Staat im Westen der Mongolei und in Turkestan ausgebaut. Sie zeigten beachtliche Fortschritte beim Ausbau eines festgefügten Staatswesens, verbesserten das mon-

Geschichte, Politik und Wirtschaft [59]

golische Alphabet und bedienten sich der Handwerker in den Oasen Turkestans, um sich eine eigene Artillerie zu verschaffen. Einer noch stärkeren Festigung ihrer Herrschaft standen jedoch die häufige Uneinigkeit und die Weigerung der restlichen Stämme der heutigen Mongolei, der Khalkha, im Wege, die Oberherrschaft von Fürsten anzuerkennen, die nicht von Dschingis Khan abstammten.

Im Jahr 1691, nach einem triumphalen Siegeszug der Oiraten, unterstellten sich die geflohenen Fürsten der Khalkha lieber den Mandschu, als die Oberhoheit der Verwandten aus dem Westen anzuerkennen. Sicher hat dazu beigetragen, daß die Mandschu nicht nur alle Titel und Privilegien der Khalkhafürsten anerkannten, sondern ihnen auch weitgehende Autonomie versprachen. Die Stämme der ›Äußeren Mongolei‹ wurden daher auch nie so stark in das Staatswesen der Mandschu integriert, wie es mit denen der ›Inneren Mongolei‹ geschehen war.

Mit Hilfe der Khalkha begannen die Mandschu eine lange Serie von Kriegen gegen die Oiraten, die immer wieder unentschieden endeten, da die Mandschu die langen Nachschubwege nicht in den Griff bekamen.

Ein letztes Mal geriet die Position der Mandschu in den 1750er Jahren ins Wanken. Grund war ein Aufstand der westlichen Khalkha unter Führung eines Adligen namens Sengüünjar, der sich mit Amarsanaa verbündete, dem Führer der Oiraten. Zwar mußten sich die Mandschu und ihre Verbündeten zuerst weit nach Osten zurückziehen, doch als sie 1758 mit verstärkten Kräften zurückkamen, gingen sie äußerst brutal vor. Weder Frauen noch Kinder wurden geschont, die Oiraten wurden regelrecht ausgerottet.

Bis zum Ende des 19. Jahrhunderts blieb die Herrschaft der Mandschu unangefochten.

Triumph des Buddhismus

Nach der endgültigen Niederlage der Oiraten herrschte gut 150 Jahre lang Frieden. In dieser Zeit kam es zu einem gewaltigen Umbruch im gesellschaftlichen Gefüge der Mongolen. Aus einem Volk, das zur Zeit Dschingis Khans alle Religionen mit Mißtrauen betrachtet und sich lieber an die Geister seiner Schamanen gehalten hatte, wurde eines der religiösesten Völker der Erde. Beginnend mit Erdene Zuu, das neben und aus den Ruinen Karakorums errichtet wurde, wurden nach und nach immer mehr buddhistische Klöster gegründet, bis es in dem dünnbesiedelten Land über 700 gab. Die Zahl der Lama stieg bis zu über 40 Prozent der männlichen Bevölkerung an, wobei nicht alle von ihnen auch in ein Kloster eintraten. Viele waren auch verheiratet und führten ein mehr oder minder ›normales‹ Familienleben.

Größtes Ansehen unter den Mönchen genossen die sogenannten Khutagts, die Wiedergeburten von Schülern und Jüngern Buddhas, deren Zahl immer mehr zunahm, bis schließlich jeder Aimag einen oder sogar mehrere dieser ›Erleuchteten‹ vorzuweisen hatte.

Der größte unter diesen Khutagts war der Bogd Gegeen, der anfänglich mit seinem Gefolge im Zentrum der Mongolei von Ort zu Ort zog, bis er sich schließlich im 18. Jahrhundert endgültig in Urga, dem heutigen Ulan Bator, niederließ.

Der Niedergang der Mandschuherrschaft

Die Mandschu hatten allen Mongolen ursprünglich einen Sonderstatus eingeräumt, wobei die Mongolen der südlichen, ›Inneren‹ Mongolei fester in das Staatsgefüge integriert waren als die Mongolen der nördlichen, ›Äußeren‹ Mongolei. Teil dieses Sonderstatus war die strikte Trennung von Chinesen und Mongolen. Um Konflikten vorzubeugen, war es Chinesen verboten, sich permanent auf mongolischem Gebiet anzusiedeln, und auch die Tätigkeit chinesischer Kaufleute war streng reglementiert.

Doch je mehr den Mandschu die Kontrolle über China entglitt und je mehr sie selbst unter Druck ihrer chinesischen Untertanen gerieten, desto weiter wurden die alten Regeln aufgeweicht, bis sie Ende des 19. Jahrhunderts schließlich ganz und gar verschwanden. Die chinesischen Kaufleute in den Steppengebieten legten ihre Zurückhaltung ab und machten die Nomaden durch zügellosen Wucher von sich abhängig. Und wo sich Gegenwehr regte, wurde der Adel bestochen, der in den langen Jahren der Mandschuherrschaft längst gelernt hatte, mehr nach Peking zu schauen als die Interessen seiner Untertanen im Blick zu behalten. Chinesische Bauern siedelten sich auf den besten Böden an und verdrängten die Viehzüchter.

In der Inneren Mongolei dürfte bereits Anfang des 20. Jahrhunderts die Mehrheit der Bevölkerung aus Chinesen bestanden haben. Alle Versuche der dortigen Mongolen, einen eigenen Staat zu gründen, blieben erfolglos. In der Äußeren Mongolei dagegen waren die Mongolen immer noch deutlich in der Mehrheit, als 1911 die Mandschu-Dynastie endgültig zusammenbrach.

Reste der Festungsmauern einer mandschu-chinesischen Garnison in Khovd-Stadt

Wo – wie in Uliastai und Khovd – die chinesischen Beamten nicht freiwillig den Rückzug antraten, wurden sie dazu gezwungen, und überall wurden die Bücher der chinesischen Kaufleute verbrannt. Die mongolische Oberschicht ergriff die Chance und erklärte die Unabhängigkeit. Staatsoberhaupt wurde die höchste buddhistische Reinkarnation auf mongolischem Boden, der Bogd Gegeen – nunmehr Bogd Khan – von Urga, dem späteren Ulan Bator.

Um den neuen Staat abzusichern, wurden Verhandlungen mit Rußland aufgenommen. Das Zarenreich war schließlich bereit, die Autonomie, wenn auch nicht die Unabhängigkeit der Äußeren Mongolei zu garantieren. Das bedeutete, daß die Mongolei zwar offiziell Teil Chinas blieb, aber Rußland zusicherte, weder chinesisches Militär noch chinesische Kolonisten auf dem Gebiet der Mongolei zu tolerieren.

Die erste Phase der Unabhängigkeit

Mit dem Bogd Khan als Oberhaupt war der neue Staat eine Theokratie, ähnlich wie im kulturell verwandten Tibet. China hatte aus einer Position der Schwäche heraus der Autonomie der Mongolei zustimmen müssen, gab aber seinen Anspruch auf das Steppenland nicht auf. Als Rußland in Revolution und Bürgerkrieg versank, beschloß die Regierung in Peking, die Situation auszunutzen. 1919 rückte eine chinesische Armee in Urga ein und zwang die Mongolen die ›Bitte‹ auszusprechen, doch wieder von China übernommen zu werden. Der Bogd Khan, der die Unterschrift verweigerte, wurde unter Hausarrest gestellt. Die chinesischen Kaufleute holten wieder die alten Kladden hervor und begannen aus den Mongolen den Zins herauszupressen, der sich während der vergangenen Jahre angesammelt hatte.

Der verrückte Baron

In dieser Situation tauchte die wohl seltsamste Gestalt der mongolischen Geschichte des 20. Jahrhunderts auf: Roman Ungern von Sternberg. Der ›verrückte Baron‹, wie er oft genannt wurde, war ein russischer Adliger baltendeutscher Herkunft. Der russische Kaufmann Burdukow, der ihn 1911 im Westen der Mongolei kennenlernte, berichtet in seinen Erinnerungen, daß von Sternberg, ein gläubiger Buddhist, schon damals überzeugt war, später eine wichtige Rolle in der mongolischen Geschichte zu spielen. Doch seine Vorgesetzten, denen der Tatendrang ihres Reiteroffiziers unheimlich war, sorgten dafür, daß er rasch wieder weit in den Westen des russischen Reiches versetzt wurde. Von Sternberg, ein Mann von sagenhafter physischer Ausdauer und großem kriegerischen Temperament, kämpfte auf Seiten der Weißen im russischen Bürgerkrieg. Aus Kosaken und den den Mongolen verwandten Burjaten formierte er eine nur ihm ergebene Reitertruppe. Als die Weißen 1920 in Sibirien endgültig den Bolschewiki unterlagen und Richtung Pazifik flohen, um sich unter den Schutz der Japaner und Engländer zu begeben, beschloß Ungern von Sternberg seinen alten Traum zu verwirklichen und drang mit seiner ›asiatischen Division‹ in die Mongolei ein.

Mit wenigen tausend Mann gelang es ihm, die weit überlegenen chinesischen Kräfte zu schlagen und den Bogd Khan aus dem Hausarrest zu befreien. Der erfreute Gottkönig machte ihn zu seinem persönlichen Kriegsminister, und für einige Monate war Ungern von Sternberg de facto, wenn auch nicht offiziell, Herrscher über die Mongolei. In dieser Zeit schickte er Briefe an die Führer der verschiedensten Nomadenstämme Zentralasiens, nach Kasachstan, die Innere Mongolei und Turkestan. In seinen Briefen rief er zur Wiederherstellung eines zentralen Khanats in der Nachfolge Dschingis Khans auf. Mit den vereinten Nomadenstämmen sollte in Rußland die Monarchie wiederhergestellt werden. Doch die Antworten kamen nur zögernd, und schließlich wollte der ungeduldige Baron nicht länger warten. Im Frühjahr 1921 drang er wieder in Sibirien ein, wo sich ihm aber keineswegs, wie er erwartetet hatte, die Massen anschlossen. Die Rote Armee beschloß daraufhin ihrerseits, in die Mongolei einzudringen. Sie wurde dabei von jungen mongolischen Revolutionären unterstützt, die im Sommer 1920 eine eigene Partei, den Vorläufer der späteren Staatspartei, gegründet und bald darauf Kontakt mit der neuen Staatsspitze in Moskau aufgenommen hatten. Ihr Anführer war der junge Damdiny Sükhbaatar, dessen Standbild heute auf dem zentralen, gleichnamigen Platz der mongolischen Hauptstadt steht.

Gemeinsam schlugen die Truppen die Armee Ungern von Sternbergs. Seine eigenen Leute, der sinnlosen Kämpfe müde, lieferten den Baron schließlich an die Rote Armee aus. Einige Monate später wurde er in Novosibirsk hingerichtet.

Nach dem vereinten Einzug von Roter Armee und mongolischen Revolutionären änderte sich vorerst nicht viel im Leben der Mongolen. Der Bogd Khan blieb zwar Staatsoberhaupt, doch mit seinem Tod wurde die Theokratie abgeschafft, ein neuer Bogd Khan nicht mehr zugelassen. Am 26. November 1924 wurde die Mongolei zur Volksrepublik erklärt.

Die mongolische Volksrepublik

Es ist fraglich, ob die Männer um Sükhbaatar allein stark genug gewesen wären, von Sternberg aus Urga zu vertreiben: Der Kreis, der 1920 die spätere Staatspartei gegründet hatte, bestand aus lediglich sieben Männern! Sükhbaatar selbst kam bereits 1923 unter bis heute ungeklärten Umständen ums Leben. Noch fraglicher ist es, ob seine Nachfolger ohne sowjetische Rückendeckung gewagt hätten, die Mongolei nach dem Tod des letzten Bogd Khan zur Volksrepublik nach sowjetischen Muster zu erklären. Denn noch waren die Mitglieder der mongolischen revolutionären Volkspartei (MRVP) nur eine kleine Minderheit in einem Volk, das weiterhin vor allem auf seine religiösen Führer hörte und in dem es nach wie vor Sitte war, daß zumindest ein Sohn in ein Kloster eintrat.

Sicher waren die mongolischen Revolutionäre keine Kommunisten im sowjetischen Sinn. Sie waren vielmehr Nationalisten, die ihr Land in die Moderne bringen wollten und die nur in der Anlehnung an die Sowjetunion die Möglichkeit sahen, dieses Ziel zu verwirklichen. Daraus ergaben sich beständige Spannungen zwischen den sowjetischen Beratern einerseits, die das Tempo des ›sozialistischen Aufbaus‹ forcieren wollten, und den Führern der Mongolischen Revolutionären

Das Mosaik auf dem Zaisan-Berg in Ulan Bator beschwört die sowjetisch-mongolische Freund-

Volkspartei (MRVP) andererseits, die sich eher auf den weiteren Ausbau einer nichtreligiösen höheren Bildung und auf behutsame soziale Reformen beschränken wollten.

Kampf gegen die Religion

Die nach wie vor so herausragende Stellung der Lama vor allem war es, die immer wieder Konflikte zwischen dem großen Bruder in Moskau und der mongolischen Parteiführung hervorrief. Trotz beständigem Drängen der Sowjetunion und mehrfacher Auswechslung der Parteiführung verschleppten die Mongolen die von Moskau so dringend geforderte Abrechnung mit den ›reaktionären‹ Lama.

Überhaupt waren die politischen Beziehungen nicht von Herzlichkeit geprägt. Der Ministerpräsident der Mongolei, Peljidiin Genden, den Stalin 1935 nach Moskau bestellte, soll dem sowjetischen Diktator Stalin bei einem Wortgefecht sogar die Pfeife aus dem Mund geschlagen haben. 1937 wurde er unter dem Vorwand der Spionage in Moskau erschossen.

Schließlich fand Stalin einen Mongolen, der sich bereit erklärte ›die Liquidierung der Lama als Klasse‹ vorzunehmen. Es war Khoroogiin Choibalsan, einer der Revolutionäre, die 1921 zusammen mit Sükhbaatar die Macht ergriffen hatten. Im Herbst 1937 – sowjetische Truppen waren zur Absicherung ins Land gekommen – begann eine Terrorwelle nie gekannten Ausmaßes. Als erstes wurden alle Mitglieder der MRVP liquidiert, die des ›Abweichlertums‹, das heißt der ungenügenden Härte verdächtigt wurden. Dazu kamen viele Mitglieder der schöpferischen Intelligenz und praktisch alle, die im nicht-sowjetischen Ausland studiert hatten.

Unmittelbar darauf wandte sich der Furor gegen die Religion. Von den mehr als 700 Klöstern wurden bis auf eine Handvoll alle zerstört und ihre Insassen fast ausnahmslos erschossen. Man geht heute von nicht weniger als 30 000 Ermordeten aus, also gut fünf Prozent der Bevölkerung. Gleichzeitig wurden die reichen Zeugnisse des mongolischen Kunsthandwerks in den Klöstern vernichtet und das meiste Schrifttum verbrannt. Unersetzliche Werte des mongolischen kulturellen Erbes gingen für immer verloren. Wenig später wurde die alte Schrift abgeschafft, und die Mongolei ging zum kyrillischen Alphabet über.

Grenzstreitigkeiten

Von der Außenwelt kaum beachtet, kam es im Juni 1939 bei Khalkhyn Gol im Südosten der Mongolei zu einem kurzen, aber heftigen Grenzkrieg zwischen sowjetischen und mongolischen Truppen auf der einen und japanischen auf der anderen Seite. Die Japaner gingen als Verlierer aus dieser Auseinandersetzung hervor und verzichteten fortan auf weitere Provokationen an der Grenze. Eine andere Folge war eine größere Akzeptanz des sowjetischen Einflusses in der Mongolei. Khalkhyn Gol hatte gezeigt, daß der nördliche Nachbar bereit war, das Territorium des kleineren Nachbarn mit Waffengewalt zu verteidigen.

Nach dem Ende des Zweiten Weltkriegs wurde die ›mongolische Frage‹ endgültig entschieden. Auf sowjetischen Druck sah sich China gezwungen, jegliche Ansprüche auf die Mongolei aufzugeben. Die Aufnahme in die UNO im Jahr 1961 dokumentierte die uneingeschränkte Souveränität des Landes.

Die zweite Phase der mongolischen Volksrepublik

Nachfolger von Choibalsan, der im Frühjahr 1952 starb, wurde Yumjaagiin Tsedenbal. Er galt bis zu seiner Absetzung 1984 (offiziell aus gesundheitlichen Gründen) als gehorsamster Staatschef im sowjetischen Machtbereich.

Medizinischer Fortschritt

Innenpolitisch begann mit Tsedenbal eine Phase, die vielen Mongolen heute als goldene Zeit erscheint. Die Massaker der 30er Jahre gerieten allmählich in Vergessenheit, und in vielen Bereichen konnte die Situation verbessert werden. An erster Stelle ist die ärztliche Versorgung zu nennen: Die moderne Medizin trat an die Stelle der alten magischen Praktiken. Noch bis in die späten 30er Jahre war es beispielsweise üblich, das Blut der Mutter nach einer Geburt dadurch zu ›reinigen‹, daß man ihr die ›neun schmutzigsten Dinge‹ - unter anderem Hundehaar - in den Geburtskanal schob. Das Ergebnis war der Tod oder die Unfruchtbarkeit vieler Frauen und eine entsprechend niedrige Geburtenrate. Mit der neuen Medizin setzte ein stürmisches Bevölkerungswachstum ein, innerhalb von etwa 50 Jahren verdoppelte sich die Bevölkerung. 1927 gab es im ganzen Land nur 50 Krankenhausbetten, Ende der 30er Jahre bereits beinahe tausend, und Anfang der 60er Jahre war die Versorgung flächendeckend.

Landreform

Die vielleicht wichtigste Reform der Nachkriegszeit war eine völlige Umgestaltung der Verwaltungsstruktur auf dem Land. Im Prinzip ging es um die Frage, wie man einer Bevölkerung, die bis zu zwanzigmal im Jahr den Wohnort wechselt und dabei teilweise hunderte von Kilometern zurücklegt, eine moderne Schulbildung sowie eine elementare medizinische Versorgung zukommen lassen kann. In der benachbarten Sowjetunion hatte man dieselbe Frage in den 30er Jahren sehr simpel und brutal dadurch gelöst, daß man die Nomaden zur Niederlassung zwang und Teile ihres Landes unter den Pflug nahm. Die Folgen waren in jeder Hinsicht katastrophal, und ein Land wie Kasachstan hat bis heute mit den Folgen zu kämpfen: Große Teile des Landes, die nur nomadisch bewirtschaftet werden können, wurden damals zu Neuland. Noch heute verweht die dünne Humusschicht durch Winderosion, gehen die Grundwasservorräte zurück und nimmt die Versalzung der Ackerflächen zu. Die ursprüngliche Steppenvegetation ist in diesen Gebieten weitgehend zerstört.

In der Mongolei dagegen fand man eine neue Lösung. Die erste Frage, die zu beantworten war, war die nach der Mindestgröße des Landes, das man braucht, um erfolgreich nomadisch zu wirtschaften. Man teilte also das ganze Land in Bezirke ein, die jeweils über Winter-, Frühlings-, Herbst- und Sommerweiden verfügten. Die neuen Landkreise – Sums genannt – waren zwar nach europäischen Maßstäben immer noch sehr groß, aber bedeutend kleiner als die alten Verwaltungseinheiten. Jede Familie wurde einem Sum zugeteilt, und im Zentrum jedes

Arztpaar im Kreiszentrum

Sums wurden ein Internat für die Kinder der Nomaden und ein Krankenhaus errichtet. Da es vom Zentrum eines Sums immer noch sehr lange dauern konnte, bis man in seine entlegeneren Ecken kam, wurde weiter ein System von Hausärzten etabliert, die wie die umliegende Bevölkerung in Jurten lebten und gegebenenfalls auch umzogen. Selbst ein flächendeckendes veterinärmedizinisches System wurde nach den gleichen Regeln eingerichtet.

Kollektivierung der Herden

Die Etablierung dieses Systems ging mit einer Kollektivierung der Herden einher. Jede Familie hatte zwar noch einen kleinen Privatbesitz an Tieren, aber der weitaus größte Teil des Viehbestands gehörte der jeweiligen Kollektivwirtschaft und war nach genauem Plan abzurechnen. Als größter Nachteil des neuen Systems erwies sich, daß man die Nomaden zwang, sich auf bestimmte Tiersorten zu spezialisieren, was die jahrtausendealte Erfahrung der Nomaden mit gemischten Herden außer acht ließ. Wichtige Kenntnisse gingen dabei verloren. Schließlich litt auch die Eigeninitiative der Viehhalter, was letztlich die Effizienz des neuen Systems untergrub. Heute ist der Viehbestand privatisiert, die Verwaltungsreform dagegen hat man beibehalten. Nach wie vor sind die Sums mit ihren Krankenhäusern, Schulen und Internaten die Basis für die staatliche Infrastruktur auf dem Land. Allerdings hat das System stark unter mangelnder Finanzierung gelitten, und schon lange kann die Mongolei nicht mehr – wie noch im Sozialismus – so elementar Wichtiges wie die Seuchenfreiheit ihrer Fleischexporte garantieren.

Schulreform

Eine zweite wichtige Errungenschaft in den Jahrzehnten nach dem Krieg war die einer allgemeinen Schulbildung. Als die Asiatische Entwicklungsbank 1992 eine Übersicht über den erreichten Stand veröffentlichte, stand das Nomadenland, was den Bildungsstand betraf, an einer der ersten Stellen in Asien. Die Universitäten in Ulan Bator und in einigen der Aimagzentren bestanden bereits seit mehreren Jahrzehnten und hatten eine beachtliche Zahl von Studenten ausgebildet. Dazu kamen viele zehntausende, die im sozialistischen Ausland studiert hatten, allein 25 000 in der DDR.

Schließlich kam es seit den 60er Jahren zu Ansätzen einer Industrialisierung. Vor allem Betriebe der Leicht- und Lebensmittelindustrie, die örtliche Rohstoffe verarbeiteten, wurden gegründet. Dazu kamen eine Reihe von Bergbaubetrieben wie das Kupferkombinat von Erdenet, das bis heute größter Devisenbringer der Mongolei ist.

Der Übergang zur Demokratie

Ab Mitte der 80er Jahre begannen Perestroika und Glasnost auch in die benachbarte Mongolei auszustrahlen. Immer mehr Mongolen interessierten sich für blinde Flecken in der offiziellen Geschichtsschreibung, und erste Fragen nach

Geschichte, Politik und Wirtschaft [67]

Ländliches und städtisches Leben zugleich: Jurtenviertel in Ulan Bator

den Massenmorden in den 30er Jahren kamen auf. Zweifellos regte sich auch ein gewisser Nationalismus, denn der sowjetische Einfluß hatte ein nur noch schwer erträgliches Ausmaß erreicht. Mehr als die Hälfte der Politbüromitglieder hatte russische Frauen, und in vielen Einrichtungen saßen sowjetische Berater, von denen viele jegliches Feingefühl im Umgang mit den Mongolen vermissen ließen. Auch dämmerte immer mehr Mongolen trotz ihrer Isolation von der Außenwelt, daß die Sowjetunion keineswegs, wie von offizieller Seite behauptet, ›an der Spitze des weltweiten Fortschritts‹ stand. Schließlich und endlich hatten vor allem jüngere Mongolen die allgegenwärtige Gängelung satt, die viele ältere noch im Namen des sozialistischen Fortschritts akzeptiert hatten.

Im Jahr 1989 kam es in Ulan Bator zu ersten Massendemonstrationen gegen die Diktatur der Partei. Im Februar 1990 wurde die erste nichtkommunistische Partei der Mongolei gegründet, und im März 1990, nach einem langen Hungerstreik führender Oppositioneller, löste sich der große Volkshural, das kommunistische Scheinparlament, schließlich selbst auf. Am 29. Juni 1990 gab es die ersten freien Wahlen.

Die Mongolei seit der demokratischen Wende

Die Mongolei war eine Ausnahme unter den postsozialistischen Staaten. Die ersten freien Wahlen wurden noch einmal von der alten Staatspartei, der MRVP, gewonnen, die nicht nur von ihrer hervorragenden Organisation auf dem Land profitierte, sondern auch von der allgemeinen Verbesserung der Lebensverhältnis-

[68] Geschichte, Politik und Wirtschaft

Telefonanbieter im Gespräch

se nach dem Zweiten Weltkrieg. Im Prinzip hätten die Mongolen gerne das alte soziale System beibehalten, wenn auch ohne die allumfassende Staatskontrolle. Die MRVP entsprach dem Wunsch der Bevölkerung und versagte sich einer möglichen Alleinherrschaft, indem sie eine Koalition mit der demokratischen Opposition einging. In rascher Abfolge wurde eine Reihe demokratischer Reformen verabschiedet.

Wirtschaftskrise

Die neue Freiheit hatte allerdings auch weniger erfreuliche Folgen. Mit dem fluchtartigen Rückzug sowjetischer Experten, dem Zusammenbruch der alten staatlichen Verteilungsstrukturen und dem Ende der wirtschaftlichen Hilfe aus dem RGW (Comecon) kam es zu einer verheerenden Wirtschaftskrise. Die Versorgung der Städte konnte nur noch mit Gutscheinen aufrechterhalten werden. Als die Tierbestände auf dem Land privatisiert wurden, zogen es Hunderttausende vor, das alte Nomadenleben wiederaufzunehmen, statt in Ulan Bator und den Provinzhauptstädten auf eine Besserung zu warten.

Der größere Teil der Ackerbauflächen, die man in den letzten Jahrzehnten eingerichtet hatte, wurde wieder aufgegeben und die Arbeitsgeräte als Schrott nach China verkauft. Ähnliches geschah mit der Mehrheit der Industriebetriebe.

Es ist kein Wunder, daß sich die Bevölkerung in dieser Krise nach der alten Zeit zurückzusehnen begann. 1992 errang die MRVP mit 71 von 76 Sitzen im

Parlament einen noch deutlicheren Wahlsieg, und diesmal kehrte die Partei zur Alleinherrschaft zurück. Doch eine Rückkehr zur alten Staatswirtschaft war nicht mehr möglich.

Als es auch der MRVP in den nächsten Jahren nicht gelang, die Lage grundlegend zu verbessern, erlitt sie bei den nächsten Wahlen 1996 eine erdrutschartige Niederlage. Zum erstenmal seit 1921 war die MRVP nicht mehr an der Regierung beteiligt und eine Koalition mehrerer demokratischer Parteien kam an die Macht.

Wirtschaftliche Reformen

Die neue Regierung unter Mendsaikhan Enkhsaikhan liberalisierte die Wirtschaft, schaffte die Importzölle ab und beschnitt überkommene Subventionen wie die für den Brotpreis. Industriegüter wurden schlagartig billiger, und eine Welle von gebrauchten Autos, vor allem aus Korea, kam ins Land. Waren des täglichen Bedarfs dagegen wurden teurer, was große Bevölkerungskreise schmerzlich traf. Die Bilanz war also gemischt. Als uneingeschränkter Erfolg war nur die Privatisierung des Wohneigentums an die jeweiligen Bewohner zu bezeichnen. Auf einmal hatten große Bevölkerungskreise beleihbares Eigentum, was zur Gründung einer Vielzahl von kleinen Geschäften führte.

Schon nach zwei Jahren war die Regierung Enkhsaikhan am Ende. Der Anlaß für ihre Abwahl durch die eigenen Leute war die angebliche Selbstherrlichkeit der Regierung, der wahre Grund jedoch dürfte die immer weiter um sich greifende Unzufriedenheit der Bevölkerung gewesen sein, die die Parlamentarier um ihre Mandate fürchten ließ.

Es folgten zwei Jahre der wechselnden Regierungen, die von Wirtschaftsskandalen geprägt waren. Bei den Parlamentswahlen im Jahr 2000 kam wieder die MRVP an die Macht. Bei den nächsten Wahlen im Sommer 2004 gab es ein Patt zwischen MRVP und Demokraten gefolgt von einer großen Koalition.

Die Wahlen 2008

Die MRVP gewann Ende Juni 2008 eine absolute Mehrheit. Zumindest verkündete das die Wahlkommission. Die Demokraten behaupteten einen Wahlbetrug und riefen am 1. Juli zu Protesten auf. Die Demonstration eskalierte, und das Parteihaus der MRVP wurde niedergebrannt. Sieben Menschen wurden erschossen, Dutzende verletzt und Hunderte verhaftet.

Die Ereignisse dieses Tages und die vorangegangene Wahl sind noch immer umstritten. Hat es eine wirkliche eine Wahlfälschung gegeben? Waren die Ausschreitungen ›echt‹ oder provoziert? Am ehesten entspricht wohl der Wahrheit, daß die MRVP tatsächlich die Wahl gewonnen hatte, aber nicht so deutlich, wie angegeben. Provokateure mögen in der Menge gewesen sein, aber wahrscheinlich wäre die Demonstration so oder so eskaliert, da die Polizei ungenügend gerüstet war. Gewalttätige Demonstrationen hatte es in der Mongolei bis dato nicht gegeben.

Die neue Regierung und die Weltfinanzkrise

Neuer Ministerpräsident wurde der MRVP-Vorsitzende Sanjaagiin Bayar. Wenig später brach die Weltfinanzkrise aus, von der die Mongolei schwer getroffen wurde.

Im Herbst 2008 sank der Preis für Kupfer, das Hauptausfuhrgut um 70 Prozent. Dazu kam eine allgemeine Vertrauenskrise. In den Jahren zuvor hatte der scheinbar unaufhaltsame Anstieg der Preise für Buntmetalle und Kohle große Euphorie geweckt, da sich in der Mongolei einige der weltweit bedeutendsten, noch nicht erschlossenen Vorkommen befinden.

Im Vorgriff auf den erwarteten Geldsegen und den Zustrom westlicher Experten hatte in der Hauptstadt eine starke Immobilienspekulation eingesetzt. Seit Ende 2008 stehen fast alle Kräne still und niemand weiß, ob die Milliarden, die da auf Kredit verbaut wurden, jemals wieder hereinkommen.

In den Jahren des Rohstoffbooms hatte die Mongolei um das Kupfervorkommen von Oyu Tolgoi, eines der größten der Welt, immer höher gepokert, aber war zu keinem Abschluß gekommen. Im Oktober 2009 wurde schließlich mit der kanadischen Gesellschaft Ivanhoe Mines ein Vertrag unterzeichnet, der der Mongolei in einigen Jahren beträchtliche Einnahmen einbringen soll. Kaum war dieses wichtige Projekt unter Dach und Fach, trat Premierminister Bayar aus Gesundheitsgründen zurück und bestimmte den Geschäftsmann Sükhbaataryn Batbold zum Nachfolger.

Feierlichkeiten zur Parlamentseinweihung

Außenpolitik

Von Mexiko heißt es, man stöhne dort, so weit von Gott, so nahe an den Vereinigten Staaten. Was sollen dann erst die Mongolen sagen? Das Zweieinhalb-Millionen-Volk ist eingeklemmt zwischen zwei der mächtigsten Staaten der Welt, Rußland und China.
 Allerdings sind die Beziehungen zu Rußland und China sehr unterschiedlich.

Das Verhältnis zu China

Was das Verhältnis zum Nachbarland China angeht, so ist in der Mongolei unvergessen, daß China der Unabhängigkeit des Landes erst 1945 zugestimmt hat. Auch nicht gerade beruhigend für die Mongolen ist, daß in China immer wieder – wenn auch nicht offiziell sanktioniert – Karten gedruckt werden, auf denen die Mongolei als zu China gehörig eingezeichnet ist. Sehr genau wird in der Mongolei auch die Tendenz der chinesischen Geschichtsschreibung der letzten Jahre registriert, Dschingis Khan als ›Chinesen‹ zu reklamieren. Die Begründung der Chinesen hierfür ist die Tatsach, daß Dschingis Khans Enkel Kublai Gründer der Yuan-Dynastie war.
 Die Angst der Mongolen ist groß, letztlich das Schicksal Tibets und der Inneren Mongolei zu erleiden, die mit allen Mitteln sinisiert werden und deren Kultur nur noch als Folklore für Touristen geltengelassen wird. Bezüglich der Inneren Mongolei sind die Würfel längst gefallen, jeder weiß, daß die Titularbevölkerung in dieser Provinz nur noch ein Fünftel der Einwohner ausmacht. Die Mongolei enthält sich bezüglich des sich in der Inneren Mongolei immer noch regenden Nationalismus jeden Kommentars. Auch in den Massenmedien wird darüber nichts berichtet, um die Beziehungen zum übermächtigen Nachbarn nicht zu strapazieren. Die Situation in Tibet erschwert dagegen die Beziehungen zu Peking wesentlich stärker, denn der Dalai Lama ist nun einmal auch das Oberhaupt der Buddhisten der Mongolei. Beim vorletzten Besuch des Dalei Lama in der Monglolei im Jahr 2002 tat China sein Mißfallen kund, indem es den Zugverkehr für zwei Tage unterbrach. Den letzten Besuch im August 2006 ließ Peking gnädig unbestraft, da die Visite als ›privat‹ deklariert wurde.
 Auch sonst ist Peking in den letzten Jahren eifrig bemüht, die Mongolen von seinen guten Absichten zu überzeugen. Obgleich Chinesen nach wie vor ein Visum für die Mongolei benötigen, reisen Mongolen visafrei nach China ein. Mongolische Journalisten werden regelmäßig zu kostenlosen Propagandareisen eingeladen, Stipendien für Studenten werden freigiebig ausgeteilt und der mongolischen Regierung günstige Kredite angeboten. Bis jetzt aber hält sich die Resonanz in Grenzen. Bestes Beispiel dafür ist die Autobahn von Peking zur Grenzstadt Erlian, die die am wenigsten befahrene vierspurige Asphaltstrecke der Welt sein dürfte, denn auf der anderen Seite gibt es Richtung Ulan Bator bis heute nicht mehr als eine ungeteerte Piste, obgleich Peking bereits die kostenlose Finanzierung angeboten hat. Die Mongolei fürchtet, wirtschaftlich abhängig zu werden.

Doch so sehr sich das Land sträubt, die chinesische Durchdringung ist in Wirklichkeit in vielen Bereichen längst im Gang. Die Mehrheit der Neubauten in Ulan Bator wird von chinesischen Bauarbeitern errichtet, das mongolische Kaschmir wird überwiegend südlich der Grenze verarbeitet, und immer mehr kleine Goldminen werden aus dem Land der Mitte beherrscht. Momentan wäre es noch für jeden mongolischen Entscheidungsträger politischer Selbstmord, offiziell irgendein strategisch wichtiges Unternehmen in chinesische Hände fallen zu lassen; aber was sollen sie machen, wenn Ausländer mongolische Bodenschätze an China weiterverkaufen?

Das Verhältnis zu anderen Staaten

Das Verhältnis der Mongolei zu Rußland ist viel entspannter. Sollte der Mongolei wieder, wie im 20. Jahrhundert, nur die Wahl zwischen Rußland und China bleiben, gibt es wenig Zweifel, wie sich die Mongolei entscheiden würde. Von Rußland sind keine Einwandererwellen zu befürchten, und von Landkarten, die die Mongolei als Teil Rußlands zeigen, ist auch nichts bekannt. In Ulan Bator fürchtet man eine Schwäche des nördlichen Nachbarn mehr als seine Stärke, und besorgt werden die sinkenden Bevölkerungszahlen in Sibirien registriert. Genauso wenig behagt, daß der chinesische Einfluß auch in Sibirien zunimmt und sich die beiden Riesen gegen amerikanischen Druck in den letzten Jahren enger zusammengeschlossen haben.

Die Amerikaner schließlich haben dankbar registriert, daß die Mongolei im Irak den im Verhältnis zur eigenen Bevölkerungszahl höchsten Anteil an Truppen stellt und den USA Landerechte für die Airforce eingeräumt hat. Auch gibt es Pläne, den USA eine permanente Basis im Land zu gewähren. Das wäre in den Augen der Mongolen die ultimative Versicherung gegen jegliche Erpressungsversuche aus China. Aus ähnlichen Gründen unterhält die Mongolei beste Beziehungen zu Japan und versucht alles, dessen wirtschaftliches Interesse an der Mongolei zu wecken, wobei man natürlich immer darauf achten muß, den Riesen im Süden nicht zu sehr zu verärgern.

Einen einzigen kleinen Vorteil hat Ulan Bator, und das ist ausgerechnet sein geringes politisches Gewicht. Niemand verdächtigt das Land eigener Ambitionen, und das macht es geeignet als Vermittler. Das wiederum hilft, international ein gutes Ansehen zu gewinnen.

Auf dem Markt in Khovd-Stadt

So spielt die Mongolei, die zu beiden Koreas und den USA ein gutes Verhältnis hat, eine sehr leise, aber nicht unwichtige Rolle bei dem Versuch, den Streit um das nordkoreansiche Atomprogramm zu entschärfen.

Insgesamt ist die Außenpolitik Ulan Bators ein beständiger, schwieriger Drahtseilakt, den die Mongolen bis jetzt erfolgreich absolviert haben.

Wirtschaft

Die Mongolei gehört zum ärmeren Drittel der Staaten. Allerdings dürfte laut Schätzungen der Weltbank gut die Hälfte der Wirtschaftsleistung nirgendwo registriert sein, und auch wenn offiziell 36,7 Prozent der Bevölkerung unter die Armutsgrenze fallen, so vermeidet der traditionelle Familienzusammenhalt für viele Betroffene die schlimmsten Folgen der Armut. Das Land gehört zur Weltspitze, was die Entwicklungshilfe pro Kopf betrifft. 2005 bekam es Hilfen in Höhe von gut 200 Millionen Dollar, was einem Drittel des Staatshaushalts entspricht. Wie man an den Neubauten in der Hauptstadt ablesen kann, boomte die Wirtschaft in den vergangenen Jahren. Hauptgründe sind die gestiegenen Rohstoffpreise sowie, daß es seit 2002 aufgrund des günstigen Wetters auch kein größeres Viehsterben mehr gegeben hat. Selbst die Zahlungsbilanz mit dem Ausland ist seit drei Jahren zum erstenmal mehr oder minder ausgeglichen.

In der Landwirtschaft sind rund 40 Prozent der Mongolen beschäftigt, von denen nur eine verschwindende Minderheit im Ackerbau tätig ist. Alle anderen sind Nomaden, betreiben mobile Viehhaltung. Insgesamt trägt der Sektor 21,7 Prozent zur gesamten Wirtschaftsleistung bei (Zahlen von 2005).

Im Sektor Bodenschätze, Industrie und Bauwirtschaft sind laut offizieller Zahlen von 2005 knapp 30 Prozent der Bevölkerung tätig, die etwa denselben Anteil zur gesamten Wirtschaftsleistung beitragen.

Gut die Hälfte der Mongolen im Dienstleistungsbereich tätig, der allerdings weniger als 30 Prozent zur gesamten Wirtschaftsleistung beiträgt. Eine Sonderrolle spielt der Tourismus, der in den letzten Jahren stark zugenommen hat. In der Zeit zwischen 2001 und 2005 hat sich die Besucherzahl nahezu verdoppelt und erreichte knapp 350 000. Laut Information des Ministeriums für Straßenwesen, Transport und Tourismus erwirtschaftete die Tourismusbranche 2006 etwa zehn Prozent des gesamten Bruttoinlandproduktes.

Ackerbau

Weniger als ein Prozent der Landesfläche ist ackerbaulich genutzt, und die Mongolei muß je nach Ernte bis zur Hälfte des Getreidebedarfs importieren. Zu sozialistischen Zeiten lag der Anteil der Ackerbaufläche höher, und die Mongolei war ein Exporteur von Getreide. Es gibt Stimmen, die für eine erneute Vergrößerung der Ackerbaufläche plädieren. Umstritten jedoch ist, ob sich das rechnet. Der Bedarf an Düngemitteln, Treibstoff und Strom für die Bewässerung ist erheblich und die Ernten niedriger als auf den schlechtesten Böden der EU. Neben Getreide werden in geringem Maße auch Gemüse und Kartoffeln angebaut. Obwohl in den vergangenen Jahren ein Erntezuwachs erreicht werden konnte, wird die Mongolei weiterhin auf Gemüseimporte aus dem Ausland angewiesen sein.

Viehwirtschaft

Der Sozialismus hinterließ der Viehwirtschaft einen administrativen Rahmen, der zum erstenmal in der mongolischen Geschichte eine umfassende veterinärmedizinische Betreuung der Viehbestände ermöglichte. Im Prinzip existiert dieses System immer noch, nur leider ist es unterfinanziert. Als Folge konnte der Aufschwung, den die Viehwirtschaft mit der Privatisierung genommen hat, nicht voll genutzt werden. Da die Mongolei keine Seuchenfreiheit ihrer Viehbestände mehr garantieren kann, ist der Fleischexport seit der politischen Wende eingebrochen und hat sich nicht wieder erholt. Was den innermongolischen Fleischmarkt angeht, so ist auch er in den 90er Jahren auf Druck des Internationalen Währungsfonds völlig privatisiert worden. Die Folgen sind katastrophal. Da die Transportkosten in dem Riesenland mit seinen schlechten Straßen eine ausschlaggebende Rolle spielen, bekommen die Viehzüchter je weniger Geld für ihr Fleisch, desto weiter sie vom Hauptverbraucher – Ulan Bator – und den Provinzzentren entfernt sind. Also drängen sie in die Nähe der Märkte. Heute gelten zehn Prozent des Landes als überweidet, aber mindestens derselbe Landesanteil wird kaum mehr genutzt. Der Staat wird mehr Verantwortung übernehmen müssen, wenn er das ländliche Gleichgewicht erhalten will. Doch wie und ob er es überhaupt will, sind zwei ganz andere Fragen. Nicht wenige politische Entscheidungsträger in der Hauptstadt scheinen sich mental mehr und mehr vom eigenen Land zu entfernen, und es gibt Politiker in beiden Blöcken, die glauben, daß die mobile Tierhaltung so oder so keine Zukunft habe.

Pferde am Orkhon-Fluß

Geschichte, Politik und Wirtschaft [75]

Entwicklung des Viehbestandes in Tausend	1998	2001	2002	2004	2007	2008
Gesamt	32274,2	26078,2	23897,6	28027,9	40263,9	42195,9
Kamele	365,5	288,2	253,0	256,6	260,6	261,8
Pferde	3059,1	2191,8	1988,9	2005,3	2239,5	2122,4
Rinder, Yaks	3725,8	2069,6	1884,3	1841,6	2425,9	2448,3
Schafe	14061,9	11937,3	10636,6	11686,4	16990,1	17898,0
Ziegen	11061,9	9591,3	9134,8	12238,0	18347,8	19465,4

Bodenschätze

Daß die Mongolei über eine Reihe von Lagerstätten mit leicht abbaubaren Bodenschätzen verfügt, hat ihr viele Jahre wenig genutzt. Obwohl in einigen Gemeinschaftsbetrieben mit der Sowjetunion und anderen RGW-Staaten vor allem Kohle und Flußspat abgebaut wurden, blieben die meisten erkundeten Lagerstätten unberührt. Das Land war einfach zu weit von möglichen Abnehmern entfernt, vor allem aber fehlte es an der notwendigen Infrastruktur. Ein Sonderfall war der Kupfertagebau von Erdenet. Erdenet wurde in den 1970er Jahren erschlossen und daneben die gleichnamige, nunmehr drittgrößte Stadt des Landes errichtet. Das Kombinat ist heute zu 51 Prozent in Händen des mongolischen Staates, während der Rest der Anteile von Rußland gehalten wird.

Erdenet ist an Bedeutung für die Mongolei kaum zu überschätzen. Je nach Kupferpreis auf dem Weltmarkt stammen seit der politischen Wende ein bis zwei Drittel des Staatshaushalts aus Erdenet. Doch selbst Erdenet konnte nichts daran ändern, daß die Zahlungsbilanz der Mongolei in den 90er Jahren immer tiefer ins Minus rutschte und die Auslandsverschuldung des Landes zunahm. 1997, zu Zeiten einer Baisse am Kupfermarkt, sah sich die Regierung Enkhsaikhan gezwungen, ein Bergbaugesetz zu verabschieden, das für die Mongolei sehr ungünstig war. Unter anderem blieben internationale Investoren im Rohstoffsektor fünf Jahre völlig steuerfrei. Als sich der Wind am Rohstoffmarkt in den letzten Jahre plötzlich drehte und die Notierungen für alle Nichteisenmetalle in die Höhe schossen, wurde ein Tagebau nach dem anderen eröffnet – vor allem Gold –, ohne daß dies der Mongolei etwas anderes als verwüstete Landschaften eingebracht hätte. Als sich aufgrund des Booms alle Augen auf diesen bis dahin wenig beachteten Sektor richteten, wurde allgemein bekannt, daß auf der Grundlage des Gesetzes von 1997 bereits für nicht weniger als die Hälfte der Landesfläche Bergbaulizenzen vergeben worden waren. Folge waren im Sommer 2006 ausgedehnte Proteste, Hungerstreiks und ein Jurtenlager im Zentrum der Hauptstadt. Diese Proteste führten im Herbst zur Verabschiedung eines neuen Bergbaugesetzes, das zumindest theoretisch der Mongolei bessere Bedingungen verschafft. Allerdings bleibt die Verwirklichung abzuwarten.

Kasachische Frauen in der Textilmanufaktur ›Altai Craft‹ in Ölgii

Der Goldabbau im Land stimmt nicht optimistisch. Es gibt hunderte von kleinen Tagebauen, die verheerende Auswirkungen auf den Wasserhaushalt des Landes haben. Sie sind allesamt praktisch unkontrolliert, und viele führen nicht einmal Steuern ab. Allerdings geben sie auch Beschäftigung, zumindest die völlig illegalen, die rein mongolischen Abbaustätten, wo mit nicht mehr als Hacke und Schaufel gearbeitet wird. Gut hunderttausend illegale Goldgräber gibt es mittlerweile in der Mongolei, und ihre Zahl wächst mit dem Goldpreis. Sie stellen die Regierung vor ein Dilemma, denn natürlich sind die Schürfrechte längst an meist ausländische Gesellschaften vergeben, die nun von der Regierung die Vertreibung der ›Ninja‹ genannten Illegalen fordern. Doch schon einige hundert Menschen stellen in einem Land mit nur zweieinhalb Millionen Einwohnern eine große Zahl dar, und so zögert die Regierung ein ums andere Mal. Mindestens einen Toten und viele Schwerverletzte hat es bereits bei Auseinandersetzungen zwischen den Gesellschaften und den Ninjas gegeben, und wie sich die Situation in Zukunft entwickelt, ist noch nicht abzusehen.

Industrie

Außer Betrieben der Lebensmittelindustrie gibt es in der Mongolei kaum Industriebetriebe. Die wollverarbeitende Industrie – ohne Kaschmir – stellt 2,5 Prozent des Bruttoinlandproduktes und die lederverarbeitende ganze 1,3 Prozent. Der Export dieser Betriebe ist vernachlässigbar. Einzige Ausnahmen sind einige

Geschichte, Politik und Wirtschaft [77]

wenige Textilbetriebe, die von einem bevorzugten Zugang zum amerikanischen Markt profitieren, sowie die Kaschmirverarbeitung, die zu sozialistischen Zeiten einmal hoffnungsvoll mit Maschinen aus der DDR begonnen hat, seit einigen Jahren aber immer mehr von der chinesischen Konkurrenz zurückgedrängt wird. Als einer der wenigen Betriebe hat sich die Firma ›Gobi‹ behaupten können, die im Herbst 2006 aus der Hand des Staates in den Besitz italienischer Investoren übergegangen ist.

Bildung und Wissenschaft

Als die Asiatische Entwicklungsbank 1992 eine Bilanz zog, gehörte die Mongolei zu den führenden Ländern in Asien, was Alphabetisierungsgrad und Universitätsabschlüsse angeht.

Das Land hat seither zwar erheblich an Boden verloren, und auf dem Land wachsen die ersten Kinder – vor allem Jungen – auf, die nicht lesen und schreiben können, aber insgesamt ist das Niveau immer noch beachtlich, gerade im Bereich der Naturwissenschaften und Mathematik. Mongolische Jugendliche, die in deutsche Bundesländer kommen, sind nach Besuch einer ganz normalen mongolischen Schule ihren deutschen Altersgenossen zumindest auf diesen Gebieten weit voraus. Die Universitäten leiden mehr als die Schulen unter den miserablen Gehältern, die Staatsangestellten gezahlt werden, da die besten Absolventen die Möglichkeit haben, ins Ausland zu gehen, was langsam zum Absinken des Niveaus führt.

Bevölkerung und Sprache

›Sterben die Mongolen aus?‹ So leitete Anfang des 20. Jahrhunderts der russische Akademiker Ivan Maiskii in seinem Buch über die junge autonome Mongolei den Abschnitt zur Bevölkerungsentwicklung ein. Laut Volkszählung von 1918 lebten in den damaligen Provinzen 647 500 Menschen. Vergleichsdaten gab es keine, aber die subjektive Wahrnehmung der Gouverneure und verschiedener ausländischer Expeditionsreisender war, daß die Einwohnerzahl beständig abnahm. Eine Säuglingssterblichkeit von annähernd 50 Prozent und eine durchschnittliche Lebenserwartung von nur etwa 32 Jahren führten unter anderem zu dieser These. Auch wenn Maiskii in seinen Überlegungen zu dem Ergebnis kam, daß die Bevölkerung seit langem stagnierte, so bestätigte auch er, daß diese Konstanz äußerst labil war und jederzeit in Richtung Rückgang der Einwohnerzahl kippen konnte.

Die gesellschaftlichen Veränderungen der folgenden Jahrzehnte führten jedoch zu einer entgegengesetzten Entwicklung. Entsprechend den Vorstellungen über den Aufbau eines kommunistischen Gesellschaftssystems fiel der Entwicklung eines flächendeckenden, kostenlosen Gesundheitssystems eine große Bedeutung zu. Aufklärung, prophylaktische Maßnahmen und medizinische Betreuung wirkten sich deutlich auf den Bevölkerungszuwachs aus. Nach 50 Jahren hatte sich die Einwohnerzahl nahezu verdoppelt.

Bevölkerungsentwicklung heute

Heute leben rund 2,7 Millionen Menschen in der Mongolei. Ende der 90er Jahre fiel die Zuwachsrate von 2,5 auf 1,2 Prozent zurück, da die Geburtenrate deutlich abnahm. Heute steigt sie langsam wieder an und bewegt sich zwischen 1,4 und 1,5 Prozent. Trotz des gebremsten Zuwachses hat die Mongolei eine sehr junge Bevölkerung, mehr als die Hälfte ist jünger als 25 Jahre. Es ist eine große gesellschaftliche und wirtschaftliche Herausforderung für die junge demokratische Republik, den vielen Jugendlichen eine Ausbildung zu ermöglichen und später Arbeitsplätze zur Verfügung zu stellen. Nach Schätzungen der ›Asian Development Bank‹ liegt die Arbeitslosenquote in der Mongolei bei etwa 25 Prozent. Schon heute gehen viele junge Leute ins Ausland, um sich dort ihren Lebensunterhalt oder ein Startkapital für die Selbständigkeit zu verdienen. Rund 200 000 Mongolen arbeiten in der Fremde, 37 000 davon in Korea.

Ein weiterer deutlicher Ausdruck für die verbesserten Lebensbedingungen und eine Ursache für den Bevölkerungszuwachs ist die signifikant gestiegene durchschnittliche Lebenserwartung, die heute bei 67 Jahren (Frauen) und 63 Jahren (Männern) liegt.

Trotz des starken Bevölkerungswachstums gehört die Mongolei zu den Ländern mit der geringsten Bevölkerungsdichte. Bei einer Fläche von knapp 1,6 Millionen Quadratkilometern leben durchschnittlich 1,6 Einwohner auf einem Quadratkilometer (zum Vergleich: 231 in Deutschland). Hinzu kommt, daß etwa 57 Prozent der Bevölkerung in Städten lebt. Damit ist die reale Dichte in den ländlichen Gebieten in vielen Regionen noch geringer und bleibt in vielen Aimags weit unter einem Einwohner je Quadratkilometer. Im Ömnögov-Aimag sind es gerade einmal 0,3 Einwohner je Quadratkilometer, und die Aimags Bayan Ölgii und Selenge sind mit über zwei Einwohnern pro Quadratkilometer geradezu dichtbesiedelt. Im Gegensatz dazu leben in der Hauptstadt Ulan Bator nach Schätzungen über eine Million Menschen. Weitere größere Städte sind Erdene und Darkhan mit jeweils rund 80 000 Einwohnern. Die anderen Städter leben in den Aimagzentren, deren Einwohnerzahl selten die 20 000 überschreitet und die nach europäischen Maßstäben eher Kleinstädte sind.

Ethnische Zusammensetzung

Mutter Erde hat zahlreiche Völker auf dem Gebiet der heutigen Mongolei genährt: Skythen, Hunnen, Uiguren, Kirgisen, Tungusen und viele andere. Seit Anfang des 12. Jahrhunderts besiedelte ein Stammesverband, der sich selbst Mongol nannte, das Grasland. Eine wechselhafte Geschichte ließ die Mongolen ausziehen, heimkehren, teils in der Fremde verbleiben. Zwistigkeiten und jüngere Geschichte trennten den Verband, so daß heute die Mehrheit außerhalb des Territoriums des mongolischen Staates lebt. Allein im Autonomen Gebiet der Inneren Mongolei (China) leben über drei Millionen Mongolen. Zu den Mongolen zählen ebenso die Burjaten (etwa 400 000) und Kalmücken (etwa 170 000), die in Rußland vorwiegend in ihren Autonomen Republiken leben.

Bevölkerung und Sprache [79]

Kasachen beim Reiterspiel

In der Mongolei selbst gehören knapp 90 Prozent der Bevölkerung den verschiedenen mongolischen Stämmen und Gruppen an. Die Khalkha-Mongolen bilden mit etwa 80 Prozent die überwiegende Mehrheit und sind überall im Land anzutreffen. Die Burjaten (1,7 Prozent) siedeln im Nordosten der Mongolei, vorwiegend in den Aimags Selenge, Khentii und Dornod, die unmittelbar an der russischen Grenze liegen, unter anderem an der Grenze zur Autonomen Republik Burjatien. Im Westen der Mongolei leben die meisten verschiedenen Ethnien, und die Khalkha-Mongolen sind hier in der Minderzahl. Vor allem sind es die Dörvöt, Bayat, Zakhchin und Miangat, die zu den Oiraten, den ›Waldmenschen‹, zählen, die insgesamt etwa zehn Prozent der Bevölkerung der Mongolei ausmachen. Die Sartuul, Darkhad und Khotgoid im Nordwesten sind den Khalkha-Mongolen sehr nahe, ihre Sprache und auch einige Gebräuche unterscheiden sie aber doch voneinander. Im Osten und Südosten des Landes leben die Barga, Üizemchin und Dariganga.

Die größte nichtmongolische Bevölkerungsgruppe ist die der Kasachen mit etwa fünf Prozent der Bevölkerung. Sie leben hauptsächlich im Westen der Mongolei, im Bayan-Ölgii-Aimag und stellen dort knapp 90 Prozent der Einwohner. Zu den turkstämmigen Ethnien zählen neben den Kasachen auch die Tuwa, Khoton und Darkhad, die ebenfalls im Westen der Mongolei zu Hause sind. Insgesamt werden von der Mongolischen Akademie der Wissenschaften über 20 verschiedene ethnische Gruppen angegeben, die, wie zum Beispiel die Tsaatan, teilweise nur noch aus wenigen Familien bestehen.

Frauen in der Mongolei

Man sagt, daß ohne Frauen in der Mongolei nichts geht. Tatsächlich fällt schnell auf, daß mongolische Frauen keine Mauerblümchen sind. Sie sind gebildet, ihre kräftigen Arme können Hindernisse aus dem Weg räumen, sie machen sich gut als Managerinnen, können genauso hart sein wie Männer, sind bewundernswerte Organisationstalente und tragen doch das Mütterliche in sich. Ihr Leben ist ein schwieriger Balanceakt zwischen Arbeit, Mann, Kindern und Haushalt. Mit Würde tragen sie die Last auf ihren Schultern und versuchen alles unter einen Hut zu bringen.

Als Nomaden waren die Frauen seit jeher zuständig für das Innenleben der Jurte und die Erziehung der Kinder, während die Männer die Außenbeziehungen pflegten und sich um die Herde kümmerten. Dabei waren die Frauen jedoch nicht nur auf häusliche Pflichten beschränkt, wie der Franziskanermönch Plano de Carpini im 13. Jahrhundert feststellte: »Die Frauen und Mädchen reiten und sie galoppieren auf den Pferden ebenso geschickt wie die Männer. Wir sahen sie auch Bogen und Köcher tragen, und sie können lange im Sattel aushalten. Sie lenken auch die Wagen und bessern sie wieder aus, sie beladen die Kamele und sind sehr flink und tüchtig in aller ihrer Arbeit. Alle Frauen tragen Beinkleider und einige schießen mit dem Bogen ebenso gut wie die Männer.«

Junge Frauen auf dem Naadamfest

Die Hauptlast aller Arbeit liegt auf den Frauen, was ihnen relativ große Freiheiten und einige Rechte in Entscheidungsfragen einräumt. Trotzdem gilt der Mann nach wie vor als Oberhaupt. Eine besonders geachtete Stellung hat die Frau als Mutter. Die Frau als Schöpferin von Leben findet in der Volksdichtung und in Lobgesängen einen wichtigen Platz und zeigt, wie die Mongolen den Müttern Respekt und Verehrung entgegenbringen. Schon damals war es kein größeres Problem, ein voreheliches Kind zu haben, und in der Jassa (Gesetz im Mongolischen Reich) war festgehalten, daß Kinder von Nebenfrauen in die Erbfolge einbezogen werden.

Auf dem Land haben sich traditionelles Leben und Arbeitsteilung trotz der Kollektivierung des Landes in den 1960er Jahren weitgehend erhalten. In den Städten und Aimagzentren sah das Leben der Frauen während der sozialistischen Zeit meist etwas anders aus. Die Frauen waren zu großen Teilen werktätig und waren in das öffentliche und politische Leben involviert. Sie genossen ein hohes Bildungsniveau, da man während dieser Zeit bei den Frauen auf Ausbildung und bei den Männern eher auf Muskelkraft setzte. An den Hochschulen studierten bis zu 70 Prozent Frauen. Vor der Wende, als es noch Arbeit, ein gut funktionierendes Bildungssystem und Gesundheitswesen gab, genossen die Frauen daher eine Gleichstellung, die für diese Zeit eher außergewöhnlich war, obwohl an wichtigen Stellen und Positionen Männer saßen und auch das letzte Wort hatten.

Nichtsdestotrotz gab es auch schillernde weibliche Persönlichkeiten in der Politik. Eine davon war die sagenumwobene Mandkhaj, die Kluge. Nachdem ihr Ehemann, Manduul Khan, gestorben war, adoptierte sie 1467 den letzten Nachkommen Kublai Khans, Batmönkh Dayan. Sie übernahm das Kommando und vereinte nochmals die mongolischen Stämme unter vielen persönlichen Opfern. Als ihr adoptierter Sohn 19 Jahre alt war, heiratete sie ihn und stellte so die Machtnachfolge der Erben Dschingis Khans sicher.

Eine weitere interessante Figur war Sükhbaataryn Yaandjmaa (1883–1963), Witwe des 1923 verstorbenen Nationalhelden Damdiny Sükhbaatar. Sie war Mitglied des Politbüros der Mongolische Revolutionären Volkspartei von 1940 bis 1950 sowie Mitglied des Kleinen und Großen Khurals. Nach dem Tod von Gonchigiin Bumtsend übernahm sie die Rolle als Staatspräsidentin der Mongolei für die Übergangsperiode von 1953 bis 1954. Somit war sie die erste Frau überhaupt in der Rolle eines Staatspräsidenten, wenn auch nur kommissarisch. Erst viel später, 1974, bekleidete Eva Peron in Argentinien diese Funktion als gewählte Präsidentin.

Nach der Wende

Das Leben wurde nach der Wende für alle Mongolen sehr viel schwieriger, insbesondere für die Frauen. Zu ihrer Arbeitslast kamen Lebensmittelknappheit, Arbeitslosigkeit und Armut hinzu. Auch Bildungsmöglichkeiten waren nicht mehr selbstverständlich. Viele Männer verloren ihr stolzes Nomadendasein, einige suchten Trost im Alkohol. Die Frauen sahen sich oft allein gelassen und mußten die ganze Familie durchschleppen. Alleinerziehende Mütter sind keine

Seltenheit. Man muß leider erwähnen, daß viele Frauen Opfer von Gewalt sind. So entstanden einige Frauenbewegungen, die erste war ›The Liberal Women's Brain Pool‹. Während der Lebensmittelknappheit 1992 wurde eine Gruppe von Frauen aktiv und begann zum Beispiel Beeren und Pilze zu sammeln. Inzwischen ist diese Organisation in allen Aimags vertreten und setzt sich für Menschenrechte, Wirtschaftsförderung und die Rechte der Frauen ein.

Noch immer sind nur wenige Parlamentsmitglieder Frauen. Immer mehr Frauen halten jedoch wichtige Positionen in Groß- und Kleinbetrieben inne. Die Kindererziehung wird heute oft von den Großeltern oder Verwandten übernommen, damit Frauen wie Männer in der neuen Marktwirtschaft mithalten und sich behaupten können.

In dieser schwierigen Zeit des Wandels verfügen die Frauen immer noch über ein wichtiges Kapital, die Bildung. Die Zahl weiblicher Studenten übersteigt auch heute noch die der männlichen.

Sprache

Die Amtssprache der Mongolei ist Mongolisch, genauer Khalkha-Mongolisch, das zur Familie der mongolischen Sprachen gehört. Die mongolischen Sprachen werden, wenn auch nicht ganz unumstritten, von den Wissenschaftlern mehrheitlich der Familie der altaischen Sprachen zugeordnet. Zu dieser Familie gehören auch die Turksprachen und die mandschu-tungusischen Sprachen. Interessant ist, daß Sprachwissenschaftler derzeit auffällige Parallelen zwischen den altaischen Sprachen und Koreanisch und Japanisch untersuchen und ebenso mögliche verwandtschaftliche Beziehungen zu den finno-ugrischen Sprachen. Charakteristisch für die altaischen Sprachen sind das Fehlen von Artikeln, die Vokalharmonie und die Agglutination, das heißt, Endungen, die an ein Wurzelwort ›angeklebt‹ werden und damit eine grammatikalische Funktion ausüben. Diese Suffixe dienen aber auch der Sinnveränderung des Wortstamms beziehungsweise der genaueren Bestimmung; beispielsweise haben die Begriffe Lernender, Ausbilder, Schule und Ferien das gleiche Wurzelwort. Die Vokale der Endungen richten sich, entsprechend den Gesetzen der Vokalharmonie, nach denen des Wortstammes.

Die mongolischen Sprachen werden nach geographischen Gesichtspunkten in drei Hauptzweige untergliedert. Zu dem westmongolischen Zweig gehören Kalmükisch und Oiratisch, zum ostmongolischen unter anderem Khalkha, Burjatisch und Dariganga. Einem isolierten Zweig werden das in Afghanistan gesprochene Moghul und das vorwiegend in der chinesischen Provinz Gansu gesprochene Dongxiang zugeordnet. Insgesamt verständigen sich heute über sieben Millionen Menschen in einer der mongolischen Sprachen, Dialekte oder Mundarten. Früher, während der Zeit des großen mongolischen Imperiums und auch noch einige Zeit danach, war Mongolisch eine allgemeinverständliche und völkerverbindende Sprache in Asien, ähnlich dem Latein in Europa. Noch im 15. Jahrhundert schrieb das China der Ming-Dynastie seine Gesandtschaftsschreiben nach dem Westen auf mongolisch. Die Differenzierung der Sprachen vollzog sich im wesentlichen erst im 16. und 17. Jahrhundert.

Bevölkerung und Sprache [83]

Das in der Mongolei gesprochene Khalkha-Mongolisch ist für drei Viertel der Bewohner des Landes die Muttersprache. Daneben wird im Norden der Mongolei von knapp zwei Prozent der Bevölkerung burjatisch gesprochen, im Westen sind verschiedene oiratische Dialekte wie die der Bayat, Dörvöt und Zakhchin zu Hause. Im Osten und Südosten werden unter anderem Mundarten der Dariganga und Üizemchin gesprochen. Die meisten Sprachgruppen können sich ohne größere Probleme miteinander verständigen, mit Ausnahme der Burjaten, deren Sprache doch größere Eigenheiten aufweist. Generell kann man sagen, daß gut 90 Prozent der Bevölkerung eine mongolische Sprache sprechen.

In der Mongolei, insbesondere im Westen des Landes, leben auch turkstämmige Ethnien, die sich in ihren eigenen Sprachen verständigen. Die größte Gruppe bilden die Kasachen mit etwa fünf Prozent der Bevölkerung. Im Bayan-Ölgii-Aimag ist Kasachisch die zweite Amtssprache. Zu den turksprachigen Minoritäten zählen außerdem die Tuwa, die Darkhads und die Tsaatan.

Schrift

Das älteste derzeit bekannte Zeugnis des mongolischen Schrifttums ist eine Steinstele mit fünf senkrechten Zeilen in uiguro-mongolischer Schrift. Dieser Schrift bedienten sich die Mongolen seit Anfang des 13. Jahrhunderts. Eingeführt wurde sie im Zusammenhang mit der Staatsbildung und Gesetzgebung auf Anordnung von Dschingis Khan. Der Überlieferung zufolge hat der Gelehrte Tatatunga, uigurischer Gefangener und späterer Lehrer und Berater im Dienste des Khans, das uigurische Alphabet übernommen; er schrieb es aber vertikal und von links nach rechts. Dschingis Khan soll weiterhin befohlen haben, daß die Prinzen das Mongolische in uigurischer Schrift lernen sollten.

Im Laufe der Jahrhunderte gab es mehrere Versuche, eine andere Schrift einzuführen, so die im Auftrag von Kublai Khan entwickelte ›Quadratschrift‹ von Lama Phags-pa. Sie wurde hauptsächlich für amtliche Schreiben genutzt wie den Paiza-Paß oder Ausweistafel, die dem Inhaber sicheres Reisen durch das Großreich garantierte. Mit dem Zusammenbruch des Mongolenreichs verschwand diese Schrift. Im 17. Jahrhundert entwickelte der Lama Pandita eine Schrift, die dem westmongolischen Dialekt besser entsprach. Während die oiratisch- und kalmückischsprechenden Mongolen diese ›klare‹ Schrift annahmen, wurde von den anderen die uiguro-mongolische Schrift beibehalten. Auch die vom ersten Bogd Gegeen Zanabazar Ende des 17. Jahrhunderts entwickelte Sojombo-Schrift setzte sich nicht durch. Das Sojombo-Zeichen wurde allerdings Symbol der mongolischen Unabhängigkeit und ist auch heute noch Bestandteil der mongolischen Flagge.

In den 1920er Jahren begannen in der selbständig gewordenen Mongolei die Anstrengungen zur Alphabetisierung der Bevölkerung, die zu weit über

Die mongolische Nationalflagge mit dem ersten Buchstaben der Sojombo-Schrift

[84] Bevölkerung und Sprache

90 Prozent weder lesen noch schreiben konnte. Damit verbunden waren Überlegungen, die komplizierte und schwer zu erlernende Schrift zu verändern: kompliziert zum einen, weil die Buchstaben am Anfang, in der Mitte und am Ende des Wortes verschieden geschrieben wurden, zum anderen, weil das geschriebene Wort dem gesprochenen nicht entsprach. Anfänglich gab es Bestrebungen, die uiguromongolische Schrift und Rechtschreibung zu reformieren. Es folgten Versuche mit dem lateinischen Alphabet. Letztlich wurde 1941 die kyrillische Schrift mit den zusätzlichen Vokalen ›ө‹ und ›γ‹ eingeführt. Diese Entscheidung ist zweifelsohne ein Zeugnis der rigorosen Beeinflussung durch die Sowjetunion.

In den der 80er Jahren, als der Demokratisierungsprozeß begann und mit ihm die Rückbesinnung auf die eigenen historischen Wurzeln, vermehrten sich die Stimmen nach Wiedereinführung der klassischen uiguro-mongolischen Schrift. 1991 beschloß das Parlament, daß bis 1994 die alte Schrift als Amtsschrift wieder eingeführt werden sollte. In den allgemeinbildenden Schulen wurde die uiguro-mongolische Schrift neben dem Kyrillischen wieder unterrichtet, und im Fernsehen und der Presse wurden Erwachsenenkurse angeboten, da die nach 1940 geborenen Mongolen in der Regel diese Schrift nicht beherrschten. Trotz dieser Anstrengungen hat sich die klassische Schrift nicht durchgesetzt. Die Mehrzahl der Presseerzeugnisse erscheint im gewohnten Bild in kyrillischer Schrift, Schulbücher sind kyrillisch geschrieben, auch die Präsentation der mongolischen Regierung im Internet erfolgt mittels kyrillischer Buchstaben. Doch unabhängig davon, ob Amtsschrift oder nicht: Die junge Generation kann die klassische mongolische Schrift inzwischen lesen und hat somit wieder direkten Zugang zu ihrer alten Kultur und Geschichte.

Religion

»Die Mongolei ist ein Tummelplatz für allerlei Dämonen, für natürliche, sozusagen mit Fleisch und Bein begabten, wie für die erdichteten, für solche, die auf dem Boden der Steppe selbst gewachsen sind, und für die unendliche Zahl derer, die über die Grenzen des Graslandes von allen vier Himmelsrichtungen eindrangen. Der sieghaft gebliebene Lamaismus hat sich mit Erfolg bemüht, die Geister zu einen. Ihm war kein armes Teufelchen des unterlegenen primitiven Schamanentums zu gering, als daß es nicht Aufnahme in heiligen Klosterbezirk gefunden und als Trabanten irgendeines Gottes eine Auferstehung hätte feiern dürfen. Daneben blieben die kleinen Glauben und Aberglauben des täglichen Bedarfs unangetastet.«
Fritz Mühlenweg, Mongolische Heimlichkeiten (1898-1961)

Schamanismus

Der Schamanismus ist die älteste praktizierte Religion in der Mongolei. Er kennt jedoch keine Glaubenssätze, Institution oder einen vorherrschenden Gott, im Mittelpunkt steht einzig der Schamane oder die Schamanin. Insofern unterscheidet sich der Schamanismus von den großen Weltreligionen, wie wir sie heute kennen.

Ein Schamane ist verantwortlich für das Wohlergehen einer Gemeinschaft und ist Arzt, Psychotherapeut, Wahrsager, Priester und Politiker in einem. Oft wird der Schamanismus mit der Volksreligion gleichgesetzt. Die Volksreligion bezieht sich jedoch auf die Bevölkerung und ihre alltäglichen Rituale sowie auf die kultischen Handlungen im praktischen Umgang mit der übernatürlichen Welt.

Schamanistisches Weltbild

Das Wort ›Schamane‹ hat einen tungusischen Ursprung und kann als ›erregter, bewegter, erhobener Mensch‹ übersetzt werden. Das schamanistische Weltbild zu verstehen, ist nicht ganz einfach. Grundvoraussetzung ist der Geisterglaube, die Vorstellung, daß es verschiedene Welten gibt, die von Geistern und bösen Dämonen bevölkert werden. Auch den Dingen und Lebewesen kann ein Geist innewohnen, der eine bestimmte Qualität besitzt. Als Beispiel ist der Geist eines Bären groß und feindselig, der Geist eines Messers schneidet, während der eines Gefäßes aufnimmt. Der wesentliche Gedanke des Schamanismus ist, daß die Gesamtheit all dieser Geister in vielschichtiger Weise miteinander verbunden. Ein Schamane hat nun die Fähigkeit, diese Zusammenhänge zu sehen und auch zu beeinflussen. Er ist somit Mittler zwischen unserer Welt und der Welt der Geister und Dämonen.

Schamanin beim Volk der Tsaatan

Zum schamanistischen Weltbild gehört auch die Vorstellung, daß der Mensch, solange er lebt, eine Seele besitzt. Wird der Mensch krank, so hat sich seine Seele verirrt, wurde gestohlen oder steht unter dem Einfluß von feindseligen Geistern. Hier beginnt nun die ›Arbeit‹ des Schamanen. Er geht in Trance und ›reist‹ in die Geisterwelt. Sein Ziel ist es, die verlorene Seele seines Patienten zurückzubringen. Dafür muß er Geister besänftigen, mit ihnen verhandeln oder gegen sie kämpfen. Ist er dabei erfolgreich, bedeutet dies die Heilung der kranken Person.

Der Schamane

Es versteht sich, daß der Schamane für diese Heilrituale übermenschliche Kräfte braucht, und nie ganz vor geistiger Verwirrtheit geschützt ist. Aus diesem Grund wählt diesen ›Beruf‹ selten jemand freiwillig. Vielmehr wird ein neuer Schamane von Ahnen auserwählt und während einer harten Prüfzeit auf seine Eignung getestet. Überwindet der Auserwählte die einhergehenden Krankheiten und nimmt seine Berufung an, verfügt er über die nötigen Kräfte und Bewußtsein. Es folgt nun eine praktische Ausbildung bei einem Schamanenlehrer. Der Schamane lernt durch Trance, willentlich in andere Dimensionen zu dringen und von dort wieder zurückzukehren. Utensilien wie Trommel, Schamanenstock und Spiegel sowie ein aufwendiges, nach strengen Regeln gestaltetes Gewand unterstützen ihn dabei. Beim Schamanisieren stehen ihm sein persönlicher Schutzgeist und verschiedene Hilfsgeister zur Seite. Nach der Weihe stellt der Schamane seine Kenntnisse der Stammesgemeinschaft zur Verfügung.

Die Fähigkeiten der Schamanen variieren stark, einige gehen nicht in Trance, sondern beschränken sich auf Geisterbeschwörung, Weissagungen aus dem Schulterblatt eines Schafes oder die Bestimmung günstiger Termine. Die meisten Schamanen leben ihren gewöhnlichen Alltag als Nomaden und eilen zu Hilfe, wenn sie gerufen werden.

Verfolgung und Wiedererstarkung

Diese in der Bevölkerung tiefverwurzelte Tradition des ›Schwarzen Glaubens‹ wurde, teilweise auch gewaltsam, in der zweiten Hälfte des 16. Jahrhunderts durch den Buddhismus verdrängt. Trotzdem gelang es, daß die beiden ›Religionen‹ über lange Zeit relativ friedlich koexistierten. Denn die Buddhisten integrierten geschickt schamanistische Elemente in ihre Religion, und die Mönche übernahmen die Wahrsagerei. Mit den gesellschaftlichen Umwälzungen Anfang des 20. Jahrhunderts ging die Ächtung jeglichen religiösen Denkens einher, buddhistische Mönche und Schamanen wurden zu Schicksalsgefährten. Vor allem Ende der 30er Jahre wurden sie grausam verfolgt und viele von ihnen hingerichtet. Einige Schamanen übten weiterhin heimlich ihre Tätigkeit aus. So konnte der Schamanismus in undurchdringlichen Gebieten wie der Taiga im Khövsgöl-Aimag überleben. Mit der wiedergewonnenen Freiheit in den 1990er Jahren lebt die alte Tradition wieder auf. Medial Begabte, Heiler und Wahrsager bieten ihre Fähigkeiten den Mongolen an, die ihren Glauben an die Kraft der Schamanen nicht verloren haben.

Volksreligion

»Mächtiger Himmel!
Bitte gib uns Sommer und nimm Dürren.
Bitte gib uns gutes Wetter und nimm Winter.
Bitte gib uns Regen und nimm den Sturmwind.
Bitte sorge für Feuchtigkeit und laß saftiges Gras wachsen.
Und Donner, sei ruhig und friedlich.«

Dieses mongolische Gebet an den Himmel macht deutlich, wie die Natur das Leben der Mongolen beeinflußt und regelt. Als Nomaden und Jäger sind sie seit Urzeiten den Elementarkräften und Naturgewalten ausgesetzt. Im Wissen, daß nur ein respektvoller Umgang mit der Natur sie vor Unheil bewahrt, liegt der mongolischen Volksreligion die Naturverehrung zugrunde. Sie verehren und huldigen Naturgottheiten und Geister und hoffen im Gegenzug auf deren Schutz. Wie beim Schamanismus existiert im mongolischen Volksglauben die diesseitige Welt nur in wechselseitiger Abhängigkeit mit der Geisterwelt. Gebete, Opfergaben und Zeremonien dienen dazu, die Gunst der Götter und der Geistwesen zu erlangen.

Dieser Glaube wurde über Jahrhunderte weitergegeben und in Form von Liedern, Gebeten und Geschichten gelehrt, zu ihm gehören alltägliche kleine Rituale und Tabus, zeremonielle Opfergaben und Huldigungen zu besonderen Anlässen.

Volksgötter

Als Schöpfer aller Dinge gilt die oberste Gottheit Khökh Mönkh Tenger, der ewig blaue Himmel. Er ist der wichtigste Beschützer und verkörpert alle sichtbaren und unsichtbaren Dinge. ›Tenger‹ kommt auch oft im alltäglichen Sprachgebrauch vor. So sagen die Mongolen ›tengeriin boshig‹, was am besten mit ›so Himmels (Gottes) Wille‹ übersetzt werden kann, oder als Drohung, ›der Himmel sieht gut und böse‹. Der Vatergestalt des Himmels steht die der ›Mutter Erde‹ gegenüber. Vor langer Zeit waren beide vereint, und als sie getrennt wurden, entstand das Feuer. Das Pantheon der Volksreligion kennt aber noch eine Unzahl weiterer Gottheiten. Allein dem Himmel werden 99 Götter zugeordnet, unter ihnen Khormusta, der als mächtiger Herr der Oberwelt Erlik Khan, dem Beherrscher der Unterwelt, gegenübersteht. Eine beliebte und tiefverehrte Gottheit ist die des Weißen Alten, dargestellt als weißhaariger und langbärtiger Greis. Er ist der Beschützer der Herden, und sein Segen läßt Pflanzen wachsen und Kinder gedeihen. Darüber hinaus gibt es Reitergottheiten, Jagdgottheiten, Wassergottheiten, und an jedem Ort ist eine lokale Gottheit zu Hause.

Groß war immer der Ehrfurcht vor den Bergen und ihren Gottheiten, denen die Mongolen die herrlichsten Lobgesänge widmen. Einer der bekanntesten ist die Hymne an das Altai-Gebirge ›Altai Khangen Magtaal‹. Viele Mongolen hüten sich aus Respekt und Scheu, den Namen eines Berges auszusprechen und auf einer Paßhöhe zu übernachten.

Eine besondere Verehrung kommt dem Feuergott, genauer der Gottheit des Herdfeuers, zu. Sie ist die Gottheit des Lebens und Beschützerin derer, die in der Jurte leben. Deshalb wird mit dem Feuer besonders sorgsam umgegangen und ihm ein kleines, aber gutes Stück vom Essen geopfert. Jedermann sollte sich deshalb hüten, Abfall in die Flammen zu werfen oder dem Herd die Sohlen seiner Schuhe entgegenzustrecken, es könnte die Gottheit beleidigen.

Rituale

Der uralte Glaube an Geister und ihre Macht kennt vielerlei Weisen der Huldigung und des Schutzes, die dem Fremden oft verborgen bleiben. Zwei weitverbreitete Gesten kann der Reisende jedoch oft beobachten: Die traditionelle Mongolin spritzt jeden Morgen einen Teil des ersten gekochten Milchtees gen Himmel, in der Stadt wie auf dem Land schnipst der Gastgeber erst mit dem Finger Wodka in die vier Himmelsrichtungen oder gen Himmel und Erde, bevor die Flasche getrunken wird.

Das sichtbarste Zeichen der mongolischen Volksreligion sind die Steinsetzungen, die sogenannten Ovoos. Sie sind Heiligstätten und Wohnsitze örtlicher Geister und Gottheiten. Sie werden bevorzugt auf Paßhöhen und Bergkuppen errichtet, häufig auch an Bäumen, Seen, Flüssen und Quellen. Die Steinhaufen sind mit bunten Stoffstreifen behangen und mit Opfergaben angehäuft. Im waldreichen Norden sind diese heiligen Orte oft aus Holz zu einem zeltförmigen Gerüst arrangiert. Als Zeichen der Achtung umläuft der Passierende den Ovoo dreimal im Uhrzeigersinn und fügt drei neue Steine hinzu. Dies stimmt die lokale Gottheit und den Reisegott freundlich, und einer unfallfreien Reise steht nichts mehr im Weg.

Inzwischen sind die Ovoos angehäuft mit Opfergaben, die von Geldscheinen über Bonbons bis zu leergetrunkenen Wodkaflaschen reichen. Leider zeigt nicht jeder diesen Kultstätten den nötigen Respekt, und so mancher verwechselt den Ovoo mit einer Abfallhalde.

Buddhismus

Die Lehre Buddhas ist heute weltweit für mehr als 400 Millionen Menschen Weltanschauung und Handlungsleitfaden zugleich. Die ursprünglich aus Indien kommende Lehre breitete sich über Jahrhunderte in Zentral-, Ost- und Südostasien aus, und sie prägt auch heute noch wesentlich das Denken und Wirken der Menschen in den Ländern dieser Region. Seit dem 19. Jahrhundert finden die philosophischen Betrachtungen, ethischen Grundsätze und Methoden der Bewußtseinsschulung auch im Westen immer größeren Anklang.

Gautama Siddharta

Im allgemeinen wird der Buddhismus zu den fünf Weltreligionen gezählt. Als Gründer gilt die historische Person des Gautama Siddharta, der vor etwa 2500 Jahren in Nordindien lebte. Er stammte aus dem adligen Geschlecht der Shakyas und wird deshalb auch Shakyamuni – Weiser der Shakyas – genannt. Auf der Suche nach den Ursachen für das leidvolle Leben der Menschen hatte Gautama durch eigene Praxis erfahren, daß weder prunkvolles Leben noch schmerzerfüllte Askese vom Leiden befreien können. Beide Extreme sind auch nicht dafür geeignet, sich aus dem bestehenden Kreislauf der Wiedergeburt, dem Samsara, zu befreien. Er suchte einen anderen, einen mittleren Weg. Der Überlieferung nach wurde Gautama die Erleuchtung eines Nachts zuteil, als er in tiefe Gedanken versunken unter einem Feigenbaum saß. Die ganze Wahrheit, die sich ihm offenbarte, ließ ihn zu einem Erwachten, einem ›Buddha‹ werden. Er hatte erkannt, daß die den Menschen erfahrbare Welt unbeständig ist, das alles, auch Glück und Schmerz, einem fortwährenden Werden und Vergehen unterworfen ist und daß das Festhalten an der unablässigen Sehnsucht nach angenehmen Lebensempfindungen das Leid erzeugt. Die Unwissenheit darüber läßt die Wesen in einem unendlichen Daseinskreislauf umherirren. Die heilsamen und unheilsamen Taten der gegenwärtigen Existenz bestimmen dabei die Qualität der kommenden Wiedergeburt. Allerdings kann der Mensch durch Überlegung und Betrachtung das wahre Wesen der Dinge erkennen und sein Denken und Handeln entsprechend der Erkenntnis verändern. Damit ist jedem die Möglichkeit gegeben, sich selbst aus dem Kreislauf zu erlösen und das Nirvana zu erreichen.

Altar im Kloster Erdene Zuu

Nach seiner Erleuchtung begann Buddha Shakyamuni im Gazellenhain von Benares zu predigen und setzte somit das Rad der Lehre in Gang. Über 40 Jahre zog er als Wandermönch durch Nordindien und wies einer größer werdende Schar von Anhängern den Weg zur Erkenntnis. Der Kern der Lehre besteht aus den ›Vier edlen Wahrheiten‹: der Wahrheit von der Existenz des Leidens, seiner Ursachen, der Möglichkeit seiner Aufhebung und der Wahrheit vom Weg, der zur Aufhebung des Leidens führt. Dieser Weg, auch als achtfacher Pfad bezeichnet, besteht aus der rechten Anschauung und der rechten Gesinnung (Erkenntnis) aus der rechten Rede, der rechten Handlung sowie dem rechten Lebenserwerb (Ethik) und aus dem rechten Bemühen, der rechten Achtsamkeit und der rechten Konzentration (Meditation). Dieser achtfache Pfad ist jedem zugänglich, der Zuflucht zu den ›Drei Juwelen‹ nimmt, Zuflucht zu Buddha, Zuflucht zum Dharma und Zuflucht zum Sangha. Dabei steht Buddha als Beispiel dafür, das die Erleuchtung erreicht werden kann, das Dharma bezeichnet die Lehre und mit dem Sangha verbindet sich die Gemeinschaft der Gläubigen.

Tibetischer Buddhismus

Ausgehend von den Unterweisungen des historischen Buddhas entstanden im Laufe der Jahrhunderte zwei große Hauptströmungen, die den Weg zur Erleuchtung auf verschiedene Weise interpretieren: das Kleine Fahrzeug (Hinayana) und das Große Fahrzeug (Mahayana). Aus dem Mahayana heraus entwickelte sich ein dritter Weg, das Diamant-Fahrzeug (Vajrayana). Diese drei Fahrzeuge, auch die drei Drehungen des Rades der Lehre genannt, sehen sich alle in der Tradition der historischen Lehre, nur berücksichtigen sie in unterschiedlicher Weise die verschiedenen Fähigkeiten und Interessen der Menschen.

Im tibetischen Buddhismus, der auch die vorherrschende Religion in der Mongolei ist, findet das ursprünglich aus Indien stammende Vajrayana seine Anwendung. Mit Hilfe tantrischer Praktiken, magischer Rituale und spezieller Formen der Meditation kann der Praktizierende seine im Keim vorhandene Buddha-Natur erkennen, schulen und kräftigen und so Schritt für Schritt schneller die Erleuchtung erfahren. Dieser Weg birgt aber auch Gefahren für den Praktizierenden in sich, und deshalb kommt im Vajrayana dem Lehrer (tibetisch Lama) eine außerordentliche Rolle zu. Je nach Erkenntnisstand und individuellen Fähigkeiten des Schülers weiht der Lehrer den Übenden in die zum Teil geheimen Praktiken ein.

Charakteristische Merkmale erhält der tibetische Buddhismus durch die Verschmelzung buddhistischer Traditionen mit Praktiken der einheimischen Bön-Religion, die von schamanistischen und animistischen Glaubensvorstellungen geprägt ist. So ist für den tibetischen Buddhismus kennzeichnend, daß lokale Geister und Gottheiten als Hilfsgottheiten in den buddhistischen Pantheon Eingang finden. Rituelle Praktiken wie das Rezitieren von magischen Formeln (Mantras) gehören ebenso zum Erscheinungsbild wie das Drehen von Gebetsmühlen und das Umwandern von Heiligtümern. Die Mehrzahl dieser religiösen Handlungen sind für die Laien bestimmt, da sie kaum Zugang zu den komplizierten Lehrtexten und

Bücher, Glocke und Diamantzepter sind wichtige Utensilien im tibetischen Buddhismus

schwierigen Meditationsübungen haben. Für die Mönchsgemeinschaft und das klösterliche Leben ist der Kanon des tibetischen Buddhismus von Bedeutung. Er besteht aus zwei Hauptabteilungen: dem Kanjur mit den Worten Buddhas (sutra) einschließlich der Ordensregeln und Kommentare und dem Tanjur mit philosophischen Beiträgen, Ritualtexten (tantra) und Abhandlungen über traditionelle Wissenschaften wie Medizin, Grammatik und Astrologie.

Eine weitere Besonderheit des tibetischen Buddhismus ist der Glaube an die bewußte Wiedergeburt (Reinkarnation) von hohen geistlichen Würdenträgern, die aus Mitgefühl mit den noch nicht Erleuchteten im Kreislauf der Existenzen verweilen. Einige dieser Würdenträger werden als Verkörperung eines Bodhisattvas oder Buddhas angesehen. So gilt der Dalai Lama als Inkarnation des Bodhisattvas Avalokiteshvara und der Panchen Lama als die des Amitabha Buddha.

Auch im tibetischen Buddhismus gibt es verschiedene Schulen. Die vier bedeutensten sind die Nyingmapa, die älteste Schule, die Kagyüpa, die Sakyapa, deren großer Lehrer Sakya Pandita im 13. Jahrhundert von den Mongolen die weltliche Autorität über Zentraltibet verliehen bekam und der eine bedeutende Rolle bei der Einführung der buddhistischen Lehre am Hofe der mongolischen Yuan-Dynastie spielte, und die Gelugpa, die jüngste und heute einflußreichste Schule, die im 14. Jahrhundert von Tsongkhapa gegründet wurde und besonderen Wert auf Gelehrsamkeit und klösterliche Disziplin legt. Als reformierte Schule veränderte die Gelugpa auch ihre Zeremonialkleidung, und die Mönche tragen bei den Versammlungen gelbe Mützen, im Gegensatz zu den alten Schulen, die rote Mützen verwenden. Dieses äußere Kennzeichen führte dazu, daß heute die tibetischen Schulen vereinfacht nach Gelbmützen und Rotmützen unterschieden werden. Geistliches Oberhaupt der Gelugpa-Schule ist der Dalai Lama, der seit dem 17. Jahrhundert auch als politischer und spiritueller Führer aller Tibeter fungiert.

Buddhismus in der Mongolei

Im Gandan-Kloster in Ulan Bator herrscht immer geschäftiges Treiben. Mönche in ihren gelb-roten Roben eilen zu ihren Lehrern, Klosterschüler tragen Teekannen in den Versammlungsraum oder schauen versonnen den Tauben auf dem Platz vor dem Haupttempel des Klosters nach. Hier trifft man auf Gläubige, die der 30 Meter hohen Statue des Mejid Janraisig die Ehre erweisen, die Gebetsmühlen drehen oder sich gegen eine Spende Rat bei den Mönchen einholen. Rings um das Kloster kann man in kleinen Läden Räucherkraut, Zimbeln, Vajras, kleine Buddhastatuen, Khadags und weitere Utensilien erstehen. So wie hier im Gandan erwacht das buddhistische Leben auch in den aufgebauten oder neuentstandenen Klöstern in der gesamten Mongolei wieder.

In einigen länderkundlichen Informationen wird die Zahl der Buddhisten im Land mit 50 oder gar bis zu 80 Prozent der Bevölkerung angegeben. Es ist schwer, eine dieser Zahlen zu bestätigen, da Laien in keinem Register oder Gemeindebuch registriert werden. Die Zahl der Mönche und Nonnen steigt zwar seit der demokratischen Wende stetig an, aber sie dürften in der Summe die 4000 noch nicht erreicht haben. Doch dem Reisenden fällt schnell auf, daß Jung und Alt die Gebetsmühlen drehen, daß in den Wohnungen und Jurten, in den Amtszimmern und Geschäftsräumen selten ein Portrait des Dalai Lama oder ein Abbild buddhistischer Gottheiten fehlt. Auch die unzähligen kleinen Rituale, die den Beistand der Gottheiten garantieren oder Verhaltensweisen, die für ein gutes Karma sorgen, bleiben dem aufmerksamen Beobachter nicht verborgen. Überall ist ein Hauch des praktizierten Glaubens zu spüren.

Zu einem hohen Maße war es die tiefverwurzelte Religiosität der Laien, die den Buddhismus auch in den Jahren des atheistisch geprägten Sozialismus überleben ließ. Dabei spielte die Tatsache eine besondere Rolle, daß der Buddhismus über Tibet in die Mongolei kam. Der tibetische Buddhismus, selbst aus der Verschmelzung der ursprünglichen Lehre Buddhas und der traditionellen schamanistischen Bön-Religion entstanden, verstand es, die alten religiösen Praktiken der mongolischen Nomaden und ihren Glauben an die vielen verschiedenen Geister und Gottheiten in das eigene Lehrgefüge aufzunehmen. Auf diese Weise praktizierten die einfachen Leute im Mantel des Buddhismus ihren traditionellen Glauben weiter. Heute bildet er eine entscheidende Basis für die Wiederbelebung des buddhistischen Lebens auch in den Klöstern.

Repressionen in den 1930er Jahren

Die buddhistischen Gelehrten hatten in der Zeit des Sozialismus nur einen schmalen Raum für die Entwicklung des geistlichen Lebens. Erst 1944 wurde das Gandan-Kloster und 1977 seine Universität wieder eröffnet. Allerdings war die

Kloster Tövkhön, eines der in den 30er Jahren zerstörten und jetzt wiederaufgebauten Klöster

Mehrzahl der gelehrten Lamas Opfer der Repressalien Ende der 1930er Jahre geworden, so daß heute viele Mönche ein Studium an den buddhistischen Schulen außer Landes absolvieren beziehungsweise hohe Würdenträger aus dem Ausland in der Mongolei unterrichten.

In der sozialistischen Zeit hatte die Mongolische Revolutionäre Volkspartei (MRVP) entscheidenden Einfluß auf das Klosterleben. Der Klostervorsteher wurde von ihr bestimmt und viele Aktivitäten mit ihr abgesprochen.

Obwohl in den 1970er Jahren die Religionspolitik liberaler wurde, schmerzt die Wunde, die Ende der 30er Jahre der Gesellschaft zugefügt wurde, bis heute. In den ersten Jahren nach der Revolution ging die Regierung der 1924 gegründeten Volksrepublik sehr behutsam mit der einflußreichen Geistlichkeit um. Das Erbe von 300 Jahren Buddhismus war gewaltig. Nichts im Lande geschah ohne den Beistand der Mönche und der Geistlichkeit. Einerseits waren die Klöster Zentren der Kunst, Bildung und medizinischen Betreuung, andererseits hatten sie einen enormen Reichtum angehäuft, arbeiteten unzählige unfreie Nomaden und einfache Mönche in den Klosterwirtschaften, verliehen die Klöster an zahlungsunfähige Adlige zu Wucherzins Geld.

Die nach sowjetischem Vorbild geplanten Veränderungen der Gesellschaft konnten mit einem so mächtigen Klerus und einer zutiefst gläubigen Bevölkerung nicht umgesetzt werden. Verschiedene Gesetze wurden erlassen, um die wirtschaftliche und geistige Macht zu brechen. 1926 erging das Gesetz über die Trennung von Staat und Kirche, Enteignungen wurden durchgeführt und diverse Steuern erhoben. Für einfache Mönche, die das Kloster verließen und Genossenschaften gründeten, gab es günstige Kredite. Junge Intellektuelle wirkten als Agitatoren gegen den ›Gelben Glauben‹. Von sowjetischer Seite wurde die mongolische Regierung immer wieder gedrängt, massiver gegen den Klerus vorzugehen. Letztlich fand sich in Choibalsan ein Führer der MRVP, der auf Geheiß Stalins erbarmungslos gegen Mönche, Lamas, Schamanen, aber auch westlich orientierte Politiker vorging. Über 25 000 wurden Opfer politischer Verfolgungen, 20 000 von ihnen hingerichtet.

Seit 1990 arbeitet die Kommission zur Rehabilitierung der Opfer politischer Repressionen das Schicksal tausender Betroffener auf. Das 1996 eröffnete Museum für die Opfer der politischen Repression ist im ehemaligen Wohnhaus Gendens untergebracht, jenes Premierministers, der sich in den 30er Jahren geweigert hatte, gegen die Geistlichkeit gewaltsam vorzugehen und selbst eines der ersten Opfer wurde.

Kultur

Feste wie das Naadam- und das Neujahrsfest sind beständige Größen im Kalender aller Mongolen. Die Bräuche rund um die allgemeinen Feierlichkeiten prägen das Land und seine Bewohner ebenso wie wie die Rituale rund um Hochzeiten, Geburten und Todesfälle. Musik und Gesang nehmen dabei im Leben der Mongolen einen besonderen Platz ein; ebenso wie die Gestaltung der Jurte und der Kleidung. Malerei, Literatur und Film sind ›neuere‹ Gattungen, doch auch sie sind geprägt vom kulturellen Erbe des Landes.

Naadamfest

In der Mongolei heißt es:»Wenn der Staub der Rennpferde die Götterwelt erreicht, herrscht in der Menschenwelt Friede, Glück und Wohlstand«. Wer einmal die Atmosphäre während der Naadam-Festspiele erlebt hat, kann diesen Ausspruch gut nachvollziehen. Dabei müssen es nicht unbedingt die Wettkämpfe in der Hauptstadt gewesen sein, auch die in der Steppe haben ihren eigenen Reiz. Das Pferderennen ist dabei eines der ›Drei Spiele der Männer‹, so die Übersetzung von ›Eriin Gurvan Naadam‹. Hinzu kommen Bogenschießen und Ringen. Bis weit in die Geschichte läßt sich das Kräftemessen in diesen drei Disziplinen zurückverfolgen. Die Wettkämpfe waren Spiel und Wehrertüchtigung zugleich. Früher fand Naadam immer dann statt, wenn man aus besonderem Anlaß in großer Zahl zusammenkam. Auch heute werden Kraft und Geschicklichkeit nach beendeter Schafschur, mit Abschluß der jährlichen Filzherstellung oder nach großen religiösen Zeremonien gemessen. Das zentrale Naadam jedoch wird immer während der Festlichkeiten zum Nationalfeiertag vom 11. bis 13. Juli ausgetragen. Ulan Bator befindet sich während des Naadams im Ausnahmezustand. Wer nicht selbst auf der Rennstrecke sein kann oder keinen Platz im Stadion für die Ringkämpfe ergattern konnte, sitzt vor dem Fernseher und verfolgt aufmerksam und sachkundig das Geschehen.

Pferderennen

Der Besuch einer Naadam-Festwiese, in deren Nähe sich auch das Ziel der Pferderennen befindet, ist für ausländische Gäste eines der beeindruckendsten Erlebnisse in der Mongolei. Es wimmelt nur so von fröhlichen Schaulustigen, beschäftigten Pferdezüchtern und ihren Angehörigen. Durch die Luft klingen die langgetragenen Töne der Loblieder der Reiter auf ihre Pferde, mit denen sie sich Mut für das Rennen ansingen. Und überall sind Pferde. Bei einem großen Fest können es gut 1000 Tiere sein, die an den verschiedenen Rennen teilnehmen. Geritten werden sie von Jungen und Mädchen im Alter zwischen sechs und zwölf Jahren. Die Länge der Wettkampfstrecke, die zwischen 12 und 35 Kilometern liegt, richtet sich nach dem Alter der Pferde und danach, ob es ein Traber, ein Wallach oder ein Hengst ist. Die Ankunft der Pferde wird mit großer Spannung erwartet. Eine gute Plazierung bei einem Naadam-Rennen ist der Stolz eines jeden Pferdezüchters, und sie fördert sein Einkommen. Auch wenn er sein Siegerpferd nur in Ausnahmefällen verkaufen würde, so haben doch seine Herde und seine Arbeit ein Gütesiegel bekommen.

Bogenschießen

Das Bogenschießen wird weniger stark besucht, und auch die Anzahl der Wettbewerber ist nicht so hoch wie bei den anderen Spielen. Ein Bogen befindet sich heute nur noch in wenigen Jurten. Nur an diesem Wettkampf nehmen auch ältere Männer und Frauen teil, und nicht selten sind sie die besseren Schützen. Es gibt Wettkämpfe für einzelne und für Gruppen. Die etwa faustgroßen zylindrischen Ziele aus Leder stehen bei den Frauen etwa 60 Meter und bei den Männern 75 Meter vom Schützen entfernt. Beim Bogenschießen kann es mehrere Sieger geben, in diesem Fall wird an alle der Titel ›Guter Schütze‹ vergeben. Während des Wettkampfes stimmen die Kampfrichter, die bei den Zielen stehen, verschiedene Gesänge an. Mit den Liedern fordern sie die Schützen auf, den Pfeil ins Ziel zu schicken, lobpreisen einen guten Schuß oder bedauern, daß der Pfeil sein Ziel verfehlt hat.

Ringkämpfer

Bei den Ringkämpfen stehen sich 512 Athleten gegenüber, die in zwei Gruppen geteilt werden. In den Anfangsrunden werden ungleiche Gegner bestimmt, um so zu gewährleisten, daß in der Endrunde die stärksten Ringer aufeinandertreffen. Gekämpft wird nach dem KO-System, Gewichtsklassen gibt es nicht. Vor dem Kampf bewegen sich die Gegner im federndem Gang durch die Arena, wobei sie mit ausgestreckten Armen den Flug des Adlers nachahmen. Bekleidet sind sie mit einem langärmeligen boleroartigem Jäckchen, einer knappen Hose und den traditionellen mongolischen Stiefeln. Begleitet werden die Ringer von ihren Sekundanten, die ihre Geschicklichkeit besingen und während des Kampfgeschehens auf die Einhaltung der Regeln achten. Wer als erster den Boden mit einem anderen

Ringkämpfer auf dem Naadam-Fest

Körperteil als den Handflächen oder den Füßen berührt, hat verloren. Dem Sieger wird ein mongolischer Hut aufgesetzt, und der Verlierer schlüpft unter dem ausgestreckten Arm des Siegers hindurch. Gekämpft wird um eine Siegprämie, vor allem aber um einen Titel. Wer die fünfte Ausscheidungsrunde erreicht, darf sich Falke nennen. Der, der sieben Gegner besiegt hat, ist ein Elefant. Der Titel Löwe ist dem Gesamtsieger vorbehalten. Gelingt es einem Löwen ein zweites Mal, das Naadam-Ringen zu gewinnen, wird er zum Titanen ernannt, dem angesehensten Titel, der vergeben werden kann.

Daß das Ringen die Nationalsportart, ist spiegelt sich nicht nur in den zahlreichen Aktiven und dem sachkundigen Publikum wieder, sondern auch in den internationalen Erfolgen, die mongolische Zweikampfsportler erringen konnten. Acht der bisher fünfzehn olympischen Medaillen für das Land wurden von Ringern und vier von Judokas erkämpft. Eine neue Arena, in der sich mongolische Ringer außerordentlich erfolgreich bewegen, ist die der japanischen Sumo-Kämpfe. Derzeit gibt es in Japan nur zwei aktive Sportler die den höchsten Titel – Yokozuna – innehaben, beide sind Mongolen.

Feste, Sitten und Bräuche

So mancher Brauch, über den man in alten Berichten lesen kann, findet der Reisende noch heute im täglichen Leben der Mongolen wieder: Begrüßungsrituale, die Aufteilung der Jurte, die Verehrung der Alten, Kulthandlungen zu Ehren der Naturgottheiten und die Gastfreundschaft. Natürlich sind viele der überlieferten Traditionen eher auf dem Land anzutreffen als in der Hauptstadt, und viel Neues ist hinzugekommen. Trotzdem, sowohl im Alltag als auch bei festlichen Anlässen folgt man alten Ritualen und wandelt sie ein wenig ab, indem man sie den modernen Lebensbedingungen anpaßt.

Neujahrsfest

In der Mongolei beginnt das neue Jahr dem gregorianischen Kalender entsprechend am 1. Januar. Wie überall wird gefeiert, werden Geschenke gemacht und Wünsche für die Zukunft ausgetauscht. Aber dieser Jahreswechsel hat etwas Förmliches an sich, er ist etwas Hinzugekommenes. Das traditionelle neue Jahr, in dem auch alle Mongolen ihrem Lebensalter ein Jahr hinzufügen, beginnt mit dem ersten Frühlingsmonat. Erst in der Zeit, in der der Winter der Vergangenheit angehört, die Jungtiere geboren werden und die erste Milch fließt, beginnt der neue Jahreszyklus. Das genaue Datum richtet sich nach dem Mondkalender und liegt zwischen Ende Januar und Mitte März.

Das Neujahrsfest Tsagaan Sar (Weißer Monat) ist das Fest der Familie. Schon Tage vorher werden Jurte oder Wohnung gereinigt, Buuz geformt, Salate vorbereitet, kleine Aufmerksamkeiten besorgt. Besondere Fürsorge gilt dem Uuts, dem gekochten Hammelrücken mit einem möglichst fetten Schwanz. Dieser wird am Neujahrstag vom ältesten männlichen Anwesenden angeschnitten. Neben dem Uuts thront eine riesige Pyramide aus flachen, brotähnlichen Gebäckstücken auf dem Festtagstisch. Sie ist verziert mit zahlreichen verschiedenen ›weißen Speisen‹ und Süßigkeiten. Am letzten Abend des alten Jahres (Bituun) sitzt man in kleinem Kreis zusammen, und es wird reichlich gegessen. Am frühen Morgen des Neujahrstages (Schiniin negen) besuchen die jüngeren Familienmitglieder festlich gekleidet, meist im traditionellen Deel, die Alten. Die erste Begegnung im neuen Jahr verläuft nach festen Ritualen. Bestimmte Begrüßungsworte werden ausgetauscht, und man umarmt sich in besonderer Weise. Dabei stützen die Jüngeren mit den Unterarmen und nach oben weisenden Handinnenflächen die ausgestreckten Unterarme der Älteren. Mit der linken Seite beginnend, beschnuppert man sich deutlich hörbar zu beiden Seiten. Der Kopf muß dabei bedeckt sein. Anschließend geben die Eltern den Kindern ihren Segen, verbunden mit den besten Wünschen für das kommende Jahr. Geschenke, die die Besuchten ihren Gästen reichen, haben mehr symbolischen Wert. Nachdem man mit seinen Eltern und älteren Familienmitgliedern das neue Jahr begrüßt hat, macht man sich auf den Weg zu anderen Verwandten und Freunden. Auf dem Land zieht sich Tsagaan sar über mehrere Tage hin, die Wege sind weit, und so oft hat man nicht die Gelegenheit, sich zu treffen.

Obwohl Tsagaan Sar eng mit alten vorbuddhistischen Glaubensvorstellungen verbunden ist, wurde das Fest auch während der sozialistischen Zeiten begangen. Diese tiefverwurzelte Tradition wurde mit einem neuen Etikett versehen: Unter dem Namen ›Tag der kooperativen Viehzüchter‹ traf man sich, tauschte die besten Wünsche für das kommende Jahr aus, und nicht wenige besuchten das Gandan-Kloster in Ulan Bator, um die Mönche zu beauftragen, Gebete für das Wohlergehen von Mensch und Tier zu rezitieren.

Hochzeit

Das Brauchtum rings um die Eheschließung ist sehr facettenreich und variiert nach lokalen Gepflogenheiten. Überall beginnt es aber damit, daß geeignete Werber von den Eltern des Bräutigams zu den Eltern der Braut gesandt werden. Mit Khadags, den blauen Seidentüchern, und kleinen Geschenken ausgerüstet, tragen sie den Wunsch des heiratswilligen Mannes vor. Wird der Khadag nicht zurückgegeben, bedeutet das, daß die Hochzeit nicht von vornherein abgelehnt wird. Die Brauteltern ziehen dann Erkundigungen über den Bräutigam und seine Familie ein. Früher spielte dabei das Geburtsjahr der beiden jungen Leute eine große Rolle. Nach dem alten Kalender wurden die Jahre des Zwölfer-Zyklus in weiche und harte Jahre eingeteilt, und es galt als gutes Omen, wenn die Braut in einem weichen, das heißt Mäuse-, Rinder-, Hasen-, Schlangen-, Schafs-, Affen- oder Hühnerjahr geboren worden war und der Bräutigam in einem harten Tiger-, Drachen-, Pferde-, Hunde- oder Schweinejahr. In der modernen Mongolei wird zwar auch auf das Geburtsjahr geachtet, aber es ist kein Hinderungsgrund mehr für eine Eheschließung.

Sind beide Seiten prinzipiell einverstanden mit der Hochzeit, wird mit verschlüsselten und blumigen Worten über Brautpreis und Mitgift verhandelt oder einfach darüber beratschlagt, wie die beiden ein selbständiges Leben führen können. Dann gilt es, einen Termin für das große Ereignis zu bestimmen. Auch heute wenden sich nicht wenige Brauteltern an einen Lama und bitten ihn, ein günstiges Datum zu berechnen. Vor der eigentlichen Hochzeit werden Braut und Bräutigam in ihren Familien mit einem Festessen verabschiedet und mit guten Ratschlägen versorgt.

Eine Schale Airag für das Brautpaar

Die Hochzeitszeremonie selbst teilt sich in drei große Abschnitte: das Festmahl bei den Brauteltern, den Umzug zur Weidefläche der Familie des Mannes und das große Fest in der Jurte der Eltern des Bräutigams. Eine besondere Zeremonie ist die Einweihung der neuen Jurte, die von den Eltern des Bräutigams aufgestellt wurde. Meist entzündet seine Mutter das Herdfeuer mit Glut aus ihrer Jurte, und die junge Frau bereitet den ersten Tee in ihrem Heim. Dieser wird dann in die Jurte seiner Eltern getragen, in der die Hochzeitsgäste versammelt sind. In vielen Gegenden muß die Braut vorher noch einen leeren Kessel auf das Herdgestell setzen. Gelingt es ihr auf Anhieb, ihn in waagerechte Position zu bringen, gilt dies als gutes Omen. Überhaupt wird der gesamte Ablauf der Hochzeit von unzähligen kleinen rituellen Handlungen begleitet.

Auch in Ulan Bator, wo in der Regel im modernen Hochzeitspalast geheiratet wird, hält man sich an überlieferte Bräuche, wenngleich einige von ihnen nur andeutungsweise zelebriert werden. Dafür begeben sich das Brautpaar und die Hochzeitsgesellschaft nach der standesamtlichen Trauung in den Traditionssaal. Hier wird dem Brautpaar auf einem Khadag eine volle Schale Airag gereicht, die sie je zur Hälfte leeren: ein Ritual, das auf keiner Hochzeit fehlen darf. Auf dem Tisch vor den Jungvermählten steht eine kleine Jurte, in der symbolisch das Herdfeuer entzündet wird.

Namensgebung

Die mongolischen Namen bestehen häufig aus zwei zusammengesetzten Wörtern, die mit Schönheit, Sanftmut, Stärke oder Tapferkeit verbunden sind. Gängig sind Namen wie Altantsetseg (Goldblume), Narantuya (Sonnenstrahl), Tömörbaatar (Eisenheld) oder Gansükh (Stahlaxt). Andere Qualitäten, die durch den Namen mit auf den Lebensweg gegeben werden, sind Mönkh (Ewigkeit), Jargal (Glück), Saikhan (Schönheit/Herrlichkeit), Oyuun (Verstand) oder Erdene (Kostbarkeit). Mit der Verbreitung des Buddhismus wurden auch tibetische Namen und solche aus dem Sanskrit in der Mongolei üblich. So trifft man auf Ochir (Donnerkeil-Vajra), Khorloo (Rad der Lehre), Badma (Lotos) oder Lkhagva (Mittwoch/Merkur).

Allerdings kann die Übersetzung des Namens des neuen mongolischen Bekannten auch zu Irritationen führen, sagt doch das Wörterbuch ›Kein Mensch‹ bei Khünbisch, ›Jener nicht‹ bei Terbisch oder ›Namenlos‹ bei Nergui. Diese Namen sind mit ältesten Glaubensvorstellungen verbunden und sollen das Kind vor bösen Geistern schützen. In der Regel greift man auf sie zurück, wenn bereits ein Kind der Familie früh verstorben oder schwer erkrankt ist. Magische Bedeutung kann auch ein Name haben, in dem ›Otgon‹ (Jüngste oder Jüngster) auftaucht. Er spricht meist dafür, daß die Familienplanung der Eltern abgeschlossen ist.

Neben den Eigennamen führen die Mongolen noch den Vatersnamen, der in Klassenbüchern, auf Urkunden oder im Reisepaß erscheint. Bei alleinerziehenden Müttern wird häufig ihr Name als ›Vatersname‹ verwandt. Meist wird an den Vatersnamen noch ein Genitiv-Suffix angehängt. Nach diesem Prinzip würde eine der Autorinnen ›Günters Marion‹ heißen. Seit Ende der 90er Jahre ist es gesetzlich möglich, den alten Stammesnamen oder den Namen eines verehrten Vorfahren als Familiennamen anzugeben, der dann auch in den Personalausweis eingetragen wird. Allerdings sehen die meisten Mongolen keine Notwendigkeit in dieser Neuerung, und so bleibt es in der Regel bei Vor- und Vatersnamen.

Der erste Haarschnitt

Es ist ein besonderer Tag für das Kind und die ganze Familie, wenn die Schere zum erstenmal der Haartracht zu Leibe rückt. Der erste Haarschnitt findet sowohl bei Jungen als auch bei Mädchen im Alter von drei oder fünf Jahren statt. Davor tragen alle Zöpfe oder Pferdeschwanz. Erst mit der Zeremonie des ersten Haarschnitts wird das Kind als vollwertiges Mitglied in die Gemeinschaft aufgenommen. Früher galt das Kind in den ersten Lebensjahren als Wesen zwischen den Welten, das noch nicht fest im Diesseits verwurzelt ist. Diese Vorstellung hängt mit der Säuglings- und Kindersterblichkeit zusammen, die noch zu Beginn des 20. Jahrhunderts außerordentlich hoch war. Die Unberührtheit der Haare gehörte zu einer Reihe von Vorkehrungen, die getroffen wurden, um das Kleinkind vor bösen Geistern und Dämonen zu schützen.

Ist die Zeit für den ersten Haarschnitt gekommen, wird ein günstiger Tag bestimmt. Während die einen darauf achten, daß der Termin möglichst gut in den Zeitplan der Familienangehörigen paßt, holen sich die anderen diesbezüglich lieber Rat bei einem Lama. Am ausgewählten Tag finden sich alle in festlicher Stimmung am Wohnort des Kindes ein, und die Zeremonie kann beginnen. Die Schere ist meist mit einem blauen Khadag verziert, und der älteste männliche Familienangehörige schneidet die erste Strähne ab. Alle Anwesenden tun es ihm gleich, und es werden Segenssprüche geäußert und Geschenke überreicht. Die Strähnchen werden in einem gesonderten Beutel oder Khadag gesammelt und aufbewahrt. Manchmal müssen sie ihre magischen Kräfte einsetzen. So wird das Beutelchen im Krankheitsfall an das Kopfende des Bettes gelegt, und die Segenswünsche aller, die beim ersten Haarschnitt dabeiwaren, helfen, die Krankheit zu überwinden. Der ereignisreiche Tag hat insbesondere für die Kinder in der Steppe noch eine weitere Bedeutung, wissen sie doch, daß bald der langersehnte Zeitpunkt kommen wird, an dem sie reiten lernen dürfen.

Ovoos

Sie fallen ins Auge, die Steinsetzungen, Ovoos, an Gipfeln, Paßhöhen oder anderen markanten Punkten. Der Brauch, Ovoos als Stätte zur Huldigung lokaler Geister und Gottheiten zu errichten, entstand lange bevor buddhistisches Denken Rituale und Verhaltensweisen bestimmte. Er ist verbunden mit dem uralten Glauben an die Beseeltheit der Natur, mit der Vorstellung, daß Himmel, Erde, Berge und Gewässer Wohnstätten von Geistern und Gottheiten sind. Es ist naheliegend, daß Nomaden, die in so starker Abhängigkeit von der Natur wirtschaften, alles versuchten, um die Gunst dieser übernatürlichen Kräfte zu erlangen. Opfergaben und andere kultische Handlungen an ausgewählten Stätten sollten das Wohlwollen der lokalen

Ein Ovoo am Wegesrand

Gottheiten sicherstellen. Einige Ovoos werden von Mönchen mit buddhistischen Gottheiten in Verbindung gebracht. An diesen Plätzen werden buddhistische Zeremonien abgehalten, Opfergaben dargebracht und Sutras rezitiert.

Heute ist es üblich, sich an die alten Rituale zu halten, egal ob aus Glaubensgründen, Tradition oder einfach aus Gewohnheit. Wer auf einem Ovoo trifft, fügt eine Kleinigkeit, eine Münze, Süßigkeiten oder auch einen Stein hinzu. Dreimal umschreitet man den Ovoo im Uhrzeigersinn und huldigt dabei im stillen den örtlichen Geistern oder der Gottheit, bittet um Beistand in schwierigen Situationen oder einfach um gutes Wetter und eine gute Reise. Man sagt, es bringe Unglück, wenn man an einem Ovoo einfach vorbeizieht. Ein Chauffeur, der auf einer weiten Strecke viele Ovoos passiert, hält nicht immer an. Er umfährt ihn und hupt dreimal kräftig. Das ist aber das absolute Minimum an Ehrenerweisung.

Nach den alten Vorstellungen können auch Quellen oder außergewöhnliche Bäume Sitz von Wasser- oder Erdgeistern sein. Deutliches Zeichen für ihre Verehrung sind die hellblauen Khadags, die im Wind wehen.

Kleine Opfer

Auf dem Land kann man häufig beobachten, daß morgens die Hausfrau mit einer Schale vor die Jurtentür tritt und ein wenig vom frischgekochten Milchtee in alle vier Himmelsrichtungen oder gen Himmel und Erde spritzt. Manchmal benutzt sie dazu einen speziellen Löffel, der am Ende kleine Ausbuchtungen hat, die die Flüssigkeit aufnehmen. Es sind genau neun ›Augen‹, die magische Zahl der Mongolen. Die versprengten Tropfen sind Opfergaben, die sie den Geistern darbietet,

Spiel-Knöchelchen

um ihren Schutz und ihre Gewogenheit für das Tageswerk zu erlangen. Diese kleinen Opfer werden auch bei besonderen Anlässen dargebracht, beispielsweise wenn eine weite Reise oder die Teilnahme an Naadam-Wettkämpfen bevorstehen. Milchopfer werden dann auch über den Autoreifen beziehungsweise über die Mähne des Pferdes sowie die Steigbügel des Reiters vergossen.

Beim Genuß von Milchschnaps oder Wodka werden Geister und Gottheiten, Erde und Himmel ebenso bedacht. Vor dem Trinken stippt der Gastgeber mit dem Ringfinger der rechten Hand in sein Glas und verspritzt einige Tropfen. In Ulan Bator opfert man meist in alle vier Himmelsrichtungen und huldigt dabei den vier heiligen Bergen, die die Stadt umgeben.

Spiele

Hat man die Möglichkeit, eine längere Zeit mit Mongolen zu verbringen, ergibt sich früher oder später die Gelegenheit, in trauter Runde zu spielen. Gerne verkürzt man sich mit Schach, Dame oder Domino die Zeit. Besonderer Beliebtheit erfreuen sich verschiedene Spiele, in denen Knöchel aus dem Sprungbein der Schafe, Ziegen oder Antilopen zum Einsatz kommen. Diese Knöchel (schagai) werden in den Familien fleißig gesammelt, und sie genießen eine hohe Wertschätzung. Ähnlich den Körnern in Agrargesellschaften symbolisieren die Knöchel Fruchtbarkeit, Wohlergehen und ein langes Leben. Die kubusartigen Knöchel werden wie Würfel benutzt, und die vier unterschiedlichen Seitenflächen entsprechen entweder einer Punktzahl oder einem Nutztier – Pferd, Kamel, Schaf oder

Ziege. Es gibt Spiele, die wahrsagenden Charakter haben, Geschicklichkeitsspiele und andere, in denen das Glück zum Sieg verhilft. Unter anderem finden sich alle drei Disziplinen des Naadams auch in den Spielen mit den Knöcheln wieder. Beim ›Ringen‹ und beim ›Pferderennen‹ entscheidet das Glück über den Sieg, während beim ›Bogenschießen‹ Geschicklichkeit und Übung entscheiden.

Die Jurte

Auf einem kreisförmigen Rahmen errichten sie aus Weidenflechtwerk ihre Jurte, ihr Schlaf- und Wohnzelt. Die Streben bestehen aus Zweigen, die nach oben in einen Reifen zusammenlaufen. Darüber erhebt sich kragenförmig ein Schornstein. Das Gerüst bekleiden sie mit weißem Filz ... Vor den Eingang hängen sie ebenfalls Filz, der mit bunten Stickereien verziert ist ...
Wilhelm von Rubruk, 13. Jahrhundert

Die einfache Jurte (mongolisch Ger) ist, ähnlich wie sie der Franziskanermönch vor über 700 Jahren beschrieb, auch heute noch das Heim der mongolischen Nomaden. Seit Jahrhunderten hat sie sich unter den extremen klimatischen Bedingungen bewährt, und sie ist optimal an das Leben der Nomaden angepaßt. Veränderungen wie die Nutzung von Scherengittern als Wand oder der Wegfall des schornsteinartigen Aufbaus des Daches haben Funktionalität und Stabilität der Jurte verbessert.

Jurten gibt es in verschiedenen Größen: kleinere, die als Lager dienen oder auf die Jagd mitgenommen werden, und geräumigere, die zu festlichen Anlässen aufgebaut werden. Der Umfang der Jurte ist von der Anzahl der verwendeten Wände abhängig. Im Alltag sind heute die fünfwandigen Jurten am gängigsten. Eine Wand besteht aus mehreren biegsamen Holzlatten, die so miteinander verbunden sind, daß sie sich scherenartig auseinanderziehen oder zusammendrücken lassen. Für die Verbindung der Latten werden kleine ›Nägel‹ aus Leder verwandt. Fünf auseinandergezogene, im Kreis aufgestellte und miteinander verzurrte Wände umschließen gemeinsam mit dem Türrahmen eine Fläche von etwa 25 Quadratmetern. In der Mitte der Jurte werden zwei Stützen aufgestellt, die den Dachkranz halten. Er dient auch als Rauchöffnung, Fenster und Uhr, denn je nach Lichteinfall läßt sich die Zeit genau bestimmen. Auf die gekreuzten Latten der Wände und auf den Türrahmen werden etwa 80 Dachstangen aufgelegt. In einem Winkel von etwa 30 Grad laufen sie auf den Dachkranz zu und werden dort, ähnlich einer Zapfenverbindung, in die dafür eingearbeiteten Öffnungen eingefügt. So ergibt sich, daß an der Jurtenwand eine Höhe von etwa 1,60 Meter erreicht wird und im Zentrum eine Höhe von etwa 2,40 Meter. Umhüllt wird diese elastische und doch stabile Holzkonstruktion mit Filz. Im Sommer reicht eine Lage. Häufig wird diese noch etwas umgeschlagen, so daß der Wind am Boden durch die Jurte ziehen kann. Obwohl eine hochwertig verarbeitete Filzmatte eine doppelt so hohe Dämmfähigkeit wie eine Ziegelwand aufweist, werden für den kalten Winter drei bis vier Lagen benötigt, um die Wärme halbwegs in der Jurte zu halten. Um die mit Filz bedeckte Jurte werden noch einmal Seile zur Stabilisierung gespannt.

Ist der Wechsel des Weideplatzes notwendig, arbeiten alle Familienmitglieder mit, und nach einer Stunde ist die Jurte in der Regel ab- oder aufgebaut. Im neuen Weidegebiet angekommen, bestimmen praktische Überlegungen den konkreten Standort des Lagerplatzes. So heißt es unter anderem die Entfernung von einer Trinkwasserstelle zu berücksichtigen, darauf zu achten, daß auch bei anhaltendem Regen ein möglichst trockener Boden vorhanden ist, ebenso müssen bestehende Windverhältnisse bedacht werden. Im Sommer wird in der Regel ein offenes Tal ausgesucht, während in den Wintermonaten der Lagerplatz eher am Fuß der Berge aufgeschlagen wird, da sie Schutz vor Wind und Schnee gewähren. Ist der rechte Platz gefunden, werden vor dem Aufbau der Jurte die großen Möbelstücke und der Ofen bereits in den Innenkreis der Jurte gestellt, da sie sonst nicht mehr durch die kleine Tür in das Heim getragen werden können.

Besucher nähern sich einer Jurte immer vom Süden her, so daß die Bewohner die eintreffenden Gäste bereits von weitem sehen können. Für Fremde ist Vorsicht vor den Hunden geboten, die zu jeder Jurte gehören. Sie verteidigen Hab und Gut des Besitzers äußerst energisch und halten erst inne, wenn ein Familienmitglied sie anbindet oder deutlich zeigt, daß die Besucher willkommen sind. Deshalb ist es üblich, laut zu rufen ›Haltet den Hund!‹ - nokhoi khor! - wenn man auf eine Jurte zugeht.

In der Jurte

Die Gestaltung im Innern der Jurte folgt einer strengen Ordnung, die seit Jahrhunderten ihre Gültigkeit hat. Maßgeblich für die Raumaufteilung ist die Nord-Süd-Achse. Die Jurte wird immer so aufgestellt, daß die Tür nach Süden weist.

Jurte mit modernem Zubehör

Ihr gegenüber, im Norden, befindet sich der Ehrenplatz. Hier werden Dinge aufbewahrt und positioniert, denen eine besondere Wertschätzung zuteil wird. Kleine Buddhafiguren, ein Bild des Dalai Lama, Familienfotos oder Auszeichnungen werden aufgestellt. Manchmal finden sich hier auch kleine kultische Gegenstände, die einem Schutzgeist die Ehre erweisen.

Das Familienoberhaupt hat seinen Platz im Norden. Sein Blick zur Tür, nach Süden gerichtet, teilt die Jurte in eine linke und rechte Seite. Zu seiner Linken, also im östlichen Teil der Jurte, befindet sich die Frauenseite mit all den Utensilien für den Haushalt. Die rechte, westliche Seite ist die der Männer. Hier wird die wichtige Habe der Familie untergebracht, Zaumzeug und Sattel aufbewahrt. Im vordersten Teil der Jurte, links und rechts von der Tür, wird gearbeitet, werden im Winter bei strengen Nächten Jungtiere beherbergt, stehen diverse Gerätschaften. Auch wenn dieser südliche Teil der Jurte der Platz für die einfachsten Dinge ist, so ist er doch in den Schutz des gesamten Heims eingeschlossen.

Die Türschwelle bildet die Grenze zwischen dem behüteten Inneren und den Gefahren von draußen. Wer auf die Schwelle tritt, schreckt die schützenden Geister, und Unglück kann die Jurte erreichen. Auch wenn heute auf einen solchen Frevel nicht mehr die Todesstrafe steht, wie es noch im 13. Jahrhundert am Hofe der Khane gewesen sein soll, und auch wenn heute nicht jeder Mongole an Geister glaubt, so ist es doch üblich, darauf zu achten, daß die Schwelle nicht berührt wird.

Während sich Kinder in der Regel auf der Frauenseite aufhalten, begeben sich Gäste in den westlichen Teil der Jurte. Dabei findet der älteste männliche Gast im Norden neben dem Gastgeber seinen ihm gebührenden Platz. Dem Alter nach gruppieren sich die weiteren Gäste Richtung Süden. Eine geehrte Besucherin wird häufig aufgefordert, sich ebenso in den hinteren Teil der Jurte zu setzen, meist auf die Seite der Frauen.

In der Mitte der Jurte steht der Ofen. Um ihn dreht sich alles. Er spendet Wärme, auf ihm wird Tee und Essen zubereitet. Er ist aber nicht nur offensichtliches Zentrum des Alltags. Das brennende Feuer stellt den kultischen Mittelpunkt der Jurte dar. Die Gottheit des Herdfeuers hat hier ihren Sitz. Sie gilt als Beschützerin der Jurte und der darin Lebenden. Damit verbunden sind verschiedene Verhaltensregeln, auf die streng geachtet wird. So wirft man keine Abfälle in das Feuer, weist nicht mit dem Messer auf den Herd und streckt auch nicht die Füße Richtung Feuerstelle aus. All dies könnte die Feuergottheit beleidigen und Unglück über die Familie bringen. Um sie günstig zu stimmen und auch Dankbarkeit für gewährten Schutz zum Ausdruck zu bringen, werden der Gottheit Opfer dargebracht, ein paar Spritzer vom Trunk oder auch ein Stückchen Fleisch.

Nationalkleidung

Mongolen legen im allgemeinen viel Wert auf ihr Äußeres und tragen gern farbenfrohe Kleidung und Schmuck, nicht nur die Stadtbewohner: Nomadinnen erscheinen oft sorgfältig zurechtgemacht aus ihren Jurten, und auch der stolze Reiter präsentiert gerne seine feine Tracht und die kunstvoll bestickten Schuhe.

Eine komplette mongolische Nationaltracht besteht aus einem Deel, Hut, Schuhen und modischem Zubehör. Obwohl sich die Trachten je nach ethnischer Gruppe in Gestaltung und Material unterscheiden, sind sie doch alle nach dem gleichen Muster entworfen.

Der ›Deel‹ ist ein knöchellanges Gewand mit langen Ärmeln, einem breiten Brustlatz, der auf der rechten Seite geknöpft wird, einem Stehkragen und einem knallbunten Stoffgürtel um die Taille. Der Arbeitsdeel ist meist aus einem Baumwoll- oder Wollstoff gefertigt, der Festtagsdeel jedoch aus feingewebter und gemusterter Seide. Für den Winter kleiden die Mongolen den Deel inwendig mit Schaf- oder Ziegenfell aus. So ein Deel ist multifunktional: Er dient als Kleidungsstück und Brusttasche, als Decke oder blickdichter Vorhang beim Besuch der Toilette in der Steppe.

Die Schuhe sind aus besticktem Leder und mit einem dicken Filz ausgekleidet. Auffallend an ihnen ist die nach oben gerichtete Spitze. Der Ursprung ist unklar. Eine Begründung ist, daß die Mongolen aus Respekt vor allem Lebenden und der Erde die Schuhe so gefertigt haben, damit sie möglichst wenig Gras und Insekten zerquetschen.

Eine ähnliche Tracht fand man erstmals bei den Hunnen im 4. Jahrhundert. Auch die türkischen Völker, die zwischen dem 6. und 10. Jahrhundert in Zentralasien lebten, trugen ähnliche Kleidung, außer daß der Deel auf der linken Seite geknöpft wurde. Im 13. Jahrhundert, zur Zeit Dschingis Khans, wurden die Kleider reich verziert und Wolle und Leder durch wertvolle Seide ersetzt. Der Stehkragen in seiner heutigen Form und weitere kleine Änderungen kamen während der mandschurischen Vorherrschaft dazu.

Verheiratete Frauen aus höherem Stand trugen kunstvoll gearbeitete Deels und kostbaren Schmuck, um ihren Reichtum zur Schau zu stellen. Der Schmuck war aus Silber und mit Korallen, Jade und Perlen besetzt. Ihre Haare waren zu einem beeindruckenden, nicht ganz komfortablen Haarschmuck zusammengetan, das dem Gehörn eines Wildschafes glich.

Diese kostbare Kleidung war während der sozialistischen Zeit verpönt, symbolisierte sie doch den Reichtum der aristokratischen Gesellschaftsschicht. Als einheitliches Bekleidungsmodell setzte sich wieder der einfach geschnittene Deel der Khalkha-Mongolen und feiner, dezenter Schmuck durch, die Männer schnitten ihre Zöpfe ab, und die städtischen Frauen trugen erstmals die Haare kurz.

Heutzutage tragen noch viele Nomaden ihre handgemachten Deels und Schuhe. In den Städten hat sich inzwischen die westliche Kleidung durchgesetzt. Doch an bestimmten Festtagen, wie dem Naadam, dem mongolischen Neujahr, oder zu speziellen Anlässen wie Hochzeits- und Schulabschlußfeiern tragen auch die Stadtbewohner die Tracht.

Die verschiedenen Trachten sind im historischen Museum und im Mongolischen Kostümmuseum, www.mongolcostumes.com, in Ulan Bator ausgestellt.

Kunstvoll gefertigter Sattel

Kunsthandwerk

Dem aufmerksamen Besucher wird schnell auffallen, daß die Jurten und viele Gebrauchsgegenstände der Mongolen ein hohes Maß an künstlerischer und gestalterischer Vielfalt besitzen. Truhen, Stützstangen und Dachkranz sind bemalt, die gute Trinkschale des Hausherrn und sein Rauchbesteck sind reich verziert, das Tabakfläschchen aus Halbedelstein oder geschnitzter Koralle. Und zieht sich die Hausherrin fein an, taucht edler Silberschmuck mit Koralle und Türkisen auf.

Nomaden, die im Takt der Jahreszeiten von Weidegebiet zu Weidegebiet ziehen, sind gezwungen, ihre Habe zu beschränken. Das bedeutet aber nicht, daß sie keinen Sinn für Schönheit und Ästhetik haben. Vielleicht gerade durch ihren einfachen Lebensstil haben die Mongolen eine meisterhafte Kunstfertigkeit im Dekorieren entwickelt. Manche Betrachter sind beeindruckt von ihrem Sinn für Detail und Farbe. Die Ausschmückungen der Gegenstände unterscheiden sich je nach Region und Volksgruppe, weisen aber auch Gemeinsamkeiten auf, die dafür sprechen, daß sich die nomadisierenden Völker in ihrem künstlerischen Schaffen gegenseitig beeinflußt haben.

Farb- und Formsymbolik

Die Verzierungen tragen eine tiefe Farb- und Formsymbolik in sich. Rot, die Farbe der Sonne und des Feuers, steht für Freude, Glück und Sieg. Grün symbolisiert das Werden und Gedeihen. Blau, die Farbe des Himmels, verkörpert die Beständigkeit und Aufrichtigkeit. Die alles ertragende Liebe und die innere Reinheit werden durch die Farben Gelb beziehungsweise Weiß dargestellt. Schwarz wird von den Mongolen kaum benutzt, diese Farbe steht mit Unglück und dem Bösen in Verbindung.

Geometrische Ornamente bringen verschiedene Wünsche zum Ausdruck. Das mäanderähnliche Hammer-Ornament verbildlicht die permanente Bewegung und Kontinuität. Die Sehnsucht nach Frieden, Glück und langem Leben spiegelt sich in dem gerade oder geschwungen verflochtenem Knoten wieder. Zoomorphe Ornamente stehen in enger Verbindung mit dem Wunsch nach dem Gedeihen der Herden. Dabei tritt besonders häufig das Widderhorn-Motiv auf, das auch aus Kasachstan und Kirgistan bekannt ist. Eng verbunden mit alten religiösen Vorstellungen sind die stilisierten Darstellungen der Elementargewalten. Insbesondere für die Verzierung von Gebrauchsgegenständen werden Feuer, Wolken, Wellen und Bergmotive genutzt.

Noch heute gelten uralte Empfehlungen, wie man Gegenstände zu verzieren hat. So heißt es: Das Zeichen des Hammers male an Truhen und Gefäße, es bedeutet Festigkeit und Beständigkeit und bewacht dein Hab und Gut. Schmücke die Jurtentür mit einer Wasserwoge. Es ist das Zeichen der Ruhe und Schönheit. Das Böse, das durch die Jurtentür treten will, wird ins Wasser fallen und nicht in die Jurte gelangen.

Verwendet werden auch verschiedene pflanzliche Ornamente wie Blätter und Blüten, die auf eine Verbindung zu südostasiatischen Völkern hinweist. Später

Eine neue Filzmatte wird hergestellt

fanden auch die acht Glückssymbole, die den Glauben an Buddha und seine Lehre repräsentieren, Eingang in die dekorative Kunst der Mongolen.

Mit dem Buddhismus und dem Bau der Klöster wuchs die Nachfrage nach Kunstwerkstätten, und das Handwerk wurde so weiter ausgebaut und verfeinert. Im mongolischen Kunsthandwerk spielen vor allem die drei Grundstoffe Wolle, Leder und Holz eine wichtige Rolle.

Filzherstellung

Zur Herstellung einer Filzmatte wird nach der Schur die Wolle zunächst weichgeklopft, damit sich die Verschmutzungen herauslösen. Dann werden die Wollsträhnen auf eine Filzmatte gelegt und mit Wasser besprenkelt. Wichtig für eine gute Qualität des neuen Filzes ist das gleichmäßige Legen der Wolle. Über die oberste Lage wird Gras gestreut, damit sich der neue Filz gut von der alten Filzmatte ablöst. Zuletzt wird alles eingewickelt, dann fest verschnürt und mit zwei langen Lederriemen an einem Pferd befestigt. Das Pferd zieht nun stundenlang die Rolle hinter sich her, bis die Wolle verfilzt und eine neue kompakte Filzmatte entstanden ist.

Die Filzmatten dienen einerseits als Bedeckung und zur Isolation der Jurte, aber sie sind auch als Wandbehänge, Decken, Kissen und Teppiche. Die Mongolen verzieren die Filzmatten, indem sie bunte Figuren und Ornamente applizieren oder die Matten mit bunten Fäden besticken.

Leder

Leder verwenden die Mongolen zur Herstellung von Schuhen, Taschen, Zaumzeug und als Sattelüberzüge. Auch einige Haushaltgeräte werden aus Leder gefertigt. So wird die Stutenmilch zur Fermentierung in einem Lederbeutel aufbewahrt, und Flaschen werden aus gehärtetem Leder hergestellt. Zur Stabilisierung der Scherengitter einer Jurte werden ledergefertigte ›Nägel‹ benutzt. Die Felle verarbeiten die Mongolen zu Winterkleidern und wärmenden Mützen weiter. Für viele Verwendungen wird das Leder mit farbigen Steppstichen und kontrastreichen Applikationen verziert.

Holz

Das Holz ist insbesondere für das Jurtengerüst, die Tür und die Möbel wichtig. Der Jurtenkranz und die Möbel sind meist mit farbenfrohen Ornamenten bemalt. Auch Schnitzereien gelten als Kunstform, die an Möbelstücken, Löffeln, Waffen, Schachfiguren und natürlich der Pferdekopfgeige bewundert werden können. Holz findet auch bei der Herstellung von Teeschalen Anwendung. Häufig sind sie aus Birkenholz, Wurzelknollen oder Maserkröpfen - beulen- oder knollenförmigen Auswüchsen an Bäumen - gedrechselt. Besonders schön und wertvoll sind Schalen, die mit getriebenen Silberblech verziert sind. Viele weitere Gerätschaften im mongolischen Haushalt bestehen aus Holz, so auch die für die Pferdepflege benötigten Schaber und Bürsten, die häufig mit Ornamenten oder religiösen Symbolen verziert sind.

Silber

Augenfällig sind auch die Silberarbeiten, die von der Verzierung von Pferdegeschirr bis zu Schmuck, Messer, Rauchutensilien und Silberschalen reichen. Oft wurde das Silber zusätzlich mit Edelsteinen bestückt. Die Silberarbeiten wurden in Auftrag gegeben und nach dem persönlichen Geschmack des Auftraggebers gefertigt. Deshalb sind die meisten Stücke Unikate. Chinesische Wanderarbeiter übernahmen früher in vielen Teilen des Landes diese Aufgabe.

Während der kommunistischen Zeiten war es unüblich, diese prunkvollen Gegenstände zur Schau zu stellen, als Folge verkauften viele ihre Silbersachen. Auf Antiquitätenmärkten werden diese edlen Stücke noch heute feilgeboten.

Musik und Gesang

Nichts lieben die Mongolen mehr als den Gesang, und kein Fest vergeht, ohne daß reihum gesungen wird. Da wird auch bei westlichen Besuchern keine Ausnahme gemacht, und wer zum Fest in einer Jurte eingeladen ist, sollte sich bereits frühzeitig überlegen, welches Lied er oder sie zum besten geben wird.

Die mongolische Sangeskunst hat eine jahrhundertelange Tradition. Die ältesten Beispiele sind in der um 1240 geschriebenen ›Geheimen Geschichte der

Mongolen überliefert, und Giovanni Caprini, Botschafter des Papstes, berichtete im 13. Jahrhundert erstaunt, seine mongolischen Begleiter wären auch nach ein zwei Tagen ohne Essen nicht ungeduldig geworden, sondern hätten gesungen und musiziert, als hätten sie das beste Essen genossen.

Die Gesangsformen, die die Mongolen und ihre verwandten Stämme entwickelt haben, gibt es so nirgends auf der Welt. Das berühmteste Beispiel ist der Chöömij genannte Obertongesang, der höchste Ansprüche an Zwerchfell, Stimmbänder und Kehlkopf stellt. Man braucht eine spezielle Atemtechnik, um die zwei Luftströme hervorzubringen, mit denen der Sänger gleichzeitig zwei Töne erzeugt. Einer dieser Töne ist ein einziger langgezogener Grundton, der zweite wechselt und bildet die Melodie, die sich zu großen Höhen erhebt, um dann nach den einzelnen Sequenzen ziemlich abrupt anzubrechen. Obertongesang ist sehr anstrengend und reine Männersache.

Lange Lieder

Eine weitere mongolische Besonderheit sind die Urtin Duu, die langen Lieder. Sie werden ohne festen Rhythmus, mit großen Intervallen und langsamen Tempi gesungen, wobei man immer die höchstmögliche Lage wählt. Die Kunst der besten

Kasachische Musikerin mit Dombra in der Westmongolei

Sänger und Sängerinnen besteht darin, so wenig Pausen wie möglich zu machen, und je länger und reichhaltiger die Stimme gehalten werden kann, desto größer die Anerkennung der Zuhörer. ›Lange Lieder‹ werden bei Festen und Zeremonien gebraucht, wobei man drei Formen unterscheidet: die ›Ausgedehnte‹, üppig verzierte mit ununterbrochenen Melodielinien und langen Passagen im Falsett, die ›Gewöhnliche‹, die kürzer ist und ohne Falsett auskommt, sowie die ›Verkürzte‹, die sprunghafte Melodiewechsel aufweist und Kehrreime und Kurzverse enthält. Doch nicht nur bei Vorträgen werden die ›langen Lieder‹ gesungen. Auch der einsame Reiter in der Steppe vertreibt sich damit die Zeit, wenn er stundenlang unterwegs ist und das Pferd nur noch langsam voranschreitet. Aus tiefster Brust, laut und anhaltend kann der Sänger sein Glück, seine Sehnsucht oder sein Leid der Steppe anvertrauen.

Kurze Lieder

Das Gegenstück zu den hochartifiziellen ›langen Liedern‹ sind die Bogin Duu, die kurzen Lieder. Sie sind rhythmisch, weisen Strophen auf und werden oft spontan improvisiert. Sie haben manchmal Dialogform und erzählen vom Alltag, der Mutter, der Liebe, den Tieren oder besonderen Begebenheiten, und häufig bringen sie das Publikum zum Lachen.

Der Winter, wenn das Tageslicht kurz und die Dunkelheit umso länger andauert, ist die Zeit für Geschichten und Heldenepen. Über lange Zeit waren es die Rhapsoden, die Geschehnisse und Handelnde vor dem Vergessen bewahrten. Tausend Strophen kann ein Epos beinhalten, und an den langen Abenden werden einzelne Abschnitte mit oder ohne instrumentale Begleitung vorgetragen. Die populärsten Epen sind die Geser-Saga, die Geschichte von Khan Kharankhui, das ›Bum Erdene‹ und das ›Jangar‹.

Tierlieder

Einzigartig sind die mongolischen Tierlieder, die man alleine oder gemeinsam singt oder pfeift, um Herdentiere zu beruhigen oder Muttertiere dazu zu bringen, ihre Lämmer oder jungen Kamele anzunehmen. Zu einer einfachen Melodie verwendet man sich stets wiederholende, je nach Tierart verschiedene Laute ohne besondere Bedeutung. Bei Schafen klingt das so etwa wie ›Tög, Tög‹ und bei Kamelen wie ›Chöös, Chöös‹.

Instrumente

Die Mongolen nutzen, ebenso wie die Kasachen, Kirgisen und Burjaten, häufig die Maultrommel, die Hel Khuur. Sie hat einen einzigartigen, sehr angenehmen Klang, der den Zuhörer an den Wind in der Steppe erinnert. Bei einem Folklorekonzert trifft man auf weitere Musikinstrumente wie die Khuuchir, ein Streichinstrument mit langem Steg und kleinem zylinderartigen Körper, die Jadga und Jochir, Seiteninstrumente, die gezupft beziehungsweise geschlagen werden.

Die Pferdekopfgeige

Das mongolische Nationalinstrument, die Pferdekopfgeige (Mörin Khuur, eigentlich Pferdegeige), war früher nur den Männern vorbehalten. Warum das so war, erklärt eine der vielen Legenden über die Entstehung dieses Instruments.

Sie erzählt, es habe einmal einen jungen Mann namens Khökhuu Namjil gegeben, der sich weitab von seiner Heimat in ein wundersames, schönes Mädchen verliebte und einige Zeit bei ihr blieb, obgleich er bereits verheiratet war. Als er eines Tages doch bei seiner Familie nach dem Rechten sehen wollte, schenkte ihm das Mädchen ein fahlgelbes Zauberpferd. Mit diesem Pferd konnte er seine Geliebte in der Nacht besuchen und noch vor dem Morgengrauen zur heimatlichen Jurte zurückkehren. Es galt jedoch, ein Gebot streng einzuhalten: Er mußte rechtzeitig das Pferd zügeln und eine Meile vor seiner Jurte in leichten Trab übergehen. Nur so konnten Reiter und Pferd unauffällig nach Hause gelangen.

Drei Jahre vergingen, und er arbeitete tagsüber mit den Seinen, die Nächte aber verbrachte er bei seiner Geliebten. Viele Gründe gab es, um fernzubleiben, Wölfe gefährdeten die Herde, die Pferde mußten auf eine andere Weide, oder es war Zeit für die Jagd. Eines Nachts jedoch vergaß er, das Pferd rechtzeitig anzuhalten. Seine Frau entdeckte das Zaubertier, verstand und tötete den schönen Fahlgelben.

Khökhuu Namdschil konnte nie mehr zurück zu seiner Geliebten. Tief und endlos war seine Trauer, drei Monate lang nahm er keinen Bissen mehr zu sich.

Schließlich baute er sich eine Geige und zierte das Ende des Stegs mit einem wunderschönen Pferdekopf, dem Abbild seines Fahlgelben. Als Blesse setzte er Knochen seines Pferdes ein und bespannte die Geige mit seinem Haar. Und jedesmal, wenn er nun spielte, war es ihm, als ritte er wieder auf dem Zauberpferd zu seiner fernen Geliebten und spürte ihre Anwesenheit. Diese Gefühle gingen in seine Musik ein, und alle kamen am Abend, um ihm zuzuhören.

Nur Frauen sollten die Pferdekopfgeige besser nicht spielen, denn schließlich war es eine Frau, die das Zauberpferd getötet hatte.

Nur für Männer: die Pferdekopfgeige

Das Opernhaus in Ulan Bator

Die mongolische Musikszene

Nach der Revolution hat das Land erst die klassische europäische Musik kennengelernt und später auch die verschiedenen Formen des Jazz, des Rock und die nachfolgenden Wellen der populären Musik. Jeden dieser Einflüsse hat man auf ganz eigene Art verarbeitet und sie mit der eigenen musikalischen Tradition kombiniert. So kombinierten Musiker E-Gitarre mit Pferdekopfgeige, klassische europäische Musik mit der so ganz anderen mongolischen Tonfolge oder Jazz mit Obertongesang.

Wer sich einen Eindruck mongolischer Musik verschaffen will, der sollte sich in Ulan Bator die Aufführung einer mongolischen Oper anhören. Empfehlenswert sind die 1942 entstandene Nationaloper ›Uchirtai Gurvan Tolgoi‹ von D. Nazagdorj oder die Opern ›Mandukhai die Weise‹ und ›Die drei Könige des Sharai-Flusses‹. Liebhaber der Streichinstrumente sollten sich eine CD der Geigerin Gegi beschaffen, die beeindruckend verschiedene musikalische Ursprünge künstlerisch verarbeitet. Auch in Europa sind mongolische Künstler unterwegs. Zu ihnen gehört die Gruppe ›Transmongolia‹ um den Khöömii-Sänger Hosoo (Dangaa Khosbayar) und das Ensemble ›Egschiglen‹. Beide Gruppen treten häufig auch in Deutschland auf.

Insgesamt hat die Mongolei eine erstaunenliche Vielfalt an Künstlern traditioneller wie auch moderner Stilrichtungen vorzuweisen. Kommt wieder eine neue Welle aus dem Ausland, wie Rap oder Hiphop, so wird sie schnellstens von einheimischen Musikern umgeformt und eingebürgert, bis die Originale völlig aus den Hitparaden verdrängt sind. Das gleiche passiert sogar mit Musikvideos. Ulan Bator mit knapp einer Million Einwohnern hat gleich zwei Fernsehkanäle, die nur Musikvideos zeigen, und nicht einmal jedes zehnte stammt aus dem Ausland.

Mit einfachsten Mitteln und erstaunlichem Einfallsreichtum hat sich in der mongolischen Hauptstadt eine vielfältige Szene etabliert, die in die Nachbarregionen Innere Mongolei in China sowie Tuwa und Burjatien in Rußland ausstrahlt.

Malerei

Fühlte sich in der Mongolei jemand zum Künstler berufen, hatte er bis ins 20. Jahrhundert hinein nur eine Chance, eine gute Ausbildung zu erhalten: Er mußte die Mönchskutte überstreifen und ins Kloster gehen. Hier wurden Mal- und Applikationstechniken sowie die Kunst der plastischen Darstellung gelehrt. In den buddhistischen Klöstern entstanden wunderschöne Tangkhas, die den Gläubigen als Meditationshilfe dienten. Holzblockdrucke wurden mit Miniaturen verziert, und verschiedene Plastiken schmückten Klöster und Tempel. Allerdings waren die künstlerischen Freiheiten bei der Darstellung der unzähligen Gottheiten und ihren verschiedenen Manifestationen stark eingeschränkt. Es galt, die vorgeschriebenen Regeln strengstens einzuhalten. Farbe, Gesten und Körperhaltung bis hin zu den Fingerspitzen waren vorgeschrieben, lediglich die Gestaltung des Bildhintergrundes ließ Raum für die eigene Phantasie.

Wie auch in anderen Bereichen der Kunst lockerte sich gegen Ende des 19. Jahrhunderts die strenge Reglementierung, oder genauer, die Künstler wehrten sich gegen sie und setzten vorsichtig eigene Ideen und Vorstellungen um. Das bekannteste Beispiel für diesen Prozeß in der Malerei ist der 1869 geborene Balduugiyn Marsan Sharav, der in Urga seine Ausbildung erhielt. Die von ihm um 1911 gemalten Porträts vom achten Jebsundamba, dem geistlichen Oberhaupt der Mongolen, und seiner Gefährtin stellten einen klaren Bruch mit der streng kanonisierten Darstellung buddhistischer Würdenträger dar. Die farbliche Gestaltung, die natürliche Wiedergabe der Personen und letztlich auch die Abbildung weltlicher Gegenstände wie einer Schnupftabakdose waren bahnbrechend. Vor allem aber sein Bild ›Ein Tag in der Mongolei‹ ist in Form und Inhalt weit entfernt von ikonographischer Arbeit. In vielen einzelnen Szenen zeigt er das gewöhnliche Leben der mongolischen Araten (Viehzüchter), der Feudalherren und des Klerus in seiner ganzen Fülle. Auf drei Quadratmetern Fläche wird geliebt und gestritten, gearbeitet und gefeiert, geboren und gestorben. Das um 1910 entstandene Bild ist im Zanabazar-Museum der schönen Künste zu sehen, und der Betrachter kann bei genauem Hinschauen einen soliden Grundkurs zum Thema ›Sitten und Bräuche der Mongolen‹ absolvieren.

In der Zeit des Sozialismus wurden viele Künstler in der Sowjetunion und in anderen sozialistischen Ländern ausgebildet. Diese Schule prägte die Maler, und doch verstanden sie es, Tradition, Neues und persönlichen Stil in ihre Bilder einfließen zu lassen. Genannt seien die Bilder von Badamjavin Chogsom ›In der Wüste Gobi‹ und ›Das schwarze Kamel‹ von Adjaagijn Sengetsokhio. Heute nutzen die mongolischen Künstler die seit der demokratischen Wende bestehenden Möglichkeiten, eigene Wege zu gehen. Dabei schauen sie sowohl auf Tradition, lassen sich aber auch von weltweit vertretenen Stilrichtungen inspirieren. Sodnomin Tugs-Ojun, Shagdarjav Chimeddorj und Ershuu Otgonbayar sind einige von ihnen.

Badamjavin Chogsom: ›In der Wüste Gobi‹

Für Interessierte sei der Besuch einer Ausstellung in der Galerie des Künstlervereins oder einer Sonderausstellung im Zanabazar-Museum der schönen Künste empfohlen. Einen guten Überblick über die aktuelle mongolische Kunstszene bietet auch die Website der Mongolian National Artists Union, www.uma.mn.

Literatur

Es gibt sie, die mongolische Literatur, auch wenn sie bis heute in den Regalen der europäischen Buchläden kaum vertreten ist. Wer in den letzten Jahren aufmerksam die zahlreichen Dokumentationen über die Mongolei im Fernsehen verfolgte, hat zumindest von dem frühesten derzeit bekannten literarischem Werk gehört, von der ›Geheimen Geschichte der Mongolen‹. Die um 1240 entstandene Chronik über die Herkunft und Taten des Dschingis Khans ist mehr als eine trockene Faktensammlung, sie trägt Züge eines Heldenepos, ist angereichert mit Lobpreisungen und Segenssprüchen, mit Spruchdichtung und Gesängen. Damit ist sie Geschichtsbuch und Zeugnis des literarischen Schaffens der Mongolen dieser Zeit zugleich.

Heldenepen und Volksdichtung

Waren ›Die geheime Geschichte‹ und nachfolgende Fürstenchroniken nicht für das gemeine Volk bestimmt, so waren die Heldenepen, Zeremonial- und Spielmannsdichtung, Lieder und Märchen etwas für die einfachen Nomaden. Über Jahrhunderte wurden diese Weisen mündlich überliefert, abgewandelt und neue ausgedacht. Hinzu kamen Märchen und Fabeln aus dem indo-tibetischen Raum, die gemeinsam mit der buddhistischen Lehre Eingang in die mongolische Jurte fanden. Infolge der Unterwerfung der mongolischen Stammesgebiete unter die mandschuro-chinesische Herrschaft verbreiteten sich auch Werke der chinesischen Literatur unter den Nomaden. Großer Beliebtheit erfeuten sich die sogenannten Heftgeschichten. Diese Heldengeschichte wurden mündlich vorgetragen, den örtlichen Gegebenheiten angepaßt, und die Erzähler fanden vor allem an den langen Winterabenden aufmerksame Zuhörer.

Reich ist der Fundus der traditionellen mongolischen Volksdichtung. Neben weitverbreiteten Lehr- und Moralsprüchen kam der Zeremonialdichtung eine besondere Bedeutung zu. Kaum ein Bereich des persönlichen und gemeinschaftlichen Lebens kam ohne Lobpreisungen, Segenssprüche oder Beschwörungen aus. Es gab zwar mehr oder weniger feststehende Verse, aber weit häufiger wurden Dank, Wunsch und Bitte aus dem Stegreif heraus vorgetragen.

Vor gut 100 Jahren begann das Interesse in- und ausländischer Forscher und Wissenschaftler an der mündlichen Volksdichtung der Mongolen. Über Jahrzehnte wurde aufgespürt, gesammelt und fixiert. Im Ergebnis wurden um die fünfzig Heldensagen und weit über 1000 Märchen festgehalten. Unzählige Lieder, Legenden, Segenswünsche, Lehr- und Moralsprüche füllen Tonbänder und Manuskripte. Leider sind bisher nur wenige von ihnen in deutscher Sprache erschienen. Zu den übersetzten Werken gehören ›Die geheime Geschichte der Mongolen‹, Märchen und einige Erzählungen.

Ende des 19. Jahrhunderts nutzten die im dichterischen Umgang mit der Sprache geübten Mongolen Fabeln und Moraldichtung, um sich gegen die Fremdherrschaft, die Prunksucht des Feudaladels und den lasterhaften Lebenswandel vieler Lamas aufzulehnen.

Moderne Literatur

Die revolutionären Umwälzungen Anfang des 20. Jahrhunderts schlugen ein neues Kapitel in der mongolischen Literatur auf. Ohne die alten Märchen und Epen zu vergessen, fanden neue Formen und vor allem neue Inhalte Eingang in die mongolische Dichtkunst. Die Helden der jungen Schriftsteller kämpften gegen fremde Eroberer, lehnten sich gegen Feudalherren und raffgierigen Klerus auf, bewegten sich im Spannungsfeld von alten Traditionen und neuen Idealen. Sie lernten die gesellschaftlichen Veränderungen zu verstehen und selbst zu gestalten. Zu den bekanntesten Vertretern der ersten Generation der modernen mongolischen Literatur gehört Daschdorjiin Natsagdorj (1906-1937), der Verfasser des unter den Mongolen beliebten Poems ›Minii Nutag‹ (Meine Heimat) und der Erzählung ›Der Sohn der Alten Welt‹. Zu seinem umfangreichen Werk zählt auch das Libretto der mongolischen Nationaloper ›Drei traurige Hügel‹. Natsagdorj gehörte zu den ersten mongolischen Schülern und Studenten, die in den 20er Jahren des vorigen Jahrhunderts nach Deutschland zur Ausbildung geschickt worden waren. Allerdings fiel auch er der stalinistischen Repressionspolitik zum Opfer, er starb 1937.

In den ersten Jahren nach der staatlichen Unabhängigkeit war es für die jungen Literaten nicht einfach, Leser zu finden. Zum einen fehlte es an Druckkapazität, zum anderen konnte die Mehrheit der Bevölkerung weder lesen noch schreiben. Mit Theaterstücken, Gedichten und Novellen erreichten sie die Nomaden, wobei sie dabei durch die traditionelle Erzählkunst unterstützt wurden. Trotz der Schwierigkeiten wurde fleißig geschrieben. Es entstanden Romane wie ›Strahlen der Morgenröte‹ von B. Rinschin, eine Triologie über die gesellschaftlichen Verhältnisse in der Mongolei Anfang des 20. Jahrhunderts oder die Erzählung ›Das verschmähte Mädchen‹ von Ts. Damdinsüren, in der sich eine einfache Frau gegen die erzwungene Ehe auflehnt.

Mit der Alphabetisierung der Bevölkerung und der wirtschaftlichen Entwicklung des Landes verbesserten sich auch die Voraussetzungen für die Schriftsteller. Thematisch waren sie der sozialistischen Umgestaltung des Landes verpflichtet. In den Romanen und Erzählungen kämpften die Protagonisten gegen Aberglauben und alte Sozialstrukturen und rangen um Planerfüllung. Probleme und Sorgen des täglichen Lebens fanden in Lyrik und Prosa genauso Eingang wie die Schönheit der Natur. Erwähnt seien die poesievollen Erzählungen von S. Erdene, die historischen Romane ›Mandchai die Kluge‹ von Sch. Natsagdorj und ›Ein großes Schicksal‹ der Schriftstellerin S. Udval.

Die demokratische Wende in den 90er Jahren gab den mongolischen Künstlern eine neue Bewegungsfreiheit ohne ideologische Zwänge. Zu den vielgelesenen Autoren gehören T. Baasansuren mit den Romanen ›Altai‹ und ›Nuden Bulag‹ sowie die Lyriker D. Pürevdorj und B. Khurelbaatar.

Ein Ausschnitt aus der mongolischen Gegenwartsliteratur ist dem deutschsprachigen Leser recht einfach zugänglich. Der Schriftsteller Galsan Tschinag, der dem im Altai lebenden Volk der Tuwinier angehört, verfaßt seit vielen Jahren seine Gedichte, Erzählungen und Romane in deutscher Sprache.

Theater und Oper

Mit dem Dramaturgischen Theater und dem Theater für Oper und Ballett hat Ulan Bator gleich zwei Häuser für die darstellende Kunst. Auf dem Spielplan stehen klassische Stücke wie ›Hamlet‹ oder ›Kabale und Liebe‹, beliebte Opern wie ›La Traviata‹, ›Tosca‹ und ›Eugen Onegin‹. Die Ballettänzer bezaubern mit ›Dornröschen‹ und ›Schwanensee‹. Darüber hinaus stehen zahlreiche Bühnenwerke aus der Feder mongolischer Künstler auf dem Spielplan. Dazu gehören die mongolische Nationaloper ›Drei traurige Hügel‹ und die Oper ›Kara-Korum‹, die Singspiele ›Khökhuu Namjil‹ und ›Geser Khan‹. Vervollständigt wird das Programmangebot durch Auftritte des nationalen Tanz- und Gesangsensembles.

Extra erwähnt werden sollte das Drama ›Die Geschichte vom Mondkuckuck‹, das wohl das erste Theaterstück der Mongolei war. Die alte indische Legende wurde von dem buddhistischen Würdenträger Danzan Ravjaa (1803–1856) in den 30er Jahren des 19. Jahrhunderts inszeniert. In seinem Klosterkomplex in der Ostgobi hatte er für die Aufführungen Räumlichkeiten errichten, spezielle Kleidung und Requisiten anfertigen lassen. Über Jahrzehnte wurde das Schauspiel auch in anderen Klöstern aufgeführt und vom Publikum begeistert aufgenommen. Diese neue Form des Geschichtenerzählens gefiel, und bald bildeten sich kleine Gruppen von Theaterliebhabern, die aus alten Singspielen, Heldenepen und Schelmengeschichten eigene kleine Stücke entwarfen und aufführten.

Allerdings waren die Zeiten um die Jahrhundertwende äußerst ungeeignet für das Gedeihen der Schauspielkunst. Überall gab es Auflehnung und Unruhen,

Theater im Aimagzentrum Khovd

wehrte sich das Volk gegen die Fremdherrschaft, und die mandschu-chinesischen Statthalter reagierten sehr empfindlich auf jede Ansammlung von Menschen. Vielerorts wurden Aufführungen gestört oder schlichtweg verboten. Erst mit der Vertreibung der Besatzer und der Festigung der staatlichen Souveränität änderte sich die Situation.

Zehn Jahre nach der Unabhängigkeitserklärung von 1921 gründete sich mit staatlicher Unterstützung das erste professionelle Theater in der Mongolei. Mit sowjetischer Hilfe wurden Schauspieler, Tänzer, Dramaturgen und Regisseure ausgebildet. Später kamen eigene Ausbildungsstätten hinzu. Anfang der 50er Jahre wurde unter Mitwirkung japanischer Kriegsgefangener auf dem Sükhbaatar-Platz das erste Theater erbaut. Entworfen wurde das im klassizistischem Stil gehaltene Gebäude vom deutschen Architekten Gerhard Kosel, der im russischen Exil lebte. Auch die Aimagzentren bekamen Theater, in dem Stücke aufgeführt wurden und Volkskunstgruppen einen Platz fanden. Die großzügige finanzielle Förderung durch den sozialistischen Staat ermöglichte eine rasante Entwicklung der verschiedenen Genres, und bald war das Schauspielhaus in Ulan Bator zu klein geworden. Anfang der 60er Jahre wurde das Sprechtheater von Oper und Ballett getrennt und erhielt eine eigene Spielstätte im Zentrum der Stadt.

Heute haben es die Häuser und Künstler schwerer, was sich auch in den für Mongolen hohen Eintrittspreisen widerspiegelt. Trotzdem werden neue Stücke inszeniert, und Intendaten wie Ensemble gehen mit großem Enthusiasmus an ihre Vorhaben. Das Publikum belohnt ihr Engagement mit weitgehend vollbesetzten Plätzen.

Film

Eine Oscar-Nominierung in der Kategorie ›Bester Dokumentarfilm‹: Das war ein unerwarteter Erfolg für die junge Mongolin Byambasuren Davaa. Ihr Film ›Die Geschichte vom weinenden Kamel‹ (2003) hatte ein Millionenpublikum in aller Welt begeistert. Für viele Zuschauer waren die Bilder aus der Gobi eine Entdeckung in zweifacher Hinsicht: das Land Mongolei zum einen und das Schaffen mongolischer Filmemacher zum anderen.

Es ist wenig bekannt, daß die mongolische Cinematographie auf eine über 70jährige Geschichte zurückblicken kann. Das Studio ›Mongolkino‹ wurde 1935 mit russischer Hilfe gegründet. Die ersten Produktion war ein Stummfilm, eine Dokumentation über den 1. Mai. Zwischen 1936 bis 1939 folgten Spielfilme wie ›Der Sohn der Mongolei‹, ›Norjmaas Weg‹ und ›Wolfsrudel‹, alles Filme, die die politischen, sozialen und kulturellen Veränderungen im Land feierten. Während des Zweiten Weltkriegs dominierten patriotische Themen. So waren die Filme ›Sükhbaatar‹ (1939) und ›Tsogt Taij‹ (1943) Helden gewidmet, die sich für die Unabhängigkeit des Landes von der mandschurisch-chinesischen Besatzung eingesetzt hatten.

Die ersten Produktionen von ›Mongolkino‹ konnten nur in enger Zusammenarbeit mit russischen Studios entstehen, da einheimische Fachkräfte fehlten. Ab Mitte der 50er Jahre bestimmten dann mehr und mehr mongolische Filmemacher, die ein Studium an der Filmhochschule in Moskau absolviert hatten, die thematische und künstlerische Gestaltung der Filme. Jährlich wurden etwa vier Spielfilme und eine Vielzahl von Dokumentarfilmen gedreht. Es entstanden Gegenwartsfilme über die kleinen und großen Schwierigkeiten des Alltags, über Liebe und Verrat. Verstärkt setzte man sich mit Problemen der Jugendlichen auseinander, deren prozentualer Anteil an der Bevölkerung stetig stieg. Den politischen Bedingungen entsprechend erschloß sich dem landeskundigen Zuschauer die eine oder andere leise Kritik an gesellschaftlichen Verhältnissen nur zwischen den Bildern, so im Film ›Dem Ruf des Herzens folgend‹ (1965), der den Kampf eines jungen vorbestraften Mannes gegen bestehende Vorurteile aufzeigt. Gedreht wurden auch Komödien, Abenteuer- und Kinderfilme, unter anderem der Märchenfilm ›Die goldene Jurte,‹ der 1961 als Koproduktion von Mongolkino und DEFA entstand.

Neues mongolisches Kino

Mit Beginn des Demokratisierungsprozesses wurden die Filme offener, und neue Themen fanden Eingang in das Filmschaffen. Ergreifend und bedrückend ist der Film ›Das Seil‹ (1991) von N. Uranchimeg über einen Straßenjungen aus Ulan Bator, der sich einer Diebesbande anschließt, um Geld für den Grabstein seines Vaters zu besorgen. ›Der falsche Buddha‹ (1991) von N. Njamdavaa, ›Auch du bist so einer‹ (1991) von Tsogsol und der neue Film ›Elsnii Nuudl‹ (2007) sind weitere nennenswerte Filme, die sich kritisch mit der modernen mongolischen Gesellschaft auseinandersetzen. Außerdem wurden historische Themen wieder

Die Helden des international erfolgreichen Films ›Die Geschichte vom weinenden Kamel‹

aufgegriffen. 1989 kam ›Mandchai die Kluge‹ nach der Romanvorlage des Historikers Sch. Natsagdorj in die Kinos. Erzählt wird die Geschichte der legendären Fürstin aus dem 15. Jahrhundert, die mit Diplomatie, Waffengewalt und unter großen persönlichen Opfern versucht hatte, das zerfallende Mongolenreich zusammenzuhalten. Der Film ›Ein Heiliger in stürmischer Zeit‹ (1992) von Ts. Tserendorj beschäftigt sich mit einer Geschichtsperiode, die bis heute für die Identität aller Mongolen Nachwirkungen zeigt. Im 17. Jahrhundert zerbrach das nur noch lose bestehende Bündnis mongolischer Fürstentümer, und die Teilung in Innere und Äußere Mongolei wurde vollzogen. Inmitten der kriegerischen Auseinandersetzungen zwischen den zerstrittenen mongolischen Fürsten einerseits und den nach Expansion strebenden Mandschus andererseits wirkte der erste Bogd Gegen, das buddhistische Oberhaupt der Mongolen, der Künstler und Gelehrte Zanarbazar. Gezeigt wird sein Streben nach Vermittlung, nach Einigung und letztlich sein Scheitern.

Die politischen Reformen in den 90er Jahren waren mit einschneidenden ökonomischen Veränderungen für die Filmschaffenden verbunden. Zwar können heute freifinanzierte Filme produziert werden, aber dafür fehlt die ehemals existierende staatliche Unterstützung bei der Verbreitung. Was heute in den großen Kinos läuft, wird nach marktwirtschaftlichen Gesichtspunkten entschieden. Es ist bestimmt nicht übertrieben zu sagen, daß ein neues Kapitel in der Geschichte des mongolischen Films begonnen hat. Der freie und künstlerisch nicht selten anspruchsvolle nationale Film kämpft mit großen Hollywoodstreifen und Produktionen aus Korea, Japan und Indien um die Gunst der Zuschauer.

Lebensmittelladen in Mörön

Mongolische Küche

Die mongolische Küche ist von der über Jahrhunderte vorherrschenden Weidewirtschaft geprägt. Die traditionellen Grundnahrungsmittel sind Fleisch und Milchprodukte. Im Jahreszyklus wechseln sich zwei nicht streng voneinander abgegrenzte Perioden ab, die Fleischsaison im Winter und Frühjahr und die Milchsaison im Sommer und Herbst. Ergänzende Nahrungsmittel nichttierischen Ursprungs, vor allem Getreide und Tee, wurden früher teuer durch Tauschhandel erworben, heute kauft man sie im Laden oder auf dem Markt im Aimagzentrum. Gewürzt wurde und wird spärlich: etwas Salz, wilde Zwiebeln und Lauch, eventuell auch andere wilde Kräuter.

In den 1960er und 1970er Jahren gab es große Kampagnen, während derer Funktionäre aufs Land gingen, um den Viehzüchtern eindringlich zu erklären, wie gesund und wichtig Gemüse sei. Anfänglich waren diese Aufklärungsversuche von wenig Erfolg gekrönt. Wechselten die Araten den Weideplatz, so blieben die Säcke mit Kartoffeln und Weißkohl oft zurück – Grünzeug, so ihre Meinung, ist fürs Vieh und nicht für den Menschen. Hinzu kam das Problem der Lagerung, denn kurz nach der Ernte begann die Frostperiode, und das Gemüse erfror.

Trotzdem haben heute Kartoffeln, einfaches Gemüse wie Weißkohl, Karotte und Steckrübe ihren Platz in der mongolischen Küche gefunden, auch Rote Rübe, Tomate, Gurke und Paprika, teils aus eigener Produktion, sowie Reis werden verwendet.

Buuz

Obwohl die Grundzutaten der mongolischen Küche sehr einfach sind, gibt es eine Vielzahl von Gerichten und Produkten, die durchaus auch dem verwöhnten Gaumen gefallen. Dazu gehören die von allen Mongolen geliebten Buuz. Das sind kleine, in Wasserdampf gegarte Teigtaschen mit Hackfleischfüllung, die vorwiegend zu besonderen Anlässen dargeboten werden. Zu hunderten werden sie vor dem mongolischen Neujahrsfest, Tsagaan Sar, von den Frauen und Kindern der Familie zubereitet, auf dem Jurtendach oder Balkon tiefgefroren, um dann am eigentlichen Festtag gegessen zu werden. Die gleichen Teigtaschen, in Form und Größe verändert, werden auch frittiert oder gekocht, entsprechend nennt man sie Khuushuur oder Bansh.

Tsuivan

Wer Nudeln mag und Fleisch nicht generell ablehnt, dem wird Tsuivan garantiert zusagen. Bei diesem Gericht wird übrigens der Einfluß der mandschu-chinesischen Küche deutlich. Fleisch und gerade vorrätiges Gemüse werden geschnetzelt und angebraten, Zwiebel und Knoblauch hinzugeben, alles wird mit etwas Wasser abgelöscht, selbstgefertigte Nudeln obenauf gelegt und im verschlossenen Kessel gegart. Besonders köstlich schmeckt Tsuivan, wenn der ausgerollte Nudelteig vor dem Schneiden auf der heißen Ofenplatte geröstet wurde.

Guriltai Shöl

Nur für Liebhaber hingegen ist das Leibgericht aller Mongolen für den Alltag: die fette Hammelsuppe mit frischen Nudeln, Guriltai Shöl. Gegessen wird sie manchmal morgens, bevor man zu den Tieren auf die Weide geht, eventuell mittags, wenn man beim Nachbarn zu Besuch ist, und unbedingt abends nach getaner Arbeit. Für viele Nicht-Mongolen ist es entschieden gewöhnungsbedürftig, am frühen Tag in die dampfende Schale mit kräftiger Bouillon und dicken Fleischstücken zu schauen. Aber es ist gut zu wissen, daß ein symbolisches Schlürfen reicht, um den Gastgeber zufriedenzustellen.

Khorkhog und Boodog

Wird man von Einheimischen zum Picknick eingeladen, ist das die Gelegenheit, die in Bezug auf Zubereitung und Geschmack wohl spektakulärste Mahlzeit der Mongolen kennenzulernen. Mit einer hohen Wahrscheinlichkeit wird Khorkhog zubereitet. Bei Khorkhog werden Hammelfleisch (seltener Ziege), Kartoffeln, Rüben, Zwiebeln und Knoblauch in einer verschließbaren Kanne gegart. Erst werden faustgroße Flußsteine im Feuer stark erhitzt. Die heißen Steine werden mit dem geschnittenen Fleisch und Gemüse abwechselnd in das Gefäß geschichtet und mit etwas Wasser bedeckt. Nachdem die Kanne verschlossen wurde, wird diese auf heiße Glut oder ein kleines Feuer gestellt. Die permanente Hitzezufuhr von innen und außen läßt die Zutaten gleichmäßig garen. Das fertige Fleisch ist würzig, Kartoffeln und Rübe haben ihren ursprünglichen Geschmack nicht verloren, und die Bouillon ist einfach unbeschreiblich gut.

Ähnlich in der Garmethode, wohl aber ursprünglicher in der Verwendung des ›Gefäßes‹ ist Boodog. Dazu wird bei einer jungen Ziege oder einem Murmeltier der Kopf abgetrennt. Durch die entstandene Öffnung werden die Innereien entfernt, Fleisch und Knochen an den Gelenken zerlegt und teilweise entnommen. Alles wird mit Salz, Zwiebeln und wilden Kräutern gewürzt. Heiße Steine werden aus dem Feuer geholt und gemeinsam mit den Fleischstücken in den Balg gestopft. Das Ganze wird verschnürt und erst wieder geöffnet, wenn das Fleisch gar ist. Von den heißen, fettigen Steinen, die bei beiden Gerichten verwendet werden, glaubt man übrigens, daß sie eine heilsame und beruhigende Wirkung haben, und so werden diese vor dem Essen unter den Anwesenden verteilt und solange in den Händen hin- und herbewegt, bis sie erkaltet sind.

Milchspeisen

Großartig und eine willkommene Abwechslung von der fleischlastigen Kost sind die zahlreichen Milchspeisen, ›Tsaagan idee‹, die man im Sommer überall auf dem Land bekommt. An erster Stelle ist natürlich der berühmte Airag zu nennen, die

Beim Schöpfen von Airag

gegorene, leicht alkoholische Stutenmilch, von der man am Anfang nur spärlich kosten sollte, da sich die Darmflora erst an die Bakterien gewöhnen muß. Für die Herstellung des Rahms, mongolisch Urum, ist die sehr fetthaltige Yakmilch am besten geeignet, aber auch Kamel- und Kuhmilch werden verarbeitet. Dann sollte man auf keinen Fall Khailmag verpassen, eine echte Delikatesse, die aus dickem, süßem, eingekochtem Milchrahm besteht, den man gewöhnlich noch mit etwas Mehl vermischt hat. Gleichfalls sehr schmackhaft und erfrischend sind Tarag/Joghurt und Isgelen Tarag/Kefir, die pur oder mit frischen Waldfrüchten versetzt gelöffelt oder getrunken werden. Zu den weißen Speisen gehören auch Sahne, Käse und körniger Frischkäse.

Legendäres Milchprodukt ist Mongol Arkhi, der Milchschnaps. Er wird aus Sauermilch, vergorenem Joghurt oder Airag destilliert und enthält etwa zehn Prozent Alkohol. Der Alkoholgehalt läßt sich durch wiederholtes Destillieren erhöhen. Vier Stufen sind bekannt, jede hat ihren eigenen Namen. Mongol Arkhi schmeckt nach seinem Ausgangsprodukt, leicht sauermilchig bis käsig. Normalerweise wird er lauwarm getrunken. Anfänglich wird er nicht unbedingt als Alkohol wahrgenommen, entsprechend ist seine Wirkung jedoch nach mehreren Schälchen.

Der größte Teil der gemolkenen Milch wird für die Zubereitung von Suutai tsai, den mongolischen Milchtee, verbraucht. Er ist zu allen Tageszeiten beliebt und wird in Unmengen genossen. Jedem Gast wird frisch zubereiteter Tee angeboten, dazu kommt ein Teller mit weißen Speisen und Gebäck. In den meisten Regionen wird Suutai tsai mit Salz zubereitet, nur im Osten wird in der Regel darauf verzichtet. Häufig wird dem Milchtee nicht nur Butter, sondern auch gerösteter Reis, in Fett erhitztes Mehl oder getrocknetes Fleisch zugegeben, so daß aus dem Getränk eine vollwertige Mahlzeit geworden ist, Khiitsen Tsai.

Wichtig ist anzumerken, daß rohe Milch wie auch rohes Fleisch von den Mongolen prinzipiell nicht genossen wird. Auch man selbst sollte die Finger davon lassen, denn in der Mongolei ist die Brucellose verbreitet, eine Tierkrankheit, die sich auf den Menschen überträgt.

Vorrat und Proviant

In der Zeit, in der Milch reichlich zur Verfügung steht und die Tiere kräftig sind, legen die Araten ihre Vorräte für den langen und kalten Winter an. Aruul und Borts werden hergestellt. Aruul ist getrockneter Quark. Milch von Kuh, Kamel, Yak, Schaf oder Ziege läßt man sauer werden. Die geronnene Milchmasse wird von der Molke getrennt, dann gepreßt und geschnitten. Ein typisches Bild für den Spätsommer in der Mongolei sind die auf den Jurtendächern zum Trocknen ausgelegten Quarkstücke.

Aruul wird sehr hart und eher lutschend verzehrt, man kann aber auch stundenlang auf ihm herumknabbern oder ihn in Tee aufweichen. Einige Hausfrauen geben der noch feuchten Quarkmasse wilden Knoblauch oder andere Kräuter zu und nutzen später den Aruul zum Würzen von Suppen. Gut und vor allem sauber gefertigter Aruul ist über Monate haltbar.

Aruul, getrockneter Quark

Der zweite Bestandteil des Wintervorrats ist Borts, getrocknetes Fleisch. Frisches Fleisch von Rind, Schaf, Kamel oder Pferd wird in Streifen geschnitten und luftgetrocknet. Die gewonnenen kleinen harten Stäbchen werden zermahlen und in einem luftdurchlässigen Beutel gelagert. Ist es kalt genug, wird Borts auch aus gefriergetrocknetem Fleisch hergestellt. Das Fleisch einer so verarbeiteten Kuh paßt übrigens in den Magen derselben. Borts und Aruul sind Vorrat, werden aber heute, wie damals zu Zeiten des großen Mongolischen Imperiums, auch als Proviant für unterwegs genutzt.

Rezept für Buuz

Für 4-6 Personen

Teig	Füllung
500 Gramm Mehl	400 Gramm Gehacktes
250 Milliliter Wasser	1 große Zwiebel
1 gute Prise Salz	1-2 Knoblauchzehen
	5-6 Eßlöffel Wasser
	Salz, Pfeffer, Kümmel

Teig

Die Zutaten gut verkneten, so daß ein fester und doch geschmeidiger Teig entsteht. Der Teig darf nicht an den Fingern klebenbleiben. Den Teig eine gute halbe Stunde stehenlassen, ab und zu durchkneten, anschließend in vier gleiche Teile zerlegen, noch mal durchkneten und zu gut drei Zentimeter dicken ›Würsten‹ verarbeiten. Von der ›Wurst‹ gut zwei Zentimeter dicke Scheiben abschneiden. Beide Seiten leicht mit Mehl bestäuben, in den Handflächen zusammendrücken und anschließend weiter ausrollen. Die Mitte dicker lassen als den Rand.

Füllung

Die Mongolen verwenden grobgehacktes, mit viel Fett versehenes Hammelfleisch, je nach Geschmack können Fleischart als auch Fettgehalt verändert werden. Alles gut vermischen und Wasser dazugeben, bis die Masse geschmeidig ist. Bei magerem Fleisch etwas mehr Wasser nehmen, um die Buuz saftiger zu halten.

Buuz falten

Das Kniffen der traditionellen Form der Taschen erfordert etwas Übung: Das runde Teigplättchen auf die weniger fingerfertige Hand legen und in die Mitte einen Teelöffel von der Fleischmasse geben. Mit Daumen und Zeigefinger der anderen Hand den Teigrand leicht über das Fleisch ziehen und eine Falte bilden, den Teig zusammenkleben. Nächste Falte seitlich an der ersten festdrücken. Das Ganze fortsetzen, als ob man einen Stoff zusammenraffen möchte. Dabei den Buuz durch das Handgelenk ständig weiterdrehen, so daß eine kleine Tasche entsteht, die in der Mitte ein Loch hat.

Die einfachere Methode ist das Falten eines ›Blumen-Buuz‹: Zwei gegenüberliegende Ränder nehmen und sie in der Mitte zusammenkleben, die verbliebenen gegenüberliegenden Ränder ebenso in der Mitte zusammendrücken. Vier kleine Löcher sind entstanden. Wichtig ist, darauf zu achten, daß die Öffnungen nicht zu groß werden, da sonst der Saft aus den Taschen herausläuft und das Fleisch trocken wird.

Garen

Für den Garvorgang wird ein Topf mit Siebeinsatz benötigt. In den Asia-Läden gibt es sie in verschiedenen Größen, sie sind allgemein als Mantu- oder Dampftopf

Auf die richtige Falttechnik kommt es an

bekannt. Diese Töpfe haben zwei Einsätze, so können mehrere Buuz gleichzeitig gegart werden. Zur Not kann man sich mit einem Siebeinsatz und einem Kochtopf behelfen. Wichtig ist in jedem Fall, daß das Wasser das Sieb nicht erreicht.

Wasser zum Kochen bringen. Buuzboden vor dem Garen kurz in Öl tauchen, um das Ankleben am Boden zu verhindern; alternativ den Siebeinsatz mit Margarine leicht einfetten. Buuz nicht zu dicht zusammenstellen, da sie noch aufgehen und möglicherweise verkleben.

Die bestückten Einsätze auf den Topf mit dem kochenden Wasser stellen und den Deckel verschließen. Nach etwa 20 Minuten sind die Buuz fertig. Während des Garens darf der Topf nicht geöffnet werden.

Topf vom Herd nehmen und öffnen. Mit einem Brettchen oder einem Haushaltstuch den Buuz zum Abschrecken frische Luft zuwedeln. Das gibt ihnen ein schönes glasiges Aussehen und verhindert, daß sie miteinander verkleben.

Essen

Gegessen werden die Buuz eigentlich mit der Hand, mit dem Mund über ein Schälchen gebeugt, falls Saft ausläuft. Sind die Buuz klein, kann man sie sich so in den Mund schieben, aber Achtung: Der Inhalt ist heiß! Bei größeren kann man vorsichtig eine Seite anbeißen und dann noch etwas Sojasoße hineinträufeln.

Viele Mongolen in Ulan Bator haben – anfänglich mehr aus der Not heraus, Fleisch wurde zu teuer – Kohl, Mohrrüben und anderes Gemüse zerkleinert und dem Fleisch beigefügt oder die Buuz ganz ohne Fleisch zubereitet. Es schmeckte gut und für den Alltag durchaus annehmbar. Also können auch Vegetarier diese Garmethode ausprobieren.

Guten Appetit!

Die mongolische Hauptstadt ist das pulsierende Herz des Landes, gleichermaßen geprägt von alter Kultur und lebendiger Aufbruchstimmung.

Ulan Bator

Die Hauptstadt

Um Ulan Bator (Улан Батор, mongolisch Ulaanbaatar/Улаанбаатар) kommt der Mongolei-Reisende im Wortsinn kaum herum. Alle wichtigen Straßen des Riesenlandes, die Flug- und Eisenbahnlinien laufen auf die Hauptstadt zu. Ulan Bator oder UB, wie man den Namen der Stadt gemeinhin abkürzt, ist auch die einzige ›echte‹ Stadt der Mongolei. Schon die nächstgrößeren Städte Darchan und Erdenet haben jeweils weit weniger als 100 000 Einwohner.

Blick auf die Hauptstadt

Stadt der Nomaden

Für das Steppenland, das nie eine städtische Tradition hatte, wie man sie aus seßhaften Gesellschaften kennt, ist Ulan Bator Ausdruck einer neuen, anderen Zivilisation. Die Stadt ist ein Fremdkörper in dem noch im wesentlichen nomadisch geprägten Land und doch auch Ausdruck desselben, denn die große Mehrheit ihrer Bewohner ist nicht mehr als zwei Generationen vom Landleben entfernt. Viele der Bewohner der Hauptstadt haben immer noch Tiere auf dem Land, die Verwandte für sie hüten, und ab Oktober, wenn auch tagsüber bereits Frost herrscht, werden ganze geschlachtete Schafe oder Rinder auf Balkonen oder in Erdgruben neben den Jurten der Neuankömmlinge eingelagert.

Die Glitzerstadt übt einen mächtigen Sog aus. Auf den Ausfallstraßen begegnen einem in der warmen Jahreszeit immer wieder schwankende, hochbepackte Lastwagen, die den Hausrat der Neuankömmlinge in die Hauptstadt bringen. Irgendein Fleckchen wird sich schon finden, wo man seine Jurte aufstellen kann. Die ersten Jahre gibt es zwar keinen Strom, und fließendes Wasser muß man sich von der öffentlichen Wasserstelle holen, aber für die abgehärteten Landbewohner ist das nichts Neues. Eher schon macht ihnen die Luftverschmutzung zu schaffen und daß man plötzlich in engster Nachbarschaft leben muß. Aber alle träumen davon, es auch einmal in eine Wohnung in der Innenstadt zu schaffen, wo es fließendes heißes Wasser und eine Zentralheizung gibt.

Rasantes Wachstum

Von 1990 bis heute ist die Bevölkerung in Ulan Bator um 50 Prozent gewachsen. Mindestens eine Million Menschen lebt jetzt in der Hauptstadt, mehr als ein Drittel der Gesamtbevölkerung der Mongolei. So genau kennt die Zahlen niemand, denn eine Registrierung kostet rund 50 Euro, was in der Mongolei viel Geld ist. Irgendwann werden die Grenzen des Wachstums erreicht sein. Viele glauben, es sei jetzt schon so weit, denn der Grundwasserspiegel sinkt besorgniserregend. Im Winter, wenn in den Jurtenvierteln billigste Kohle verfeuert wird, glaubt man, der Himmel sei bewölkt, obgleich nur wenige Kilometer außerhalb der Stadt strahlender Sonnenschein herrscht.

Und doch hat Ulan Bator auch seine schönen Seiten. Die Stadt ist herrlich gelegen, und fast überall sieht man den 2300 Meter hohen Bogd Khan uul, den heiligen Berg der Mongolei. Man muß nur wenige Kilometer fahren und schon ist man in echter, unberührter Wildnis. Das eigentliche Zentrum der Stadt ist klein, und man findet schnell heraus, wie man sich orientieren muß. Besonders im Sommer, wenn die Stadt praktisch ausgestorben ist – die Mongolei hat drei Monate Sommerferien, und alle streben zu Verwandten aufs Land oder zu den kleinen Holz-Datschen, die rings um Ulan Bator als Sommerdomizile dienen – kann man die Stadt in aller Ruhe kennenlernen. Es gibt interessante Museen, gemütliche Restaurants und Biergärten, und wer sich in die Discos stürzen will, findet in dieser jungen Stadt ein Nachtleben, das seinesgleichen sucht. Nicht zu vergessen ist das zentrale Naadamfest um den 11. Juli, wenn aus der ganzen Mongolei Bogenschützen, Ringer und Reiter eintreffen, um sich im Wettkampf zu messen.

Jurtenviertel in Ulan Bator

Geschichte

Nachdem der fünfjährige Zanabazar 1639 auf einer Adelsversammlung als Gegeen, als Erleuchteter, anerkannt worden war, gründete man ein Kloster, dem er später vorstehen sollte. Dieses Kloster war als Ikh Khuree, großes Kloster, bekannt und bestand aus Jurten. Deren größte war ein Urgöö, eine Palastjurte, und Zanabazar und seinen Nachfolgern vorbehalten. Offensichtlich war diese Jurte so beeindruckend, daß man das Wort Örgöö – von europäischen Reisenden zu Urga verwandelt – bald für das ganze Kloster und später für die Stadt verwendete, die daraus entstehen sollte.

Stadtgründung

Begleitet von Viehherden und einer Vielzahl von Bediensteten, zog dieses Kloster mehr als 100 Jahre von Ort zu Ort. 1779 ließ es sich schließlich endgültig dort nieder, wo der Fluß Selbe in den Tuul mündet. Der Ort war gut gewählt. In den Auen des Flusses Tuul war auch in trockenen Jahren genügend Gras vorhanden, und die Berge ringsum hielten die schlimmsten Winde ab. 1809 wurde auf einem Hügel gut zwei Kilometer nordwestlich das Kloster Gandan gegründet, und im 19. Jahrhundert kamen eine Reihe weiterer hinzu, bis es schließlich insgesamt zwölf Klöster gab. Damit war das spätere Ulan Bator das geistliche Zentrum der Mongolei. Direkt am Handelsweg Peking–Irkutsk sowie an der bedeutendsten Ost-West-Route gelegen, war die Stadt auch ein bedeutendes Handelszentrum, und nachdem die chinesische Zentralgewalt ihren wichtigsten Amban (Stellverteter) hier angesiedelt hatte, auch das administrative Zentrum der Mongolei.

Im Jahr 1919, am Vorabend der großen Umwälzungen, die die Eingliederung der Mongolei in die sowjetische Einflußsphäre bringen sollte, lebten in Urga bereits rund 100 000 Menschen. Gut 30 000 von ihnen waren Lamas, dazu kamen etwa 65 000 chinesische Kaufleute und Handwerker sowie 3000 Russen und einige hundert weitere Europäer.

Einfluß der Klöster

Trotz der Überzahl der Fremden wurde das Leben immer noch von den großen Klöstern bestimmt.
Die Erde aufzureißen, war nach wie vor streng untersagt. Die einzige Ausnahme stellte der russische Friedhof dar, und auch das erst, nachdem es im 19. Jahrhundert diplomatische Verwicklungen wegen eines Kosaken gegeben hatte, der auf dem Weg in die Hauptstadt gestorben war. Nachdem örtliche Lamas den Kosaken die Beerdigung verboten hatten, hatten sie den Leichnam bis in die Hauptstadt mitschleppen müssen, wo man den Russen schließlich ein Gelände zuwies.
Die Mongolen selbst beerdigten ihre Toten nicht, sondern setzten sie in der Steppe ab, wo sich Wölfe und Greifvögel der sterblichen Überreste annahmen. Auf dem Land war dies kein Problem, aber in der Nähe der Hauptstadt hatten sich große Hunderudel auf die Verstorbenen spezialisiert. Reisende vermieden es, nachts in der Klosterstadt anzukommen, um nicht einer dieser Rotten zum Opfer zu fallen.
Die Chinesen übrigens, denen die Niederlassung erst seit wenigen Jahrzehnten erlaubt war, brachten ihre Toten in das Mutterland zurück, um sie in der Nähe der Vorfahren beerdigen zu können. Der Verwesungsgeruch, der von diesen Karawanen ausging, war so schauerlich, daß die Kamele nur mit größter Mühe zu bewegen waren.
Vom alten Urga ist sehr wenig geblieben. Auch die lehmverschmierten Fansen der Chinesen sowie die Blockhäuser der Russen sind bis auf wenige Ausnahmen verschwunden.

Im 20. Jahrhundert

Im Jahr 1924, nach dem Tod des letzten Bogd Gegeen, wurde die Stadt in Ulan Bator (Roter Recke) umbenannt, im Stadtbild änderte sich jedoch vorläufig wenig.
In den 30er Jahren wurden die ersten großen Steingebäude im europäischen Stil gebaut, aber der große Umbruch kam mit der antilamaistischen Kampagne von 1937/38. Bis auf Teile des Klosters Gandan, den Tempel des Staatsorakals, das heutige Choijin-Lamyn-Museum, sowie den Palast des Bogd Gegeen in der Nähe des Flusses Tuul wurden alle religiösen Gebäude der Stadt zerstört.
In den 40er und 50er Jahren wurden die meisten der Gebäude geschaffen, die das Stadtzentrum bis heute prägen. Die großen repräsentativen Bauten wie die Oper, das Hotel ›Ulan Bator‹ sowie das Parlamentsgebäude wurden in jenem klassizistischen Stil errichtet, wie man ihn aus russischen Provinzstädten kennt.
Eigenwilliger und ganz unrussisch ornamentiert sind jene zwei- bis dreistöckigen Wohngebäude, die man an allen wichtigen Straßen im Zentrum findet und die von Chinesen in den 50er Jahren errichtet wurden, bis das chinesisch-sowjetische Zerwürfnis 1961 zum Abzug der Bauleute führte.

Fabriken und Plattenbauten

Mit Beginn der Industrialisierung in den 60er Jahren wurden die Fabrikgebäude in Bahnnähe gebaut und mit dem Bau der Kohlekraftwerke begonnen, die heute die Stadt mit Strom und Fernwärme versorgen. Blickt man vom Zentrum Richtung Südwesten, sind ihre großen Schornsteine nicht zu übersehen.
Ende der 70er Jahre schließlich begann die Errichtung der Plattenbausiedlungen, die sich direkt ans Zentrum anschließen. Unter ihnen findet man auch die ersten Gebäude, die nur von mongolischen Bauleuten errichtet wurden. Mangels einer bauhandwerklichen Tradition sind sie allerdings zumeist derartig schludrig ausgeführt, daß niemand gern lange dort wohnen bleibt.
Andere Plattenbausiedlungen, vor allem im ersten Bezirk, der gut fünf Kilometer westlich des Zentrums beginnt, sind solide gebaut und orientieren sich in ihrer Anlage an der Gartenstadtbewegung im Deutschland der 1920er Jahre. Hier hat sich sogar etwas wie Bürgerstolz entwickelt, was Investoren in den vergangenen Jahren zu spüren bekommen haben, als sich die Bewohner erfolgreich gegen eine weitere Verdichtung der großen Höfe wehrten.

Privatisierung

Nach der Wende kam die Bautätigkeit weitgehend zum Erliegen, und böse Zungen behaupten, einige der Bauruinen aus sozialistischer Zeit seien nur deswegen noch nicht fertiggestellt, weil die Baupläne im Wendechaos verlorengegangen seien.
Als die Regierung Enkhsaikhan ab 1996 die Wohnungen an die jeweiligen Bewohner privatisierte, bekamen weite

Modernes Gebäude in der Hauptstadt

Bevölkerungskreise auf einmal Kapital in die Hand, was zur Gründung einer Vielzahl von kleinen Geschäften führte. An jeder möglichen Stelle wurden an die Gebäude in der Innenstadt einstöckige Vorbauten angefügt, in denen Geschäfte, Restaurants oder Reisebüros eröffnet wurden. Die vorher sehr breite Peace Avenue (Enkh Tayvan Avenue), die wichtigste Straße der Stadt, verengte sich spürbar, aber dafür hat sich ein echtes Straßenleben entwickelt.
Ähnliches passierte mit der Ard Ayush Avenue, die oberhalb des Klosters Gandan parallel zur Peace Avenue Richtung Westen durch die Plattenbauten des dritten und vierten Bezirks führt. Sie ist nicht ganz so lebendig wie die Peace Avenue, wo auch nachts viele Menschen unterwegs sind, hat sich aber zur wichtigsten Einkaufsstraße der Stadt entwickelt.

Öndör Gegeen Zanabazar

Man kann die Meinung vertreten, daß diese vielseitige Persönlichkeit Öndör Gegeen Zanabazar (Өндөр Гэгээн Занабазар, 1635–1723) nur noch von Dschingis Khan übertroffen wird, wenn es um den Einfluß Einzelner auf die mongolische Geschichte geht. Man kann ihn auch als Antipoden des großen Khans betrachten, denn Zanabazar war alles andere als ein Krieger. Zanabazar wurde 1635 in ein großes mongolisches Adelsgeschlecht hineingeboren, das seine Herkunft auf Dschingis Khan zurückführte. Einer seiner Urgroßväter war Altan Khan, jener mongolische Fürst, der einen Bürgerkrieg in Tibet beendete, indem er Sonam Gyatso, dem Hierarchen der Gelugpa-Schule, den Titel Dalai Lama verlieh.

Schon als kleiner Junge soll Zanabazar außergewöhnliche sprachliche Fähigkeiten besessen und mit drei Jahren zum ersten Mal buddhistische Gebete gemurmelt haben. Seine Umgebung begann, ihn als ›Gegeen‹, als ›Erleuchteten‹, zu betrachten, und als er vier Jahre alt war, kam eine Adelsversammlung zu dem Schluß, Zanabazar sei niemand anders als die Reinkarnation eines der Schüler Buddhas, also die höchste Reinkarnation auf dem Gebiet der Mongolei. Geschlossen erkannten sie ihn als ihr geistiges Oberhaupt an, und der Dalai Lama bestätigte ihn in dieser Funktion. Er ernannte ihn zum ›heiligen ehrwürdigen Herrn‹, tibetisch Jebzundamba. Sicherlich war es angesichts der weltlichen Macht, die mit dieser Reinkarnation verbunden war, auch eine politische Entscheidung, Zanabazar und keinen anderen auszuwählen. Und doch ist es im Rückblick eine erstaunlich passende Wahl, denn man hätte keinen besseren finden können.

Mit 14 Jahren wurde Zanabazar nach Tibet geschickt, wo ihn Pantschen Lama und Dalai Lama, die höchsten Würdenträger des tibetischen Buddhismus, persönlich unterrichteten. Auch sie waren von seiner Persönlichkeit tief beeindruckt. Sie statteten ihn mit umfassenden Empfehlungen aus, was die Mongolen dazu bewog, Zanabazar nach seiner Rückkehr auch noch den Beinamen ›Bogd‹ zu verleihen, was man am ehesten mit ›Heiliger‹ übersetzen kann. Zanabazar ist damit der erste Bogd Gegeen, der erste jener langen Reihe von Würdenträgern, die die buddhistische Hierarchie des Landes beinahe 300 Jahre lang anführen sollten.

In den nächsten Jahren gründete Zanabazar eine Reihe von Klöstern oder erweiterte sie wie Ikh Khuree, aus dem später Ulan Bator hervorgehen sollte, und beschäftigte sich mit den Wissenschaften und der Kunst. Als eine seiner größten Leistungen gilt die Erfindung der Sojombo-Schrift, eine neue Art, Tibetisch und Sanskrit ins Mongolische zu transkribieren. Heute benutzt sie zwar niemand mehr, doch ihr erster Buchstabe ist zum Nationalsymbol geworden und ziert die Flagge der Mongolei. Genauso berühmt ist Zanabazar für seine wunderbaren Bronzeskulpturen, die ihn als den besten Bildhauer ausweisen, den die Mongolei hervorgebracht hat. Der erste Bogd Gegeen wäre auch heute noch völlig unumstritten eine der größten Persönlichkeiten der mongolischen Geschichte, wären nicht Ende des 17. Jahrhunderts die Oiraten – westmongolische Stämme – in die Zentralmongolei eingebrochen.

Nach einer Serie von Niederlagen blieb den restlichen mongolischen Stämmen schließlich nur noch die Flucht nach China. Unter Führung von Zanabazar unter-

Öndör Gegeen Zanabazar [137]

stellte man sich schließlich 1691 gegen ein Schutzversprechen mandschu-chinesischer Oberhoheit und ging gemeinsam gegen die Oiraten vor, was ihm nationalbewußte Mongolen bis heute übelnehmen. Doch so grausam der folgende Bruderkrieg auch war – nach seinem Ende begann eine lange friedliche Periode, an deren Ende aus den einstmals kriegerischen Mongolen eines der religiösesten Völker der Erde wurde. Als 1911 endlich die Chinesen abziehen mußten, gab es mehr als 700 Klöster in der Mongolei, war mehr als ein Drittel der männlichen Bevölkerung Lamas – auch dies ein Erbe Zanabazars.

Sitatara (Weiße Tara) von Zanabazar

Seit der Jahrtausendwende erlebt Ulan Bator einen Bauboom. Die großen Höfe in der Innenstadt werden planlos mit vielstöckigen Gebäuden vollgestellt, am zentralen Sükhbaatar-Platz errichtet ein chinesisches Konsortium ein neues Luxushotel, und zwischen Innenstadt und Tuul, wie auch – verbotenerweise – am Fuß des Bogd Khan uul schießen Luxussiedlungen aus dem Boden, die von hohen Mauern umgeben sind. Hier kaufen sich die dünne mongolische Oberschicht, Ausländer aus den Industriestaaten und eine wachsende Zahl von Chinesen ein.

Besonders hat sich die Immobilienspekulation auf den Kinderpark ausgewirkt, den einzigen echten Park der Stadt. Große Teile eigneten sich Geschäftsleute an, die hier neue Gebäude errichten, und auf dem Rest des Geländes entsteht nun ein Vergnügungspark mit billigen, chinesischen Attraktionen.

Auch zur anderen, nördlichen Seite der Stadt, wo die Luft schlechter und die Entfernung zur Innenstadt größer ist, wuchert die Stadt weiter. Hier, in den sogenannten ›Gerdistricts‹ (Ger – mongolisch für Jurte), leben die Neuankömmlinge vom Land.

Orientierungspunkt in der Innenstadt: die Ulaanbaatar City Bank

Orientierung

Der Besucher von Ulan Bator wird sich kaum in die Luxussiedlungen oder die Gerdistricts am Stadtrand verirren. Alles Interessante findet sich auf wenigen Quadratkilometern, und die Orientierung ist denkbar einfach. Wichtigste Straße der Stadt ist die **Peace Avenue**, die sich schnurgerade von West nach Ost zieht. Von ihr gehen zwei Straßen ab, die sich nördlich halbkreisförmig um die Innenstadt ziehen. Der kleinere Halbkreis ist der **Baga Toiruu**, den in ein bis zwei Kilometern Abstand der größere Halbkreis umgibt, der **Ikh Toiruu**. Der Ikh Toiruu schlägt einen so weiten Bogen, daß man ihn beim Spazieren nur selten berühren wird. Der Baga Toiruu dagegen umfaßt die Mehrzahl der Sehenswürdigkeiten.

Direkt an der Peace Avenue und etwas südlich der Mitte des Halbkreises, den der Baga Toiruu bildet, liegt der sehr weite und repräsentative **Sükhbaatar-Platz** mit einem Reiterstandbild des gleichnamigen Revolutionshelden.

Steht man in der Nähe des Denkmals, so hat man die wichtigsten Orientierungspunkte der Innenstadt im Blick. Südlich in einigen Kilometern Entfernung erhebt sich das Massiv des Bogd Khan uul, der von praktisch jedem Punkt der Stadt sichtbar ist. Nach Norden fällt der Blick auf den erheblich niedrigeren Berg Chingeltei. Südwestlich vom Denkmal, einige hundert Meter entfernt, sieht man den Turm der **Ulaanbaatar City Bank**, ein schräg abgeschnittener Klotz mit blauer Glasfassade und einem gelben Band am oberen Ende. Es ist eines der höchsten Gebäude der Stadt und markiert ziemlich genau die geographische Mitte der Innenstadt.

Nördlich des Sükhbaatar-Platzes liegen die großen Museen der Stadt, die beiden Universitäten sowie das Botschafts- und Regierungsviertel. Direkt im Süden, in einer Seitenstraße, findet man das **Choijin-Lamyn-Museum**, ein ehemaliges Kloster, das den vielleicht besten Eindruck davon vermittelt, wie einmal die ganze Stadt gewirkt haben muß.

Gut einen Kilometer westlich des Platzes, an der Peace Avenue, liegt der siebenstöckige **State Department Store** (Ikh Delguur), das älteste Warenhaus der Stadt und eine mongolische Institution. Der Abschnitt der Peace Avenue zwischen ›State Department Store‹ und Sükhbaatar-Platz ist die Touristenmeile der Stadt. Ob Kleidung oder Ausrüstung, Souvenirs oder Reisebüros, die Touren aufs Land vermitteln: Hier und im Warenhaus selbst findet der Besucher praktisch alles, was er brauchen könnte.

■ **Straßennamen**

In Ulan Bator gibt es keinen Postzustelldienst, und vermutlich aus diesem Grund gab es bis vor wenigen Jahren kaum Straßennamen. Das hat sich zwar geändert, aber immer noch sind die meisten Straßennamen nicht einmal den Anwohnern geläufig. Ortsangaben werden in Ulan Bator normalerweise im Verhältnis zu allgemein bekannten Orten oder Gebäuden gegeben, wie zum Beispiel ›Westseite des Kaufhauses Ikh Delguur‹. Außerhalb der Innenstadt, in den Plattenbaubezirken, lauten die Adressen: soundsovielter Bezirk, soundsovieltes Gebäude, soundsovielter Aufgang und schließlich Stockwerk und Wohnungsnummer. Normalerweise wird noch eine Orientierungshilfe wie ›gegenüber dem Geschäft ›Minij Delguur‹ gegeben, aber auch dann dürfte sich der Fremde heillos verlaufen. Das beste ist es, sich die Adresse aufschreiben zu lassen und dann, in der Gegend angekommen, Passanten zu fragen.

■ **Städtischer Nahverkehr**

Außerhalb der Zentrums ist die Stadt mit einem Koordinatensystem überzogen, das leider auf keiner Karte verzeichnet ist. Mangels offizieller Bezeichnungen hat sich die Bevölkerung eine Reihe origineller Namen für Bushaltestellen und Unterbezirke einfallen lassen. Manchmal, wie bei ›Fünf Gelbe‹ – gemeint sind fünf gelbe Häuser –, ist die Herkunft des Namens noch ersichtlich, bei anderen wie ›Siebenort‹ oder ›Hundert Familien‹ ist der Anlaß längst entfallen. Sehr anschaulich läßt sich der Prozeß bei der Busstation ›Sapporo‹ im ersten Bezirk verfolgen, der auf eine Leuchtreklame für einen Nachtclub zurückgeht. Der Nachtclub ist längst geschlossen und auch der letzte Buchstabe der Leuchtreklame 2005 herabgefallen. Aber zweifellos wird man die Haltestelle

Straßenmarkt

sowie die benachbarte Gruppe von Hochhäusern noch in zehn Jahren so nennen.

Da sich die **öffentlichen Verkehrsmittel**, die städtischen Busse wie auch die privaten Sammeltaxis nach diesem Koordinatensystem richten, sollte man auf ihre Benutzung lieber verzichten. Einzige Ausnahme ist der Bus Nummer 7 Richtung Süden, der vom Sükhbaatar-Platz zum Fuß des Bogd Khan uul fährt. Wer will, kann sich auch auf die **Trolleybusse** einlassen, deren Linienführung außen angeschlagen ist. Sie sind allerdings so langsam, daß sich die Benutzung nur für den lohnt, der einen Blick auf den Alltag jenseits des Zentrums werfen will.

Taxis dagegen sind in Ulan Bator billig und überall zu finden. Man muß nur kurz am Straßenrand stehen, und schon hält jemand an. Die Mehrheit der ›Taxis‹ sind Privatfahrzeuge, deren Besitzer mit dem eigenen Auto nebenher Geld verdienen. Der gängige Tarif ist 500 Tugrik pro Kilometer tagsüber und 600 Tugrik in der Nacht. Beim Einsteigen sollte man immer darauf achten, daß der Kilometerzähler auf Null gestellt ist, andernfalls kann man sich auf endlose Streitereien gefaßt machen. Pauschaltarife sollte man nur ausmachen, wenn man eine lange Strecke fahren will, wobei der Tarif hier 500 Tugrik auch übersteigen kann, wenn die Strecke wenig befahren ist, der Fahrer also auf dem Rückweg wahrscheinlich keine Passagiere findet.

Im Prinzip sind auch die inoffiziellen Taxifahrer zu empfehlen, nachts jedoch sollte man sich lieber auf die gut gekennzeichneten offiziellen Taxis beschränken, die auch nicht viel mehr kosten als die privaten. Im Allgemeinen sind sie mit einem Kostenzähler ausgestattet, es kommt aber auch vor, daß der Tarif wie bei den Privatfahrern errechnet wird.

Die Innenstadt

Wir beginnen am **State Department Store** (Ikh Delguur) und gehen auf der linken Straßenseite der Peace Avenue Richtung Osten, Richtung Sükhbaatar-Platz. Auf unserer Straßenseite kommen in rascher Abfolge eine Reihe kleiner Geschäfte, Touristenbüros und Restaurants. Wir passieren das Café ›Chez Bernard‹, das Mekka der Rucksacktouristen.

Wir überqueren eine kleine Seitenstraße, und direkt danach folgt ein kleines einstöckiges Einkaufszentrum mit kleinen Ständen und Geschäften. Im vorderen Teil findet man Juweliere, und im hinteren Abschnitt ist ein relativ großer Laden, in dem man neben Souvenirs auch alle gängigen Landkarten bekommt. Auf der anderen Seite der Peace Avenue erblickt man hinter einem großen Zaun den Komplex der russischen Botschaft, der sich fast bis zum Sükhbaatar-Platz zieht.

Bald darauf stehen wir vor der Ampel einer breiten Seitenstraße, dem westlichen Beginn des **Baga Toiruu**, des kleineren der beiden Halbkreise, die sich um das Zentrum ziehen. Gehen wir hier nach links und folgen dem Baga Toiruu, kommen wir nach hundert Metern an einen kleinen Platz am ehemaligen Kino ›Ard‹. In seiner Nähe gibt es mehrere **Wechselstuben**, wo man im allgemeinen gute Kurse bekommt. Man sollte aber immer vergleichen, und bei größeren Summen kann man auch noch den einen oder anderen Tugrik herausschlagen.

Wir überqueren aber die Straße Baga Toiruu und stehen auf der anderen Seite vor dem ›Flower Center‹, einem nicht gerade schönen dreistöckigen Gebäude, das jedoch eine Reihe interessanter Ge-

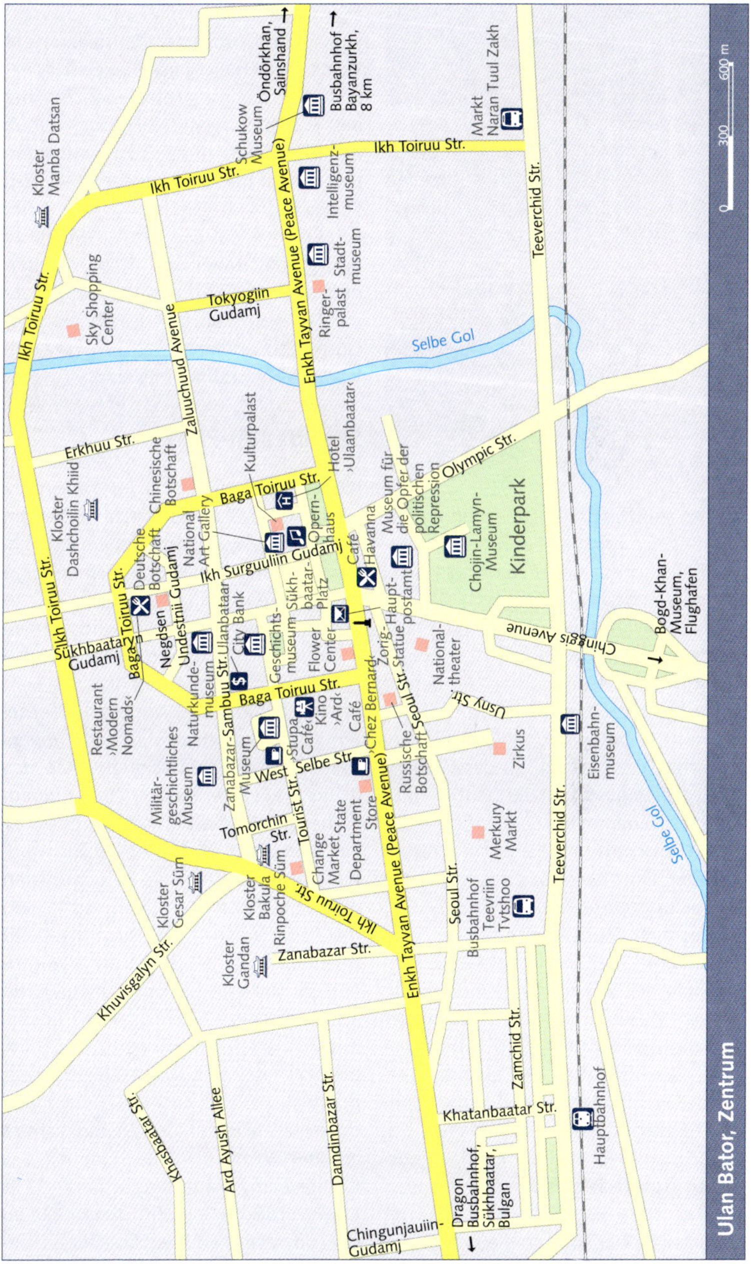

Die Innenstadt [141]

Ulan Bator

Ulan Bator, Zentrum

[142] Die Innenstadt

Der State Department Store

schäfte aufweist. Hier herrscht immer Gedränge, man sollte also sein Portemonnaie sichern. Im ersten Stock gibt es eine Wechselstube, die auch die exotischsten Währungen annimmt. Dazu kommen kleine und große Souvenirläden sowie ein Musikgeschäft der besonderen Art. Man zeigt seinen MP3-Player vor, und die Bedienung lädt die gewünschte Musik direkt auf das Gerät.
Weiter Richtung Sükhbaatar-Platz kommt auf der linken Seite erst die türkische Botschaft und dann das **zentrale Postamt**. Dort kann man internationale Telefonate führen, und im hinteren Teil gibt es eine Touristeninformation. Auf der anderen Straßenseite der Peace Avenue befindet sich ein kleine Grünfläche mit der **Statue von Zorig**, dem Führer der mongolischen Demokratiebewegung, der 1998 von Unbekannten ermordet wurde. Neben der Grünfläche, im Erdgeschoß eines einstöckigen Gebäudes, befindet sich der **Campingausrüster ›Seven Summits‹**. Ob Wanderschuhe oder Zelte, die Qualität ist erstklassig, aber so auch die Preise. Vor allem aber findet man hier jede gewünschte Landkarte. Kompliziertere Wünsche werden binnen Tagesfrist erledigt. Nur wenige Meter vom Eingang des Postamts weiter Richtung Osten, und wir stehen an einer Fußgängerampel, die auf die südwestlichen Ecke des Sükhbaatar-Platzes führt.
Folgt man der Straße auf der Westseite des Sükhbaatar-Platzes Richtung Norden, so kommt kurz hinter dem Platz auf der linken Seite erst das **Museum für Geschichte** und nach weiteren 200 Metern das **Naturkundemuseum**.

Sükhbaatar-Platz

Wir aber überqueren die Fußgängerampel. In der Mitte des Platzes erblicken wir das einsame **Reiterdenkmal** Sükhbaatars. Die Inschrift an seinem Fuß lautet: ›Wenn wir, ein ganzes Volk, in gemeinsamer Anstrengung und gemeinsamem Willen, zusammenkommen, so gibt es nichts auf der Welt, was wir nicht erreichen und lernen können.‹ 200 Meter weiter nördlich sieht man das gigantische **Denkmal für Dschingis Khan**, das 2006 zur Feier von 800 Jahren mongolischer Staatlichkeit errichtet wurde.
Ein weiterer möglicher Abstecher wäre, hier die Peace Avenue zu überqueren und dann der breiten Straße zu folgen, die nach Süden führt, Richtung Bogd Khan uul. Nach gut 200 Metern kommt auf der linken Seite der Rundbau des ›Café Havanna‹ (ehemals ›Khan Bräu‹), dessen Garten bei schönem Wetter immer voll besetzt ist. Direkt dahinter biegt man links ab und nach 20 Metern wieder rechts. Nach hundert Metern kommt auf der linken Seite der Eingang des **Choijin-Lamyn-Museums**.
Doch zurück zu unserem Standpunkt an der südwestlichen Ecke des Sükhbaatar-

Karte S. 141 ▲

Die Innenstadt

Platzes. Stellt man sich so, daß das Reiterdenkmal im Blickfeld liegt, so sieht man auf der linken Seite des Platzes die postmoderne Scheußlichkeit der ›Golomt Bank‹ und auf der anderen Seite des Platzes, von uns aus ganz rechts, das neue, von chinesischen Investoren erbaute Hochhaus des Hotels ›Schanghai‹ sowie direkt daneben das klassizistische **Opernhaus**. Dieser Bau wirkt, als hätte man ihn aus St. Petersburg hierher verpflanzt. Neben dem Opernhaus befindet sich der sehr eigenwillige Bau des in den 1980er Jahren errichteten **Kulturpalastes**.

Wir überqueren den Sükhbaatar-Platz Richtung Kulturpalast und biegen direkt hinter dem Kulturpalast rechts ein. Die rechte Seite der kleinen Straße, an der wir uns jetzt befinden, wird fast vollständig vom hinteren Teil des Kulturpalastes eingenommen. Zuerst sehen wir rechts den Eingang zum **Theatermuseum**, und gut hundert Meter weiter geht es wieder rechts in einen Hof im Inneren des Kulturpalastes. Auf der linken Seite liegt der Eingang zur **Mongolian National Art Gallery**, dem wichtigsten Ausstellungsort für moderne mongolische Kunst.

Weiter die kleine Straße Richtung Osten, kommen wir an den östlichen Teil des Baga Toiruu. Nach rechts ginge es zum ›Ulaanbaatar‹-Hotel, aber wir gehen nach links Richtung Norden, auf der linken Straßenseite. Nach gut hundert Metern, direkt nach einem dreistöckigen Gebäude, ist der Eingang zur **größten Buchhandlung** Ulan Bators, die im ersten Stock eine Abteilung für fremdsprachige Bücher – auch antiquarische – hat.

Weiter den Baga Toiruu Richtung Norden kommen wir auf der linken Seite an eine kleine Freifläche. Wir sind jetzt direkt im **Universitätsviertel**. Auf der westlichen Seite der kleinen Freifläche liegt das große Restaurant ›Tse‹ mit Biergarten, der billige Lieblingsort der Studenten und Dozenten der Hauptstadt. Im Sommer kann man hier bestens draußen sitzen, Schaschlik essen und Bier trinken.

Direkt nach dem Platz folgt eine große Kreuzung. Wir überqueren die Zaluchuud Avenue und folgen dem Baga Toiruu. Auf der anderen Straßenseite, hinter den Büschen, verbirgt sich das Riesengelände der **chinesischen Botschaft**. Kurz darauf beginnt der Baga Toiruu sich zu krümmen. Noch eine weitere Krümmung, und die Straße verläuft jetzt genau westlich, parallel zur Peace Avenue. Rasch hintereinander passiert man zwei der bekanntesten Restaurants in Ulan Bator, erst das ›Los Bandidos‹ und dann das ›Modern Nomads‹. Auf der anderen Seite des Baga Toiruu erhebt sich der im sowjetisch-klassizistischen Stil der Stalinzeit erbaute **Kinderkulturpalast**.

Hundert Meter nach dem ›Modern Nomads‹ biegen wir links ein. Die relativ ruhige begrünte Straße führt wieder

Reiterdenkmal auf dem Sükhbataar-Platz

Der Zirkus

zum Sükhbaatar-Platz. Gehen wir an der nächsten Straßenecke nach links, kommen wir direkt zur deutschen Botschaft. Doch wir biegen nach rechts ab und folgen der hübschen, kleinen Seitenstraße, bis wir wieder zum Baga Toiruu kommen, der hier bereits eine weitere Biegung hinter sich hat. Gegenüber der Einmündung in den Baga Toiruu sehen wir den großen Kasten der Schule Nr. 5, einer der ersten Bauten der sozialistischen Periode der Stadt. Wir gehen nach links und passieren in rascher Abfolge eine Reihe von chinesischen und koreanischen Restaurants. Auf der anderen Seite des Baga Toiruu erblickt man das ›Ananda‹, das bis vor kurzem einzige explizit vegetarische Café der Stadt.

Weiter auf dem Baga Toiruu gelangen wir schließlich an eine breite Querstraße, die **Sambuu Street**. Folgen wir ihr nach links, kommen wir nach einem Block zum **Naturkundemuseum**. Wir aber überqueren die Sambuu Street und stehen vor dem schräg abgeschnittenen Hochhausklotz der ›Ulaanbaatar City Bank‹, eine der Landmarken der Stadt.

Jetzt überqueren wir den Baga Toiruu und folgen der Sambuu Street Richtung Westen, bis wir nach gut 50 Metern auf der linken Seite an eine winzige Seitenstraße kommen. Wir folgen ihrem Verlauf, der sich zum Fußgängerweg verengt und kommen schließlich an eine kurze Treppe, die auf ein etwas über das Straßenniveau erhöhtes, mit spiegelglatten Granitplatten belegtes Geviert führt. Unter den Granitplatten befindet sich ein großes Restaurant, das gewöhnlich von den Reichen der Stadt zu besonderen Gelegenheiten wie Hochzeiten und dergleichen genutzt wird.

Links von uns befindet sich unübersehbar das **Zanabazar-Museum** und etwas weiter, hinter einem niedrigen Zaun, erblicken wir eine Stupa. Dahinter befindet sich das Mahayana-Zentrum und in dessen Erdgeschoß das ›Stupa Café‹, der beste Ort in Ulan Bator, wenn man in aller Ruhe einen Brief schreiben oder ein Buch lesen will.

Die Straße vor dem ›Stupa Café‹ ist die **Tourist Street** oder – mongolisch – **Chuulchni Gudamj**. Stehen wir mit dem Gesicht zum ›Stupa Café‹, so wenden wir uns nach rechts und folgen der Chuulchni Gudamj. Das lebhaft bemalte einstöckige Gebäude rechts beherbergt einen beliebten Nachtclub, das Hauptquartier sich als hip verstehender Studenten. Nach gut hundert Metern kommen wir an eine Querstraße. Gehen wir hier nach links, so sind wir nach gut hundert Metern wieder am ›State Department Store‹.

Man kann aber auch weiter der Tourist Street folgen, die sich jetzt in die einzige Fußgängerzone der Stadt verwandelt. Es lohnt, sich hier einige Minuten hinzusetzen und einfach dem Treiben zuzuschauen. Im Sommer ist hier eigentlich immer etwas los.

Spaziergang zum Kloster Gandan

Und wer immer noch etwas weiter laufen will, kann auch einen Abstecher zum Kloster Gandan machen. Aber Achtung: Eine Stunde braucht man mindestens, um dorthin und wieder zum ›State Department Store‹ zurückzukommen.

Wir gehen am Ende der Fußgängerzone nach rechts und folgen der kleinen Straße. Auf der rechten Seite werden täglich außer montags gebrauchte Bücher verkauft, in den Buden auf der linken Seite befinden sich die Geldwechsler des **Change Markets**. Für größere Summen ist hier der beste Ort in Ulan Bator, um Geld zu tauschen. Man sollte allerdings keinesfalls auf die Angebote der Geldwechsler eingehen, die außerhalb der Buden nach Kunden suchen.

Wir folgen der kleinen Straße, bis wir an eine breite Straße kommen, und biegen nach links. Wir bleiben auf der linken Seite und gehen geradeaus, bis wir an eine gewaltige Kreuzung kommen. Wir behalten die Richtung bei und überqueren die Fußgängerampel. Auf der anderen Seite stehen wir am Beginn eines breiten, ungepflasterten Fußwegs, der recht steil zwischen Bretterzäunen nach oben führt. Hinter den hohen Zäunen lassen sich Holzhäuser und -hütten sowie Jurten erahnen.

Wer hier entlanggeht, bekommt einen Eindruck, wie die Mehrheit der Bevölkerung Ulan Bators lebt, die weder über fließendes Wasser noch über Zentralheizung verfügt. Nach gut 200 Metern kommen wir an einen der Seiteneingänge von Gandan (Kloster Gandan siehe Seite 147).

Will man einen anderen Weg zurück nehmen, so geht man durch den Haupteingang des Klosters den Hügel hinunter, bis man an die Peace Avenue kommt. Dort wendet man sich nach links und kommt nach gut anderthalb Kilometern wieder zum ›State Department Store‹.

Parks

Neben dem kleinen Park am südlichen Ende des Sükhbaatar-Platzes gibt es in Ulan Bator noch weitere Anlagen, die sich für einen Spaziergang lohnen und in denen man sich vom Trubel der Stadt etwas erholen kann.

■ Kinderpark

Der einzige große Park Ulan Bators, der direkt südlich des Choijin-Lamyn-Museums anfängt, war einmal das Sehnsuchtsziel aller Kinder der Hauptstadt. Hier gab es Karussells, einen kleinen See mit einer Ritterburg in der Mitte, wo man Boote ausleihen konnte, fantasievoll ausgestattete große Rutschen und neben weiteren Attraktionen auch ein altes Riesenrad, das so jammervolle Geräusche produzierte, daß manche Kin-

Jurtenviertel am Kloster Gandan

der es für unheimlicher als das Gruselkabinett nebenan hielten.

Im Frühjahr 2007 wurde das gesamte Gelände mit einer drei Meter hohen Blechbarriere umgeben, was auf einen bevorstehenden großen Umbau schließen ließ. Keiner schien genau zu wissen, was geplant war. Man fürchtete, daß es wieder eine böse Überraschung geben würde wie beim Gelände für den Bogenschießwettbewerb zum Naadamfest. Ein Privatinvestor ließ es völlig umpflügen, um dort ein weiteres Luxusgebäude für die Betuchten der Stadt zu errichten. Der Wettbewerb mußte kurzfristig an einen anderen Ort verlegt werden.

Ganz so schlimm scheint es mit dem Kinderpark nun doch nicht zu kommen. Zwar haben Spekulanten Teile des Geländes abgetrennt, und es finden Bauarbeiten statt, aber auf dem größeren Teil der Fläche werden gerade neue Attraktionen errichtet. So weit zu erkennen, scheint man die heruntergekommenen, aber charmanten Rutschen und Karussells aus sozialistischen Zeiten mit billigen Attraktionen aus China zu ersetzen. Was mit dem Rest, dem See mit Ritterburg in der Mitte und der Hängebahn, die sich durch das ganze Gelände zog, passieren wird, war bei Drucklegung noch nicht absehbar. Wer in Ulan Bator ist, sollte einen Blick auf das Gelände werfen, es könnte interessant sein. Zumindest der Eingang wird wie gehabt, leicht zu finden sein, wenn man auf der anderen Straßenseite vom Hotel ‹Bayangol› Richtung Bogd Uul geht und die kleine Straße vor der Friedensbrücke nach links.

Das Choijin-Lamyn-Museum

■ Zaisan-Denkmal

Auf der südlichen Seite des Flusses Tuul, am Fuß des Bogd Khan uul auf einem Hügel gelegen, erreicht man das Zaisan-Denkmal erst nach einem längeren Anstieg über eine steile Treppe. Doch der Besuch lohnt sich! Man hat nicht nur einen phantastischen Blick über die ganze Stadt, auch das Denkmal selbst ist beeindruckend. Es wurde zum 50. Jahrestag des Sieges über Deutschland zum Gedenken an die mongolischen und sowjetischen Gefallenen errichtet und besteht aus der monumentalen Statue eines Soldaten, den eine kreisrunde, nach unten offene Betonwand umgibt. In die Betonwand ist ein großes Mosaik eingelassen, das die mongolisch-sowjetische Freundschaft feiert.

■ Buddha-Park

Der Buddha-Park ist ein im Oktober 2005 eröffneter Erholungspark im Zaisan-Tal mit einem überlebensgroßen Buddha, der von seinem Lotusthron auf die Hauptstadt blickt. Auch das Zanabazar-Zentrum für kulturelles und religiöses Erbe hat hier sein Domizil gefunden. Jung und Alt besuchen gern diesen Park, drehen die Gebetstrommeln und lassen die riesige Glocke erklingen.

Klöster und Museen

Das bedeutendste Kloster des Landes befindet sich natürlich in der Hauptstadt: Das Gandan-Kloster ist fester Bestandteil einer Ulan-Bator-Besichtigungstour. Einige große Klöster sind heute sehenswerte Museen, so das Bogd-Khan-Museum und der Tempelkomplex des Choijin-Lamyn-Museums. Aber auch kleinere Klöster wie Gesar Süm, Bakula Rinpoche Süm, Dashchoilin khiid, Otochmaaramba khiid oder Dambadarjaa khiid sind einen Abstecher wert.

Auf keinen Fall sollte man auf einen Rundgang durch die wichtigsten Museen Ulan Bators verzichten. Im Zanabazar-Museum der schönen Künste erhält man einen guten Einblick über das Schaffen mongolischer Künstler, im Museum für Naturgeschichte lassen sich Dinosaurierskelette bewundern, und das Geschichtsmuseum bietet einen guten Überblick über die mongolische Geschichte.

Kloster Gandan

Gandan oder Gandantegchilen khiid (Гандантэгчилэн хийд) ist heute das größte und wichtigste Kloster der Hauptstadt, wenn nicht der ganzen Mongolei. Man sollte es allein schon deswegen besuchen, um einen Eindruck von jener religiösen Atmosphäre zu bekommen, die bis in die 1930er Jahre das ganze Land geprägt hat.

Im Jahr 1838 gegründet, galt Gandan mit seinem theologischen Seminar sowie den Fakultäten für Medizin und Astrologie bald neben Erdene Zuu als intellektuelles Zentrum der Mongolei. Noch heute beherbergt die Tempelbibliothek im Inneren des Haupthofes über 50000 Bände, darunter eine komplette Ausgabe des Gandshuur, des 138 Bände umfassenden Katechismus des tibetischen Buddhismus.

Als 1938 im Zuge der antilamaistischen Kampagne alle größeren Tempelkomplexe der Hauptstadt zerstört wurden, war auch Gandan schwer betroffen. Allerdings standen doch noch einige Gebäude, so daß man es 1944 wiedereröffnen konnte, in dem Jahr, in dem der amerikanische Vizepräsident Henry Wallace die Mongolei besuchte. Es war bis Anfang der 90er Jahre das einzige funktionierende Kloster auf dem Boden der Mongolei und wurde von der Geheimpolizei streng kontrolliert. Allerdings stimmt es nicht, daß diese auch die Unterrichts- und Gebetsinhalte bestimmt hat. In Wahrheit hatten viele Geheimpolizisten immer noch eine abergläubische Scheu vor den Mönchen, und so bildete sich bald ein für alle Seiten einträglicher Kompromiß heraus: Führende Lamas erklärten sich zur – allgemein bekannten

Kloster Gandan

und begrenzten – Zusammenarbeit mit den Vertretern der Geheimpolizei bereit, und diese wiederum konnten ihren Vorgesetzten stolz die Kontrolle der Gläubigen melden.
Nach der demokratischen Wende nahm die Zahl der Mönche stark zu, aber seit die Mongolei in den vergangenen Jahren mehr und mehr vom Geldfieber erfaßt wurde, verlassen gerade die bestausgebildeten Lamas das Kloster, um sich einträglicheren Geschäften zu widmen. Vor allem die Bibliothek hat stark unter dieser Entwicklung gelitten, obgleich das Kloster nach wie vor keine Nachwuchssorgen kennt.

■ **Ein Rundgang durch das Kloster**
Heute wie damals ist Gandan von Jurten umgeben, die sich hinter hohen Bretterzäunen verstecken. Wer mag, kann ein wenig durch die labyrinthischen Gäßchen laufen, wobei man auf Hunde achten sollte. Nur nach Süden gibt es keinerlei Bebauung; eine Straße führt den Hügel hinauf zu den Tempelanlagen, deren Keramikdächer schon von weitem zu sehen sind.
Hält man sich hinter dem Haupteingang rechts, so kommt man in einen Hof mit zwei Gebäuden. Das im Nordosten ist der 1840/41 errichtete **Orchidara-Tempel**. Folgt man den Pilgern, die im Uhrzeigersinn um den Tempel herumgehen, so erblickt man hinter Glas eine Statue von Tsongpapa, dem tibetischen Gründer der Gelbmützensekte, der in der Mongolei vorherrschenden Richtung des Lamaismus. Das zweite Gebäude ist der **Didan-Lavran-Tempel**, der besondere Verehrung genießt, weil der 13. Dalai Lama sich dort 1904 längere Zeit aufhielt.
Direkt gegenüber dem Haupteingang befindet sich der **Mejid Janraiseg Süm**,

Mejid-Janraiseg-Statue im Kloster Gandan

ein mehrere Stockwerke hoher Tempel, der 1911/12 errichtet wurde, um das Ende der Chinesenherrschaft zu feiern. In seinem Inneren findet man die Hauptattraktion von Gandan, eine fast 30 Meter hohe Statue von Mejid Janraiseg, des ›Gottes, der in alle Richtungen schaut‹. Die Statue ist eine Nachbildung; die ursprüngliche verschwand 1937 im Zug der antireligiösen Kampagne spurlos in der Sowjetunion.
Nach dem Umsturz 1990 wurde mit dem Sammeln von Spenden begonnen, und 1996 schließlich war die 20 Tonnen schwere Statue aus vergoldeter Bronze fertiggestellt. Vorher hatte man in ihrem hohlen Sockel auch noch eine komplette Jurte samt Einrichtung untergebracht, womit man ihre Bedeutung als nationales Symbol für die Wiederbelebung des Buddhismus noch einmal betont hat.

Bogd-Khan-Museum

Folgt man der Straße, die die Westseite des Sükhbaatar-Platzes entlang führt, Richtung Süden, erblickt man nach gut drei Kilometern, kurz hinter einer großen Kreuzung, auf der rechten Seite das Bogd-Khan-Museum. Bus Nr. 7 vom Sükhbaatar-Platz führt dorthin (man steigt an der Haltestelle hinter dem Palast aus), oder man nimmt ein Taxi.

Der Komplex des Bogd-Khan-Museums (Богд Хааны музей) besteht aus einem einstöckigen Holzhaus im russischen Stil und sieben Tempeln sowie einem Triumphbogen. Dieser wurde 1912 errichtet, um die Unabhängigkeit von China zu feiern und damit die Verwandlung des Bogd Gegeen, der höchsten buddhistischen Reinkarnation der Mongolei, in den Bogd Khan, nunmehr in Personalunion auch weltlicher Herrscher des Landes.

Im Bogd-Khan-Museum

■ Makharaji-Tempel

Das erste Gebäude ist der Makharaji-Tempel, in dem sich die Statuen der Beschützer der vier Himmelsrichtungen befinden. Die Statuen sind aus Lehm und Papier. Ihre Farben sind Gelb für den Norden, Blau für den Süden, Rot für den Westen und Weiß für den Osten.

■ Ravsa-Tempel

Im zweiten, dem Ravsa-Tempel (auch Maharajas-Tempel), befinden sich Musikinstrumente, die die Mönche während der Zeremonien benutzten, religiöse Bilder, Thangkas (buddhistische Rollbilder) sowie Filzapplikationen und Schmuckgegenstände.

Als nächstes kommen links und rechts zwei kleinere Tempel, in denen Gemälde und Filzapplikationen mongolischer Künstler des 19. und frühen 20. Jahrhunderts ausgestellt sind.

■ Naidan-Tempel

Im nächsten Tempel, dem Naidan-Tempel, versammelten sich die 16 vornehmsten Lamas der Hauptstadt, um Rituale abzuhalten, die dem Wohlergehen des Bogd Gegeen dienen sollten. Hier sind auch ›Tigerstöcke‹ ausgestellt, die mit den Schwänzen und dem Fell des Schneeleoparden geschmückt sind. Sie dienten dazu, die Massen buchstäblich zurückzuschlagen, wenn das Gedränge um den Bogd Khan bei einem seiner öffentlichen Auftritte zu gefährlich wurde. Auch die heutige mongolische Polizei hätte solche Stöcke gut gebrauchen können, als der Dalai Lama im Sommer 2006 Gandan besuchte. Das Gedränge tausender Gläubiger war lebensgefährlich, und nur rücksichtsloser Schlagstockeinsatz verhinderte Schlimmeres.

Die Verehrung, die dem Bogd Khan entgegengebracht wurde, ähnelte der für

[150] Klöster und Museen

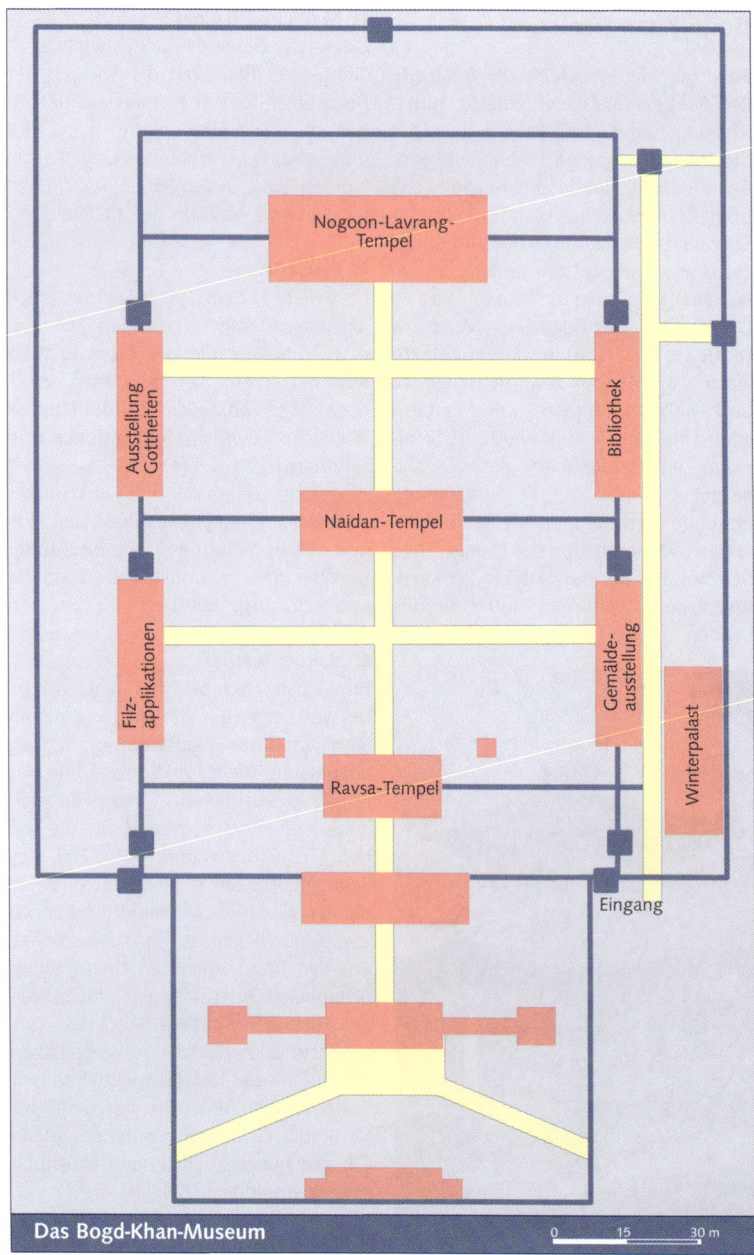

Das Bogd-Khan-Museum

den Dalai Lama heute. Neben den Tigerstöcken sieht man auch ein langes weißes Seil, mit dem der Bogd Khan die Menge vom Balkon aus zu segnen pflegte. In der alten Zeit standen die Gläubigen in langen Schlangen an, nur um das Seil, das der Bogd Gegeen in der Hand gehalten hatte, auch einmal berühren zu dürfen.

■ **Nogoon-Lavrang-Tempel**
Der Nogoon-Lavrang-Tempel (Grüner-Lavrang-Tempel), der als nächstes folgt, war der private Gebetsraum des Bogd Gegeen. Unter anderen findet man hier ein Selbstportrait Zanabazars.

■ **Jüdkham-Süm-Tempel**
Im Jüdkham-Süm-Tempel schließlich befindet sich ein Portrait von Ngawang Losang Gyatso, dem fünften, ›großen‹, Dalai Lama, der den Potala-Palast in Lhasa errichten ließ.

■ **Winterpalast**
Schließlich gelangt man zu einem einstöckigen großen Holzhaus. Dieses war ein Geschenk von Zar Nikolaus II. an den Bogd Gegeen, der es als Winterpalast verwendete. Man findet hier die vielen Geschenke, die ausländische Würdenträger, angefangen mit dem chinesischen Kaiser Kangxi, den acht Bogd Gegeen seit 1636 überreicht hatten. Von großem Interesse ist auch eine reichhaltige Sammlung von Boddhisattva-Figuren aus der Schule von Zanabazar, und man kann die Prachtrobe des Bogd Gegeen bewundern, die aus 80 Fuchsfellen genäht wurde.
Der letzte Bogd Gegeen hatte einen Privatzoo, und die Tiere, die den harten mongolischen Winter nicht überlebten, wurden ausgestopft, um den geistlichen und weltlichen Herrscher der Mongolei weiter zu erfreuen. Kurioser Höhepunkt dieser Sammlung ist eine Giraffe, deren Hals verkürzt wurde, damit sie im Winterpalast unterkommen konnte.
Bogd-Khan-Museum, Chingisiin Örgöön Choloo, Tel. 34 21 95; Mai–Sept. tägl. 9–17.30, April–Okt. Mi–So 9.30–16.30 Uhr.

Choijin-Lamyn-Museum

Das Chojin-Lamyn-Museum (Чойжин ламын сум музей) liegt genau südlich in der Nähe des Sükhbaatar-Platzes.
Dieser Tempelkomplex wurde zwischen 1904 und 1908 für das Staatsorakel gebaut, ein Amt, das damals Lubsankhaidav innehatte, ein jüngerer Bruder des Bogd Gegeen. 1938 wurde die Anlage geschlossen und 1942 als Museum wieder eröffnet. Viele der heutigen Ausstellungsstücke hat man aus anderen, zerstörten Anlagen hierhergebracht. Wenn auch etwas heruntergekommen – die letzte Renovierung ist 40 Jahre her – sollte kein Besucher der mongolischen Hauptstadt das Choijin-Lamyn-Museum verpassen. Nirgendwo, nicht einmal in Gandan, bekommen Besucher einen so authentischen und umfassenden Eindruck der lamaistischen Kunst und Kultur, die in der Mongolei bis zu den Verfolgungen der 30er Jahre vorherrschte.

■ **Makharaji- und Haupttempel**
Die Eingangshalle, der Makharaji-Tempel, ist den Wächtern der vier Himmelsrichtungen gewidmet. Ihre Statuen sind aus Pappmaché.
Im Haupttempel befindet sich eine Statue Buddhas und rechts davon ein Portrait von Lubsankhaidav, der 1918 verstarb. Im Zentrum des Tempels steht der Thron des Bogd Gegeen, und im Raum

verteilt findet man die beste Sammlung von Tsam-Masken im Land.

Eine Reihe kleiner, realistischer Gemälde zeigt die Schrecken, die den Sünder in der Hölle erwarten. Sie brennen im ewigen Feuer oder frieren erbärmlich in ewiger Kälte.

An den Haupttempel schließt sich gleich dahinter ein ›Gonkon‹ genannter Raum an, in dem die esoterischen Handlungen des Staatsorakels stattfanden. Hier fiel es in Trance und rief die Geister an. Der Bogd Gegeen befragte das Orakel vor jeder wichtigen Entscheidung.

■ Yiddam-Tempel

Nördlich vom Haupttempel liegt der Yiddam-Tempel, dessen Besuch für die meisten Gläubigen verboten war, da hier geheime tantrische Rituale abgehalten wurden. Der Tempel ist nach den Yiddam benannt, Wesen, die man zum Schutz anrufen konnte. Sie sind im allgemeinen im Augenblick des Zorns dargestellt und in sexueller Vereinigung mit dem weiblichen Aspekt ihrer doppelten Existenz.

In dem Tempel findet man auch die Amulette des Chojin Lamas, aus Indien und Tibet stammende Statuen buddhistischer Gottheiten sowie im Zentrum die bronzene Statue eines der 84 indischen Mahasiddha, legendäre Asketen, denen die Schaffung der Yiddam-Rituale zugeschrieben wird. Sie lebten zwischen dem 7. und dem 11. Jahrhundert und sollen große Kräfte besessen haben. Durch Askese und mittels Yoga überwanden sie die Dualität von Subjekt und Objekt und sollen so zur unmittelbaren, voraussetzungslosen Anschauung des wahren Wesens der Dinge gefunden haben.

Auf der rechten Seite des Tempels sieht man mehrere Statuen tantrischer Inkarnationen, die sich in Vereinigung mit ihrem weiblichen Gegenstück (Shakri) befinden. Eine davon ist die berühmte Statue von Sitasamvara, die Zanabazar hergestellt hat.

■ Amgalan-Tempel

Der Amgalan-Tempel befindet sich rechts vom Haupttempel und enthält unter anderem ein Selbstportrait Zanabazars im hinteren Teil sowie Zanabazars berühmte Grüne Tara, die beliebteste Skulptur des Meisters. Abbildungen von ihr sind in praktisch jeder Jurte und auf jedem Hausaltar in der Mongolei zu finden. Die grüne Tara symbolisiert Reinheit und wird immer auf einem Lotus sitzend dargestellt, meist mit einem angezogenen und einem leicht ausgestreckten Bein, bereit aufzustehen und Hilfe zu gewähren. Sie ist auch als die ›Mutter aller Buddhas und Boddhisattvas‹ bekannt oder die ›Mutter, die hilft, den Ozean des Lebens zu überschreiten‹.

In dem Tempel befindet sich auch eine in Indien hergestellte bronzene Stupa aus dem 10. Jahrhundert, die Zanabazar selbst in die Mongolei gebracht hat.

■ Tsam-Tanz im Choijin-Lamyn-Museum

Die Aufführung eines Tsam-Tanzes im Choijin-Lamyn-Museum ist ein Ereignis, dessen archaischer Zauber einen schnell gefangen nimmt. Ein Dutzend Gestalten mit furchteinflößenden, kunstvoll gearbeiteten Masken dreht sich im Tanz, während ihre weiten, reichbestickten Gewänder um sie herumwirbeln. Manche der Masken stellen buddhistische Gottheiten dar, andere Tiergestalten wie den Vogelkönig Yaruda.

In vielen der Tsam-Tänze ist der Todesgott Yama die Hauptfigur. Während der rituellen Aufführung bewegen sich die

Klöster und Museen [153]

Traditionelle Tsam-Masken

Tänzer kreisförmig um einen Kegel, auf dem sich eine kleine Teigfigur befindet. Diese wird als symbolisches Menschenopfer mit dem Schwert zerhackt.
Seit die Mongolen den Tsam-Tanz im 18. Jahrhundert aus Tibet übernahmen, haben sie immer prächtigere und beeindruckendere Masken entwickelt. Im Choijin-Lamyn-Museum sind einige der besten ausgestellt. Besonders berühmt ist die mit 7000 Korallenstücken besetzte Maske des Gottes Djamsran. Tsam-Tanz-Aufführungen finden im Choijin-Lamyn-Museum während der Saison mindestens einmal in der Woche statt. Genaue Termine zu den Vorstellungen können unter Tel. 311-321, -102 und -423 erfragt werden.
Choijin-Lamyn-Museum, Tel. 32 47 88; Fr–Mi 10–17 Uhr (im Sommer bis 18 Uhr), 2500 Tg.

Gesar Süm

Dieses kleine, sehenswerte, aber etwas heruntergekommene Kloster ist im chinesischen Stil erbaut und gehört zu Gandan, von dem es nur einige hundert Meter entfernt ist. Es liegt am Fuß des Elefantenhügels, und die Legende berichtet, man habe es erbaut, um den Hügel daran zu hindern, nach Süden zu wandern. Der Hügel lohnt den Anstieg. Man findet dort einen großen Ovoo, und man hat einen guten Überblick über die Innenstadt.

Bakula Rinpoche Süm

Dieses Kloster liegt schräg gegenüber von Gesar Süm und wurde erst 1999 von Bakula Rinpoche, dem indischen Botschafter in der Mongolei, gestiftet, der selbst eine buddhistische Reinkarnation aus Ladakh, einer tibetisch geprägten Region Indiens, war. Nach seinem Tod wurde seine Asche im Juli 2004 in eine goldene Stupa auf dem Klostergelände gebettet.

Dashchoilin khiid

Das Kloster ist der Nachfolger eines der ehemals größten Klöster der Stadt, das 1937 zerstört wurde. Es wurde Anfang der 1990er Jahre in drei kreisrunden ehemaligen Gebäuden des Staatszirkus untergebracht. Es ist nicht leicht zu finden, aber zentral gelegen. Man geht den Baga Toiruu von der chinesischen Botschaft Richtung Norden, bis die Straße eine Biegung macht. Hinter der Biegung geht man weiter, bis die nächste Biegung ins Blickfeld kommt. Noch vor dieser Biegung geht eine kleine Straße rechts ab, und nach gut 50 Metern sieht man das Kloster auf der linken Seite.

Otochmaaramba khiid

Das Kloster ist auch bekannt als Manba Datsan, wegen des gleichnamigen Zentrums für traditionelle mongolische Medizin, das zum Kloster gehört. Manba Datsan wurde bereits 1990 gegründet, sofort nach dem Ende des Sozialismus, und die beigeordnete Schule gilt als beste Ausbildungsstätte der Mongolei für traditionelle Heilkunst.

Man sieht das Kloster, wenn man von der Nordostbiegung des Ikh Toiruu den Hügel hinaufblickt.

Dambadarjaa khiid

Der Name des Klosters bedeutet ›Verkünder des Glaubens‹ auf tibetisch und war einmal eines der größten der Stadt. Von den mehr als 30 Gebäuden sind nach der Zerstörung Ende der 1930er Jahre meist nur noch Lehmreste zu sehen, aber seit Anfang der 90er Jahre hat man einige kleinere Gebäude wieder aufgebaut. Ein Teil der Klostermauer ist erhalten, und eine Stupa im Nordwesten der Anlage ist 1774 zu Ehren des zweiten Bogd Gegeen erbaut worden.

Im Nordosten, mehrere Kilometer außerhalb der Innenstadt gelegen, ist das Kloster nur per Taxi zu erreichen.

Zanabazar-Museum der schönen Künste

Dieses dem großen Künstler und ersten Bogd Gegeen Zanabazar gewidmete Museum enthält nicht nur einige seiner berühmtesten Bronzegüsse, sondern auch eine Vielzahl weiterer herausragender Skulpturen und Gemälde sowie herausragende Beispiele des mongolischen Kunsthandwerks, vor allem Filzapplikationen, in denen es die Mongolen zu einzigartiger Meisterschaft gebracht haben. Bemerkenswert ist auch das berühmte Gemälde ›Ein Tag im Leben der Mongolei‹, das alle Aspekte des Nomadenlebens zeigt. Weiter findet man in dem Museum eine ausgezeichnete Sammlung von buddhistischen Kultgegenständen und Tsam-Masken.

Im Erdgeschoß, in den Räumen links vom Eingang, werden wechselnde Ausstellungen aller Art gezeigt.

Das Museum ist unübersehbar in einem türkisfarbenen Gebäude untergebracht, in der Verlängerung der Tourist Street Richtung Sükhbaatar-Platz auf der linken Seite an einem kleinen Platz.

Zanabazar-Museum der schönen Künste, Tel. 32 60 60; Mai–Sept. tägl. 9–18, Okt.–April 10–17 Uhr, 2500 Tg.

Museum für Naturgeschichte

Das Museum ist vor allem wegen der großen **Dinosauriersammlung** berühmt und sehenswert. Das Museum enthält einzigartige Ausstellungsstücke wie Dinosauriereier und die Skelette zweier Dinosaurier, die in einen Kampf verstrickt waren, als sie wohl von einer Sanddüne begraben wurden. Am spektakulärsten ist das vollständige Skelett eines Tarbosaurus, eines asiatischen Ver-

Das Zanabazar-Museum

Klöster und Museen [155]

wandten des fleischfressenden Tyrannosaurus Rex.

Das 1924 gegründete Museum ist in Abschnitte für Geographie, Geologie, Botanik, Fauna und Paläontologie unterteilt und enthält eine reiche Sammlung von Mineralien und ausgestopften Exemplaren der in der Mongolei vorkommenden Tierarten.

Im zweiten Stock befindet sich eine erst vor wenigen Jahren eingerichtete neue Ausstellung, die komplett dem baktrischen Kamel gewidmet ist. Hier kann man alles über das bekannteste Tier der Gobi erfahren.

Läuft man die Straße an der Westseite des Sükhbaatar-Platzes nach Norden, so folgt erst links das Museum für Geschichte und dann, 200 Meter weiter, auf der anderen Seite einer großen Kreuzung, das Museum für Naturgeschichte. Museum für Naturgeschichte, Telefon 32 17 16; Mai–Sept. tägl. 10–17.30, Okt.–April Mi–So 10–16.30 Uhr, 2500 Tg.

Museum für Geschichte

Dieses Museum ist das dritte große Museum der Stadt. Die Beschriftungen sind meist auch auf englisch, und große Karten an den Wänden erläutern das Gesehene.

Die Sammlung ist chronologisch geordnet: Von der der Ur- und Frühgeschichte, Höhlenzeichnungen und Hirschsteinen im Erdgeschoß über den Xiongnu über die Turkreiche bis zum mongolischen Großreich, dem Eindringen des Buddhismus und schließlich der sozialistischen Periode im Obergeschoß. Ausnahme ist das Zwischengeschoß, das ganz der Ethnographie der verschiedenen mongolischen Stämme und nationalen Minderheiten gewidmet ist. Liebhaber von volkstümlicher Kleidung kommen voll auf ihre Kosten.

Im ersten Stock findet man neben Buddhismus und sozialistischer Periode vor allem Ausstellungsstücke aus der Zeit von Dschingis Khan und seinen Nachfolgern. Hochinterressant ist ein großes Modell Karakorums, das in deutsch-mongolischer Kooperation erstellt wurde und auf den jahrelangen Grabungen in der ehemaligen Hauptstadt des mongolischen Weltreichs basiert. Doch auch Waffen und Ausrüstung aus der Zeit Dschingis Khans sind ausgestellt sowie ein Brief in lateinischer und persischer Sprache, den Großkhan Büyük am 13. November 1246 an Papst Innozenz IV. schickte.

Museum für Geschichte, Tel. 32 56 56; Mai–Sept. tägl. 9–16.30, Okt.–April Di–Sa 10–16.30, 2500 Tg.

Museum für die Opfer der politischen Repression

Das 1996 eröffnete Museum ist den Opfern der stalinistischen Säuberungen während der 30er und 40er Jahre gewidmet. Mindestens 27 000 Menschen, drei bis vier Prozent aller Mongolen, vor allem Lamas, fielen ihnen zum Opfer. Das Museum ist im ehemaligen Wohnhaus Gendens untergebracht, jenes Premierministers, der sich in den 30er Jahren geweigert hatte, gegen die Geistlichkeit gewaltsam vorzugehen und so selbst eines der ersten Opfer wurde. Das Museum wurde von seiner 2003 verstorbenen Tochter eingerichtet. Vieles in dem Museum ist nur schwer verständlich, wenn man keine Kenntnisse der mongolischen Sprache hat, aber manche der Ausstellungsstücke hinterlassen einen tiefen Eindruck, so die Schädel mit Schußlöchern, die aus einem Massengrab mit

erschossenen Lamas stammen.
Das Museum liegt in der Karl-Marx-Street, zwischen Hochzeitspalast und Außenministerium.
Museum für die Opfer der politischen Repression, Tel. 32 05 92; Mai–Sept Mo–Sa 10–17, April–Okt. So–Fr 10–17 Uhr, 2000 Tg.

Stadtmuseum

Das Museum befindet sich gegenüber dem Ringerpalast im Osten der Peace Avenue, untergebracht in einem alten Holzhaus. Hier sind beeindruckende alte Fotos ausgestellt, unter anderem einige schwarz-weiße Stadtansichten Ulan Bators und ein vorsozialistischer Lageplan der wichtigsten Klöster, der zwar schwer zu entziffern ist, aber eine eingehendere Beschäftigung lohnt. Ansonsten ist die Sammlung recht dürftig.
Stadtmuseum, Tel. 45 09 60; Mo–Fr 9–18 Uhr, 1000 Tg.

Eisenbahnmuseum

Das Museum erfreut das Herz aller Kinder und Liebhaber von Dampfmaschinen. 450 Meter östlich vom Bahnhof.
Eisenbahnmuseum, Tel. 94 44 93; Mo–Fr 9–12 und 13–16 Uhr, Eintritt frei.

Schukow-Museum

Das Schukow-Museum ist dem berühmten sowjetischen General gewidmet, der 1939 die sowjetisch-mongolischen Streitkräfte anführte, die den Japanern 1939 am Khalkhin Gol eine schmerzhafte Niederlage beibrachten. Ganz im Osten der Peace Avenue, neben einem Park, der sich den Hügel hochzieht.
Schukow-Museum, Tel. 45 37 81; Mo–Fr 9–16 Uhr, 1000 Tg.

Theatermuseum

Das Museum zeigt eine interessante Puppensammlung. An der Nordseite des Kulturpalastes im zweiten Stock.
Theatermuseum, Kulturpalast, Telefon 32 68 20; Mai–Sept. Mo–So 10–17, Okt.–April Mo–Fr 10–17, 1000 Tg.

Militärgeschichtliches Museum

Das Museum umfaßt zwei Säle mit Ausstellungsstücken aus allen Epochen und enthält auch den Raumanzug des ersten Mongolen im Weltall. Untergebracht ist es in einem Musterbau des sowjetischen Postmodernismus.
Am einfachsten ist es zu finden, wenn man vom Schukow-Museum der Straße den Hügel hinauf folgt, bis es nicht weiter geht. Dort nach links, nach hundert Metern wieder nach rechts an der Militärakademie vorbei, bis man an eine breite belebte Straße kommt. Dort wieder rechts, und nach hundert Metern ist man am Museum.
Militärgeschichtliches Museum, Telefon 45 44 92; tägl. 10–17 Uhr.

Intelligenzmuseum

Zweifelsohne das originellste Museum Ulan Bators ist die Schöpfung des Künstlers Tuumen Ulsii, der hier Puzzles, Denksportaufgaben und ›intelligentes‹ Spielzeug aus der Mongolei und aller Welt versammelt hat.
Ein kleines Stück von der Südostecke Peace Avenue/Ikh Toiruu hinter dem unübersehbaren, runden ›East Centre‹ in einem rosafarbenen Gebäude.
Internationales Intelligenzmuseum, Tel. 46 14 70; Mo–Sa 10–18 Uhr, 3000 Tg., gilt für jeweils 2 Stunden.

Ulan-Bator-Informationen

Eine gute Anlaufstelle, um sich über Hotels, Veranstaltungen, Einkaufsmöglichkeiten, Autovermietung und andere Fragen zu informieren, ist das Informationszentrum für Touristen. Es gibt drei Filialen: am Flughafen, am Bahnhof und im Gebäude des Hauptpostamtes am Sükhbaatar-Platz. Unter anderem kann man hier Telefonnummern der Fahrer erhalten, die ihr Können den Touristen anbieten.

Geldwechsel, Banken

Wer Bargeld hat, bekommt den besten Kurs in Wechselstuben, nicht in den Banken. Schon gar nicht sollte man im Hotel oder einem großen Geschäft wechseln. Ausnahme ist der Dollar (dessen Kurs nur in engem Rahmen schwankt), bei dem sich ein Vergleich nur bei größeren Summen lohnt.

Am allerbesten sind die Kurse in den Wechselstuben am **Change Market** ❶. Nicht viel schlechter fährt man in den Wechselstuben am zentraler gelegenen, ehemaligen Kino ›Ard‹ ❷. Bei größeren Summen kann man immer versuchen, einen besseren Kurs zu verhandeln.

Geldautomaten gibt es bei allen größeren Filialen der gängigen Banken. Automaten der Golomt Bank und der Trade&Development Bank akzeptieren auch EC-Karten, sowie Visa und Master Card. Wer auf Nummer sicher gehen will, der sollte die Bankautomaten im State Department Store oder die Automaten der Trade&Development Bank in deren Hauptfiliale (siehe ❻) benutzen.

Mongolbank ❸, erste Querstraße nach der Post, westlich Sükhbaatar-Platz; Mo–Fr 9–13 und 14–18 Uhr.

Golomt-Bank ❹, Zentrale Sükhbaatar-Platz, Westseite; Mo–Fr 9–16 Uhr.
Khas-Bank ❺, Ikh Surguuliin Gudamj.
Trade & Development Bank ❻, Baga Toiruu/Juulchin; Mo–Fr 9–16 Uhr.

Post

Sonntags ist das Postamt zwar offen, aber die meisten Schalter haben geschlossen. Links vom Eingang werden Pakete aufgegeben und abgeholt. Geradeaus geht es zur Touristeninformation und zu einem runden Schalter, an dem man Postkarten und Briefmarken bekommt. Bei den Briefmarken übrigens sollte man sich ruhig einige zeigen lassen. Die Mongolei ist für ihre schönen Briefmarken bekannt.

Postamt, Südwestecke Sükhbaatar-Platz/Peace Avenue, Tel. 31 34 21; Mo–Fr 7.30–19, Sa/So 9–20 Uhr.

Internetcafés

Die Zahl der Internet-Cafés ist in Ulan Bator deutlich im Abnehmen begriffen, da immer mehr Einwohner DSL zu Hause haben.

Wer selbst ein Notebook dabei hat, kann sich in das Café Amsterdam setzen, wo es kostenlos W-Lan gibt, allen anderen sei das große Internetcafé an der Tserendorj Street empfohlen ❼, der kleinen Straße zwischen Zirkus und ›State Department Store‹. Es liegt auf der rechten Seite und in einem der letzten Gebäude, wenn man vom State Department Store kommt. Hier, wie auch in einigen anderen Cafés, gibt es Webcam und Headset. Das Ausdrucken von Dateien ist selbstverständlich auch machbar. Pro Stunde zahlt man dort 1200 Tg.

[158] Ulan-Bator-Informationen

Der Flughafen ›Dschingis Khan‹

Legende

1. Change Market
2. Wechselstuben am Kino ›Ard‹
3. Mongolbank
4. Golomt-Bank
5. Khas-Bank
6. Trade & Development Bank
7. Internetcafé
8. Hotel ›Khan Palace‹
9. Hotel ›Chinggis Khaan‹
10. Hotel ›Palace‹
11. Hotel ›Ulanbaatar‹
12. Hotel ›Bayangol‹
13. Hotel ›Tuushin‹
14. Hotel ›Narantuul‹
15. Hotel ›White House‹
16. Hotel ›Michelle‹
17. Hotel ›Örgöö‹
18. Hotel ›Mandukhai‹
19. Hotel ›Negdelchin‹
20. Hotel Zaluuchuud
21. Guesthouse ›Khongor‹
22. ›Zaya's Guesthouse‹
23. ›Idre's Guesthouse‹
24. Restaurant ›Modern Nomads‹
25. Restaurant ›Los Bandidos‹
26. Restaurant ›Le Bistro Francais‹
27. Restaurant ›The Silk Road‹
28. Restaurant ›Hazara‹
29. Restaurant ›Brauhaus‹
30. Restaurant ›Chin van Khandorjin Örgöö‹
31. Restaurant ›Apanas‹
32. Restaurant ›Ananda‹
33. ›Orange Café‹
34. ›Sacher's Café‹
35. ›Millie's Café‹
36. Café ›Chez Bernard‹
37. Café ›Stupa‹
38. Café Amsterdam
39. Bar ›Ikh Mongol‹
40. ›Chinggis Club‹
41. ›Budweiser Bar‹
42. ›Café Havanna‹
43. Nachtclub ›River Sounds‹
44. Nachtclub ›UB Palace‹
45. Nachtclub ›Face‹
46. Nachtclub ›Strings‹

▲ Karte S. 159

Ulan-Bator-Informationen [159]

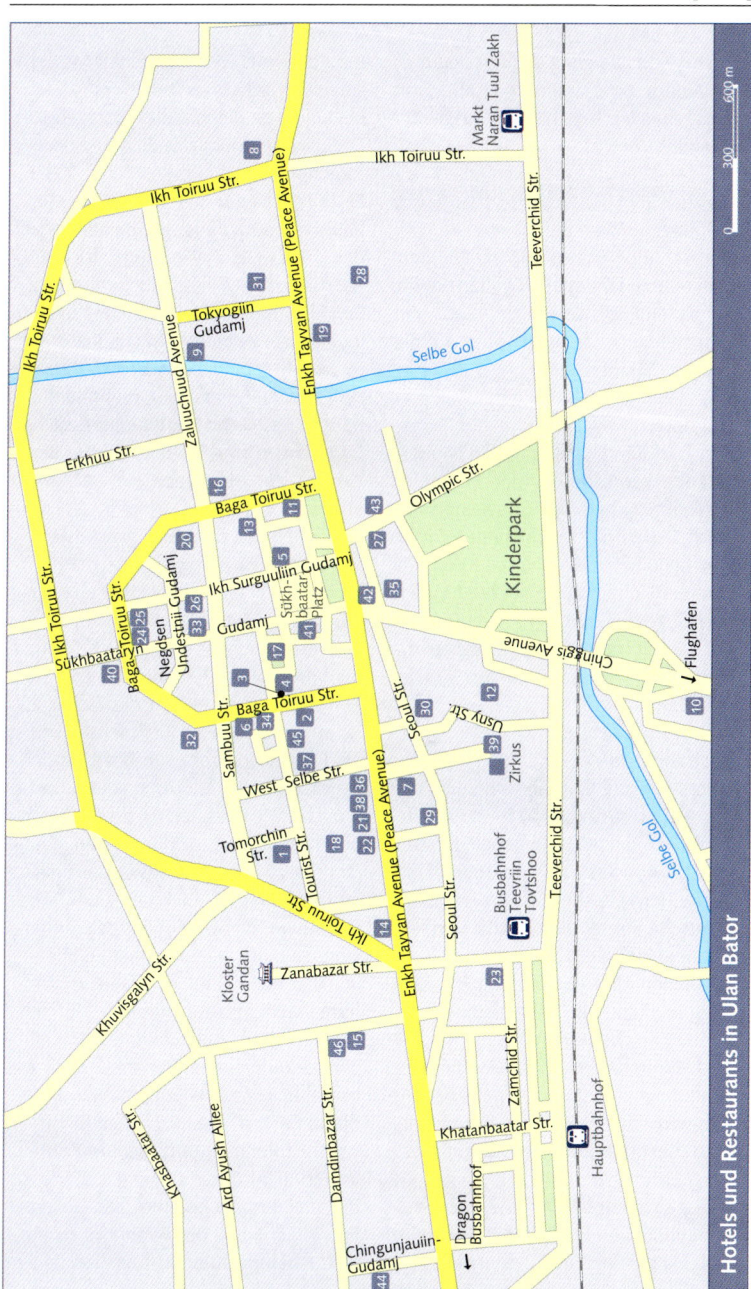

Hotels und Restaurants in Ulan Bator

Rechts vom Eingang zur Post geht es zu einem zwar beengten, aber mit sehr schnellen Anschlüssen ausgestatteten Internetcafé.

Unterwegs in Ulan Bator
Bahnhof
Der Bahnhof Tömör Zamyn Töv buudal (төмөр замын төв буудал) befindet sich im Südwesten der Stadt, der Fahrkartenschalter gegenüber, auf der anderen Straßenseite.

Flughafen
Wer mit dem Flugzeug in die Mongolei kam, kennt bereits den Flughafen ›Dschingis Khan‹ im Südwesten der Stadt. Auch die Inlandsflüge starten von hier. Für die etwa 20 Kilometer vom Zentrum dorthin benötigt man je nach Tageszeit 30 bis 40 Minuten. Die gut 20 Kilometer lange Taxifahrt vom Flughafen ins Stadtzentrum kostet ca. 12 000 Tugrik.

Busbahnhöfe
Eine Warnung vorweg: Obgleich hier das Wort ›Busbahnhof‹ verwendet wird, handelt es sich dabei nur sehr bedingt um Orte, die in irgendeiner Weise dem gleichen, was man sich im Deutschen unter dem Begriff vorstellt. Es handelt sich um Sammelpunkte von Reisenden, die in eine bestimmte Richtung wollen, und Fahrzeuge in der Größe zwischen einem russischen Jeep und einem Kleinbus, die eine Mitfahrmöglichkeit anbieten. Wichtige Ausnahmen sind Reisebusse in die meisten der Provinzhauptstädte sowie nach Erdenet und Darkhan.

Meist sind außen die jeweiligen Ziele mit kyrillischen Buchstaben angezeigt. Falls nicht, wird das Ziel so ausgerufen, daß das Wort nur ein Muttersprachler sicher verstehen kann. Am besten ist es, einen Zettel vorzuzeigen. Dann wird einem mit Sicherheit weitergeholfen.

Erste Faustregel ist: Je früher am ›Busbahnhof‹ aufzutauchen, desto weiter das anvisierte Ziel entfernt ist. Wer nach Khovd will, sollte schon um sieben Uhr früh zur Stelle sein. Fahrpläne irgendeiner Art gibt es nicht, losgefahren wird, sobald beim besten Willen kein weiterer Passagier mehr hineinpaßt. Preise sind Verhandlungssache und hängen stark vom jeweiligen Benzinpreis ab. Aber auch die weitesten Entfernungen (z.B. Khovd) sollten nicht mehr als 64 000 Tugrik kosten.

Als **zweite Faustregel** sollte man auf keinen Fall in einen koreanischen Kleinbus Marke ›Hyundai‹ einsteigen, wenn das Fahrtziel mehr als hundert Kilometer entfernt ist. Ist der Bus auf Teerstraßen unterwegs, neigen die Fahrer zu lebensgefährlich schneller Fahrt, sobald der Asphalt aber aufhört, werden kaum noch 40 Kilometer die Stunde erreicht. Die robusten russischen Jeeps und Kleinbusse sind auf den Teerstraßen zwar eher langsam, auf allen anderen Wegen aber die schnellsten Fahrzeuge, die in der Mongolei unterwegs sind.

In Ulan Bator gibt es **vier Busbahnhöfe**, wobei einer, nämlich der am Markt Naran Tuul Zakh, ›inoffiziell‹, d.h. ohne Genehmigung existiert. Er verdankt seine Existenz den Händlern, die von hier in alle möglichen Richtungen aufbrechen und sich mit ihren Waren nicht durch die ganze Stadt zu den drei Busbahnhöfen quälen wollen. Der in der Nähe des Bahnhofs gelegene **Busbahnhof Tevriin Tovtshoo** deckt den Zentralaimag (Töv) und die Umgebung von Ulan Bator ab. Die letzten beiden ›Fernbusbahnhöfe‹ teilen sich den Rest der Mongolei. Der an der westlichen Ausfallstraße gelegene **Dragon-Busbahnhof** ist für den Westen und Norden und der **Bayanzurkh-Busbahnhof** für Süden und Osten zuständig.

Der **Busbahnhof Teevriin tovtshoo** (Тээврийн товчоо) liegt auf der rechten Seite der ersten Straße, die nach links abgeht, wenn man vom Bahnhof Richtung Osten geht. Von hier gelangt man in alle Ecken des Zentralaimags (Töv-Aimag/Төв аймар). Wer Nervenkitzel liebt, kommt von hier auch zu jeder Tageszeit mit einem koreanischen Kleinbus Richtung Darkhan oder Erdenet.

Dragon-Busbahnhof, Dragon avtovoksal/Драгон автово-кзал, Tel. 63 49 02. Weit im Westen der Peace Avenue gelegen, 2 km hinter einer bebauten Fußgängerbrücke, die die Straße überspannt. Unübersehbar auf der rechten Seite der Peace Avenue mit dem Schild Драгон Авто-вокзал gekennzeichnet. Der Bus Nr. 26 (hält an jeder Haltestelle westlich des Sükhbaatar-Platzes) fährt dorthin. Es ist der größte Busbahnhof der Stadt, der den kompletten Westen sowie den Norden abdeckt. Es gibt hier auch einen richtigen Fahrkartenschalter für Busse Richtung Darkhan und Erdenet, die jeden Tag um die Mittagszeit abfahren.

Busbahnhof am Naran-Tuul-Markt (Наран Туул зах). Neben dem größten Markt der Mongolei warten immer Kleinbusse und russische Jeeps, die Kleinhändler mit ihren Waren in alle Ecken der Mongolei schaffen. Nur als letzte Wahl zu empfehlen, da das Gedränge in den Fahrzeugen jede Vorstellung übersteigt.

Busbahnhof Bayanzurkh (Баянзурх), auf der rechten Seite, wenn man von der Innenstadt kommt. Ganz im Osten der Hauptstadt an der östlichen Ausfallstraße, derselben Straße, die Richtung Terelj führt. Man kann auch einen Trolleybus Richtung Botanik (Ботаник) nehmen und an der vorletzten Haltestelle aussteigen.

Taxi

Innerhalb Ulan Bators und in die nächste Umgebung fährt man am einfachsten mit dem Taxi (siehe auch Seite 140). Nachts sollte man aber Privattaxis meiden und auf die registrierten Taxi-Unternehmen zurückgreifen:
Buyant ukhaa taxi, Tel. 31 59 43.
Nomin sky, Tel. 35 41 21.
Sity Taxi, Tel. 34 34 33, 34 44 99.

Stadtführungen

Bislang werden deutschsprachige Stadtführungen durch Ulan Bator nicht angeboten. Auf Englisch hält der ›Arts Council of Mongolia‹ zwei

Straßenszene in Ulan Bator

höchst interessante Touren ab. Die erste ist die ›Mongolian Buddhism Tour‹, die durch alle bekannteren und unbekannteren Klöster und Tempel der Hauptstadt führt, die zweite ›Myths and Truth – the Socialist legacy in Mongolia‹, die sich mit der sozialistischen Epoche der Hauptstadt beschäftigt. Weiter veröffentlicht der ›Arts Council‹ allmonatlich auf Englisch und Mongolisch einen Kalender sämtlicher Aktivitäten in der Hauptstadt, die mit Kunst zu tun haben, www.artscouncil.mn.

Unterkunft

Im Bauboom der vergangenen Jahre sind auch viele Hotels erbaut worden. Allerdings haben auch die Touristenzahlen so stark zugenommen, daß sich – egal für welche Preisklasse – speziell zur Hauptsaison eine Reservierung empfiehlt.

Alle Hotels der oberen Preisklasse akzeptieren die gängigen Kreditkarten und verfügen über einen Abholservice. Die Preise sind inklusive Frühstück und gelten für die Hauptsaison (normalerweise 1. Mai–31. Sept.). In der Nebensaison sind die Preise zum Teil erheblich günstiger. Alle Hotels der oberen Preisklasse verfügen über einen Stromgenerator, was bei den im Sommer nicht seltenen Stromausfällen erheblich zum Komfort beiträgt, und die Zimmer sind mit Bad, Minibar und DSL-Anschluß ausgestattet.

Hotels der oberen Preisklasse

Khan Palace 8, östliche Peace Avenue/Ikh Toiruu, Tel. 463 46-3, Fax -4, www.khanpalace.com; 102 Zimmer beziehungsweise Suiten, 100 (DZ) bis 400 Euro (königl. Suite). Hochmodernes Kempinski-Hotel, mit Sauna, Bar und Konferenzräumen.

Chinggis Khaan 9, Tel. 31 33 80, Fax 31 27 88, www.chinggis-hotel.com; 69 (DZ) bis 300 Euro (Suite). Etwas östlich der Innenstadt an der ersten Seitenstraße nach Norden hinter der Brücke über den Fluß Selbe gelegen. Der bizarre, ultramoderne Klotz wirkt nicht nur von außen wie ein Fremdkörper in der Stadtlandschaft. Auch innen kann man leicht vergessen, daß man in der Mongolei ist. Das größte Hotel Ulan Bators verfügt nicht nur über einen eigenen (kostenpflichtigen) Swimmingpool, sondern auch über einen Zugang zum teuersten Shopping Center Ulan Bators. Von der Bar auf dem Dach kann man einen Blick auf die Hauptstadt werfen.

Palace 10, Chingis Khaan's Avenue 25a, Tel. 34 35 65, Fax 34 30 01, palace@mongol.net, www.palace.mn; 76 Euro (einfaches DZ) bis 98 Euro (Luxuszimmer). Modernes, großes Hotel zwei Kilometer außerhalb der Innenstadt Richtung Bogd Khan uul. Im Winter sehr zu empfehlen, da die Luft hier besser ist als im Zentrum.

Ulanbaatar 11, Peace Avenue, Tel. 32 06 20, Fax 32 44 85, www.welcome.to/ubhotel; 85 Euro (DZ) bis 700 Euro (Suite). Sehr zentral gelegen (genau östlich des Sükhbaatar-Platzes), aber etwas nach hinten versetzt, daher ruhig, war dies das repräsentative Hotel der Mongolei während sozialistischer Zeiten und gilt wegen des altmodisch-gediegenen Flairs vielen immer noch als bestes Hotel der Stadt.

Bayangol 12, Tel. 31 22 55, Fax 32 68 80, www.bayangolhotel.mn;

85 Euro (DZ) bis 277 Euro (Suite). Sehr zentral gelegen (500 Meter südlich von der Südwestecke des Sükhbaatar-Platzes) und zu sozialistischen Zeiten zweites Haus am Platz, ist das ›Bayangol‹ nach kürzlicher Renovierung wieder eines der besten Hotels der Stadt.

Tuushin 13, Prime Minister Amar's Street 2, Tel. 32 30 1 62, Fax 32 59 03, www.tuushinhotel.mn; 67 Euro (DZ) bis 114 Euro (Suite in der Hochsaison). Gegenüber der Nordseite des Kulturpalastes sehr zentral, aber ruhig gelegen.

Narantuul 14, Chingeltei District, 2 Khoroo Baruun Durvun Zam, Tel. 33 05 65, Fax 33 04 54, www.narantuulhotel.com; 68 Euro (einfaches DZ) bis 135 Euro (Suite) inkl. Frühstück. An der Peace Avenue, Ecke Baga Toiruu West, gerade noch am Rand der Innenstadt, aber nicht weit vom Kloster Gandan gelegen. Die Zimmer nach vorne liegen an zwei sehr belebten Straßen, sonst sehr ordentliches, modernes Hotel.

White House 15, Amarsanaa Street, Tel. 36 99 67, Fax 36 99 73, www.whitehousehotel.mn; 76 Euro (einfaches DZ) bis 137 Euro (Präsidentensuite). Etwas außerhalb der Innenstadt an der ersten Straße gelegen, die westlich des Klosters Gandan von der Peace Avenue den Berg hinaufführt, hat sich das ›White House‹ auf koreanische und japanische Gäste spezialisiert, dementsprechend sehr sauber und gepflegt mit jeweils einem japanischem und koreanischen Restaurant sowie dem unvermeidlichen Karaoke-Keller samt philipinischer Band. Der Nachteil der Lage wird wettgemacht durch allumfassenden Komfort.

Hotels der unteren Preisklasse

Hotels der unteren Preisklasse sind in Ulan Bator rar gesät. Der Touristenboom der letzten Jahre hat dazu geführt, daß selbst die schäbigste Herberge unangemessene Preise verlangen kann, zumindest im Sommer. Sind die Touristen weg, halbieren sich die Preise.

Michelle 16, Zaluuchuud Street 13-2, Tel. 32 55 25, Fax 32 56 43, www.michelle.citymap.mn; Hochsaison 53 Euro (einfaches DZ) bis 69 Euro (Luxuszimmer), High-Speed-Internet 4 Euro/Tag. Schräg gegenüber der chinesischen Botschaft noch relativ zentral gelegenes solides Hotel, Zimmer nach vorne an belebter Straße. Die Zimmer sind zwar nicht ganz billig, aber die Preise entsprechen dem Angebot.

Örgöö 17, Tourist Street/Ecke Jigjidjananyn gudamj, Tel. 31 37 22; DZ 31 bis 46 Euro, inkl. Frühstück. Gegenüber der Westseite des Parlamentsgebäudes gelegenes sehr zentrales, lautes und nicht sehr sauberes Hotel.

Mandukhai 18, Tel. 32 23 04; DZ 10 bis 25 Euro. Zwei Querstraßen nach dem ›State Department Store‹ Richtung Westen nach rechts, und man erblickt das Pagodendach dieser anspruchslosen Absteige.

Negdelchin 19, Peace Avenue 16, Tel. 45 32 30; DZ 15 Euro, mit eigener Dusche 30 Euro. 50 Meter westlich neben dem Ringerpalast gelegen. Toilette und Dusche auf dem Flur.

Zaluuchuud 20, Baga Toiru Ost, Tel. 32 55 44, Fax 32 78 68, www.zh.mn. Zweihundert Meter nördlich von Nationaler wie Technischer Universität. Frisch renoviert, zentral gelegen, Zimmer ab ca. 25 Euro. Im Sommer oft ausgebucht, man sollte daher frühzeitig reservieren.

Guesthouses, Wohnen auf Zeit
Guesthouses nennt man in Ulan Bator jugendherbergsähnliche Unterkünfte. Von ihnen gibt es mittlerweile mehr als 20, und ihre Zahl wächst beständig. Die seriösesten Betreiber von Gästehäusern haben eine Vereinigung gegründet, die ›Guesthouse Association of Mongolia‹, mongolian guesthouse@yahoo.com. Das Guesthouse Khongor bietet auch Wohnen auf Zeit in Privatwohnungen.
Guesthouse Khongor 21, Peace Avenue 15, Tel. 31 64 15, 99/25 25 99, http://get.to/khongor; Mehrbettzimmer 3 Euro, DZ 9 bis 12 Euro, Wohnen auf Zeit ab 20 Euro/Tag. Größtes Guesthouse der Stadt. Auf drei Gebäude im Zentrum verteilt. Registrierung ist im Hintereingang des dritten Gebäudes auf der rechten Seite, wenn man von ›State Department Store‹ Richtung Westen geht. Das Guesthouse wird kompetent geführt und ist sauber.
Zaya's Guesthouse 22, Tel. 33 15 75, Fax 33 15 75, www.mongolia-travel–hostel-zaya.com. DZ ab 20 Euro. Vielleicht das bestes Gästehaus der Stadt. Gemütlich, geräumig, etwas versteckt in einem Hochhaus rechts hinter der ersten Bushaltestelle westlich des State Department Store an der Peace Avenue. Im Sommer oft ausgebucht.
Idre's Guesthouse 23, Ondor Gegeen Zanbaryn Gudamj 22, Tel. 99/11 25 75, 32 52 41, www.idretour.com; Mehrbettzimmer 4 Euro, DZ 11–15 Euro. Nagelneues Gästehaus, in einem kleinen Gebäude auf der linken Seite der ersten Straße, die nach links abgeht, wenn man vom Bahnhof Richtung Osten geht. Etwas eng, aber sauber und gemütlich.

Gastronomie

Gut und nicht teuer essen kann man in der Innenstadt fast an jeder Ecke. Im allgemeinen sind mongolische Restaurants am billigsten, koreanische und chinesische repräsentieren die mittlere Preisklasse und japanische sowie europäische sind am teuersten. Die größte Restaurantdichte findet man um den ›State Department Store‹ sowie am Baga Toiruu mit Ausnahme seines Ostabschnittes.

Restaurants der oberen Preisklasse
Modern Nomads 24, nördlicher Teil des Baga Toiruu, Tel. 31 87 44. Bestes Restaurant mit mongolischer Küche. Sehr beliebt, Möglichkeit zum Draußensitzen.
Los Bandidos 25, Tel. 31 41 67, 99/19 46 18. Direkt neben ›Modern Nomads‹, 20 Meter von der Kreuzung des Baga Toiruu mit der Ikh Surguuliin Gudamj. Gelungene Kombination von mexikanischer und indischer Küche, erstklassiger Service.
Le Bistro Francais 26, Ikh Surguuliin Gudamj, Tel. 32 00 22. Solide französische Küche mit Patron aus der Auvergne. Angenehme Lage im Botschafts- und Universitätsviertel.
The Silk Road Restaurant 27, Jamiyan Guunii Gudamj, Tel. 91 91 44 55. Direkt südlich des Sükhbaatar-Platzes an der kleinen Straße, die zum Eingang des Choijin-Lamyn-Museums führt. Mediterrane Küche, entspannte Atmosphäre.
Hazara 28, Peace Avenue 16, Tel. 99/19 57 01. Peace Avenue Richtung

Osten, direkt hinter dem Ringer-Palast. Bestes indisches Essen der Stadt und eines der wenigen Refugien für Vegetarier. Mit eigenem Tandoori-Ofen.

Restaurants der mittleren Preisklasse

Brauhaus 29, Seoul Street, Tel. 314195, auf der linken Seite, wenn man vom Zirkus Richtung Westen geht. Geöffnet täglich 11– 24 Uhr. Deftiges deutsches Essen, erstklassiges Bier, Treffpunkt der Deutschen in Ulan Bator.

Chin van Khandorjin Örgöö 30, Seoul Street, Tel. 32 07 63. Seoul Street vom Zirkus hundert Meter Richtung Osten auf der rechten Seite. In ehemaliger Prachtjurte aus dem 19. Jahrhundert untergebracht. Mongolische Küche.

Apanas 31, Tokyogiin Gudamj, Tel. 45 37 16. Auf der rechten Seite, wenn man die Tokyogiin Gudamj (auch Khökh Tengeriin) im Osten der Stadt von der Peace Avenue Richtung ›Chinggis Khan‹-Hotel fährt. Ukrainisches Restaurant mit exzellentem Essen.

Restaurants der unteren Preisklasse

Für 1000 bis 2000 Tg bekommt man in ungezählten kleinen Restaurants und Kiosks der Stadt Buuz (mit Fleisch gefüllte Teigtaschen), Khushuur (dasselbe, nur etwas größer und frittiert), Gulasch und Kartoffelbrei oder Rohkostsalate. Eine spezielle Würdigung hat das ›Ananda‹ 32 verdient, ein von Buddhisten betriebenes kleines, sehr billiges, vegetarisches Restaurant an der westlichen Biegung des Baga Toiruu.

Cafés

Orange Café 33, gegenüber der deutschen Botschaft. Billiges, ruhiges, klei-

Pub in Ulan Bator

nes und gemütliches deutsches Café.

Sacher's Café 34. Bester Kuchen der Stadt und hervorragende Brötchen. Zwei Filialen, eine an der Peace Avenue zwischen Sükhbaatar-Platz und ›State Department Store‹ sowie die gemütlichere am Baga Toiruu hinter der ›Trade & Development Bank‹, wenn man von der Peace Avenue kommt. Tel. 32 47 34.

Millie's Café 35, gegenüber dem Eingang zum Chojin-Lamyn-Museum, Tel. 330338. Treffpunkt der westlichen Ausländer in der Stadt. Man kann hier auch zwar teuer, aber sehr gut essen, seit der kubanische Besitzer einen Koch aus Südafrika eingestellt hat.

Chez Bernard 36, Peace Avenue 27, Tel. 32 46 22. An der Peace Avenue hundert Meter östlich vom ›State Department Store‹. Über das Gebäck kann man sich in diesem Mekka der Rucksacktouristen streiten, nicht aber über die Atmosphäre. Bester Ort, um Gleichgesinnte für eine Tour zu finden, im Sommer oft überfüllt.

Stupa Café 37, im ›Maharanda Buddhist Centre‹, an der Tourist Street gegenüber dem Zanabazar-Museum. Der angenehmste Ort in Ulan Bator, wenn man in Ruhe ein Buch lesen oder eine Unterhaltung führen will. Billige, schmackhafte Brownies.

Café Amsterdam 38, Peace Avenue, Tel. 88 91 18 32, www.amsterdam.mn. Geöffnet täglich 8–24 Uhr. Direkt östlich des State Department Store gelegen, ist das Amsterdam dabei, allen anderen Cafés der Stadt den Rang abzulaufen. Gemütliche Atmosphäre, moderate Preise, drahtloses Internet und jeden Donnerstag eine kulturelle Veranstaltung.

Nachtleben

Bars

Ikh Mongol 39, direkt östlich vom Zirkus, Tel. 34 04 50. Das ›Ikh Mongol‹ hat sich seit seiner Eröffnung 2006 zu einem der beliebtesten Treffpunkte der Stadt entwickelt. Mit eigener Brauerei, die auch sehr wohl nötig ist, denn der Laden ist – ob drinnen oder im Biergarten – das mit Abstand größte Lokal der Stadt, mit allabendlich hunderten von durstigen Besuchern. Europäisch-deutsche Küche. Abends spielt meist eine Live-Band.

Chinggis Club 40, Sükhbaataryn Gudamj 10, Tel. 32 55 82, 99/11 56 05. Ein paar Meter links hinter dem Baga Toiruu, wenn man die Sükhbaataryn Gudamj von Norden kommt. Durch ein Fenster im Innenraum sieht man auf die Braukessel, wo das vielleicht beste Bier der Stadt gebraut wird. Sehr großes, nicht ungemütliches Lokal mit deutscher Kost.

Budweiser Bar 41, Sükhbaataryn Gudamj, Tel. 32 44 69. Echtes böhmisches Bier und ebensolches Essen zu moderaten Preisen. Angenehme, ruhige Atmosphäre. Auf der Westseite des Sükhbaatar-Platzes.

Havanna 42, in dem Rundbau direkt südlich des Suchbaatarplatzes auf dem Weg zum Bogd Uul untergebracht. Wo sich früher das Khan Bräu befand, kann man jetzt im Havanna mediterran-südamerikanisch essen und im Sommer bei einer Caipirinha draußen sitzen. Geöffnet 10–24 Uhr.

Nachtclubs

River Sounds 43, hundert Meter südöstlich vom Sükhbaatar-Platz. Der einzige Ort in Ulan Bator, wo allabendlich eine Live-Band spielt. Älteres und gesetztes Publikum, relativ teuer.

UB Palace 44, Peace Avenue Richtung Westen bis zur zweiten ganz großen Straße nach dem Hügel, auf dem Gandan liegt. Hier ist man an der Chingunjaviin Gudamj. Sie geht man gut 300 Meter hoch, dann sieht man das ›UB Palace‹ auf der linken Seite. Wer wissen will, wie sich die Jugend in Ulan Bator amüsiert, sollte sich hier in die Menge stürzen. Das ›UB Palace‹ ist ein großer Unterhaltungskomplex mit mehreren Discos und niedrigen Preisen, wo es allerdings auch einmal etwas rauher zugehen kann.

Face 45, schräg gegenüber dem Zanabazar-Museum, Tel. 31 39 61. Sehr beliebter Nachtclub mit großen Spiegeln und jeder Menge Blinklichter. Man kommt zum Tanzen hierher, nicht zum Abhängen.

Strings 46, neben dem ›White House‹-Hotel, Tel. 36 51 58. Einer der populärsten Nachtclubs mit einer großen Bühne, wo abends oft eine Band spielt. Mit einem oberen Stockwerk, wo es etwas ruhiger zugeht.

Galerien

Mongolian National Art Gallery, Tel. 31 31 91; tägl. 10–18 Uhr. Man findet die über drei Stockwerke verteilte Galerie im Innenhof des Kulturpalastes, den man von der Nordseite des Palastes erreicht. Größte und beste Sammlung moderner mongolischer Kunst. Absolut empfehlenswert.

Mongolian Artists Exhibition Hall, im ersten Stock des weißen Marmorgebäudes, schräg gegenüber vom Hauptpostamt, Tel. 32 74 74; tägl. 9–18 Uhr. Ständig wechselnde Ausstellungen von Gemälden, Skulpturen und Kunsthandwerk. Angeschlossen ist ein großes Souvenirgeschäft.

Mongolian National Artists Union, Ikh Toiruu Nord, www.uma.mn; tägl. 9–13 und 14–18 Uhr. In dem blauen Gebäude mit dem sitzenden Mönch über der Tür auf der linken Seite, einige hundert Meter vor der amerikanischen Botschaft, wenn man in ebendiese Richtung geht, In den Räumen der mongolischen Künstlervereinigung kann man Werke von den Meistern selbst erwerben. Hochinteressant.

Oper und Theater

Oper, Tel. 32 28 54; meist Sa 17 Uhr, im Aug. geschlossen. Unübersehbar in dem schönen klassizistischen orangefarbenen Gebäude neben dem Kulturpalast, Aufführungen nationaler Opern und gängiger Klassiker, seltener Symphoniekonzerte. Termine lassen sich in der Wochenzeitung ›UB Post‹ erfahren, erhältlich an der Kasse der Lebensmittelabteilung des ›State Department Store‹.

Nationaltheater, unübersehbar schräg gegenüber vom ›Havanna‹, 200 Meter südlich von der Südwestecke des Sükhbaatar-Platzes, Tel. 31 04 66. In den Sommermonaten findet hier ein Festival der darstellenden Künste der Mongolei statt, das Modeschauen, Rockkonzerte oder Darbietungen von Akrobaten einschließt. Termine lassen sich in der ›UB Post‹ erfahren.

Zirkus, Tel. 32 07 95; im Aug. geschlossen. Sehenswert! Vor dem Haupteingang des ›State Department Stores‹ stehend, ist das charakteristische blaue Dach des Zirkus nicht zu übersehen, wenn man nach Süden blickt. Tickets bekommt man in dem rosa Gebäude direkt daneben.

Nationales Tanz- und Gesangsensemble, wer sich ein paar Tage in Ulan Bator aufhält, sollte unbedingt eine Vorstellung des Nationalen Tanz- und Gesangsensembles besuchen. Fremd und doch faszinierend sind die verschiedenartigen mongolischen Gesänge, beeindruckend die Tänze und das Zusammenspiel der Instrumente. Aktuelle Termine entnimmt man der ›UB Post‹, erfragt sie im Hotel oder bei der Touristeninformation.

Einkaufen

In Ulan Bator bekommt man eigentlich alles, was man braucht, angefangen bei Hygieneartikeln über Campingausrüstung bis hin zum Holsten-Bier. In den großen Kaufhäusern wie ›Ikh Delguur‹, ›Sky Shopping Center‹ und ›UB Mart‹, in Lebensmittelläden und auf Märkten kann man die für eine Überlandfahrt benötigten Dinge kaufen. Bei der Kalkulation des Einkaufs ist davon auszugehen, daß die aus Europa importierten Waren nur wenig unter dem Preisniveau der Ursprungsländer liegen. Einheimische Produkte und Grundnahrungsmittel sind hingegen viel preiswerter.

Naran-Tuul-Markt, an der Verlängerung der Straße am Bahnhof Richtung Osten unübersehbar auf der linken Seite; Mi–Mo 9–20 Uhr; Eintritt 50 Tg. Der Naran Tuul Zakh (oder Khar Zakh, ›schwarzer Markt‹) auch einfach nur Zakh genannt, ist der bei weitem größte Markt der Mongolei. Mit Ausnahme von Lebensmitteln gibt es hier nichts, was es nicht gibt. Hauptsächlich wird hier **Kleidung** aller Art ›Made in China‹ verkauft, aber man findet auch alles, was ein mongolischer Viehzüchter braucht, oder die beliebten Teppiche aus mongolischer Produktion. Selbst mongolisches Kaschmir ist zu finden.

Der Markt ist einfach ein Erlebnis. Vorsicht, es wimmelt hier von **Taschendieben,** die sich zum Teil keine große Mühe geben, ihre Absichten zu verbergen. Man sollte hier besser mindestens zu zweit sein, Geld nur in Innentaschen aufbewahren und Taschen immer am Bauch, nie an der Seite oder am Rücken tragen.

Wer billige **Souvenirs** sucht, sollte an den großen Hallen gegenüber dem Haupteingang links vorbei gehen. Dann kommt man an den Teil mit Satteln, echten mongolischen bestickten Reitstiefeln und dergleichen. Man muß hier natürlich handeln, wenn man nicht die gleichen Preise wie im Zentrum zahlen will.

Wendet man sich hinter den Hallen nach rechts, so erblickt man ein ebenerdiges Gebäude. Man nehme den linken, westlichen Eingang und halte sich ganz links am Gardinenbedarf vorbei. Im hinteren Teil des Gebäudes findet man dann eine Tür, die zu einigen ganz exquisiten kleinen Läden mit mongolischen **Antiquitäten** führt. Nur der Kenner wird den Wert all der alten Schmucktabakdosen, den Gold- und Silberschmuck sicher beurteilen können, aber allein der Anblick ist einen Besuch wert. Vorsicht: Anders als in den Antiquitätengeschäften in der Stadt bekommt man hier keine Ausfuhrbescheinigung, man könnte also Ärger mit dem Zoll kriegen, da die Ausfuhr ohne Bescheinigung verboten ist.

State Department Store, Ikh Delguur/Их дэлгүүр, Peace Avenue, einen Kilometer westlich vom Sükhbaatar-Platz; tägl. 10–21 Uhr. 1926 eröffnetes, einziges echtes Warenhaus der Stadt und eine in der ganzen Mongolei bekannte Institution. Im hinteren Teil des Erdgeschosses findet man einen großen Supermarkt, mit westlichen und vielen deutschen Lebensmitteln. Im 2. und 4. Stock gibt es Kaschmirkleidung von namhaften mongolischen Herstellern. Der 5. Stock beherbergt die größte Auswahl an Souvenirs in der Stadt. Vor allem zum Anschauen der zum Teil hervorragenden Aquarelle sollte man sich Zeit lassen.

Sky Shopping Center, im Nordosten der Stadt, beim ›Chinggis Khaan‹-Hotel; tägl. 10–21 Uhr. Aufgebaut wie die Einkaufszentren in Europa, kleine Souvenirabteilung. Im Untergeschoß große Lebensmittelabteilung.

Kaschmir

Kleidung aus Kaschmirwolle ist eines der beliebtesten Mitbringsel aus der

Mongolei. Zwischen ›State Department Store‹ und Sükhbaatar-Platz sowie zwischen ›State Department Store‹ und Zirkus findet man mehrere Geschäfte. Die beiden mongolischen Firmen mit dem besten Ruf sind **Gobi** und **Goyo**. Die größte Auswahl, wenn auch nicht ganz billig, gibt es im 2. und 4. Stock (nach mongolischer Zählung) des **State Department Store**. Billiger ist es im **Made in Mongolia**, einem großen Geschäft in einem grünen Gebäude, das man findet, wenn man vom Bahnhof auf derselben Seite gut hundert Meter nach Osten geht.

Lebensmittel
Wer aufs Land will, tut gut daran, sich vorher mit Lebensmitteln einzudecken, wenn ihm der Sinn nach anderem als nur Fleisch und diversen Milchprodukten steht.

Eine sehr gute Adresse ist die Lebensmittelabteilung des **State Department Store**. Auch sehr zu empfehlen sind **Passage** und **Merkury-Markt**. Man halte sich direkt vor dem Zirkus rechts, wenn man vom ›State Department Store‹ kommt und folge den Passanten und Autos, die hinter einem vierstöckigen Plattenbau nach links verschwinden. Jetzt steht man vor einem großen, einstöckigen Kasten. Ganz links ist der Eingang zum Passagemarkt, und innen ganz hinten links findet man **Werner's Wurstwaren**, die einzige (und empfehlenswerte) deutsche Fleischerei der Stadt; Mo–Sa 10–19 Uhr. Geht man vom Passagemarkt rechts um das Gebäude herum, kommt man zum **Merkury-Markt** mit seinen vielen kleinen Ständen, wo es von geräuchertem Fisch aus Rußland bis zu deutschen Tellerlinsen eine Reihe von Lebensmitteln gibt, die sonst nirgends in der Stadt zu finden sind.

Ausrüstung
Seven Summits, gegenüber dem Hauptpostamt neben der kleinen Grünfläche in einem einstöckigen Gebäude. Nicht billige, aber qualitativ hochwertige Camping-Ausrüstung vom Zelt bis zu Meindl-Schuhen.

Zagas, im neuen ›Flower Center‹, gegenüber dem Naran-Tuul-Markt, Tel. 31 85 51. Angelbedarf aller Art sowie relativ billige Campingausrüstung chinesischer Herkunft.

Shonkor Saddles, Seoul Street 21, Tel. 32 71 27, www.ayanchin.com. An der kleinen Straße, die am Sükhbaatar-Platz direkt hinter dem Hauptpostamt anfängt. Sättel aller Art, vor allem solche, die für den westlichen Hintern geeignet sind, und alles, was man bei Touren zu Pferd gebrauchen könnte.

Ayanchin Outfitters, Seoul Street Richtung Westen vom Zirkus nach fünfhundert Metern auf der rechten Seite, Tel. 31 12 18. Sehr große Auswahl an importierten Ausrüstungsgegenständen wie GPS, oder hochwertiger Angelausrüstung, allerdings übertreuert.

Wäschereien
In Ulan Bator bietet die Wäscherei **Metro Express** an mehreren Punkten der Stadt ihre Dienstleistung an. Eine Filiale befindet sich in der Nähe des Merkury-Markts in der Passage.

Sanfte Steppenhügel, saftiges Grasland und weidende Herden prägen die Aimags im Zentrum des Landes. Rauch steigt aus den Jurten auf, friedliche Stille liegt über dem Land.

Die zentralen Aimags

Töv-Aimag

*Der Sieger hat viele Freunde,
der Besiegte hat gute Freunde*
　　　　　　Mongolisches Sprichwort

Der Töv-Aimag (Төв аймар, Töv – zentral) umgibt die Hauptstadt Ulan Bator, die verwaltungstechnisch einem Aimag gleichgestellt ist. Der Aimag ist 74 000 Quadratkilometer groß, also etwas kleiner als Österreich, und hat weniger als 100 000 Einwohner. Im Norden liegen die wilden Berge des **Khentii-Gebirges**, im Süden stößt man auf die ersten Ausläufer der Gobi, und im Westen trifft man auf den östlichsten Teil des Khangai-Gebirges. Die Hauptstadt von Töv ist Zuunmod, 43 Kilometer südlich von Ulan Bator auf der anderen Seite des Bergmassivs **Bogd Khan uul**.

Der Fluß Tuul, einer der längsten der Mongolei, fließt durch die Mitte der Provinz, und der Fluß Kherlen bildet die Grenze zur Provinz Khentii im Osten. Der nördlich von Ulan Bator gelegene **Asralt Khairkhan** ist mit 2800 Metern die höchste Erhebung der Provinz. Der Ostteil des Aimags hat für mongolische Verhältnisse hohe Niederschläge, er ist relativ dicht bewaldet.

Der Töv-Aimag im Überblick

Fläche: 74 000 km²
Einwohner: 92 500, 1,3 pro km²
Ethnische Gruppen: Khalkha, Kasachen, Barga
Aimagzentrum: Zuunmod
Entfernung von Ulan Bator: 43 km
Durchschnittstemperaturen:
−18 °C, Juli +15,4 °C,
Januar −20,5 °C
Jahresniederschlag: 270,8 mm

◀ Karte S. 173

Von allen mongolischen Aimags verfügt Töv wegen der Nähe zur Hauptstadt über das beste Straßennetz, was es erlaubt, die meisten seiner Attraktionen von Ulan Bator aus binnen Tagesfrist zu erreichen.

Zuunmod

Zuunmod (Зуунмод) ist ein typisches staubiges kleines **Aimagzentrum** mit entspannter Atmosphäre und 17 000 Einwohnern. Man findet hier das **Provinzmuseum** mit ausgestopften Tieren und Ausstellungsstücken zu Geologie, Fauna und Flora des Aimags. Das Museum war einige Zeit wegen Renovierung geschlossen, es wurde Ende 2007 wiedereröffnet.

Nach Zuunmod kommt man per Mikrobus von Ulan Bator oder mit dem Taxi. Der übliche Preis für ein Taxi liegt bei 250 Tg pro Kilometer; man muß aber

Zuunmod-Informationen

Vorwahl: 012 72.

Es gibt im Ort zwei billige Hotels mit entsprechendem Standard, die ein paar Meter nördlich des kleinen Hauptplatzes einander direkt gegenüberliegen.

Ger Camps siehe ›Bogd-Khan-uul-Informationen, Seite 179.

🏛

Provinzmuseum Zuunmod, Tel. 236 19; Sommer tägl. 10–20 Uhr, Mittagspause 13–14 Uhr, Winter 10–18 Uhr, Mittagspause 13–14 Uhr.

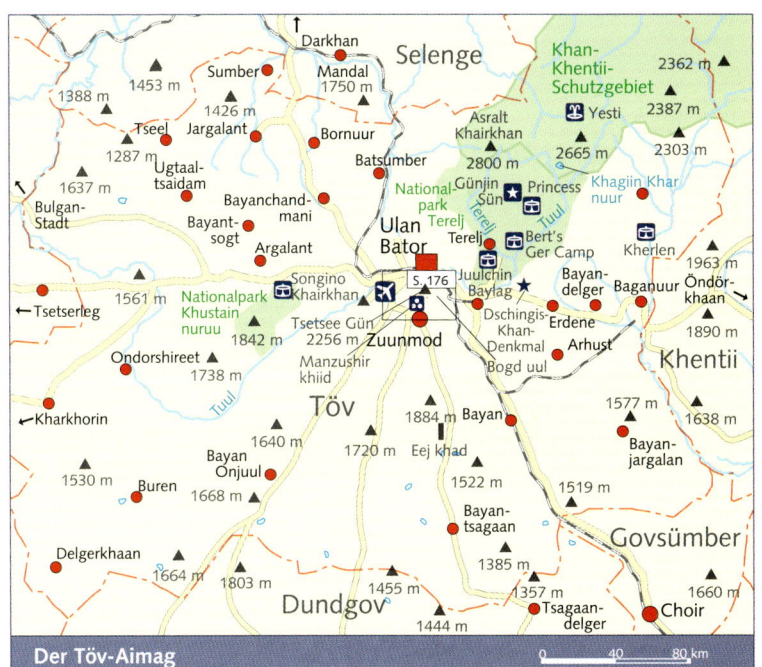

Der Töv-Aimag

vermutlich etwas mehr zahlen, da der Fahrer auf dem Rückweg nicht mit Passagieren rechnen kann.

Manzushiryn khiid

Die **Klosterruine Manzushiryn khiid** (Манзуширын хийд) liegt gut zehn Kilometer nördlich von Zuunmod am Fuß des Bogd uul und ist die Haupteinnahmequelle der Taxifahrer von Zuunmod, die nur darauf warten, Touristen für den landesüblichen Tarif hinzubringen. Manzushir liegt im Bogd-uul-Schutzgebiet, man muß also Eintritt bezahlen.
Das Kloster wurde bereits 1733 gegründet und unterstand seit 1750 direkt dem Bogd Gegeen. Das liebliche, windgeschützte Tal an der Südseite des Bogd uul ist ein geschichtsträchtiger Ort.

Schaut man sich um, so stößt man auf verwitterte Stelen aus dem 6. bis 8. Jahrhundert, die sich einmal vor alten Grabstätten befunden hatten. Eine davon zeigt einen Bock, das Symbol der Macht der türkischen Khagane. Und es waren nicht nur die Turkreiche, die hier Spuren hinterlassen haben. Einige Jahrhunderte später soll sich in Manzushir eines der vier Hauptlager Dschingis Khans mit sechs seiner Frauen befunden haben, und 1696 fand in und um das Tal einer der Wendepunkte der mongolischen Geschichte statt, als Galdan, der Führer der Westmongolen, bei einer Schlacht dem chinesischen Kaiser Kangxi unterlag.
Schließlich war Manzushir auch Schauplatz einer der tollkühnen Streiche Ungern von Sternbergs, des verrückten

Am Tuul-Fluß

Barons, der die Mongolei 1921 einige Monate beherrschte. Nach seiner Flucht aus Sibirien vor der siegenden Roten Armee lag er mit seinen Kosaken am Südrand des Bogd uul und konnte nicht weiter, da die chinesische Besatzung in Urga viel größer als die eigene Truppe war. Um sich der Hilfe der Mongolen zu versichern, zog er mit einer Handvoll Getreuer mitten im Winter über den Bogd uul, befreite den Bogd Gegeen in einem Handstreich aus chinesischem Hausarrest und schaffte ihn zurück nach Manzushir. Das brachte dem Baron so viel Unterstützung seitens der Mongolen ein, daß er wenig später auch die Hauptstadt erobern konnte.

Bis zu seiner Zerstörung Ende der 1930er Jahre war Manzushir eines der bedeutendsten Klöster der Mongolei, und es heißt, zur Aufführung der Tsam-Tänze im Herbst habe es mehr Pilger angezogen als das heutige Ulan Bator. Die Tsam-Masken von Manzushir sind jetzt übrigens im Bogd-Khan-Museum in Ulan Bator.

Geblieben sind von den 17 Gebäuden nur noch die Grundmauern. Ein kleiner Teich befindet sich vor dem, was einmal der Haupttempel war, und auf den Felsen in der Nähe dieses Tempels sind drei schöne Felszeichnungen erhalten. Eine zeigt Tsongkhapa, den tibetischen Gründer der in der Mongolei vorherrschenden Richtung des Lamaismus; eine zweite den Boddhisattva Manzushri, der als ›Schutzheiliger‹ der damals in China herrschenden Mandschu galt, und eine dritte Zeichnung schließlich Elefant, Affe, Hase und Vogel zusammen, ein Sinnbild für Harmonie.

Weiter gibt es auf dem Klostergelände ein **kleines Museum** mit einem Modell des Haupttempels und einigen Schriftstücken aus vorrevolutionärer Zeit sowie einige ausgestopfte Tiere. In der Nähe des Museums findet man eine kleine Behausung aus Baumrinde, wie sie sich Jäger in den Bergen zur Übernachtung bauen, samt einer Ausstellung von Fallen. Und schließlich ist da auch noch ein Riesenkessel von 1730, in dem Tee für die Pilger gekocht wurde, wie eine altmongolische Inschrift auf der Kesselwand berichtet.

Informationen zum Museum und zu Ger Camps siehe ›Bogd-Khan-uul-Informationen‹, Seite 179.

Bogd Khan uul

Direkt südlich der Hauptstadt erhebt sich das **Massiv des Bogd Khan uul** (Богд Хан уул), sein höchster Gipfel, der **Tsetsee Gün** (Цэцээ Гүн уул), erreicht eine Höhe 2256 Metern. Der Bogd Khan uul (umgangssprachlich Bogd uul) wird seit dem 12. Jahrhundert verehrt und seit 1778 streng geschützt. Nicht nur die Jagd, auch jede andere Art des Eingriffs in die Natur wurde mit dem Tod bestraft. Als der russische Reisende Ivan Maiski 1919 in Ulan Bator lebte, glaubte er sich am Bogd uul in das verlorene Paradies zurückversetzt. Wilde Tiere zeigten keinerlei Scheu, und Maralhirsche näherten sich ihm bis auf wenige Meter. Auch zu sozialistischen Zeiten wurden diese Gesetze noch strikt eingehalten, und die Hirsche kamen im Winter bis in den Kinderpark im Zentrum der Hauptstadt.

Mit dem Zusammenbruch des Sozialismus und der Krise, die folgte, nahm die Wilderei zu, und Maralhirsche wird man heute nicht mehr zu Gesicht bekommen. Und doch ist der Bogd uul nach wie vor unverfälschte Wildnis. Das gesamte Schutzgebiet hat eine Fläche von gut 400 Quadratkilometern und besteht neben dem Tsetsee Gün aus mehreren weiteren Gipfeln, von denen ringsum Täler abgehen, die sich fächerförmig nach allen Seiten ausbreiten. In einigen der Täler findet man Ger Camps (siehe Seite 179) mit zum Teil sehr guten Standards, wo man auch Pferde leihen kann.

Theoretisch muß man 3000 Tugrik zahlen, um in das Schutzgebiet zu kommen, praktisch hängt dies davon ab, ob man an eine Sperre kommt. Es kann auch passieren, daß die Zahlstelle unbesetzt ist und man sich bereits mitten im Schutzgebiet befindet, wenn ein Ranger auftaucht und nach dem Zettel fragt. Dann zahlt man an Ort und Stelle.

Wanderungen im Bogd Khan uul

Der Bogd uul ist ein hervoragendes Gebiet zum Wandern. Wer jemals auf seinem Gipfel, dem Tsetsee Gün, gestanden hat, versteht, warum der Berg den Mongolen heilig ist. Auch gibt es kein zweites Bergmassiv in der Mongolei, das so nahe an der Zivilisation und doch noch echte Wildnis ist. Aber Vorsicht! Auf den höheren Lagen ist das Massiv dicht bewaldet, man kann also leicht verlorengehen, und besonders – aber nicht nur – auf seiner Nordseite erstrecken sich kilometerweite Geröllfelder, aus denen nur schwer herauszufinden ist und die schwierig zu überqueren sind. Die Wege schließlich sind sämtlich unmarkiert, und der einzige markierte Weg bricht zwischendurch ab.

Blick von Ulan Bator Richtung Bogd Khan uul

Bogd Khan uul

Wer sich nicht ganz auf die Randzonen des Massivs beschränken will, sollte auf jeden Fall einen Kompaß und die Karte ›Tourist Map Terelj & Bogd uul 1 : 100 000‹ dabeihaben. Man bekommt sie bei der Touristeninformation im Hauptpostamt, im ›State Departement Store‹, bei ›Chez Bernard‹ oder in dem kleinen Kartenladen am Baga-Toiruu-West in der Nähe des Elektronikgeschäfts ›Elba‹. Weiter sind gute Schuhe wichtig und auch warme Kleidung, denn im Bogd uul ist immer damit zu rechnen, sich zu verlaufen, und nachts wird es auch im Sommer dort oben sehr kalt. Man sollte reichlich Wasser dabeihaben, denn es gibt kaum Quellen. Schließlich muß man auch mit den berüchtigten Tiefdruckgebieten aus Sibirien rechnen, die selbst im Sommer Schnee bringen können. Bricht man zu einer längeren Wanderung auf, ist es besser, ein Handy mitzunehmen. An vielen Stellen hat man am Bogd uul Empfang. Wildes Zelten im Bogd uul ist erlaubt, solange man abends kein Feuer macht.

Im folgenden einige Wandervorschläge:

■ **Wanderungen vom Zaisan-Denkmal**
Der Hügel mit dem Zaisan-Denkmal liegt am Anfang eines Tales, das vom Stadtzentrum Ulan Bators den leichtesten Anstieg in den Bogd uul bietet. Beim ersten Vorschlag hält man sich auf dem Kamm der östlichen Hügelkette und steigt dann durch die Mitte des Tales wieder ab, beim zweiten Vorschlag steigt man durch die Mitte des Tales auf und steigt – etwas vereinfacht gesagt – über den Kamm der westlichen Hügelkette wieder ab.

Ostroute, Dauer der Wanderung: drei

bis vier Stunden. Man nimmt die Straße Richtung Zaisan-Denkmal, passiert es und biegt dort, wo sich die Straße gabelt, links ein. Ein Stückchen weiter biegt man wieder nach rechts Richtung eines Gefängnisses. Von dort sieht man einige hundert Meter östlich einen kleinen Pfad, der sich den unbewaldeten Hügel hinaufwindet. Man folgt diesem Pfad – der immer wieder spektakuläre Ausblicke auf Ulan Bator bietet – gut zwei Stunden immer weiter den Kamm hinauf. Vorsicht! Auf keinen Fall in das Nachbartal auf der anderen Seite des Kamms geraten! Es ist strengbewachtes Regierungsgelände, und man darf sich auf erhebliche Unannehmlichkeiten gefaßt machen, wird man hier von den Männern mit den Maschinenpistolen angetroffen!

Sobald man an einen großen, mit blauen Fahnen geschmückten Haufen aus Ästen und kleinen Bäumen kommt, wendet man sich querfeldein nach rechts und versucht ungefähr auf gleicher Höhe zu bleiben. Nach gut einer halben bis einer Stunde kommt man auf einen breiten Pfad, der wieder nach unten führt. Man folgt ihm, und nach gut einer Stunde ist man an einem großen Ger Camp gut zwei Kilometer oberhalb des Gefängnisses.

Westroute, Dauer der Wanderung: fünf bis sechs Stunden. An der Straßengabelung nach dem Denkmal biegt man nach rechts und folgt der Straße, bis man zum Eingang eines großen Ger Camps kommt. Man durchquert das Ger Camp und kommt an einen breiten Fußweg, der in der Nähe des Baches nach oben führt. Man geht immer weiter, und irgendwann tauchen gelbe Markierungen an den Bäumen auf. Man folgt den gelben Markierungen, bis der Weg nach ein bis eineinhalb Stunden nicht mehr ansteigt. Bald kommt man an eine große Lichtung, und nach gut 200 Metern sieht man eine Trampelspur im Gras, die nach rechts Richtung Wald abgeht. Man folgt dem kleinen Weg in den Wald, und nach gut einer halben Stunde, in der der Weg leicht ansteigt, kommt man an große Felsen, von denen Gebetsfahnen flattern. Wer hinaufklettert, hat eine phantastische Aussicht über den gesamten Bogd uul. Der Gipfel, auf dem man steht, ist der **Shar Khad uul**.

Beim Abstieg folgt man dem Weg Richtung Norden, Richtung Ulan Bator. Er macht übrigens einen Schlenker Richtung Westen, um die Felsenmeere am Rand des Zaisantales zu vermeiden, und führt dann auf dem Kamm der Hügelkette westlich von Zaisan bis in die Nähe des Denkmals.

■ Zur Klosteruine Manzushir

Dauer der Wanderung: sieben bis neun Stunden. Man geht wie bei der Westroute, nur folgt man dem markierten

Im Bogd Khan uul

Weg, bis er sich nach einem steilen Abstieg scheinbar verliert. Man steigt weiter bis zum Fuß des Tales (als Mergen lam oder Standort des ›Narmon‹-Ger Camps auf der Karte) ab, folgt dem Tal und biegt in das zweite Seitental nach links ab. Das kleine Tal neigt sich erst leicht und dann stärker nach oben, und spätestens im steilen Teil trifft man wieder auf die Markierung. Sie führt unweigerlich nach Manzushir.

Rückweg von Manzushir nach Zaisan (ebenfalls sieben bis neun Stunden): Man beginnt auf der Westseite des Tales gegenüber dem Kloster und passiert eine Stupa. Man folgt den gelben Markierungen, die erst über einen Kamm und dann in das Seitental führt, das im letzten Abschnitt beschrieben wurde. Wo das Tal in das Haupttal mündet, reißt die Markierung ab. Die Steigungslinie des Tales im Auge behaltend, hält man sich am Ende des Tales links von dieser Linie. Auf dem steilen Weg nach oben oder oben angekommen, müßte man die Markierung wiederfinden.

■ **Wanderungen zum Tsetsee Gün**
Dauer der Wanderung ab Manzushir: sechs bis acht Stunden. Wenn man auf den Tsetsee Gün will, ist der einfachste Weg, bei den Ruinen des Klosters Manzushir am Südhang des Bogd uul zu beginnen. Der Weg ist nicht ganz einfach zu finden, hat man aber Kompaß und Karte, dürfte es kein Problem sein. Man klettert rechts von den Felszeichnungen hinter der Ruine den Steilhang hinauf und geht gerade nach Norden. Nach einigen hundert Metern trifft man auf einen breiten Fußweg. Nach zwei bis drei Stunden ist man bereits auf dem felsigen Gipfel des Tsetsee Gün. Blickt man von dort Richtung Ulan Bator, sieht man direkt unterhalb des Gipfels ein Tal.

Man steigt durch ein Felsenmeer in das Tal ab und hält sich dann links von dem kleinen Bach, der nach unten fließt. Bald trifft man auf einen Fußweg, und man folgt ihm, bis der Wald aufhört. Jetzt sieht man schon Ulan Bator. Von hier hält man sich rechts, über die unbewaldeten Hügel im Osten hinweg Richtung Bahnlinie. Vom Bahndamm sieht man schon die Straße nach Ulan Bator.

■ **Von Ulan Bator zum Tsetsee Gün**
Dauer der Wanderung: sechs bis acht Stunden. Dieser Weg ist am einfachsten zu finden, hat aber den Nachteil, daß man in Manzushir möglicherweise kein öffentliches Verkehrsmittel findet, also zu Fuß noch weitere zwei Stunden bis Zuunmod laufen muß. Von dort aber kommt man praktisch immer nach Ulan Bator, und sei es per Taxi.

Ausgangspunkt ist das **Observatorium** am Nordostrand des Bogd uul. Es gibt Reiseführer, die behaupten, es gäbe einen Weg direkt vom Observatorium zum Gipfel. Leider stimmt das nicht. Genau westlich vom Observatorium sieht man ein Tal, das direkt zum Tsetsee Gün führt. Man beginnt in diesem Tal dort, wo der Fahrweg aufhört und der Wald beginnt. Rechts von dem Bach, der vom Bogd uul herunterkommt, findet man den Weg nach oben. Nach gut drei Stunden dürfte man in der Nähe des Gipfels sein, und der Weg beginnt sich zwischen den Steinen aufzulösen. Nun wendet man sich strikt nach links, überquert das sumpfige Gelände und hält sich direkt nach oben. Man wird am Tsetsee Gün oder in seiner Nähe herauskommen.

Von den Felsen am Gipfel steigt man Richtung Süden ab. Am Fuß der Felsen findet man einen Weg nach Süden. Man folgt ihm bis nach Manzushir.

Bogd-Khan-uul-Informationen

Vorwahl: 012 72.

Hotel Nukht, Tel. 31 02 41; ab 35 000 Tg. In einem schönen Seitental auf der Westseite des Bogd uul gelegen, acht Kilometer vom Zentrum Ulan Bators entfernt. Das Hotel ist ein ehemaliger Erholungsort hoher Parteikader und ein hervoragender Ausgangsort für Wanderungen oder Ausflüge zu Pferd.
Mongolia, Tel. 11/31 55 13, www.hotel-mongolia.com; Unterbringung im Haus oder Ger, ab 55 beziehungsweise 40 Euro. Dem alten Khan-Palast von Karakorum nachempfundene moderne Hotelanlage am Tuul-Fluß. Östlich von Ulan Bator gelegen, nur knapp 40 Autominuten vom Flughafen entfernt.

In den Seitentälern des Bogd uul gibt es einige idyllisch gelegene Ger Camps, die auch Pferdereiten anbieten. Leider sind sie im Sommer oft ausgebucht. Vorher anrufen!
Ger Camp Chingisiin Khuree, Tel. 31 17 83, 99/16 17 27, www.tsagaanshonkhor.com; ab 22 Euro inkl. drei Mahlzeiten. Ein Camp der Superlative, das alle Register zieht, wenn es um den Namenspatron des Camps geht. Am beeindruckendsten ist das Restaurant, das in einer Riesenjurte untergebracht ist. Tierschützer sollten sich den Anblick lieber ersparen, denn die Wände sind mit Fellen von Schneeleoparden bedeckt. Aber sonst dürfte es wohl keinen zweiten Ort wie diesen in der Mongolei geben. Hier sitzt der Gast nicht, er thront, und der Eingang ist mit Bärenfellen bedeckt. Julia Roberts und Kofi Annan haben hier bereits übernachtet. Alle möglichen Wander- und Reittouren in den Bogd uul werden angeboten sowie bei Gelegenheit Tsam-Tänze aufgeführt oder eine mongolische Hochzeit inszeniert.
Manzushir, Tel. 012 72/22 5 35; 11 Euro ohne Essen. Einfaches Ger Camp in der Nähe des Klosters Manzushir samt angeschlossenem Restaurant.
Ovooni Enger, Tel. 99/19 29 82; 18 Euro inkl. drei Mahlzeiten. Das Camp ist auf dem Weg zum Kloster Manzushir gelegen. Ein Schild hinter dem Eingang zum Schutzgebiet weist die Richtung.
NarMon, Tel. 11/45 65 55; 20 Euro inkl. drei Mahlzeiten, 7 Euro nur Übernachtung. Dieses Camp ist eine Mischung aus alt und neu, Sozialismus und Kapitalismus, einigen festen Gebäuden und einer Reihe von Gers. Der Standard ist mit heißem Wasser und einem Restaurant relativ hoch, aber vor allem die Lage des Camps besticht.
Direkt nach Norden geht es in den Bogd uul, ein Stück weiter nach Norden im nächsten Tal liegt Manzushir, und das Camp selbst ist in einem weiten Tal an der Südseite des Bogd uul gelegen. Wer wandern will, muß erst ein Stück laufen, um in die Berge zu kommen, aber für Reiter ist das Camp ideal.

Museum Manzushir; Sommer 8-20 Mi-So, Mittagspause 13-14 Uhr, im Winter geschlossen, 2000 Tg.

Songino Khairkhan uul

Der Songino Khairkhan uul (Сонгино Хайрхан уул) ist einer der vier **heiligen Berge** um Ulan Bator, ganz im Westen der Hauptstadt und gut zehn Kilometer vom Zentrum entfernt gelegen. Zu Füßen des Berges mäandert der Tuul in einer weiten sumpfigen Niederung. Der Songino Khairkhan (Zwiebelberg) hat eine eigenartige Beschaffenheit, er besteht fast nur aus purem Gestein und ist praktisch nicht bewaldet.

Am einfachsten nimmt man ein Taxi, alles andere wird sehr kompliziert.

Terelj

Terelj (Тэрэлж), eigentlich **Gorkhi-Terelj-Nationalpark**, gut 50 Kilometer östlich von Ulan Bator gelegen, ist das wichtigste Naherholungsgebiet der Hauptstadt. Bergig, beinahe alpin mit bizarren Felsen, aber auch mit lieblichen Auen am Ufer des Flusses Terelj sowie am Oberlauf des Tuul, ist Terelj ideal für den, der ein schönes Stück der ländlichen Mongolei kennenlernen will, aber wenig Zeit hat.

Am Eingang zum Park an der Brücke über den Tuul muß man die Nationalparkgebühr (3000 Tg) zahlen. Bereits hier, in den Auen des Tuul, trifft man auf die ersten touristischen Angebote. Doch hier ist noch vor allem das Terrain der Hauptstädter, die entlang des Flusses wild zelten.

Gut zehn Kilometer weiter, in den Bergen nördlich des Tuul, kommt man in jene Landschaft, die Terelj berühmt gemacht hat. Einige der Felsen haben Namen wie ›Schildkröte‹ oder ›Kauernder Mann‹, deren Bezeichnung sich dem Betrachter umittelbar erschließt, bei anderen wie ›Wütender Yak‹, der einen Schamanen jagt‹ dagegen muß man wohl Mongole sein, um die Gruppe wiederzuerkennen. Hier findet man eine Vielzahl von Ger Camps, und immer neue kommen dazu. Man kann von hier aus herrlich reiten oder wandern. Hartgesottene können sich im Winter im Langlauf üben, so denn genug Schnee liegt.

Hinter dem malerischen Tal mit den Felsgruppen fällt die Straße hinunter nach Terelj, ein zwar wenig bemerkenswertes, aber schön gelegenes Dorf am gleichnamigen Fluß. Das Tal selbst und seine nähere Umgebung laden zu Erkundungen per Pferd oder zu Fuß ein, wobei die Ger Camps bei größeren Strecken auch Führer zur Verfügung stellen. Reitpferde werden ebenfalls angeboten, wobei die Preise je nach Saison heftig schwanken. Mit vier Euro pro Stunde muß man unter Umständen rechnen.

Im Terelj-Nationalpark

Terelj-Informationen

Ger Camp Juulchin Bayalag, Tel. 99/11 99 59, 99/11 98 95, 99/87 32 09; ab 18 Euro inkl. drei Mahlzeiten. Gute Lage mitten im Nationalpark (acht Kilometer hinter der Brücke und dann nach links zwei Kilometer Piste, ist ausgeschildert), ordentliche Einrichtung.

Berts Ger Camp, Tel. 99/73 47 10; ab 15 Euro inkl. 3 Mahlzeiten. Sehr schön auf der noch unerschlossenen östlichen Seite des Tereljflusses gelegen. Namensgeber und Leiter des Ger Camps ist ein Holländer, der hier rund ums Jahr lebt, Gemüse anbaut, Tierzucht betreibt und seinen eigenen Käse herstellt. Mit einem Tag Vorwarnung holt er Touristen direkt in Ulan Bator ab. Ansonsten pflügt er mit seinem Geländewagen durch den Fluß, um Besucher vom anderen Ufer des Terelj zu holen.

Günjin Süm

Dieses **Grab einer Mandschuprinzessin** ist das klassische Ziel für einen längeren Ausflug von Terelj mit Übernachtung. Es liegt genau nördlich des Dorfs Terelj, auf der anderen Seite der Berge. Den direkten Weg sollte man nur mit Führer unternehmen, denn die Gegend ist dichtbewaldet, und man wird sich mit Sicherheit verirren. Viel einfacher ist es, dem Terelj bis zur Mündung in den Tuul zu folgen und dann flußaufwärts bis zur Mündung des Baruun Bayangyin gol zu wandern und diesem Seitenarm bis zum Günjin Süm zu folgen. Man kommt auf dem Weg sogar in die Nähe des Ger Camps ›Princess‹, das aber leider nur für die Schnellsten an einem Tag zu erreichen ist. Ansonsten muß man ein Zelt mitnehmen. Zu Fuß sollte man jeweils zwei Tage hin und zurück rechnen, zu Pferd jeweils einen Tag.

Das Grab und die zugehörige **Klosterruine** haben eine bemerkenswerte Geschichte. Nachdem sich die Khalkha-Mongolen 1693 aus Angst vor den westmongolischen Oiraten unter den Schutz der Mandschu-Dynastie gestellt hatten, versuchten die chinesischen Kaiser ihren Einfluß noch zu vergrößern, indem sie enge verwandschaftliche Bindungen mit der mongolischen Aristokratie knüpften. 1722 wurde Kangxi, eine Tochter des Kaisers, mit Dondogdorj, einem Nachfahren Dschingis Khans, verheiratet, und in dem Heiratsvertrag wurde festgelegt, daß, falls ein Sohn geboren werden sollte, dieser der Nachfolger Zanabazars als Bogd Gegeen werden sollte. Die anderen mongolischen Fürsten, die den wachsenden Einfluß der Mandschu fürchteten, waren strikt dagegen, daß ein Enkel des Kaisers die höchste geistliche Autorität im Lande werden sollte.

Als daher die Prinzessin 1724 einen Sohn gebar, vertauschte man das Kind heimlich gegen den Sohn einer Konkubine ihres Mannes und ermordete den wahren Erben. Als Zanabazar ein Jahr später starb, machte man den Sohn der Konkubine zu seinem Nachfolger. Lange wußte die Prinzessin nichts vom Tod ihres Sohnes und daß man ihr das falsche Kind untergeschoben hatte. Als sie es schließlich erfuhr, verfiel sie in eine tiefe Depression und starb 1739 nach langer Krankheit.

Nach ihrem Tod ließ der Kaiser ihr nach chinesischer Sitte ein großartiges Grab errichten, um das sich bald ein Kloster ausbreitete.

Heute ist von dem einstmals großen Komplex nur noch der **Haupttempel** übrig und das allerdings längst geplünderte **Grabmal** der Prinzessin.

Günjin-Süm-Informationen

Ger Camp Princess, Tel. 11/32 93 48 (Urna spricht deutsch), www.mongolian-princess.com; 20 Euro inkl. drei Mahlzeiten. Das Camp in erstklassiger Lage ist nach ausgiebiger Renovierung zwar nicht mehr ganz billig, verfügt dafür aber neben anderem Komfort dieser Preisklasse sogar über eine Sauna.

Khan Khentii

Direkt nördlich von Terelj liegt das große, dichtbewaldete und bergige **Khan-Khentii-Schutzgebiet** (Khan Khentii nuruu/Хан Хэнтийн нуруу), das mit seinen 12 000 Quadratkilometern so manches deutsche Bundesland an Größe übertrifft. Sein Zentrum ist der höchste Berg der östlichen Mongolei, der 2800 Meter hohe **Asralt Khairkhan**. Obwohl es nicht weit von der Hauptstadt entfernt liegt, ist das Gebiet praktisch unerschlossen.

Mögliche Ziele im Schutzgebiet Khan Khentii sind die Begehung des auch im Sommer mit Schnee bedeckten Gipfels des Gebiets, der **Gletschersee Khagiin Khar nuur** sowie die **heißen Quellen von Yestii**.

Wer hierher will, sollte sich schon in Europa an ein erfahrenes Tourunternehmen wenden. Kurzentschlossene haben noch die Möglichkeit, ihr Glück bei einem der Reiseunternehmen in der Hauptstadt versuchen.

■ **Eej Khad**

Der Eej khad (Ээж хад, Mutterfels) ist ein **Felsen**, dem viele Mongolen eine große Macht zuschreiben. Bis 1990 war der Kult um den Eej Khad verboten, und es soll Versuche gegeben haben, ihn zu beseitigen: vergebliche Versuche, die mit Tod und Krankheit derer endeten, die mit der Ausführung beauftragt waren, wie Pilger versichern.

Die Legende berichtet, daß der Geist des Felsens der einer tugendhaften Schafhirtin sei, die hierherkam, um ihre Herde zu weiden. Nach ihrem Tod habe sie sich zusammen mit ihren Tieren zu Stein verwandelt. Darum sollte der Besucher auch nicht auf die Steine neben dem Felsen treten, denn dies ist die Herde der ›Mutter‹.

Eej Khad ist ein Erlebnis für den, der einen Eindruck von der urspünglichen, vorbuddhistischen Religion der Mongolei bekommen will. Die ›Statue‹ der Mutter ist fast vollkommen von blauen Seidenfähnchen, den Khadag, eingehüllt, in denen Pilger Gaben verborgen haben, und die Menschen stehen an, um ihr ihre geheimen Wünsche zuzuflüstern.

In der Umgebung des Mutterfelsens gibt es auch noch einen ›Felsen des Hundes‹, der denen, sie sich an ihm reiben, bei Gesundheitsproblemen hilft. Ein paar Kilometer weiter steht der ›reiche Stein‹, an dem man sein Portemonnaie reibt.

Eej Khad liegt gut 50 Kilometer südlich von Zuunmod, und vom Hauptbusbahnhof in Ulan Bator fahren jeden Morgen Busse dorthin ab. Die Fahrt dauert rund drei Stunden, und wer keine Lust hat, sich dem Gedränge im Bus auszusetzen, sollte sich einfach ein Taxi nehmen. Da man ja auch genauso zurückkehrt, reichen die üblichen 250 Tg pro Kilometer.

Khustain nuruu

Das etwa 50 Hektar große **Naturreservat Khustain nuruu** (Хустайн нуруу) liegt gut 100 Kilometer südwestlich von Ulan Bator und wurde 1992 gegründet, um den letzten **Wildpferden** der Welt eine neue Heimat zu geben.

Das Wildpferd, das es noch bis zum 15. Jahrhundert in vielen Teilen Europas gegeben hatte, war im 19. Jahrhundert nur noch in einigen Steppengebieten Südrußlands zu finden. Und selbst bei diesen Herden war es unklar, ob sie noch aus reinen Wildpferden bestanden oder sich entlaufene Zuchtpferde unter die Tiere gemischt hatten. Bevor die Gelehrten den Streit entscheiden konnten, starben auch diese Herden aus.

Es kam daher einer Sensation gleich, als der russische Offizier Nikolai Przewalski 1881 in der Mongolei Wildpferde entdeckte. Ende des 19., Anfang des 20. Jahrhunderts wurden unter größten Mühen gut 100 Przewalskipferde (mongolisch Takhi) an Zoos in aller Welt verteilt. Die Mehrheit starb bereits auf dem Transport. Während einige Tiere in Zoos überlebten, wurde der Lebensraum der Przewalskipferde in der Mongolei immer mehr eingeschränkt. 1968 wurde letztmals ein Wildpferd im Freien gesichtet. Als sich drei holländische Stiftungen 1977 mit dem Ziel zusammentaten, diese Tierart wieder auszuwildern, gab es in verschiedenen Zoos Europas und Amerikas gut 300 Przewalskipferde, deren Erbgut auf gerade einmal 13 Überlebende jener Transporte vor dem Ersten Weltkrieg zurückgingen. Inzucht war ein großes Problem, und die ersten Anstrengungen der Holländer gingen dahin, den Bestand neu zu durchmischen. 1990 schließlich wurde ein Abkommen mit der Mongolei zur Auswilderung jener neugezüchteten Bestände geschlossen, und 1992 war es soweit: Zum ersten Mal seit den 60er Jahren gab es wieder Przewalskipferde in freier Natur. Heute sind es insgesamt gut 200 Tiere, die in diesem strengsten aller mongolischen Schutzgebiete leben. Wer hierherkommt, kann nicht unbedingt damit rechnen, Takhi auch wirklich zu Gesicht zu bekommen, aber die Natur hier ist so oder so einen Besuch wert. Von dem strengen Schutz, den man den Wildpferden gewährt, haben auch andere Tierarten profitiert, und so gibt es kaum einen zweiten Ort in der Mongolei, wo man so gute Chancen hat, Maralhirsche, Gazellen oder Wölfe beobachten zu können.

Khustain-Nuruu-Informationen

Informationen über das Naturreservat, zu Übernachtungsmöglichkeiten und zu verschiedenen Touren unter **www.hustai.mn**.
Parkverwaltung: Tel. 21/24 50 87.

Für den schmalen Geldbeutel gibt es an dessen Eingang, gerade noch außerhalb des Parks, ein **kleines Ger Camp**. Ansonsten wird man innerhalb des Parks vergeblich auf kommerzielle Übernachtungsangebote hoffen, wie man sie sonst in der Mongolei findet, da die Parkverwaltung ihren Auftrag untypisch ernst nimmt. Auch freies Zelten ist streng verboten.

Doch zur Finanzierung des Parks bietet die Verwaltung selbst **Übernachtungsmöglichkeiten** (ab 28 Euro) sowie eine Reihe von touristischen Angeboten.

Övörkhangai-Aimag

Wer sich beeilt, friert.
Mongolisches Sprichwort

Der Name der Provinz Övörkhangai-Aimag (Өвөрхангай аймаг) bedeutet **Südkhangai**, und damit ist die Lage am Südrand des Khangai-Gebirges gemeint. Der Övörkhangai-Aimag ist hinsichtlich seiner Größe und Bevölkerungsdichte ein durchschnittlicher Aimag, er verfügt jedoch über einige der besten Weidegebiete der Mongolei und die größte Zahl an Vieh.

Unter anderem gehört zu Övörkhangai der obere Teil des Orkhontals. Hier finden sich die spärlichen Reste von **Karakorum**, der berühmten Hauptstadt von Dschingis Khans Nachfolgern. Eine weitere Sehenswürdigkeit ist Erdene Zuu, das bedeutendste Kloster der Mongolei, das aus den Ruinen der alten Hauptstadt errichtet wurde.

Övörkhangai, das direkt an den Zentralaimag grenzt, ist für mongolische Verhältnisse gut erschlossen. Die meisten seiner Attraktionen lassen sich binnen Tagesfrist erreichen.

Am Orkhon-Fluß

Der Övörkhangai-Aimag im Überblick

Fläche: 62 900 km²
Einwohner: 113 000, 1,8 pro km²
Ethnische Gruppen: Khalkha
Aimagzentrum: Arvaikheer
Entfernung von Ulan Bator: 431 km
Durchschnittstemperaturen: +0,4 °C, Juli +15,7 °C, Januar –15,5 °C
Jahresniederschlag: 254,2 mm

Arvaikheer

Das **Aimagzentrum Arvaikheer** (Арвайхээр) ist mit 1913 Metern relativ hoch in den südlichen Ausläufern des Khangai-Gebirges gelegen. Es hat 22 000 Einwohner. Südlich von hier geht die Steppe langsam in die spärliche Vegetation der Gobi über, während nördlich einige der fruchtbarsten Gegenden der Mongolei liegen.

Es gibt zwei Museen: Das **Zanabazar-Museum** enthält Werke des Meisters und seiner Schüler, das **Aimag-Museum** Fossilien, ausgestopfte Tiere und diverse Gegenstände aus gut tausend Jahren Geschichte.

Nicht weit von Arvaikheer am **Shataar chuluu** findet man an zwei Stellen ausgedehnte **Felszeichnungen**. Tausende von Zeichnungen zeigen Wildkamele, Rehe, Reiter oder Jäger mit Speeren.

Arvaikheer-Informationen

Vorwahl: 01322.

Arvaikheer ist von Ulan Bator auf einer der wenigen geteerten Straßen der Mongolei zu erreichen. Fahrzeit gut 9 Stunden.

Hotel Bayan Bulag, Tel. 23374; ab 9 Euro/Person im Doppelzimmer. Fünf Zimmer, die sogar über Badezimmer mit heißem Wasser verfügen, was für eine Aimaghauptstadt beinahe als luxuriös zu bezeichnen ist. Angeschlossen ist ein Restaurant mit anständigem Essen.

Aimag- und Zanabazar-Museum (werden vom selben Personal verwaltet), Tel. 22075; Mo–Fr 9.30–12.30 und 14–18 Uhr.

Elsen Tasarkhai

Das **Sand- und Dünengebiet Elsen tasarkhai** (Элсэн тасархай), auch Mongol els genannt, gut 50 Kilometer östlich von Kharkhorin, gehört zwar mehrheitlich zum Bulgan-Aimag, der hier eine Ausbuchtung nach Süden vorweist, wird aber wegen der Lage an der Straße zwischen Ulan Bator und Kharkhorin zu Örvörkhangai gerechnet. Elsen Tasarkhai bietet sich vor allem für den an, der einen Eindruck von der Gobi bekommen will, ohne hunderte Kilometer in den Süden reisen zu wollen. Dementsprechend hat sich hier eine relativ dichte touristische Infrastruktur entwickelt, mit Kamelreiten und Ausflügen in diese gewaltige und beeindruckende Dünenlandschaft.

Elsen-Tasarkhai-Informationen

Ger Camp Bayangobi, Tel. 11/328477, 99/1931 85; 23 Euro inkl. drei Mahlzeiten. Großes Camp (50 Jurten) auf der östlichen Seite der Dünen, gut vier bis fünf Kilometer von der Straße Ulan Bator–Kharkhorin. Schön in einer kontrastreichen Landschaft aus rauhen Bergen, Dünen und grünen Niederungen gelegen. Ein Schild an der Straße weist auf das Camp hin.

Khogno Khan uul

Die hervorragend zum Wandern geeignete **Bergregion Khogno Khan uul** (Хөгнө Хан уул) gehört administrativ zum Bulgan-Aimag, ist aber von der Hauptstraße Ulan Bator–Arvaikheer am besten zu erreichen. Sie liegt gut 20 Ki-

Die Sanddünen Elsen Tasarkhai

[186] Övörkhangai-Aimag

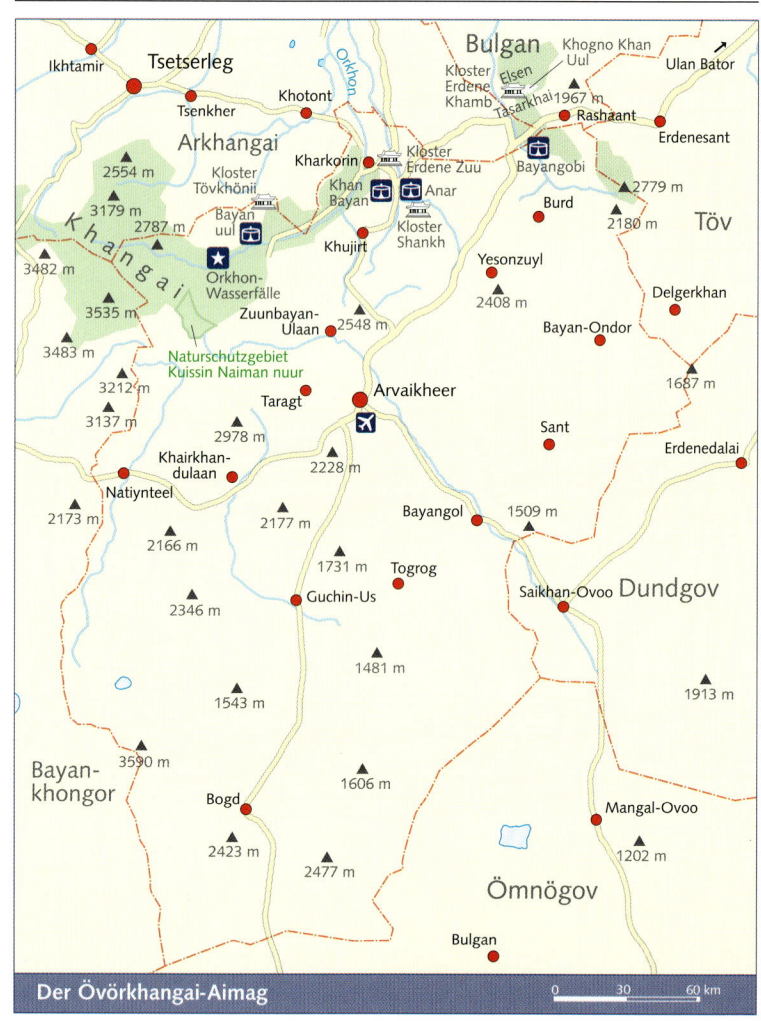

Der Övörkhangai-Aimag

lomenter nordwestlich der Siedlung **Rashaant** (Рашаант).
Die bis zu 2000 Meter hohen Berge sind von Wald und Gebirgssteppe überzogen. Bei Wanderungen eröffnen sich immer wieder neue, faszinierende Aussichten auf die angrenzende Ebene oder auf verschachtelte Bergketten.

Ein lohnenswertes und interessantes Ziel in diesem Gebiet ist das **Kloster Erdene Khamb**, das seit Anfang der 90er Jahre wieder aufgebaut wird. Die freundliche Klostervorsteherin gibt interessierten Besuchern gerne Auskunft über die Geschichte ihres Klosters, aber auch über das Schicksal der Mönche des ›Alten

Klosters‹ (Övgön khiid/Өвгөн хийд), das bereits im 14. Jahrhundert von sogenannten ›Rotmützen‹ gegründet wurde. Während der kriegerischen Auseinandersetzungen zwischen den Khalkha-Fürsten und den Oiraten im 17. Jahrhundert wurde das Kloster zerstört und die Mönche getötet. Das Kloster wurde nie wieder aufgebaut. Wer den 45minütigen Aufstieg zu den Ruinen nicht scheut, erhält eine ungefähre Vorstellung von der einstigen Größe der Anlage, aber auch vom Sinn der Mönche für einen ruhigen Platz, der ein Leben in Abgeschiedenheit und Meditation ermöglicht.

Das heutige ›Neue‹ Kloster wurde Ende des 17. Jahrhunderts von Anhängern der reformierten Schule des Buddhismus gegründet, den ›Gelbmützen‹. In den 1930er erlitt es das gleiche Schicksal wie die anderen Klöster des Landes, heute gehen zehn Mönche ihren geistlichen Aufgaben nach.

Mehrere Ger Camps sind direkt am Eingang in das Schutzgebiet unweit des Klosters entstanden, so daß dem Wanderer nichts im Wege steht, ausgedehnte Touren oder einen Ausritt zu den Sanddünen Elsen Tasarkhai zu unternehmen.

Kharkhorin

Das kleine Städtchen Kharkhorin (Хархорин) zeichnet sich vor allem dadurch aus, daß die **Überreste von Karakorum** sowie das **Kloster von Erdene Zuu** (siehe Seite 192) nur wenige Kilometer ent-

Kharkhorin-Informationen

Vorwahl: 01 32.

In Kharkhorin selbst gibt es mehrere Herbergen, die man sich allerdings nicht unbedingt antun sollte. Mit Verbesserungen ist zu rechnen, da mehrere Hotels in Planung oder Bau sind, aber Einzelheiten waren bei Drucklegung des Buches noch nicht bekannt.

Vorläufig sei das **Bayan Burd** empfohlen, Tel. 58 23 15; 8 Euro/Person im Doppelzimmer ohne Frühstück, aber mit Toilette und Dusche mit kaltem Wasser. Warmes Wasser nur in der Gemeinschaftsdusche, saubere und nicht zu enge Zimmer.

Findige Mongolen haben auf die gestiegenen Touristenzahlen sofort reagiert und ein Ger Camp nach dem anderen eröffnet. Leider halten nicht alle, was sie versprechen, aber die Konkurrenz sorgt für Verbesserungen. Empfohlen seien hier zwei:

Ger Camp Anar, Tel. 32 84 77, 99/ 19 31 85; 23 Euro inkl. drei Mahlzeiten. Dieses Ger Camp liegt am Ufer des Orkhon neben einem Bewässerungsdamm, der noch zu sozialistischen Zeiten eröffnet wurde. Auf einer Hügelspitze in der Nähe ist ein riesiges Mosaik mit Karten der verschiedenen Nomadenreiche in Zentralasien. Zum Camp gehört ein vor drei Jahren errichtetes Gebäude, in dem die Duschen und Toiletten untergebracht sind.

Khan Bayan, Tel. 32 84 77, 99/19 31 85; 22 Euro inkl. drei Mahlzeiten. Von den selben Leuten wie das ›Anar‹-Ger Camp betrieben, etwas weiter weg, aber ähnlich sauber und gut geführt.

fernt liegen. Das Zentrum besteht aus niedrigen Plattenbauten, und am Rand haben sich Neuankömmlinge in Jurten oder Holzhütten eingerichtet. Ansonsten gibt es hier eine gewaltige Getreidemühle. Sie wird von zwei großen Getreidefarmen beliefert, die die Ebene südlich von Kharkhorin bebauen.

Karakorum

Karakorum hatte 140 Jahre Bestand. Die allerersten Anfänge der Stadt lassen sich auf 1222 datieren, als **Dschingis Khan** das ehemalige Hauptlager des Stammes der Kereit zu einer Versorgungsbasis für seine Armeen ausbaute. Spätestens seit diesem Datum wurde hier Getreide geerntet und Waffen sowie landwirtschaftliche Geräte geschmiedet.

Ögödei, der Sohn und Nachfolger Dschingis Khan, ließ 1235 das Lager mit einer Mauer umgeben, die gut 1,7 mal 1 Kilometer maß, und erklärte Karakorum zur Hauptstadt seines Reiches. In kürzester Zeit entwickelte sich der – aus Sicht Europas, des Mittleren Ostens und Chinas – abgelegene Ort zu einem **echten städtischen Zentrum**. Zum ersten und letzten Mal in der Geschichte war es nun gut hundert Jahre lang möglich, sicher und ohne lästige Grenzen Waren aus China nach Europa und in den Nahen Osten und umgekehrt zu schaffen, und Karakorum entwickelte sich zu dem Umschlagpunkt für die **großen Karawanen zwischen Westeuropa und Asien**. Handwerker aus aller Welt, die man hierher verschleppt hatte, trafen ein. Darunter war der Pariser Goldschmied Guillaume Boucher, der im Hof des Hauptpalastes einen großen Baum aus Silber errichtete, mit vier Zweigen, aus denen sich bei festlichen Anlässen berauschende Getränke ergossen. Eine Abbildung von Baum und Palast findet man übrigens auf der Rückseite der 5000- und 10 000-Tugrik-Geldscheine.

All das und vieles mehr weiß man aus den Aufzeichnungen zweier Franziskaner, die sich im 13. Jahrhundert auf den Weg in die mongolische Hauptstadt machten. Der erste war **Giovanni Caprini**, den der Papst mit dem Auftrag schickte, den Großkhan zum Katholizismus zu bekehren. Es war die Zeit der Kreuzzüge, und das Oberhaupt der westlichen Christenheit hoffte auf die Unterstützung der Mongolen bei der Wiedereroberung Jerusalems. Doch **Güyük**, der Nachfolger **Ögödeis** und Vollstrecker des himmlischen Willens, dachte gar nicht daran, einen fernen Papst als Stellvertreter eines Gottessohnes anzuerkennen.

Und doch fand er den Abgesandten durchaus interessant. Ausgiebig erkundigte sich **Güyük** nach allen Einzelheiten jener fernen Welt, aus der der Mönch gekommen war, und was er hörte, gefiel ihm so gut, daß er den Mönch mit der Botschaft zurückschickte, er, **Güyük** sei so großzügig, dem Papst die Gelegenheit zu geben, sich freiwillig zu unterwerfen. Andernfalls müsse er leider seine Truppen vorbeischicken.

Bekanntlich kamen die Mongolen nur bis Ungarn und Schlesien, wo sie 1241 bei Liegnitz ohne große Mühe ein gewaltiges Aufgebot deutscher und polnischer Ritter vernichteten. Bevor sie sich weiter nach Westen wenden konnten, traf die Nachricht vom Tod **Güyüks** ein, und die Mongolen kehrten zurück.

Wilhelm von Rubruk, ein Flame im Auftrag des französischen Königs, war der zweite Franziskaner, der den weiten Weg antrat. Er traf im Dezember 1253 ein und blieb bis zum August des nächsten Jahres. Sein Bericht ist so lebendig

Begegnung am Kloster Erdene Zuu

und detailliert, daß man ihn seit seiner Wiederentdeckung im 19. Jahrhundert mehrmals neu aufgelegt hat. Das Karakorum, das der Flame unter **Güyüks** Nachfolger Mönkhe antraf, war ein kosmopolitischer Ort, wie es wohl keinen zweiten bis zur Neuzeit gegeben hat. In dem halben Jahr des Aufenthalts Wilhelms von Rubruks trafen Gesandte des Kalifen von Bagdad ein, persische und chinesische Gelehrte, russische und indische Fürsten sowie Kaufleute aus aller Welt. Neben den Handwerkern aus Europa, China und Persien, die man in die Mongolei verschleppt hatte, lebten auch eine große Zahl von Anhängern **Buddhas, Muslime verschiedener Nationen** und **nestorianische Christen** in der Stadt, die den Schriftverkehr der Mongolen und die Detailarbeit der Verwaltung erledigten. Rubruk berichtete: »Es gibt zwölf Tempel für die Götzendiener verschiedener Nationen, zwei Moscheen, wo das Gesetz von Mohammed gepredigt wird, und am Ende der Stadt eine Kirche der nestorianischen Christen.«

Mönkhe, der Nachfolger Güyüks als Großkhan, ließ Vertreter der verschiedenen Religionen zum Disput antreten, wobei der örtliche Mullah und Wilhelm von Rubruk kurioserweise des öfteren einer Meinung waren – immer dann nämlich, wenn es gegen die schändlichen Schamanen und ihre gotteslästerliche Ansicht ging, es gebe viele Geister, aber keinesfalls nur den einen, einzigen Gott. Auch über die verworrenen Reden der Buddhisten waren sie sich einig, und empörend waren in ihren Augen die Ansichten der Konfuzianer, die nichts von der Gnade Gottes zu wissen schienen.

Mongolen waren in Karakorum zwar die Herrscher, aber die wenigsten wohnten in der Stadt selbst. Auch der Khan nutzte seinen großen Palast nur zu Staatsangelegenheiten, ansonsten lebte er mit seinem Hof in prächtig ausgestalteten, enorm großen Jurten vor den Toren der Stadt.

Schon der Nachfolger Mönkhes, Kublai Khan, verlegte die Hauptstadt nach

Das Orkhontal

Ulan Bator mag die Hauptstadt sein, Dschingis Khan aus dem Aimag Khentii stammen und im Osten eine hunderte von Kilometern lange Mauer zu finden sein, die die Kitan errichtet haben. Aber keine dieser Regionen und auch keine andere der Mongolei hat für die Geschichte eine solche Bedeutung erreicht wie das obere Orkhontal zwischen Kharkhorin (dem früheren Karakorum) und dem Punkt, wo der Fluß nach einer Ostwende in den Schluchten Bulgans verschwindet. Der (kleinere) südliche Teil dieser geschichtsträchtigen Landschaft mit Kharkhorin gehört zum Aimag Övörkhangai, der nördliche Teil zu Arkhangai. Nicht nur das mongolische Weltreich, schon die Reiche der Xiongnu hatten in dieser Gegend ihre Zentren. Von den Xiongnu, die noch keine festen Siedlungen errichteten, sind zwar nur eine Vielzahl von Grabhügeln im benachbarten Tal des Hunuy-Flusses erhalten, aber bereits ihre Nachfolger, die verschiedenen Reiche turkstämmiger Völker, hinterließen in der Nähe des Orkhon Ruinen, von denen die größte, Khar balgas, der Überrest einer echten Stadt ist.

Und auch nach der Zerstörung Karakorums blieb das obere Orkhontal von überragender Bedeutung, denn die Klosterstadt Erdene Zuu, die aus den Trümmern Karakorums errichtet wurde, war lange Zeit religiöses Zentrum der Mongolei und blieb traditionelles Herz, obwohl Ende des 18. Jahrhunderts Urga der Sitz des geistigen Oberhauptes wurde.

Um zu erklären, weshalb das obere Orkhontal eine solch zentrale Rolle in der Geschichte der Mongolei gespielt hat, sollte man einmal das Tal nördlich von Kharkhorin gesehen haben. Auf der weiten Ebene, die sich gut hundert Kilometer nach Norden zieht, erblickt man immer wieder riesige Viehherden und so viele Jurten wie an keinem anderen Ort der Mongolei. Selbst im Frühsommer nach langer Trockenheit, bevor der Juliregen beginnt, sind weite Teile des Tals grün, weil der wasserreiche Orkhon für einen hohen Grundwasserspiegel sorgt. Der Boden ist so fruchtbar, weil der Orkhon Staub aus dem Süden mit sich trägt, der von den erloschenen Vulkanen in der Nähe seiner Quelle stammt.

Ob Xiongnu, Turkvölker oder Dschingisiden: Sie alle brauchten einen zentral gelegenen Punkt, wo sie ihre viele tausend Männer und Pferde umfassenden Heere versammeln konnten. Das war ein wochenlanger Prozeß, denn das Gebiet, aus dem die Untergebenen der großen Khane eintrafen, umfaßte nicht nur die heutige Mongolei, sondern auch weite Gebiete der angrenzenden Regionen. Bis die Sammlung abgeschlossen war, mußte man die Pferde weiden und die Männer verpflegen. Als ein solcher Ort eignete sich eben das Orkhontal am besten.

Ab der Türkenzeit, also dem 6. Jahrhundert, wurden dort befestigte Punkte angelegt, und zur Waffenherstellung und Verwaltung Handwerker und Spezialisten aus China und den Oasen Turkestans herbeigeholt. Je mehr sich diese Festungen zu kleinen Städten vergrößerten, desto dringender wurde das Versorgungsproblem, denn nur von Fleisch und Milchprodukten waren solche permanenten Siedlungen auf die Dauer nicht zu ernähren. Jetzt wurden auch Bauern angesiedelt und Land unter den Pflug genommen. Allerdings machten Ackerbauflächen immer nur einen kleinen Teil des gewaltigen Tals aus, und auch heute erstreckt sich zwar nördlich

Das Orkhontal [191]

Die weiten Flächen des Orkhontals waren ein idealer Sammelplatz für Armeen

von Kharkhorin die größte zusammenhängende Ackerbaufläche der Mongolei, aber auch sie umfaßt nur den weitaus geringeren Teil des Tales.

Die Hauptstädte der verschiedenen Reiche entwickelten sich nie zu eigenständigen Zentren, sondern blieben immer von dem jeweiligen Staatswesen abhängig, die sie erst geschaffen hatten. Sobald die Reiche untergingen, wurden ihre Hauptstädte verlassen und nach und nach unter meterdicken Erdschichten begraben. Nur einige Überreste der Umfassungsmauern und einzelne Monumente aus Stein blieben stehen. Erst im 19. Jahrhundert wurden sie von europäischen Reisenden wiederentdeckt.

Khanbalik – Marco Polos Cambaluc –, das heutige Peking, und um 1380, nach der Vertreibung der Mongolen aus China, drang ein Heer der Ming-Dynastie bis zum oberen Orkhon vor und zerstörte die ehemalige Hauptstadt.

■ **Die Überreste von Karakorum**
Viel ist von der ehemaligen Hauptstadt der Dschingisiden nicht mehr zu sehen. Außer kleinen Hügeln, Spuren von Bewässerungskanälen und einigen – leider gesperrten – Ausgrabungsstätten sind dies eigentlich nur zwei große **steinerne Schildkröten**, die wahrscheinlich einmal die Basis für gewaltige steinerne Säulen bildeten. Die eine der beiden Schildkröten findet man in der Nähe des Grabmals der Frau von Abadai Khan, die andere, schlechter erhaltene auf dem Gipfel eines Hügels in der Nähe, von dem man einen weiten Ausblick auf das Gelände jener nun versunkenen Stadt hat, von der aus das gewaltigste Reich der Geschichte regiert wurde.

Auch vom großen **Palast** sind nur noch die Fundamente übrig. Man findet sie, so die Archäologen Besuchern einen Blick auf die Ausgrabungen gestatten, im südwestlichen Teil des Geländes, und wenn man genau darauf achtet, erahnt man auch die Vertiefung, wo sich in der Nähe des Palastes einmal ein künstlicher See befunden hat. Bei den diversen Grabungen seit 1949 hat man dort unter anderem einen großen Kochkessel entdeckt, Bruchstücke glasierter Kacheln sowie Statuen aus Stein. Ein Teil der Funde ist in Erdene Zuu ausgestellt, ein anderer Teil im Museum für Geschichte in Ulan Bator. Indirekt allerdings ist doch mehr von Karakorum erhalten, als man zunächst vermutet: Das benachbarte Kloster von Erdene Zuu ist zu Teilen aus dessen Trümmern errichtet worden.

Erdene Zuu

Das **Kloster Erdene Zuu** (Erdene Zuu khiid/Эрдэнэ Зуу хийд) war das erste große Kloster auf dem Gebiet der heutigen Mongolei und jahrhundertelang neben Ikh Khuree im heutigen Ulan Bator das wichtigste Zentrum des Buddhismus in der Mongolei. Es war nicht einfach nur ein Kloster, sondern mit seinen mächtigen Umfassungsmauern und Türmen auch eine wahre Festung.

Die Verbreitung des tibetischen Buddhismus in der Mongolei und die von Erdene Zuu sind auf das engste miteinander verknüpft. Altan Khan, ein großer Fürst jenseits der Gobi, in der heutigen Inneren Mongolei, schuf indirekt die Grundlage dafür, indem er um 1560 in innertibetische Streitigkeiten eingriff und dem Hauptlama der Gelbmützensekte den Ehrentitel Dalai verlieh.

Im Jahr 1577 traf der Khalkha-Fürst Abadai den Dalai Lama am Hofe Altan Khans und bekam von diesem drei Thangkas (Rollbilder) geschenkt. Der Fürst war so von dem Tibeter beeindruckt, daß er 1586 für jedes Thangka einen Tempel errichtete. Das war der Beginn von Erdene Zuu und auch der Beginn der Bekehrung der Khalkha-Mongolen zum ›gelben Glauben‹ der Tibeter, auch wenn dieser Prozeß noch über hundert Jahre dauern sollte.

Im 18. Jahrhundert wurde Erdene Zuu mehrmals durch Brände beschädigt, und 1731 richtete ein Angriff der Oiraten schwere Verwüstungen an. Doch die verschiedenen Klöster und Tempel wurde immer wieder neu aufgebaut und vergrößert. Es ist bezeichnend für die Bedeutung Erdene Zuus, daß die großen Adelsfamilien der Khalkha weder Kosten noch Mühe scheuten, dort weitere Tempel zu stiften. Als der Platz innerhalb der

Övörkhangai-Aimag

Stupas in der Außenmauer von Erdene Zuu

Mauern knapp wurde, wurden auch außerhalb Gebäude errichtet.
Auch wenn innerhalb des Gevierts wohl nie mehr als 1500 Mönche lebten, schätzt man die Gesamtzahl der Lamas, die sich einem der Tempel in der Klosterstadt zugehörig fühlten, auf bis zu 10 000.
Im Jahr 1938, auf dem Höhepunkt der Kampagne gegen den Buddhismus, wurden die meisten Gebäude zerstört und die große Mehrheit der Lamas erschossen. Allein das Verbrennen der Klosterbibliothek soll einen Monat gedauert haben. Allerdings gelang es Gläubigen mit Hilfe sympathisierender Offiziere, viele der wichtigsten Kultgegenstände zu verstecken.
Im Jahr 1965 wurden die Überreste der Klosterstadt als **Museum** wiedereröffnet, in dem das, was 1938 hatte gerettet werden können, sowie Ausgrabungsstücke aus Karakorum ausgestellt wurden. 1990 wurde in einem Teil von Erdene Zuu wieder ein Kloster gegründet, der Rest ist nach wie vor ein Museum.

■ Ein Rundgang durch das Kloster

Das erste, was man von Erdene Zuu erblickt, sind die gewaltigen, an jeder Seite 400 Meter langen Umfassungsmauern, in die **108 Stupas** eingelassen sind – 108 ist in der buddhistischen Kosmologie eine heilige Zahl. Jede der Stupas ist mit einer Inschrift versehen, die daran erinnert, zu welchem Ereignis sie einstmals errichtet wurde, und einige von ihnen enthalten die mumifizierten Überreste großer Lamas.
Im Zentrum des großen Areals steht die zehn Meter hohe Goldene Stupa oder Bodhi Suburgan, wie sie auf mongolisch heißt. Als sie 1799 zu Ehren des vierten Bogd Gegeen errichtet wurde, schloß man in ihr kleine Plastiken ein, die 100 000 verschiedene Inkarnationen Buddhas sowie 55 070 Miniaturstupas darstellten. Umgeben ist die ›goldene Stupa‹ von acht weiteren kleinen Stupas.
Die Anordnung der Tempel innerhalb Erdene Zuus folgte denselben Prinzipien, wie sie bis heute innerhalb jeder mongolischen Jurte gelten. Im westlichen ›männlichen‹ Teil des Gevierts, dem Platz für die Gäste, steht der **Tempel des Dalai Lama**, der 1675 aus roten, ursprünglich vergoldeten Ziegeln errichtet wurde. Man findet hier eine Statue Zanabazars sowie mehrere hervorragende Thangkas aus dem 17. Jahrhundert. Ebenfalls im westlichen Teil liegen zwei **Grabmäler** aus Ziegelstein. Das eine wurde für Abadai Khan errichtet, den Gründer von Erdene Zuu, das andere für seinen Sohn Gombodorj. Das Grabmal für seine Frau liegt bereits außerhalb der Mauern in der Nähe der besser erhaltenen Schildkröte von Karakorum. Gom-

Kloster Erdene Zuu

bodorj war der Vater des wunderbar begabten Zanabazar, des ersten Bogd Gegeen.

Im heiligsten Bereich von Erdene Zuu, dem Nordwesten – der Platz für die Ehrengäste in einer Jurte – liegen die drei Zuu, die drei Tempel, mit denen die Geschichte der Klosterstadt einmal 1586 begonnen hat.

Im Gol Zuu, im **Haupttempel**, findet man eine Statue von Shakyamuni (einer der Bezeichnungen für den historischen Buddha) mit Otoch Manal, der Verkörperung der Medizin zur Linken, und Amithaba, der für geistige Reinheit und Erleuchtung steht, zur Rechten. Die beiden letzteren Statuen erinnern daran, daß Erdene Zuu einmal das wichtigste Heilzentrum der Mongolei wie auch der bedeutendste Lehrort für die hochkomplexe buddhistische Philosophie war.

Im Zentrum des **Östlichen Zuu** stehen drei große Statuen mit wiederum Shakyamuni in der Mitte, Tsonkapa, dem Ordensgründer der Gelugpa zur Linken und Avalokiteshvara, dem Bodhisattva des Mitgefühls, zur Rechten.

An der Decke sind Abbildungen von Mandalas und von Taras. Die 21 Taras – und unter ihnen besonders die grüne und die weiße, wie sie Zanabazar dargestellt hat – galten in der tantrischen Tradition der Mongolei als weibliche Seiten von Avalokiteshvara und waren außerordentlich beliebt.

Die Decke des **Westlichen Zuu** ist ebenfalls mit Abbildungen von Taras und Mandalas bedeckt, und die Hauptstatuen des Gebäudes stellen Kasyapa, Shakyamuni und Maitreya, die Buddhas der Vergangenheit, Gegenwart beziehungsweise Zukunft dar.

In der Osthälfte von Erdene Zuu findet man den in rein tibetischem Stil erbauten **Lavran-Tempel**, der 1760 als Residenz für den Bogd Gegeen bei Besuchen in Erdene Zuu errichtet wurde. Er ist heute der einzige Tempel, der wieder religiösen Zwecken gewidmet ist. Die Andachten, die um elf Uhr beginnen, können besucht werden, aber das Fotografieren ist streng verboten.

In der nordöstlichen Hälfte von Erdene Zuu findet man schließlich noch den **Kreis des Glücks und Wohlstands**. Das ist eine große, runde, mit flachen Steinen bedeckte Fläche, die einmal den Boden einer riesigen 1658 errichteten Jurte gebildet hat, die dem Gründer von Erdene Zuu, Abadai Khan, als Versammlungsort gedient haben soll.

Khujirt

Khujirt (Хужирт) liegt 40 Kilometer südlich von Kharkhorin auf dem Weg zum berühmten Orkhon-Wasserfall. Khujirt selbst ist wegen seiner 40 heißen Quellen der **bedeutendste Kurort** der Mongolei. Das Zentrum des kleinen Städtchens wurde noch zu sozialistischen Zeiten erbaut, um die vielen Gäste un-

terzubringen. Die Gebäude und Einrichtungen verfielen in den 90er Jahren, aber seit der Jahrtausendwende ist einiges wieder neu eingerichtet worden.
Die heißen Quellen und Schlammbäder lohnen auf jeden Fall einen Besuch. Sehenswert sind auch ein paar **Grabmäler aus vormongolischer Zeit**, die einige Kilometer Richtung Kharkhorin am Fuß des Berges Shunkhlai liegen. Ihn erkennt man leicht, weil man auf seiner Spitze die Statue eines Rehs errichtet hat. Das Reh soll an die Legende erinnern, daß am Fuß jenes Berges einmal ein Jäger namens Shunkhlai ein zu Tode verletztes Reh erblickte. Doch als er am nächsten Tag wieder in die Gegend kam, sah er dasselbe Reh noch einmal, das wunderbarerweise völlig erholt schien. Verwundert schaute sich der Jäger um und siehe da: Er fand die heiße Quelle, die dem Tier die Lebenskraft zurückgegeben haben soll.

Khujirt-Informationen

Hotel Elma, Tel. 01 32/592 13 40; ab 10 000 Tg/Person im DZ. Einfaches Hotel, die Zimmer haben eigene Toiletten, aber es gibt kein heißes Wasser.

Orkhon-Wasserfall

Der Orkhon-Wasserfall, ein spektakuläres Schauspiel der Natur (Orkhony khürkhree/Орхоны хүрхрээ) liegt am südwestlichen Ende des kaum weniger spektakulären **Orkhontales** oberhalb von Kharkhorin.
Die Gegend wurde von Vulkanen geprägt, und durch die Mitte des Tals zieht sich der Länge nach ein gewaltiger **erstarrter Basaltstrom**, dessen bizarre Orgelpfeifen immer wieder weiträumig umfahren werden müssen.
Überhaupt gehören die gut 80 Kilometer von Khujirt bis zum Wasserfall zu den schlimmsten Pisten dieses an schlimmen Pisten nicht eben armen Landes. Nach starken Regenfällen kommt man möglicherweise sogar überhaupt nicht zum Wasserfall, was einigermaßen ironisch ist, denn wenn es zu trocken ist, kommt das Naturschauspiel zum Erliegen. Aber meist kommt man eben doch durch, nur sollte man sich schon in Khujirt erkundigen, wie es mit dem Weg steht. Den Wasserfall selbst sollte man unbedingt gesehen haben, so einmalig sind seine Lage und Beschaffenheit.
Man geht über hügelige und steinige Steppe, und völlig unverhofft steht man am Rand eines 20 Meter tiefen, wie von einem Riesen mit der Axt in den Boden gehauenen Kessels, von dessen Rand sich an einer Stelle der kleine Fluß Ulaan gol als Wasserfall senkrecht in den Orkhon-Fluß ergießt. Geht man etwas weiter, so findet man einen Weg hinunter in den Kessel. Von dort unten ist der Anblick möglicherweise noch beeindruckender.

Orkhon-Wasserfall-Informationen

In der Umgebung des Wasserfalls gibt es mittlerweile einige Übernachtungsmöglichkeiten, von denen allerdings nur das Ger Camp ›Bayan uul‹ nach einer langen, anstrengenden Fahrt uneingeschränkt zu empfehlen ist.
Ger Camp Bayan uul, Tel. 99/ 13 03 81, 99/18 38 52, 99 13 03 81; 19 Euro inkl. Frühstück.

Tövkhönii khiid

Zanabazar selbst soll den Ort für das malerisch hoch in den Bergen gelegene **Kloster Tövkhönii khiid** (Төвхөний хийд) an seinem 19. Geburtstag ausgesucht haben. Es liegt am nordwestlichen Ende eines Orkhonseitentals zwischen Khujirt und dem Wasserfall. Das Kloster wurde Ende der 1930er Jahre zerstört, ist aber jetzt wieder zu alter Pracht auferstanden. Wer will, kann sich mit Zelt und Proviant zu Fuß vom Orkhon auf den Weg begeben, man erreicht das Kloster aber auch nach gut zweistündiger Fahrt mit einem Geländewagen.

Unterhalb des Gipfels am Talende findet man die ersten Tempel, und etwas weiter westlich kommt man zu einem Fußabdruck, den Zanabazar selbst hinterlassen haben soll, sowie zu der kleinen **Höhle Uran Darkhni agui** (Уран Дархний агуй), in der er meditierte.

Steigt man von den ersten Tempeln weiter nach oben, findet man eine Quelle und eine weitere Höhle, die groß genug ist, um darin zu stehen, aber man muß kriechen, um hineinzukommen. Das ist die **Ekhiin Khevlii**, der Bauch der Mutter, und die Pilger kommen hierher, um ein glückliches Leben nach ihrer nächsten Wiedergeburt zu erreichen. Ganz oben, am Gipfel schließlich, findet man einen großen Ovoo.

Frauen dürfen den Gipfel nicht besteigen, und die Mönche sorgen dafür, daß dieses Verbot eingehalten wird.

Shankh khiid

Genau auf halber Strecke zwischen Kharkhorin und Khujirt bei der Ortschaft Shankh gelegen, bietet sich das **Kloster Shankh khiid** (Шанх хийд) für einen Zwischenhalt an.

Einmal als Baruun Khuree (westliches Kloster) bekannt, soll es bereits von Zanabazar gegründet worden sein. 1921 beherbergte es noch 1500 Mönche und bestand aus gut 20 Gebäuden, wurde aber dann Ende der 30er Jahre aufgelöst. Einige der Gebäude, so auch der aus der Mitte des 18. Jahrhunderts stammende Haupttempel, blieben als Lagerhäuser weiter in Benutzung und werden seit der Neugründung 1990 wiederhergestellt.

Tövkhönii-khiid-Informationen

Ger Camp Talbiun, Tel. 99/08 64 17 und 11/34 58 32, talbiun@gmail.com, saraana@mongol.net, www.mongolia-travel.com; ab 27 Euro inkl. drei Mahlzeiten. 25 Kilometer von Tövkhönii khiid entfernt, zwischen Khujirt und dem Wasserfall. Das Camp verfügt über heißes Wasser, ein eigenes Restaurant und ein umfassendes Angebot an Touren zu Fuß und zu Pferd. Die Lage ist ideal, um das Orkhontal zwischen Khujirt und dem Wasserfall zu erkunden.

Khuissin Naiman nuur

Das spektakuläre **Schutzgebiet Khuissin Naiman nuur** (Хүйсийн Найман нуур, Die acht Nabelseen) mit seinen **acht Seen** auf gut 2200 Metern Höhe, die vom Fluß Urkhit gespeist werden, ist vulkanischen Ursprungs. Das Gebiet liegt etwa 110 Kilometer nordwestlich von Arvaikheer, ist aber auf eigene Faust nur bei trockenem Wetter gut zu erreichen. Wer dorthin will, sollte sich daher besser an einen erfahrenen Reiseveranstalter wenden.

Arkhangai-Aimag

Vertrauten Platzes Gras ist weich.
Mongolisches Sprichwort

Der Aimag Arkhangai (Архангай аймаг), der, wie der Name **Nördlicher Khangai** besagt, auf der Nordseite des zweithöchsten Gebirges der Mongolei liegt, ist einer der meistbesuchten des Landes und gerade auch bei mongolischen Touristen sehr beliebt. Mit für mongolische Verhältnisse reichlichem Niederschlag gesegnet, bietet der Aimag eine wechselhafte Landschaft aus schroffen Bergen, sumpfigen und grünen Ebenen und besitzt mit dem größten Teil des **geschichtsträchtigen Orkhontales** unterhalb von Kharkhorin auch noch einige der besten Weideflächen des Landes. Kenner, die die Herkunft des Nationalgetränkes Kumiss am Geschmack erkennen können, behaupten, der beste käme aus Arkhangai und Tsetserleg. Der Verwaltungssitz der Provinz ist einige der wenigen Provinzhauptstädte des Landes, die einen Besuch wirklich wert sind.

Der Arkhangai-Aimag im Überblick

Fläche: 55 300 km²
Einwohner: 96 100, 1,7 pro km²
Ethnische Gruppen: Khalkha, Ööld
Aimagzentrum: Tsetserleg
Entfernung von Ulan Bator: 477 km
Durchschnittstemperaturen: +0,1 °C, Juli +14,7 °C, Januar −15,6 °C
Jahresniederschlag: 344 mm

wichtigsten religiösen Zentren der Mongolei zurück, das im 17. Jahrhundert gegründete **Kloster Zayain Khuree**. Im 19. Jahrhundert ließen sich russische und chinesische Händler rund um das Kloster nieder, und der Ort gewann auch Bedeutung als Handelszentrum.
Eben diese Rolle als Handelszentrum rettete große Teile des Klosters, als es auch hier zu den Verwüstungen der antilamaistischen Kampagne Ende der 30er Jahre kam, denn man benutzte die

Tsetserleg

Das gut 20 000 Einwohner zählende **Aimagzentrum Tsetserleg** (Цэцэрлэг) ist mit 1691 Metern relativ hoch und spektakulär am Südhang der Berge Bulgan und Man gelegen und macht mit seinen pappelgesäumten Straßen einen überraschend angenehmen Eindruck. Man kann das Städtchen von Ulan Bator an einem Tag erreichen, wenn man die Route über Kharkhorin wählt, die zwar mit gut 500 Kilometern etwas länger als der direkte Weg, aber dafür zum größten Teil asphaltiert ist. Tsetserleg, was Garten bedeutet, geht auf eines der

Das Kloster Zayain Khuree

Räumlichkeiten nun als Lagerhäuser. Ab 1960 wurde hier das **Provinzmuseum** untergebracht, eines der besten der Mongolei. Darin sind traditionelle Kostüme, Musikinstrumente, Waffen und Gegenstände des täglichen Lebens sowie eine Sammlung religiöser Objekte ausgestellt. Bemerkenswert ist eine Stele im Innenhof des ehemaligen Klosters, die aus der zweiten Hälfte des 6. Jahrhunderts stammt, der Zeit der ersten Turkreiche. Sie steht auf einer Schildkröte und ist mit Inschriften in sogdisch bedeckt, einem ausgestorbenen Zweig der iranischen Sprachfamilie. Ihr Inhalt stellt das erste Zeugnis des buddhistischen Glaubens dar, das man auf dem Gebiet der heutigen Mongolei gefunden hat. In die Spitze der Stele sind zwei Wölfe eingraviert. Der Wolf war ein Symboltier der frühen Turkreiche.

Hinter dem Museum findet man einen kleinen Pfad, der den steilen Hang hinauf zu einer kleinen **Tempelruine** führt. Von oben hat man einen hervorragenden Blick auf Tsetserleg und Umgebung. Noch höher, unter dem Gipfel der ›Drei Bulgan‹, sind drei große **Buddhafiguren** in den Fels eingraviert.

Überhaupt lädt der **Bulgan uul**, wie der Hausberg im Norden Tsetserlegs heißt, zu Wanderungen ein. Das gut 18 Quadratkilometer große Gebiet um den 1980 Meter hohen Gipfel steht seit 1985 unter Naturschutz.

Erwähnenswert in Tsetserleg ist noch das **Kloster Buyan Delegeruulegch khiid**, das in den 90er Jahren in einem Teil des alten Klosters neu gegründet wurde. Wer will, kann sich zu den Gebeten einfinden, die täglich gegen elf Uhr beginnen.

Tsetserleg-Informationen

Vorwahl: 01 33 32.

Hotel Naran, Tel. 228 69, 99/33 29 00; DZ 7–18 Euro/Person (einfach bis Luxus-Suite). Dieses neue Hotel hat einen guten Ruf bei deutschen Entwicklungshelfern. Besonders gerühmt wird das Bad der Luxus-Suite.
Bulgan, Tel. 222 33; 4000 Tg/Person. Noch zu sozialistischen Zeiten errichtete annehmbare Bleibe. Dreibettzimmer; wer will, kann für den entsprechenden Preis ein solches Zimmer auch allein belegen. Jedes Zimmer mit Toilette und kalter Dusche; warmes Wasser nur in der Gemeinschaftsdusche.
Sundur, Tel. 223 59; 6–15 Euro. Die zweite ›Luxus‹-Herberge der Stadt. Einfaches Dreibettzimmer/Person 6 Euro (mit Toilette und Waschbecken), Halbluxus-Doppelzimmer 11 Euro/Person inkl. Frühstück (eigene Badewanne und Toilette), Luxus 15 Euro/Person bestehend aus Wohnzimmer und Schlafzimmer mit Minibar usw. Für Gäste kostenloser Zugang zum hauseigenen Internetcafé. Verfügt im Erdgeschoß über Friseur, Wäscherei und ein Restaurant mit einfachem, aber schmackhaftem Essen.
Fairfield, Tel. 210 36, 99/33 86 12. Von Engländern betriebenes kleines Gästehaus mit Bäckerei und Café.

Museum Tsetserleg, Tel. 222 81; im Sommer tägl. 7–22 Uhr ohne Mittagspause, Eintritt 2500 Tg.

Arkhangai-Aimag [199]

Taikhaar chuluu

Der Taikhaar chuluu bei **Ikhtamir** (Ихтамир) ist ein etwa sechzehn Meter hoher **bizarrer Felsen**, der offensichtlich seit Urzeiten verehrt wird, denn man hat hier gut 150 Inschriften verschiedener Sprachen gefunden, wobei die ältesten bis auf die Zeit der Turkreiche zurückgehen. Leider sind diese Inschriften heute unter moderner Graffiti nur noch schwer zu entziffern.

Den Felsen sieht man von der Ortschaft Ikhtamir aus, die gut 25 Kilometer nordwestlich von Tsetserleg liegt.

Auf dem Weg von Tsetserleg Richtung Khorgo-Terkhiin-Tsagaan-nuur-Nationalpark trifft man nach gut 100 Kilometern auf eine kleine Brücke über den **Fluß Chuluut gol**. Eine kurze Wegstrecke hinter der Brücke scheint der Fluß zu verschwinden. Sein Bett liegt in einer bis zu 50 Meter tiefen Schlucht aus Lavagestein. Fährt man vorsichtig in nördliche Richtung von der Straße ab, findet man sehr schöne Stellen am Rand der Schlucht, die zum Campen einladen. Kleine Trampelpfade zeigen den Weg tief hinunter zum Fluß. Diesen kleinen Schlenker von der Straße sollte man nie in der Dunkelheit wagen, da weder Weg noch Schlucht gekennzeichnet sind und die Gefahr besteht, daß man abstürzt. In der Nähe der schönen, aber auch gefährlichen Stelle steht im südlich der Straße grenzenden Wald ein von den Mongolen besonders verehrter Baum,

Taikhaar-chuluu-Informationen

Ger Camp Taikhaar, Tel. 99/19 85 12, 99 11 40 60; 25 Euro inkl. drei Mahlzeiten. Ganz in der Nähe des berühmten Felsens, Duschen mit heißem Wasser.

Die zentralen Aimags

Der Arkhangai-Aimag

die **Einhundertästige Lärche**. Jeder hält hier, opfert einen blauen oder gelben Khadag, etwas Geld oder eine andere Gabe.

Tsenkher

Gut 30 Straßenkilometer südlich von Tsetserleg liegen die **heißen Schwefelquellen von Tsenkher** (Цэнхэрийн Халуун ус). Das Camp ›Tsenkher Jiguur‹ mit Badehaus, kleinem Außenbecken, Jurten und Restaurant ist ein mongolisch-japanisches Gemeinschaftsunternehmen. Es liegt in einer herrlichen Umgebung zwischen Steppe und bewaldeten Hügeln am Fuße des Khangai-Gebirges. Die heilkräftige Quelle entspringt nur wenige hundert Meter vom Camp entfernt, und man erkennt die Stelle sofort an den zu einem Ovoo zusammengestellten Ästen, die mit blauen Khadags geschmückt sind. Die Quelle ist so heiß, daß man sich durchaus die Hände verbrühen kann. Von den Betreibern des Unternehmens wird die Quelle auch zur Beheizung des eigenen Gewächshauses genutzt.

Ein Aufenthalt kostet hier etwa 40 Euro inclusive Essen, Anwendung und Übernachtung. Sollten im Touristenlager keine Plätze mehr frei sein, kann man auch in der Nähe sein Zelt aufschlagen und Anwendung sowie Besuch im Restaurant extra bezahlen. Die Betreiber des Unternehmens helfen einem auch gern, wenn es darum geht, Pferde für einen Ausritt zu mieten.

Khorgo Terkhiin Tsagaan nuur

Im **Nationalpark Khorgo Terkhiin Tsagaan nuur** (Хорго Тэрхийн Цагаан нуур), in dem der sanfte Tourismus verhältnismäßig gut entwickelt ist, kann man nach Herzenslust wandern, klettern, reiten, angeln, schwimmen und sich im Bogenschießen üben. Die zwei Hauptattraktionen des Parks sind der **See Terkhiin Tsagaan nuur** und der erloschene **Vulkan Khorgo**. Sie liegen nur wenige Kilometer voneinander entfernt, so daß ein Tagesausflug reichen würde, um beides zu sehen. Es lohnt sich aber auf jeden Fall, die Übernachtungsangebote der Ger Camps zu nutzen, um die spektakuläre Landschaft zu erleben und zu genießen.

Kommt man in den Nationalpark, weist ein Kassenhäuschen darauf hin, daß man Eintritt (etwa 3000 Tg) zahlen soll.

Der vom Fluß Terkh gespeiste **Weiße See** liegt in einer reizvollen, von erkalteten Vulkanen geprägten Landschaft. Wie Kleckerburgen schieben sich am östlichen Ufer erkaltete Lavaströme in den See und geben der Landschaft einen verspielten Ausdruck. Enstanden ist

Khorgo-Terkhiin-Tsagaan-nuur-Informationen

Ger Camps Khorgo 1 und Khorgo 2, Tel. 11/32 28 70, 99/11 49 13, www.tsolmontravel.com; 20–25 Euro inkl. Essen. Das Reiseunternehmen ›Tsolmon Travel‹ unterhält zwei gute Camps im Nationalpark. ›Khorgo 1‹ liegt nordöstlich vom Vulkan, ›Khorgo 2‹ am See. Auf Wunsch werden Ausritte organisiert. Das zweite Camp bietet auch Trainingsstunden im Bogenschießen an.

Maikhan Tolgoy, Tel. 32 92 79, 99/17 70 45; 20–25 Euro inkl. Essen. Das Ger Camp liegt in der Mitte des Nordufers und ist hervorragend als Ausgangspunkt für Aktivitäten in der Region geeignet.

Der ›Weiße See‹

der See, als Lavaströme den Fluß am Fuß des Vulkans abriegelten. Der gut 16 Kilometer lange und zwischen 4 und 10 Kilometer breite Tsagaan nuur ist sehr fischreich und wird von Anglern gerne besucht. Lachs, Forelle und Hecht können aus dem Wasser gezogen werden und ergeben eine herrliche Mahlzeit. Das nördliche Ufer lädt zum Schwimmen ein, und wer mag, kann am grobsandigen Ufer auch zelten. In den Abendstunden kann es durchaus sein, daß Nomaden auf einen Plausch vorbeikommen und gegorene Stutenmilch anbieten.

Vom östlichen Ufer führt ein befahrbarer Weg Richtung Osten zum Krater des **Vulkans Khorgo**. Die gut zehn Kilometer lange Strecke führt über einen Paß und um **erkaltete Lavafelder** herum. Vom Fuß des Vulkans, wo man sich noch mit Milchtee und frittierten Teigtaschen stärken kann, benötigt man eine knappe halbe Stunde, um in den riesigen, etwa 200 Meter breiten und 100 Meter tiefen Krater zu schauen. Beim Aufstieg begegnet man bizarr geformten Stein- und Lavaanhäufungen. Auf einer Höhe von über 2000 Metern eröffnet sich ein wunderbarer Panoramablick. Beeindruckend ist der deutlich sichtbare **Lavastrom**, auf dem vereinzelt Lärchen wachsen. Wer gut zu Fuß ist und einen Hauch des lang zurückliegenden Naturereignisses aufnehmen möchte, kann das Lavafeld überqueren.

Khööshöö tsaidam

Etwa 50 Kilometer nördlich von Kharkhorin findet man die **Begräbnisstelen Khööshöö tsaidam** (Хөөшөө цайдам), die wenig spektakulär aussehen, aber doch von solch geschichtlicher Bedeutung sind, daß die türkische Regierung nur ihretwegen eine Straße direkt von Kharkhorin hierher bauen läßt. Der Abschluß dieser Arbeiten wird für 2008 erwartet.

Die erste der beiden Stelen ist dem Fürsten Kul-Tegin gewidmet. Die graue Marmorstele ist oben mit einem Paar von ineinander verschlungenen Drachen verziert, und auf der Rückseite findet man chinesische Schriftzeichen. Die Vorderseite dagegen ist mit einer eigenständigen Schrift versehen, den Orkhon-Runen, die die erste eigenständige Entwicklung einer Schrift auf mongolischen Boden repräsentieren und das allererste Denkmal einer Turksprache überhaupt darstellen. Wie die Inschrift verrät, wurde die Stele am 1. August 732 eingeweiht. Der Text handelt von den Expansionsbestrebungen der chinesischen Tang-Dynastie und zählt einige der Ereignisse auf, die zur Vereinigung der turksprachigen Stämme führten.

In der Nähe der Stele findet man eine kopflose Schildkröte, die wohl einmal die Basis für die Stele war, und mehrere Statuen, bei denen ebenfalls der Kopf fehlt. Die Stele und die Statue waren einmal Teil eines ganzen Grabkomplexes, zu dem auch ein Tempel mit gekacheltem Dach gehörte sowie Statuen und Tierfiguren aus Marmor.

Die **Statue von Kul-Tegin** selbst, von der man nur noch Fragmente gefunden hat, wurde am Ende einer langen Reihe von hunderten Steinen aufgestellt, die die von ihm getöteten Feinde repräsentierten.

Einen Kilometer von Kul-Tegins Stele entfernt findet man die in vier Teile zerbrochene **Statue Bilges**, eines Bruders von Kul-Tegin, die drei Jahre später aufgestellt wurde. In Bilges Regierungszeit fällt der Niedergang des Reiches, das zehn Jahre nach seinem Tod in das Reich der gleichfalls turkstämmigen Uiguren eingegliedert wurde.

Bilges Grab wurde übrigens 2001 von einer mongolisch-türkischen Expedition ebenfalls in der Umgebung entdeckt, und ein Teil der reichen Funde ist im Nationalen Geschichtsmuseum in Ulan Bator ausgestellt. Besonders bemerkenswert ist eine goldene Krone, in die ein mythologischer Vogel eingraviert ist.

Ögii nuur

Dank der türkischen Regierung ist der **See Ögii nuur** (Өгий нуур) von Kharkhorin nun wesentlicher leichter zu erreichen, da man zwei Drittel der Strecke nach Fertigstellung der Straße zum Kul-Tegin-Monument auf einer Asphaltstraße zurücklegen kann. Die letzten 25 Kilometer wird man zwar durchgeschüttelt, aber schon weit vorher, nach Überquerung eines Passes, sieht man diesen gut 27 Quadratkilometer großen See unter sich in einer großartigen Steppenlandschaft auftauchen. Der Ögii nuur ist ein Vogelparadies und einer der wenigen Orte in der Mongolei, in dem man immer frische Fische kaufen kann, so man nicht vorzieht, sie selbst zu angeln. In den vergangen Jahren haben sich an seinen Ufern einige Ger Camps niedergelassen, bei denen man Angelscheine bekommt und Pferde mieten kann. Insgesamt ist der Ögii nuur eine gute Wahl für den, der nach Besuch von Erdene Zuu und Karakorum noch ein, zwei Tage auf dem Land verbringen will.

Ögii nuur-Informationen

Ögii Tour Tourist Camp, Tel. 11/ 45 11 45, 99/11 05 06; Übernachtung und Verpflegung 25 Euro. Camp auf der Nordseite des Sees, 20 ordentliche Jurten, Restaurant und Duschen. Umfassende Angebote zum Reiten, Fischen und Wandern.

Der Felsen Taikhaar chuluu

Khar balgas

Khar balgas (Хар балгас), die **schwarzen Ruinen**, erreicht man am besten von der Piste aus, die von Khotont sum in der Nähe Kharkhorins nach Norden führt. Allzuviel ist von der Stadt nicht mehr zu sehen, aber mit etwas Fantasie kann man sich vorstellen, daß hier einmal das Zentrum des Uigurenreiches (745–840) war, das das gesamte Gebiet zwischen Altaigebirge und Baikalsee umfaßte.

Die Gründung der Stadt geht auf das Jahr 751 zurück. Sie wurde 840 von den Kirgisen zerstört, die aus dem Becken des oberen Jenissei in die Mongolei eindrangen. 1890 wurde in den Ruinen zum erstenmal gegraben, und seitdem hat man in weiteren Grabungskampagnen diese enorm große Anlage gründlich untersucht. Offensichtlich bestehen die Ruinen aus zwei verschiedenen Städten, die direkt nebeneinander lagen und erst zerstört und dann wieder aufgebaut wurden. Man sieht immer noch die **Wälle**, die von den einstmals zwölf Meter hohen, aus ungebrannten Lehmziegeln errichteten Umfassungsmauern geblieben sind. Im Zentrum erkennt man die **Überreste der Festung** des Uigurenkhans, die jeweils ein Tor nach Norden und nach Süden hatte. Im Südwesten lag einmal das Handwerks- und Handelsviertel. Auch die Bewässerungskanäle sind noch auszumachen, mit denen die Stadt versorgt wurde.

Schließlich gibt es in dem weiten Geviert noch mehrere **Steinstelen**, die Inschriften in zwei Turksprachen und sowie in sogdisch, einer iranischen Sprache, vorweisen. Die Stele, die dreisprachig beschriftet ist, ist einem Uigurenkhan gewidmet, einige der anderen Stelen haben Gravuren buddhistischen oder manichäischen Inhalts. Sie bezeugen die Handelsbeziehungen, die diese Stadt bis in den Mittleren Osten hatte.

Der Norden: hohe Berge, bedeckt von Taigawäldern, und mittendrin die Perle der Klarheit, der Khövsgöl-See.

Der Norden

Selenge-Aimag

Weilt der Gast auch nur kurz,
so sieht er trotzdem viel.
    Mongolisches Sprichwort

Eine gut befahrbare Straße führt geradewegs von Ulan Bator bis zum nördlichen Grenzort Sükhbaatar. Daher sind die meisten Orte im Selenge-Aimag verhältnismäßig bequem erreichbar. Zusätzlich führt die Transmongolische Eisenbahn mitten durch den Aimag. Selenge gilt somit als das besterschlossene Gebiet der Mongolei.

Der Selenge-Aimag wird ferner als die **Kornkammer der Mongolei** bezeichnet. Rund 40 Prozent der Getreidegesamtproduktion sowie Früchte und Gemüse werden in den Tälern und Ebenen der wasserreichen Flüsse Selenge und Orkhon angebaut. Die beiden Flüsse vereinen sich kurz vor der russischen Grenze und fließen weiter in nördlicher Richtung bis zu ihrem Ziel, dem Baikalsee.

Landschaftlich zeigt sich das Aimag als hügelige **Steppen- und Waldsteppenlandschaft**. Der Viehbestand der selengischen Nomaden besteht hauptsächlich aus Schafen, Ziegen und Rindern. Die in dieser Gegend gezüchteten Schafe zeichnen sich durch ihre besonders feine Wolle aus. Friedlich weidende Viehherden, stolze Reiter und fruchtbare Äcker prägen das Bild von diesem Aimag.

Selenge ist gleichwohl ein geschäftiger Aimag. Auf der Hauptachse begegnet der Reisende einem Lastwagen nach dem anderen, die bis obenhin mit Kohle oder Holz beladen sind. Der Handelsverkehr zwischen Ulan Bator und Rußland führt mitten durch den Selenge-Aimag. Früher lief überdies die Teestraße zwischen China und Europa hier entlang; daher stand Selenge ständig im Austausch mit anderen Völkern. Von 1949 bis 1961 wurde die **Transmongolische Eisenbahn** durch Selenge gelegt und vereinfachte die Handelstransporte. Durch die gute Verkehrslage und die fruchtbaren Anbaugebiete wurde der Selenge-Aimag in den 60er Jahren zu einem wichtigen und prosperierenden Industriegebiet im Bau- und Lebensmittelverarbeitungssektor. Das industrielle Herz bildet dabei **Darkhan**. Darkhan ist die zweitgrößte Stadt der Mongolei. Nach dem Zusammenbruch des sozialistischen Systems mußten jedoch viele Betriebe und Fabriken schließen, da Lieferungen und Kredite aus der Sowjetunion ausfielen. Zusätzlich zogen viele russische Experten ab, und mit ihnen wichtiges Wissen. Heute liegt die wirtschaftliche Hoffnung im Abbau von Gold und anderen Bodenschätzen. Die kanadische Goldmine ›Boroo‹ baut hier jedes Jahr rund fünf Tonnen ab.

Der Selenge-Aimag bietet sich hervorragend für kürzere Ausflüge von Ulan Bator an. Hotelunterkünfte und Jurtencamps sind leicht zu finden. Der beliebteste Ort ist das faszinierende **Amarbayasgalant-Kloster**. Das Juwel unter den buddhistischen Klöstern zieht Touristen und Pilger von überall her an.

Der Selenge-Aimag im Überblick

Fläche: 41200 km^2
Einwohner: 102 000, 2,5 pro km^2
Ethnische Gruppen: Khalkha, Buriaten, Dörvöd, Ööld, Russen
Aimagzentrum: Sükhbaatar
Entfernung von Ulan Bator: 311 km
Durchschnittstemperaturen:
   Juli +19,1 °C, Januar −20,3 °C
Jahresniederschlag: 304 mm

Selenge-Aimag [207]

Selenge-Aimag und Darkhan-uul-Aimag

Sükhbaatar

Sükhbaatar (Сухбаатар) ist das **Aimagzentrum** des Selenge-Aimag und nach dem Volkshelden Sükhbaatar benannt. Mit 20300 Einwohnern hat die Stadt eine ansehnliche Größe, sie entspricht jedoch einer ruhigen gemächlichen Grenzstadt. Sükhbaatar liegt unmittelbar neben dem Zusammenfluß von Orkhon und Selenge. Eine vorherrschende Rolle nimmt die Bahnstation ein. Es ist der letzte Halt der **Transsibirischen Eisenbahn** in der Mongolei vor der Grenze zu Rußland, und der Zug hält hier für die Grenzkontrolle. Private Geldwechsler und Händler empfangen die Zugreisenden und versuchen beharrlich, ihre Ware zu verkaufen.

Die Stadt verfügt über eine gute Infrastruktur. Direkt hinter dem Hotel ›Selenge‹ befindet sich ein geschäftiger Markt mit einem relativ guten Sortiment.

Dulaankhaan

Dulaankhaan (Дулаанхаан) ist ein idyllisch gelegenes kleines Dorf, nur 50 Kilometer südlich von Sükhbaatar und 70 Kilometer nördlich von Darkhan. Eingebettet in sanfte Hügel, mit Birken und Fichten bestanden, liegt die Siedlung an der Schleife des **Yöröö-Flusses**, kurz bevor er in den Orkhon einmündet.

Hier befindet sich die **Werkstatt des Bogenbauers Boldbaatar**. Mehrere Jahre hat Boldbaatar alte Bögen repariert, bis er 2003 beschloß, seine eigenen

Sükhbaatar -Informationen

Vorwahl: 013 62.
Telefon, Post und Internet, am nordwestlichen Hauptplatz; 24 Std.
Trade&Development Bank, südlich der Bahnstation; Mo–Fr 9–16 Uhr.

Internationale Züge von Moskau oder Peking halten in Sükhbaatar für die Paßkontrolle, die einige Stunden dauern kann und oft in der Nacht ist. Es gibt jedoch auch einige Inlandzüge von Ulan Bator mit Zwischenhalt in Darkhan. Informationen und Tikkets erhält man direkt am Bahnschalter: 8–12, 15–17 und 20–22 Uhr, Tel. 401 24.

Sükhbaatar ist auch bequem mit öffentlichen Bussen und Taxi erreichbar. Busse oder Taxis fahren oft nur bis Darkhan, wo man dann den Weitertransport nach Ulan Bator organisieren muß. Die Busstation liegt außerhalb der Bahnstation.

Es gibt neben dem Bahnhof ein **Hotel** für 6000 Tg.
Kharaa, südlich vom Hauptplatz, Tel. 99 49 93 88; 5–15 Euro (Schlafsaal bis Luxus). Sehr einfaches Hotel, jedoch neu renoviert.
Selenge, Tel. 225 55; 3–10 Euro. In der Nähe vom Bahnhof, einfach.

Restaurant Rossiya, südöstlich vom Hauptplatz, Tel. 91 36 00 99. Mit kleinem Laden.
Shin Shin, Tel. 99/49 89 56. Chinesisches Restaurant.

herzustellen. Er hat sich schnell unter den Spitzenschützen einen Namen gemacht und beliefert einen großen Teil der Naadamschützen. Aber auch Liebhaber und Hobbyschützen finden sich unter seiner Kundschaft. Ein Bogen kostet umgerechnet um 500 Euro. Boldbaatar und seine Frau Bayarmaa freuen sich über einen Besuch. Seine Bögen können jedoch auch im ›State Department Store‹ in Ulan Bator (Souvenirabteilung) bestellt oder gekauft werden.
Dulaankhaan liegt an der Bahnlinie zwischen Darkhan und Sükhbaatar. Das Dorf ist auch gut mit dem Auto erreichbar. Ein Wegweiser an der Hauptstraße zeigt nach links und führt direkt ins Dorf. Es gibt jedoch keine Übernachtungsmöglichkeiten außer Campen.

Orkhon

Rund 15 Kilometer südlich von Dulaankhaan führt ein Wegweiser rechts in das 2500-Seelen-Dorf Orkhon (Орхон). Es folgen noch rund zehn Kilometer holprige Piste.
Orkhon ist ein typisches kleines **Steppendorf** und liegt am gleichnamigen Fluß, inmitten eines Gebietes, das während der sozialistischen Zeit ein wichtiges Anbaugebiet für Früchte und Gemüse war. Eine etwas heruntergekommene verlassene Fabrikanlage zeugt von einer einst erfolgreichen Früchtekonservierungsfabrik. Leider wurde auch sie nach dem Zusammenbruch der Sowjetunion geschlossen und der Ackerbau vernachlässigt.

Wie weit kann der Bogen gespannt werden?

Kraft und Technik alleine genügen nicht, will sich jemand den Titel ›Super-Scharfschütze‹ beim Naadamfest ergattern. Auf den Bogen kommt es an, und Bögen von Meister Boldbaatar aus Dulaankhaan gehören zu den feinsten. Mit viel Sorgfalt, Geduld und gut ausgewähltem Material fertigt er seine Reflexbögen, für die er rund sechs Monate Herstellungszeit braucht. Die gute Qualität gründet sich auf sein Fingerspitzengefühl und die Geduld beim Trocknungs- und Biegevorgang des Materials.

Alles dreht sich um die Flexibilität des Bogens. Erst fertigt der Meister einen Bogenkörper aus Bambusholz an. Das Holz importiert er aus China, da es

Kleine Bogenschützin

weicher und flexibler ist als örtliche Hölzer. Gleichzeitig schneidet er vom Horn einer Bergziege den Rücken des Bogens zu und glättet es langsam mit einer Presse. Danach schleift er das Horn, bis es Perlmutt ähnelt und haftet es auf den Holzrücken. Dazu verwendet der Bogenbauer Boldbaatar natürlichen Leim wie Harz oder Extrakte aus gekochter Tierhaut.

Der ganze Prozeß zieht sich über Monate hin. Die absolute Flexibilität und Stabilität erhält der Bogen jedoch erst durch die Achillessehne einer Ziege. Die Sehne wird mit einem Stück Holz solange geschlagen, bis sie zu feinen Fasern auseinanderfällt. Diese Fasern werden dann um die Bogenmitte gewickelt und schützen ihn so vor dem Brechen. Schließlich wird der Bogen in Birkenrinde eingewickelt, damit er wasserdicht ist. Zuallerletzt bleibt noch die Bemalung und Ausschmückung des Bogens.

Für die Sehne des Bogens benutzt Boldbaatar Baumwolle und Plastik. Früher wurde sie ebenfalls aus der Achillessehne hergestellt. Die Pfeilenden sind für einen zielsicheren Flug mit Geierfedern versehen.

Bogenschießen hat eine lange Tradition und wurde vor allem für die Jagd eingesetzt. Zu Dschingis Khans Zeiten waren alle Mongolen von Kind an gute Reiter und Bogenschützen. Während der Jagd erworbene Fähigkeiten waren nützlich bei feindlichen Auseinandersetzungen, so daß die Jagd auch als Schule des Krieges galt. Die gefährlichste Waffe der Mongolen während ihrer Eroberungszüge war ein solcher Kompositbogen. Diese Bögen verliehen den abgeschossenen Pfeilen eine solche Durchschlagskraft, daß sie auch Kettenhemden durchschlugen. Durch die Verwendung von Steigbügeln konnten sie Pfeile auch nach hinten abschießen.

Die Mongolen pflegen heute das Bogenschießen als traditionelle Sportart neben Ringen und Pferderennen. Der alljährliche Höhepunkt für alle Schützen ist natürlich das Naadamfest.

Auf der ›Anak Ranch‹

Ein kleiner Geheimtip ist die **Anak Ranch**, eine Ranch, wie man sie in der nomadischen Mongolei höchst selten sieht. Dem Ehepaar Minjee und Martin ist es gelungen, einen vorbildlichen Bauernbetrieb aufzubauen und den harten Wintern erfinderisch entgegenzuwirken. Mit Hilfe von mongolischen Angestellten bauten sie Ställe mit Bodenheizung, um ihr Vieh im Winter vor dem Kältetod zu bewahren. Farbige Zäune halten ihre Herden zusammen und schützen sie vor Wölfen. Die Ranch ist von fruchtbarem Weideland, dem Fluß Orkhon und sanften Hügeln umgeben. Mit viel Liebe zum Detail erneuern und bauen die Rancher immer noch.

In die Ranch sind fünf Touristenjurten integriert, der ideale Ort, um auszuspannen und um mit dem Pferd durch die fruchtbaren Fluß- und Hügellandschaften zu streifen. ›Anak Ranch‹ ist das ganze Jahr offen und hat zu jeder Jahreszeit Reizvolles. Im Sommer bieten sich Barbecues an sowie entspannendes Angeln und Baden im Orkhon, während im Winter die neu eingerichtete Sauna für wohlige Wärme und gute Durchblutung sorgt. Jeder kann den Tag frei gestalten – die Jurten der Ranchfamilien stehen immer offen, und die Pferde können jederzeit gesattelt werden.

Von hier können Reittouren mit Führer organisiert werden, zum Beispiel zum Amarbayasgalant-Kloster (rund fünf Tage ein Weg, Rückweg kann auch mit Jeep organisiert werden), zum Selenge-Fluß oder zur russischen Grenze. Je nach Wünschen der Besucher sind auch andere Routen möglich.

Orkhon-Informationen

Orkhon liegt an der **Bahnlinie** zwischen Darkhan und Sükhbaatar. Ein Zug von Ulan Bator verkehrt jeden Abend und gelangt um 3 Uhr morgens nach Orkhon. Aber keine Sorge: Pferde warten am Bahnhof auf die Gäste und bringen sie durch die klare Sternennacht in die heimelige Jurte. Jeden Abend um 22.30 fährt ein Zug zurück nach Ulan Bator und erreicht die Hauptstadt um 6 Uhr morgens.

Anak Ranch, www.anakranch.com; etwa 30 Euro inkl. 3 Mahlzeiten und Reiten. Da es zur Zeit nur fünf Touristenjurten gibt, lohnt es sich im Sommer, im voraus zu buchen und Ausflüge zu arrangieren. Ein Teil der Übernachtungskosten wird für bessere Bedingungen im Gantskhudag-Gefängnis gespendet.

Selenge-Aimag [211]

Yöröö Bayan gol

Die Siedlung Yöröö liegt 35 Kilometer östlich von Orkhon. Südlich von ihr entspringen mehrere **Thermalquellen** (Yöröö Bayan gol/Ёрөө Баян гол), die in einer idyllischen Berglandschaft mit Nadel- und Birkenwäldern liegen. Diese Region ist unter Jägern sehr bekannt und beliebt. Kleine Chalets bieten Übernachtungsmöglichkeiten und kosten um 12 Euro 60 Kilometer weiter südöstlich am Fluß liegt **Bugant**. Dieses Städtchen besaß einst eine Goldgrube und eine Sägemühle. Reiter können hier aufsatteln und für mehrere Tage dem Yöröö-Fluß bis zu dessen Quelle im Khentii-Gebirge folgen.

Amarbayasgalant

Der Weg zum **Kloster Amarbayasgalant** (Amarbayasgalant khiid/Амарбаясгалант хийд) führt von Darkhan Richtung Erdenet durch flaches Gebiet und weite Getreidefelder. Die Straße ist die Hauptverbindung zwischen Darkhan und Erdenet, und so wird am Straßenrand einiges feilgeboten und nach Mitfahrgelegenheit gesucht. Nach rund 100 Kilometern führt eine holprige Naturstraße Richtung Norden. Dieser Weg windet sich rund 50 Kilometer durch grüne Täler und über wunderschöne Pässe immer weiter hinein in die zunehmend bergige Landschaft. Die Ausblicke auf den Pässen sind atemberaubend.

Beim Amarbayasgalant-Kloster angekommen, fällt zuerst die absolute Stille auf, die über dem Tal liegt. Früh morgens, wenn die Sonne über die sanften Hügel des Ibenflußtals guckt, liegt das Kloster verlassen und still da. Erst um zehn Uhr, wenn das Horn ertönt, kommt Bewegung ins Tal. Rot- und gelbgekleidete Mönche laufen von ihren Jurten zum Kloster und beginnen ihre Zeremonien.

Den Ort haben die Gesandten des Mandschukaisers Jong Cheng gut ausgewählt: Amarbayasgalant ist ein abgeschiedener, mystischer Ort. Der Legende nach sind seine Gesandten durchs ganze Land gereist, um einen geeigneten Platz für das Kloster zu finden. Sie trafen zwei Schafhirten, der eine hieß Amar, und der andere Bayasgalant. ›Amar‹ kann als sanft und friedlich übersetzt werden, und ›Bayasgalant‹ als Freude und Glück. So entschieden die Gesandten, daß dies ein Zeichen sei, und entschieden sich für diesen Ort.

Das Kloster wurde von 1726 bis 1736 zu Ehren des verstorbenen Zanabazar gebaut, des ersten Oberhauptes der mongolischen Buddhisten. Das Kloster ist in ganz Asien für seine erstaunliche Architektur und Dekorationen berühmt. Es wurde zum Zentrum für buddhistische Lehren und ist neben Ganden in Ulan Bator und Erdene Zuu in Kharkhorin der wichtigste Pilgerort der Mongolen. Noch Anfang des 20. Jahrhunderts lebten 2000 Mönche in Amarbayasgalant. Unter den schrecklichen Repressionen in den 30er Jahren wurde das Kloster teilweise zerstört und wertvolle Schriften und Dokumente verbrannt. Glücklicherweise aber war das Kloster solide genug gebaut, so daß große Teile erhalten blieben. Die Mönche versteckten sich in den Bergen und retteten die wertvollsten Schriftstücke. Viele von ihnen wurden jedoch umgebracht.

Mit Hilfe der UNESCO wurde das Kloster seit 1975 langsam restauriert. Heute leben rund 40 Mönche in Amarbayasgalant. Darunter sind viele Schüler. Einige kamen als Waisenkinder von Ulan Bator nach Amarbayasgalant.

Der Norden

Das Kloster Amarbayasgalant

(Diagramm-Beschriftungen: Unterkünfte der Mönche; Tempel; Zanabazars Grab; Haupttempel; Tempel der Schutzgötter; Glockenturm; Eingang)

Das Kloster ist inzwischen auch wieder zu einem beliebten Pilgerort geworden. Die Schüler führen die Besucher gerne durch die Tempelanlage, die aus dem **Haupttempel** mit 1000 Buddhastatuen und der einzigen geretteten Buddhastatue, dem **Tempel der Schutzgötter**, dem **Grab von Zanabazar** und dem vierten Bogd Gegeen und weiteren symmetrisch angelegten Tempeln besteht. Die Architektur ist überwiegend chinesisch, und es soll kein einziger Nagel für den Bau benutzt worden sein. Interessant sind die Säulen im Haupttempel, die gleichzeitig auch als Dachwasserabfluß dienen. Die ganze Tempelanlage ist von einer Mauer umgeben und kann durch den Eingangstempel betreten werden.

Amarbayasgalant-Informationen

Von Darkhan kann ein **Taxi** für etwa 60 000 Tg gemietet werden. Eine andere Variante ist, mit dem Pferd von der ›Anak Ranch‹ einen Weg zurückzulegen, und dann mit dem Taxi zurückzufahren. Das kann bei der ›Anak Ranch‹ organisiert werden.

Hotel Amarbayasgalant; für Ausländer 4000 Tg/Person, ganzjährig geöffnet. Hübsches Holzhaus mit drei Zimmern und schön dekorierten Dielen, hat Platz für 20 Personen; Außentoilette und Ofen zum Kochen. Das Hotel ist die Pilgerunterkunft. Sie kann nicht vorher gebucht werden.

Ger Camp Amarbayasgalant, 10 Kilometer südlich vom Kloster; 23 Euro, nur im Sommer offen. Mit Dusche, Toilette und Strom.
Selenge, 5 Kilometer südöstlich am Teldiin-Fluß gelegen; 27 Euro, nur im Sommer geöffnet. Mit Restaurant, heißen Duschen und warmem Essen.

Kloster Amarbayasgalant, www.amar bayasgalant.org; Eintritt 3000 Tg, das Geld kommt der Restauration zugute. Wie an vielen Orten wird für Fotos eine Gebühr verlangt (5000 Tg). Die Führungen sind bis jetzt nur auf mongolisch.

Rechts vor dem Eingang des Haupttempels steht eine **symbolische Gebärmutter aus Stein**. Kriecht man von Norden in sie hinein, so soll man sich darin dreimal im Uhrzeigersinn drehen, dann durch das kleine Loch gucken, seine Wünsche und Bitten formulieren und nach Süden wieder herauskriechen. Es heißt, daß man nun neugeboren ist. Das Leben könnte sich danach verändern, aber Achtung, nicht steckenbleiben!

Die Zeremonien beginnen morgens um 10 Uhr im jurtenähnlichen Gebäude links vom Haupttempel. Anfang August finden hier rituelle **Tsam-Tänze** statt, Besucher sind herzlich willkommen. Das Datum variiert jedoch von Jahr zu Jahr.

Bayangol

Das erste Dorf an der südlichen Grenze des Selenge-Aimags, rund 150 Kilometer nördlich von Ulan Bator, ist Bayangol (Баянгол), ein unscheinbares kleines Dorf am Kharaa-Fluß mit kleinen Lebensmittelläden und wenigen mongoli-

Siedlung von Ninjas, illegalen Goldgräbern

schen Imbißbuden. Doch eines überrascht: die Läden mit dem Schild ›Ankauf von Gold‹. Sie sind Umschlagplätze des illegal geschürften Goldes der ›Ninjas‹. Ninjas werden die Glücksritter genannt, die in der Nähe der großen Minen am Tuul-Fluß in Sharin Gol (Шарын Гол) illegal nach Gold graben.

Ungefähr 100 000 Mongolen leben vom illegalen Goldwaschen. Hohe Arbeitslosenzahlen zwingen viele, große Risiken auf sich zu nehmen. Es ist die letzte Chance für Hirten, deren Tiere im Winter verendeten, arbeitslose Lehrer und finanzschwache Studenten. Die Minengesellschaften, die jährlich für 70 Millionen Gold fördern, vertreiben die Illegalen mit Gewalt, doch die Not zwingt die Ninjas, weiterzugraben.

Wieviele Ninjas jedes Jahr bei der gefährlichen Arbeit verschüttet werden und sterben, ist ungeklärt. Die Überlebenden schürfen schätzungsweise Gold im Wert von rund zehn Euro am Tag, achtmal mehr als ein Durchschnittslohn der Mongolen. Inzwischen gibt es einige Nichtregierungsorganisationen, die versuchen, die katastrophalen Arbeitsbedingungen der Ninjas zu verbessern, und für ihre Rechte kämpfen.

35 Kilometer östlich von Bayangol liegt **Züünkharaa** (Зүүнхараа), wie Bayangol an der Bahnlinie. Dieses Dorf ist für die Wodkabrennerei ›Kharaa‹ bekannt, eine renommierte mongolische Wodkamarke.

Bayangol-Informationen

Bayangol liegt an der Bahnlinie.

Hotel in Bayangol, Tel. 01 36/99 73 83 12.

Darkhan

Der **Darkhan-uul-Aimag** (Дархан уул аймаг) ist ein kleiner eigenständiger Aimag innerhalb des Selenge-Aimags mit Darkhan-Stadt (Дархан хот) als Zentrum. Darkhan liegt in einer Ebene, in nur 700 Metern Höhe und ist von sanften Hügeln umgeben.

Darkhan wurde ab 1961 als neues Industriezentrum aus dem Boden gestampft und ist mit 74000 Einwohnern heute die drittgrößte Stadt der Mongolei. Die günstigen klimatischen Verhältnisse, die Fülle an Bodenschätzen und die vorteilhafte Verkehrslage boten sich als idealer Standort für ein Industriezentrum an. Der Aufbau der Stadt zog Ingenieure und Bauarbeiter vor allem aus Rußland und Osteuropa an. Darkhan wird deshalb oft als ›Stadt der internationalen Freundschaften‹ bezeichnet.

In Darkhan wurden mehrere Fabriken im Baumaterialbereich aufgebaut, speziell Beton- und Zementfabriken und Schreinereien. Aber auch im Konsumsektor nahm Darkhan eine wichtige Rolle ein. Eine Schaffell- und Pelzmantelfabrik, eine Hühnerfarm, eine Getreidemühle und eine Fleischabpackfabrik nahmen hier mit russischer Unterstützung ihre Produktion auf.

In den 90er Jahren, nach dem Zusammenbruch der Sowjetunion, mußten jedoch einige Fabriken schließen. Seither verlor Darkhan etwas an Bedeutung. Nach wie vor werden hier jedoch die besten Lederwaren produziert, die technischen Fachhochschulen in Darkhan genießen landesweit einen guten Ruf, und der Selenge-Aimag blieb führend im Landwirtschaftssektor.

Die Stadt scheint zunächst ein langweiliges russisches Plattenbaumonster zu sein. Doch sie ist, wie ihre Bevölkerung

Selenge-Aimag [215]

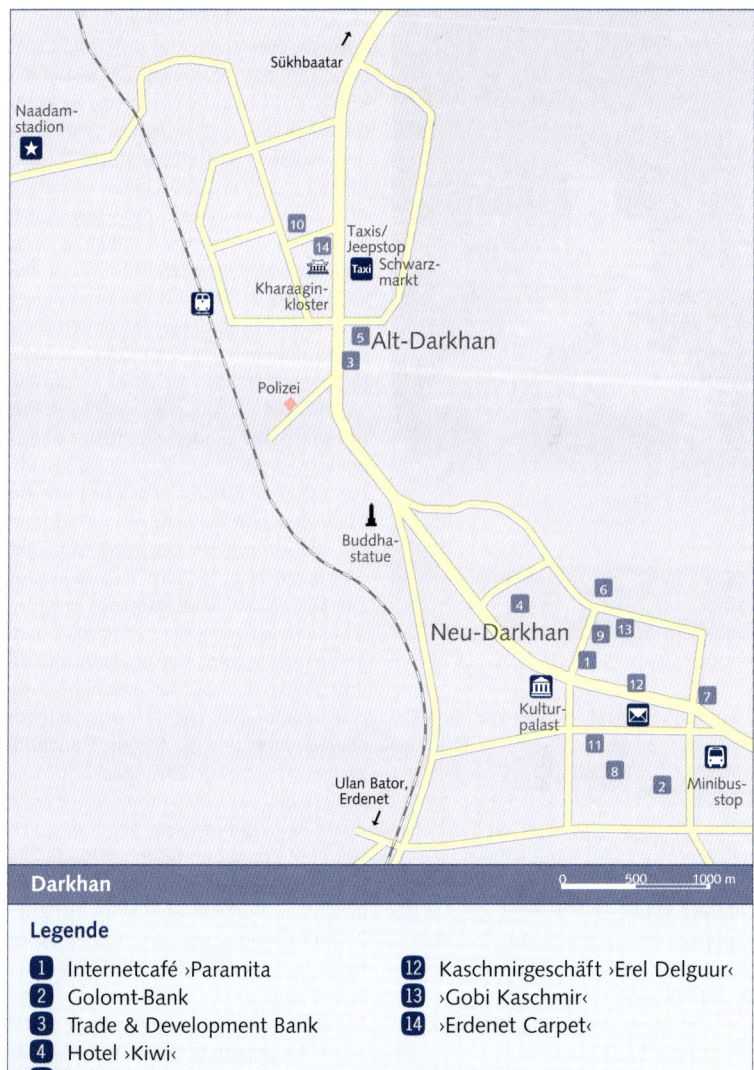

Darkhan

Legende

1. Internetcafé ›Paramita‹
2. Golomt-Bank
3. Trade & Development Bank
4. Hotel ›Kiwi‹
5. Hotels ›Jasper‹ und ›Crystal‹
6. Hotel ›Darkhan‹
7. Hotel ›Urtuuchin‹
8. Hotel ›Kharaa‹
9. ›Tuuvshin Café‹
10. ›Chinese Café‹
11. ›Chinggis Bar‹
12. Kaschmirgeschäft ›Erel Delguur‹
13. ›Gobi Kaschmir‹
14. ›Erdenet Carpet‹

Der Norden

Buddhastatue in Darkhan

auch, jung, und die vielen Bars und Restaurants zeugen von einem abwechslungsreichen Nachtleben.

Die Stadt ist in Alt- und Neu-Darkhan unterteilt. Der neue Teil mit Post, Einkaufszentrum und Hotels befindet sich südöstlich der kürzlich neu errichteten **Buddhastatue**. Hier steht auch der der **Kulturpalast**, der große Stolz der Bürger. Das 16stöckige Gebäude ist das höchste in der Mongolei.

Der alte Teil besteht aus dem Jurtenviertel, älteren Plattenbauten und dem betriebsamen **Markt**. Die Bus- und Bahnstation sowie Banken und Restaurants befinden sich ebenfalls in diesem Teil.

Darkhan bietet dem Reisenden außer einer guten Infrastruktur nicht besonders viel. Das **Kharaagiin-Kloster** ist allerdings ein Besuch wert. Es erscheint als Kleinod inmitten von grauen Wohnhäusern. Die Architektur überrascht und unterscheidet sich von den restlichen Klöstern. Es ist im sibirischen Blockhüttenstil gebaut und in tiefem Dunkelrot und fröhlichem Gelb gestrichen. Das Kloster wurde um 1800 in der Nähe des Kharaa-Flusses gegründet und 1898 zum jetzigen Standort verlegt. Es war für seine bedeutenden Tsam-Tänze bekannt. Das Schicksal holte auch dieses Kloster ein, und es wurde während der Repressionen in den 30er Jahren teilweise zerstört. Danach diente es als Kindergarten, bis es schließlich 1996 frisch renoviert und wieder als Kloster eingerichtet wurde.

Für historisch Interessierte lohnt sich ein Abstecher zum **Volksmuseum Darkhanuul** im Kulturpalast. Das Museum ist in drei Bereiche aufgeteilt: kulturelle und archäologische Artefakte, naturhistorischer Bereich und geschichtlicher Hintergrund über Stadtbauten, Gallionsfiguren und Fotos aus der kommunistischen Ära. Weiter hat der Kulturpalast ein abwechslungsreiches Angebot an Konzerten, Theateraufführungen und Ausstellungen. Das Programm ist jeweils direkt beim Kulturpalast angeschlagen.

Der **Fluß Kharaa** und die sanften Hügel um Darkhan laden zu Spaziergängen und Wanderungen ein. Wer nicht im Zentrum übernachten will, findet außerhalb Darkhans bestimmt einen Platz zum Campen.

Darkhan liegt an der **Transmongolischen Eisenbahn** und hat tägliche Verbindungen nach Sükhbaatar, Erdenet und Ulan Bator per Bahn oder Bus. Auch mit dem Auto ist die Stadt bequem zu erreichen. Sie ist ein idealer Ausgangsort, um das Amarbayasgalant-Kloster zu besuchen oder um den Selenge-Aimag zu bereisen.

Darkhan-Informationen

Vorwahl: 01372.
Mobiltelefonempfang, internationale Telefonverbindung, Internet , Postamt, Banken ❷, ❸, öffentliche Duschen.

Die Bahn verbindet Darkhan mit **Ulan Bator**, **Erdenet** und **Sükhbaatar**. Diese Reiseart ist gemütlich, braucht allerdings etwas mehr Zeit als mit dem Bus, da der Zug bei den meisten Stationen anhält. Informationen und Fahrscheine sind am Bahnschalter in Darkhan erhältlich; 7.30–9, 14.30–18, 22.30–6 Uhr. Kurz vor Abfahrt geht es hektisch zu, deshalb ist es von Vorteil, den Fahrschein bereits am Tag vor der Abfahrt zu kaufen. Unglücklicherweise sind die Fahrten oft auf die Nacht gelegt.
Es gibt ›Hard seat‹- und ›Soft seat‹-Abteile. Hard seats sind bedeutend billiger und die Abteile oft überfüllt, man erlebt jedoch mongolische Geselligkeit. Für mehr Ruhe lohnt sich die Buchung eines ›Soft seats‹.
Wichtigste Zugverbindungen:
Darkhan–Moskau, Di, Do, Fr 19.20 Uhr.
Darkhan–Ulan Bator, tägl. 0.25 Uhr, Ankunft 6.30 Uhr, hard seat 5000 Tg, soft seat 15 300 Tg.
Darkhan–Ulan Bator, tägl. 8.33 Uhr, Ankunft 17.10 Uhr.
Darkhan–Ulan Bator, tägl. 1.37 Uhr, Ankunft 7.35 Uhr.
Darkhan–Sükhbaatar, tägl. 17.50 Uhr, Ankunft 8.45 Uhr.
Ulan Bator–Darkhan express, tägl. 15.40 Uhr, Ankunft 20.53 Uhr.
Ulan Bator–Darkhan–Erdenet, tägl. 19.30 Uhr, Ankunft 0.47 Uhr.
Ulan Bator–Darkhan–Sükhbaatar, tägl. 21, Ankunft 2.40 Uhr.

Gegenüber dem Darkhan-uul-Museum liegt der **Minibusstop**. Busse fahren regelmäßig nach Ulan Bator (3,5 Std., 6000 Tg), Erdenet (3 Std.) und Sükhbaatar (2 Std.). Die Straßen sind in alle Richtungen gepflastert. Es gibt keine festen Abfahrtszeiten, losgefahren wird, wenn der Bus oder das Taxi vollbesetzt ist. Am einfachsten ist es, morgens an der Busstation auf die nächste Abfahrt zu warten. Der Zielort ist meistens an der Windschutzscheibe angezeigt. Taxis zum Amarbayasgalant-Kloster können beim ›Jeep Stop‹ gemietet werden.

Das Verkehrsnetz in Darkhan ist einfach und günstig. **Minibusse** und **Taxis** verkehren ständig zwischen Neu- und Alt-Darkhan.

Darkhan hat eine Vielzahl an Unterkünften in allen Preisklassen. Günstige Familienhotels, sprich Wohnungen, die zu Pensionen umgebaut wurden, schießen zur Zeit wie Pilze aus dem Boden.
Hotel Kiwi , Tel. 22830-1 Fax -0, mondarkiwi@yahoo.com; 23 000–45 000 Tg/Zimmer (einfach bis Luxus) inkl. Frühstück. Neubau, zentral gelegen, einladende Atmosphäre, sauber, Restaurant, Sauna, Schönheitssalon, Bankett-Abteilung für Feiern und Konferenzen.
Jasper , Tel. 364 78; 5–25 Euro/Zimmer (einfach bis Luxus). Moderne

Einrichtung mit Bar und Restaurant.
Crystal 5, Tel. 369 66, 99 37 22 11; 7–20 Euro/Zimmer (einfach bis Luxus). Pendant zum Hotel ›Jasper‹ und gleich nebenan.
Darkhan 6, Tel. 200 01, 99 40 67 42; 5–40 Euro/Zimmer.
Im sowjetischen Stil gebaut, alle Zimmer verfügen über Bad und heißes Wasser.
Urtuuchin Hotel 7, Tel. 281 95, 232 49; Nähe Busbahnhof, ab 20 Euro, Zimmer mit Internetzugang.
Kharaa 8, Tel. 200 19, 99 37 99 85; 5–20 Euro. Einfaches, sauberes Hotel, Zimmer sind mit Toilette und Waschbecken ausgestattet. Halbluxuszimmer verfügen über Duschen.

Tuuvshin Café 9. Offeriert eine Auswahl an feinen chinesischen und innermongolischen Gerichten, mit englischem Menü.
Restaurant im Hotel Kiwi 4, Tel. 283 01. Restaurant und Bar, reiche Auswahl an schmackhaften Vorspeisen, Hauptgängen und Nachspeisen.
Chinese Café 10, Tel. 99/37 94 96; 12–24 Uhr. Gute chinesische Küche.
Zokhin Buuz, Tel. 90 37 10 33; 9–23 Uhr. Mongolische Küche.
Russian Café. Snacks wie Kuchen und Gebäck.
Chinggis Bar 11. Mit Terrasse, herrlich zum Biertrinken an warmen Sommerabenden.

Volksmuseum Darkhan-uul, im 2. Stock des Kulturpalastes; tägl. 9–19 Uhr, Mittagspause 13–14 Uhr, 1000 Tg.
Kharaagiin-Kloster; Mo–Sa 10–14 Uhr. Ratsuchende und Pilger finden hier offene Türen.

Der Besuch des **Schwarzmarktes** ist ein spannendes Erlebnis, und der Schnäppchenfreund ist hier am richtigen Ort. Der Markt bietet ein buntes Gemisch, von chinesischen Billigwaren bis zu Antiquitäten ist hier alles zu haben. Darkhans Schwarzmarkt hat eine gute Auswahl an traditionellen Kleidern, Stoffen und Jurtenmöbeln. Den Geldbeutel sollte man allerdings immer gut festhalten.
Da Darkhan ein wichtiges Produktionszentrum für **Kaschmir** und **Schaffelle** ist, sind diese Güter hier grundsätzlich etwas billiger als in Ulan Bator und bei **Erel Delguur** 12, **Gobi Kaschmir** 13 und **Erdenet Carpet** 14 erhältlich. Beim Postamt gibt es eine ansehnliche Auswahl an Souvenirs.

Eisangler im Selenge-Aimag

Bulgan-Aimag

Solange der Vater lebt,
lerne Menschen kennen,
Solange das Pferd stark ist,
reise und lerne neue Orte kennen.
Mongolisches Sprichwort

Die Landschaft des Bulgan-Aimag (Булган аймар) ist eine Mischung aus trockener Grassteppe im Süden, ausgedehnten Nadelwäldern im Norden und Getreide- und Gemüseanbaugebieten in den fruchtbaren Flußtälern des Selenge. Die bis zu 2058 Meter hohe **Gebirgskette des Burengiin nuruu** gliedert den Aimag in zwei Regionen. Sein Waldreichtum ermöglicht eine bescheidene Holzindustrie. Im nördlichen, bewaldeten Teil des Aimags leben zahlreiche Wildtiere, darunter Elche, Bären, Moschus, Rehe, Wildschweine, Murmeltiere und Luchse. Im saftigen Grasland im südlichen Aimag und an Waldrändern wächst eine große Vielfalt an Wildblumen, Beeren und medizinischen Kräutern – Heidelbeeren, Pfingstrosen, Wegerich, Sanddorn, Beifuß und wilder Thymian, um einige zu nennen. Die fruchtbaren Weiden sind ideal für die Viehzucht, über eine Million Tiere ernähren sich davon. Der Bulgan-Aimag ist landesweit für die beste fermentierte Stutenmilch (Airag) und die schmackhaftesten Wildbeeren bekannt.

Bulgan ist auch historisch ein interessanter Ort, denn vor allem im südlichen Teil gibt es zahlreiche wissenschaftlich bedeutende **Hirsch- und Menschensteine** (siehe Seite 224) und megalithische Gräber. Die Bulganer sind größtenteils Khalkha-Mongolen. Der nördliche Teil ist jedoch mehrheitlich von Burjaten bewohnt. Die Kupfermine in Erdenet zog ferner viele Russen hierher.

Der Bulgan-Aimag ist kaum auf Touristen eingestellt, es gibt nur wenige Jurtencamps. Der nördliche Teil um Eg Tarvagtain Belcher ist ein herrlich unberührtes und bewaldetes Gebiet, das nur mit dem Pferd zu bereisen ist. Bulgan verspricht deshalb eine abenteuerliche Reise, fernab von gekennzeichneten Wanderwegen.

Bulgan-Stadt

Es lohnt sich, die holprige Piste von Erdenet über Bugat (Бугат) nach Bulgan-Stadt zu nehmen. Auf der 40 Kilometer langen Strecke wird man mit wunderschönen Ausblicken, verwunschenen Nadelwäldern und farbenprächtigen Wildblumenwiesen belohnt. Kurz vor Bulgan steht eine **türkische Stele** aus der Zeit von 552 bis 630 nach Christus. Dieser ein Meter hohe Grabstein ist als Zuun Turuuniy Khun chuluu bekannt.

Überraschend am **Aimagzentrum Bulgan-Stadt** (Bulgan khot/Булган хот) sind die vielen Blockhäuser und das Fehlen von Jurten. Die kleinen Holzhäuser mit den buntangemalten Fensterrahmen und Türen erinnern an Sibirien.

Der Bulgan-Aimag im Überblick

Fläche: 48 700 km²
Einwohner: 62 800, 1,3 pro km²
Ethnische Gruppen: Khalkha, Burjaten, Russen
Aimagzentrum: Bulgan-Stadt
Entfernung von Ulan Bator: 318 km
Durchschnittstemperaturen: –16 °C, Juli +16,3 °C, Januar –21,3 °C
Jahresniederschlag: 344 mm

[220] Bulgan-Aimag

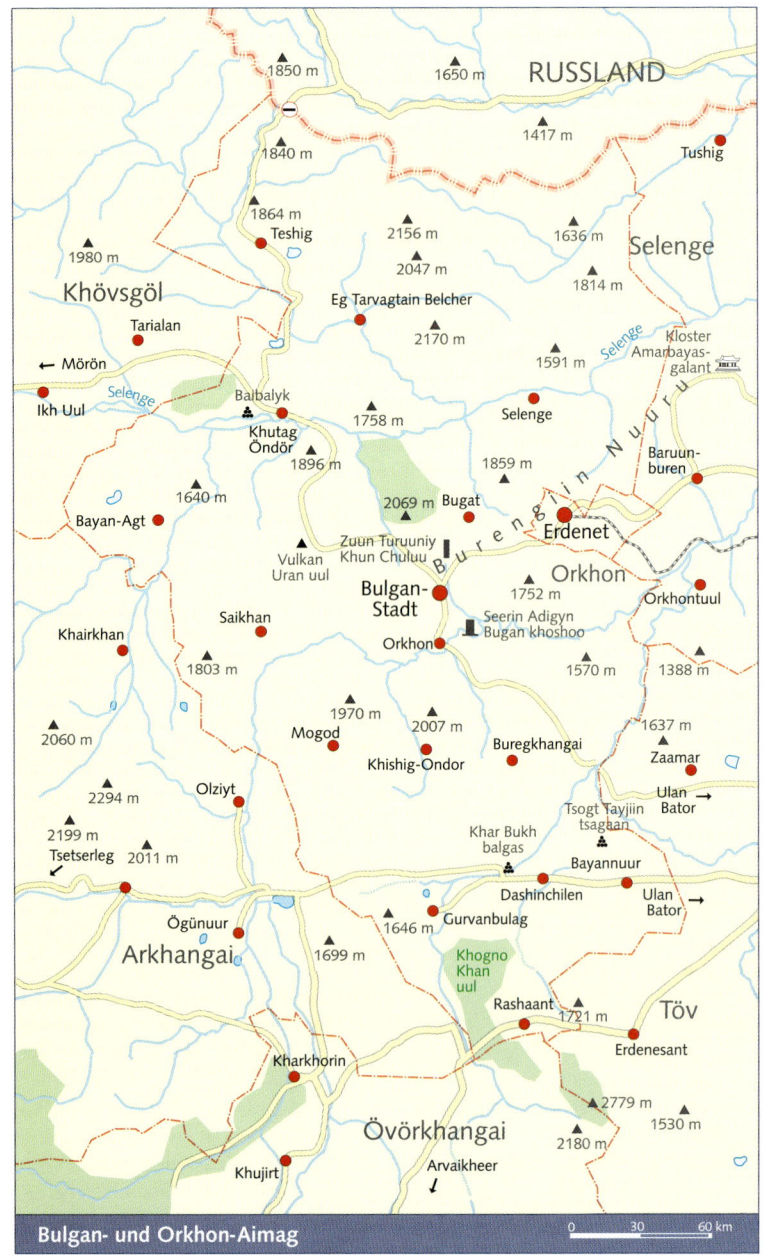

Bulgan- und Orkhon-Aimag

Bulgan-Stadt-Informationen

Vorwahl: 01342.
Mobiltelefonempfang, internationale Telefonverbindung, Internet, Postamt, Banken, öffentliche Duschen.

Bulgan hat erstaunlicherweise eine große Anzahl an Hotels:
Bulgan, Tel. 96345555; 5–10 Euro/Zimmer. Dunkles Restaurant, Zimmer mit/ohne Dusche, jedoch mit WC.
Hotel Khantai, Tel. 99553852; 4–10 Euro/Person. Familienhotel mit heißem Wasser, geteilte Dusche/WC, TV in allen Räumen.
Venera, Tel. 99080944; 15–20 Euro/Zimmer, mit Bad und TV. Brandneu, einladende Zimmer und gemütliches Café.

Touristencamp Anag Tur; 11 Euro/Person. Ungefähr 13 Kilometer nordwestlich von Bulgan wunderschön inmitten einer Wiese gelegen. Von hier aus können Reittouren mit Nomaden organisiert werden.

Bulgan wurde 1938 gegründet, und inzwischen leben rund 12000 Einwohner hier. Die Stadt ist von Ulan Bator und Erdenet auf guter Straße erreichbar. 468 Kilometer liegen zwischen Ulan Bator und Bulgan und 68 Kilometer zwischen Erdenet und Bulgan. Bulgan bietet dem Reisenden einen idealen Zwischenhalt auf dem Weg nach Khövsgöl und ist auch mit dem Bus von Erdenet erreichbar. Die umliegenden Gebiete weisen eine Vielfalt an medizinischen Kräutern auf. Einige davon können bei der örtlichen Apotheke gekauft werden – ›5 Salaa‹ hilft bei Darmproblemen oder ›Tsarvan‹ bei Halsweh. Die Apotheke gibt gern weitere Auskunft.

Der große Stolz der Stadt ist das **Mausoleum von Khatanbaatar Magsarjav**. Das Mausoleum liegt einen Kilometer südwestlich der Stadt auf einem Hügel. Khatanbaatar Magsarjav wird als Nationalheld verehrt, da er 1921 als Oberbefehlshaber die Garnison des Weißgardisten Baron von Ungern in Bulgan besiegte. Sein Name wurde jedoch vorher schon gefeiert, nachdem er 1912 Khovd von den Chinesen befreit hatte.

Das **Ethnographische Museum** zeigt eine kleine, aber interessante Ausstellung landwirtschaftlicher Utensilien, wie Sättel und Tierhauttaschen für die Fermentierung der Stutenmilch, und ein paar Kuriositäten. Auf den im Bulgan-Aimag geborenen Kosmonauten J. Gurragschaa (geb. 1947) wird in einer Dokumentation eingegangen.

Ein kleines Juwel ist das **Kloster Dashchoinkhorlon**. Es liegt drei Kilometer außerhalb von Bulgan, ein Spaziergang dorthin lohnt sich. Das schmucke Kloster fiel in den 30er Jahren ebenfalls den Repressionen zum Opfer. Es wurde 1992 wieder aufgebaut, inzwischen leben 30 Mönche hier.

Uran uul und Khutag Öndör sum

Der erloschene **Vulkan Uran uul** (Уран уул) liegt ungefähr 60 Kilometer westlich von Bulgan Richtung Mörön. Der Vulkankegel ist der größte der Mongolei und liegt perfekt geformt in einer Ebene.

Kloster Dashchoinkhorlon

Sein Krater ist 600 Meter breit und 50 Meter tief und gehört zum 1600 Hektar großen **Urantogoo-Tulga-Naturreservat**. Zwölf Kilometer weiter südlich liegen die ebenfalls erloschenen Vulkane Tulga, Togoo und Jalavch uul.

Am Fuße des Vulkans gibt es ein komfortabel eingerichtetes Jurtencamp mit heißen Duschen. Bis Mitte Oktober benutzen viele Nomaden dieses Gebiet als Sommerlager. Pferdetrips mit Nomaden können arrangiert werden. Das Naturreservat eignet sich auch hervorragend für mehrstündige Wanderungen.

Noch etwas weiter Richtung Mörön findet man die historisch bedeutenden Relikte der **Uigurenstadt Baibalyk** aus dem 8. Jahrhundert nach Christus. Sie liegt am Selenge-Fluß, rund zehn Kilometer westlich von **Khutag Öndör**. Die Inschrift einer Stele weist darauf hin, daß die Stadt auf Geheiß eines Uiguren-Fürsten errichtet wurde. Spuren von früheren Bewässerungssystemen lassen sich noch heute erkennen.

Khutag Öndör bietet einige Übernachtungsmöglichkeiten. Bei der Orkhon-Brücke, zehn Kilometer östlich der Stadt, gibt es ein neues Gasthaus in der Nähe des Flusses in idyllischer Lage.

Im Norden des Bulgan-Aimags

Der nördliche Teil des Aimags in den Gebieten um **Eg Tarvagtain Belcher** und **Teshig** ist mit seinen Wäldern, Flüssen und Bergen landschaftlich wunderschön und ideal zum Wandern, Reiten und Campen. Die Straßen in dieser Region sind sehr schlecht, und es empfiehlt sich, mit dem Pferd zu reisen. Dieses Gebiet liegt abseits des Touristenstroms, und es gibt deshalb auch keine Jurtencamps.

Diese Region wird vor allem von Burjaten bewohnt, einem Volk südsibirischen Ursprungs, das insbesondere in der Teilrepublik Burjatien der russischen Föderation lebt. Die Burjaten waren einst Hirtennomaden im Osten und Ackerbauern im Westen des Baikalsees. Man schätzt, daß es eine halbe Million Burjaten gibt, die in der Mongolei, in Rußland und im Nordwesten der Mandschurei leben.

Im Süden des Bulgan-Aimags

Der südliche Teil des Bulgan-Aimags ist vor allem wegen seiner historischen Stätten bedeutend. 20 Kilometer südlich von Bulgan befindet sich eine Ansammlung von sieben **Hirschsteinen**, bekannt als Seeriyn Adigyn Bugan Khoshoo. Bei einigen sind Bilder von gemeißelten Hirschen, Rentieren und anderen Tieren noch klar erkennbar. Die Hirschsteine, so nimmt man an, dienten als Grabsteine. Sie werden in die Bronzezeit datiert.

Zwölf Kilometer westlich von Dashinchilen liegen die **Ruinen eines Forts** aus der Kitanperiode, bekannt als Khar Bukh balgas. Das Reich der Kitan bestand aus einem Verband aus Stämmen von nomadischen Völkern, vorwiegend mongolischen, das vom 7. Jahrhundert bis zum Anfang des 12. Jahrhunderts existierte. In seiner Blütezeit reichte es von Korea bis in die westliche Mongolei. Während der Kitanperiode begannen die Menschen Seidenraupen zu züchten und das Land zu bewirtschaften. Sie produzierten Bilder von historischen Ereignissen, Portraits und dekorative Bilder. Eine wichtige Rolle in ihrer Kultur nahmen auch Dichtung, Tanz und Musik ein. Unter dem Adel waren Buddhismus, Konfuzianismus und der Taoismus weit verbreitet. Das Schamanentum spielte jedoch weiterhin eine dominierende Rolle beim Volk. Das Reich wurde um 1125 von den mandschurischen Jurchen vernichtet. Die nach Westen geflüchteten Überlebenden gründeten zwischen 1129 und 1141 das Reich der Kara Kitai, das 1218 von den Mongolen erobert wurde.

Etwa 35 Kilometer nordöstlich von Dashinchilen findet man die **Überreste des Palastes Tsogt Tayjiin Tsagaano von Tsogt Tayj** aus dem 17. Jahrhundert. Er gehörte zu den wenigen Adligen der Khalkha-Mongolen, die für die Einigung der mongolischen Stämme eintraten und sich für einen gemeinsamen Kampf gegen die mandschurischen Eroberer einsetzten; Bemühungen, die ohne Erfolg blieben. Aus seinem Siedlungsgebiet vertrieben, wurde er einer der mongolischen Adligen, die sich als militärische Heerführer aktiv am Kampf der verschiedenen Schulen des tibetischen Buddhismus um die Vormachtstellung in Tibet beteiligten. Als Vertreter der alten Schulen, der ›Rotmützen‹ wurde er von den oirat-mongolischen Truppen unter Gushri Khan, der für die reformierte Gelugpa-Schule, die ›Gelbmützen‹ kämpfte, vernichtend geschlagen. Tsogt Tayj war aber nicht nur Feldherr, er zählte zu den gebildeten Adligen seiner Zeit. Er gründete mehrere Tempel, übersetzte buddhistische Schriften und schrieb Gedichte. Bis heute erhalten sind Verse, die er in einen schwarzen Stein meißelte.

Einfangen von Pferden

Hirschsteine und Menschensteine

Über den Ursprung und die Bedeutung der Hirschsteine wird viel debattiert. Man geht davon aus, daß die Hirschsteine auf das Bronzezeitalter und die frühe Eisenzeit zurückgehen, also von 2000 bis 700–300 vor Christus. Die Hirschsteine treten an vielen Plätzen im weiten euroasiatischen Steppengürtel auf, in der Mongolei vor allem im Westen und in den nördlichen Gebieten.

Der Hirschstein ist eine mit spezieller Gravur versehene und vertikal ausgerichtete Steinstele. Die Oberfläche ist aufgeteilt in drei Teile. Der oberste ist meistens mit größeren oder kleineren Ringen versehen, während der untere Teil weitere geometrische Formen aufweist. Dazwischen sind liegende Hirsche, gelegentlich auch andere Tiere, mit überlangem Hals, hohem Widerrist, kurzen Schwänzen und langen Beinen dargestellt. Das Geweih ist lang und weit verästelt gestaltet.

Es gibt verschiedene Theorien über den Ursprung der Hirschsteine. Mehrheitlich werden sie mit der frühskythischen Kultur, die in Tuwa und in der gesamten Altai-Sajan-Region nachzuweisen ist, in Verbindung gebracht. Einig ist man sich auch darüber, daß die Hirschsteine von nomadischen Völkern stammen und daß sie Grabstätten von Stammesoberhäuptern und anderen einflußreichen Personen markieren.

Die Steine sind drei bis fünf Meter hoch und gewöhnlich 50 bis 60 Zentimeter dick. In der Mongolei gibt es mehr als 500 Hirschsteine.

In den Fundregionen war der Hirsch ein überlebenswichtiges Tier. Die Menschen töteten sie für Pelz, Fleisch und Horn. Da ein Hirsch einem Menschen nie Schaden zufügt, war er über lange Zeit ein hochgeachtetes und symbolisches Tier.

Menschenstein mit Gürtel und Trinkbecher

Hirschstein im Övörkhangai-Aimag

Die Menschen glaubten an Totem, Ahnentiere, und der Hirsch symbolisierte den Geist ihres Schöpfers.

Neben den Hirschsteinen gibt es auf dem Gebiet der Mongolei zahlreiche andere sichtbare Hinweise auf frühzeitliche Grabstätten. Häufig anzutreffen sind die meist rechteckigen, nach Osten ausgerichteten Tafelgräber und Menschensteine. Die steinernen Standbilder, nimmt man an, gedenken Stammesführern, Würdenträgern oder Militärführern. Die ältesten werden in die Hunnenperiode (300 vor Christus bis 100 nach Christus) datiert, während andere dem türkischen Reich (6. bis 8. Jahrhundert) und der Uigurenperiode (8. bis 9. Jahrhundert) zugeordnet werden. Die alttürkischen Grabsteine, auch ›Babal‹ genannt, sind weit verbreitet. Es gibt 400 in der Mongolei. Die Statuen sind meist stehend dargestellt. Häufig halten sie einen Trinkbecher in der Hand. Sie sind mit einem Deel bekleidet, der von einem Gürtel umfaßt wird. Auf der rechten Seite tragen die Figuren Dolch und Täschchen. Viele dieser Menschensteine sind ohne Kopf. Niemand kann mit Bestimmtheit sagen, wann und warum sie geköpft wurden. Einige vermutet, daß bei Eroberungen der siegreiche Stamm die Stammesväter des Unterlegenen schändete, als Demonstration der Macht, aber auch aus Furcht vor dem Ahnengeist der Besiegten.

Erdenet

Der Orkhon-Aimag (Орхон аймаг) ist ein eigenständiger Aimag innerhalb des Bulgan-Aimags mit Erdenet (Эрдэнэт) als Zentrum. Erdenet ist die zweitgrößte Stadt der Mongolei mit 75 000 Einwohnern und liegt auf 1300 Metern Höhe in einem Tal, umgeben von bewaldeten Hügeln. Die Distanz von Ulan Bator nach Erdenet beträgt 371 Kilometer und von Darkhan 180 Kilometer. Erdenet mutet mit vielen Läden, Restaurants und Hotels etwas moderner an als Darkhan. Die meisten Geschäfte und Hotels befinden sich auf der Sükhbaatar-Straße. Erdenet bedeutet in der mongolischen Sprache ›wertvoller Schatz‹. Der Name wird mit der Entdeckung eines riesigen Kupferlagers in den 50er Jahren durch tschechische und russische Geologen verbunden. Jahrzehnte später, um 1973, unterzeichneten die mongolische und die sowjetische Regierung ein Abkom-

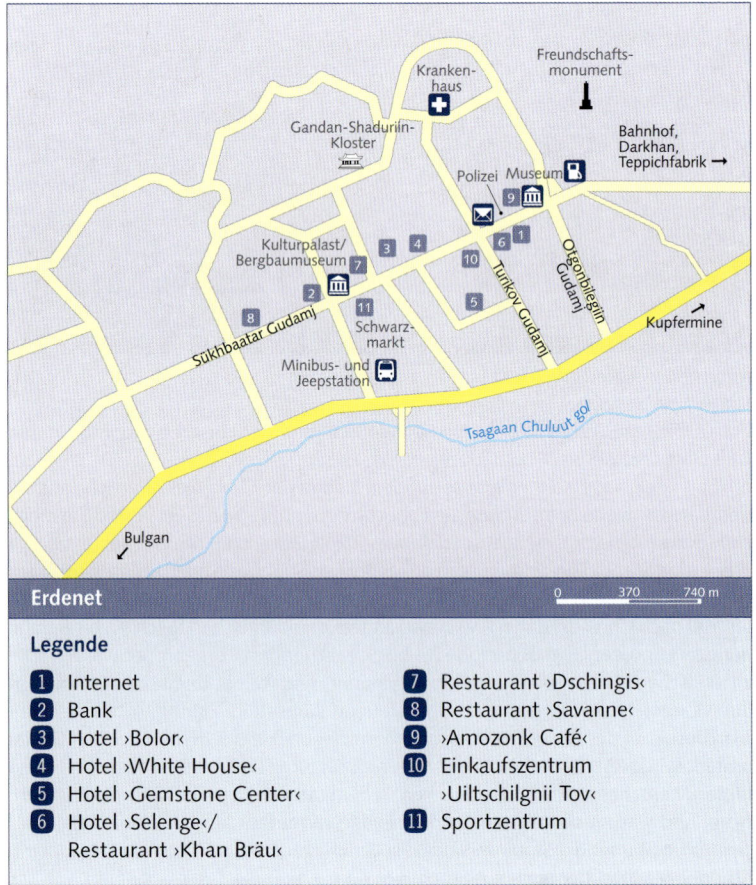

Erdenet

Legende

1. Internet
2. Bank
3. Hotel ›Bolor‹
4. Hotel ›White House‹
5. Hotel ›Gemstone Center‹
6. Hotel ›Selenge‹/ Restaurant ›Khan Bräu‹
7. Restaurant ›Dschingis‹
8. Restaurant ›Savanne‹
9. ›Amozonk Café‹
10. Einkaufszentrum ›Uiltschilgnii Tov‹
11. Sportzentrum

Hirtenjunge im Bulgan-Aimag

men über die Gründung der **Erdenet-Kupfermine**. Die Mine zog viele Arbeiter und Experten insbesondere aus Rußland an. Die Stadt hat dadurch ihre Gründung der Kupfermine zu verdanken. Erdenet stand von Anfang an stark unter dem Einfluß der Russen. Noch 1985 lebten doppelt so viele Russen wie Mongolen in Erdenet. Heute sind es noch zehn Prozent. Seit 1977 führt auch die Eisenbahn von Darkhan nach Erdenet und verbessert den Exportweg nach Rußland.

Die Erdenet-Kupfermine ist nicht zu verfehlen. Die Grube hat inzwischen das Maß von 2500 auf 1150 Meter angenommen. Die Mine wurde 1978 erstmals in Betrieb genommen und beschäftigt zur Zeit rund 8000 Angestellte. Im Tagebau werden jährlich 16 bis 24 Tonnen Erz und 2,5 Millionen Tonnen Kupfer gefördert. Durch die Sprengung werden auch Mineralien wie Türkis, Azurit, Bornit, Glimmer frei. Die Mine unterhält auch ihre eigene Maschinenreparatur- und Mineralienverarbeitungsfabrik. Die Minenangestellten kommen in den Genuß eines eigenen Krankenhauses, Ferienzentrums, Kulturzentrums, Sportkomplexes und Kindertagesstätten. Man schätzt, daß die Kupfermine in 30 Jahren ausgeschöpft sein wird.

Ein Name fällt oft und gerne in Erdenet: Otgonbilegiin Shagdarin. Er war Generaldirektor der Erdenet-Kupfermine von 1988 bis 1998 und als Arbeitgeber sehr beliebt und höchst sozial. Nach dem Zusammenbruch der Sowjetunion, als der Lebensmittelnachschub knapp wurde, kümmerte er sich wie ein Vater um seine Angestellten. Er fand immer ein Stück Fleisch oder Kleider für die Notleidenden. Sein Leitspruch war: »Ich gehe Kämpfen aus dem Weg, aber ich drücke mich nicht vor der Verantwortung.« Sein Leben nahm ein tragisches Ende. Im harten Winter 1999/2000, als viele Nomaden ihre Tiere verloren, brachte er Hilfslieferungen nach Zavkhan-Aimag, seinen Heimatort. Sein Flugzeug stürzte auf dem Hinweg aus ungeklärten Gründen ab. Zu seinen Ehren haben die Einwohner von Erdenet ein Monument gebaut.

Erdenet ist aber auch für seine **Teppichfabrik** bekannt. Die Fabrik ›Erdenet Carpet‹ verarbeitet rohe Schafwolle zu kreativen Teppichen, die die Innenwände der Jurten schmücken. Die Fabrik wurde 1981 eröffnet, verarbeitet jedes Jahr 2000 Tonnen Wolle und beschäftigt über 900 Angestellte. Die Fabrik verfügt über eine Wollwaschanlage, Spinnerei, Färberei und Weberei. Zur Zeit werden vor allem Teppiche produziert, aber auch Filzschuhe, Decken und Souvenirs. Die Preise für die Teppiche bewegen sich um 13 Euro pro Quadratmeter. Es ist auch möglich, einen Teppich nach einem Bild von Hand produzieren zu lassen. Diese Exklusivität kostet 5500 bis 7000 Euro pro Quadratmeter. Mit Voranmeldung ist eine Besichtigung möglich.

Am Eingang der Stadt befindet sich das **Freundschaftsmonument**, ein Zeichen für die mongolisch-russische Freundschaft. Das Monument wurde 1984 errichtet. Eine interessante Ausstellung über die Geschichte des Bergbaus befindet sich im **Bergbaumuseum** im Kulturpalast.

Erdenet-Informationen

Vorwahl: 01352.
Mobiltelefonempfang, internationale Telefonverbindung, Internet , Postamt, Banken .

Erdenet ist bequem von Darkhan mit dem Zug erreichbar, die Strecke führt durch eine malerische Landschaft. Fahrtdauer Erdenet–Ulan Bator: 11 Std., 20 300 Tg.

Eine Vielzahl an Bussen, Mikrobussen und Taxis fahren von Erdenet zu anderen Aimagzentren.
An der **Busstation beim Schwarzmarkt** sind jeweils Preis und die Art des Fahrzeuges angegeben. Die Abfahrtszeiten variieren und sind meistens dann, wenn der Bus gefüllt ist. Am besten ist es, sich morgens am Stationsschalter zu informieren. Der Fahrkartenschalter ist ab 8.30 Uhr geöffnet. Untenstehend eine Übersicht der Destinationen von Erdenet.
Ulan Bator, Bus (11 000 Tg),
Mikrobus (11 000 Tg),
Taxi (18 000 Tg).
Xotol Xoroo, Bus (4500 Tg),
Taxi (4500 Tg).
Darkhan, Mikrobus (6000 Tg).
Mörön, Mikrobus (20 000 Tg).
Bulgan, Taxi (4500 Tg).
Bugat sum, Taxi (6000 Tg).
Teshig sum, Taxi (10 000 Tg).
Khutag Öndör, Mikrobus (10 000 Tg).
Tsetserleg (Arkhangai-Aimag),
Taxi (16 000 Tg).
Uliastai (Zavkhan-Aimag),
Taxi (30 000 Tg).
Ulaangom (Uvs-Aimag),
Taxi (40 000 Tg).

Erdenet verfügt über eine Vielzahl an Hotels entlang der Haupteinkaufsstraße Sükhbaatar Gudamj. Derzeit erscheinen immer wieder neue zu Pensionen umgebaute Wohnungen in der Preisklasse von 5–8 Euro.
Hotel Bolor , Tel. 253 61; 5–12 Euro, mit oder ohne Bad. Einfaches sauberes Hotel, kann tagsüber für den halben Preis gemietet werden oder auch nur stundenweise.
White House , Tel. 286 49; 18 Euro/Zimmer. Einladendes Hotel mit gutem Restaurant, Bar und Sauna. Zimmer mit Telefon, TV, Dusche und Minibar.
Gem Stone Center ⑤, Tel. 99/35 21 31, 99/68 40 25; 15–40 Euro (Standard bis Luxus). Brandneues Hotel, Restau-

rant mit asiatisch-europäischer Küche, Bar und Billard.
Selenge 6, Tel. 273 59, selenge@ersen.mn; 10–30 Euro inkl. Frühstück. Alle Zimmer mit Dusche und TV. Ältestes Hotel in Erdenet, seit 1978, zentral gelegen, mit Restaurant, Bar, Sauna und Konferenzsaal.

Restaurant Dschingis 7, Tel. 274 00. Elegantes Restaurant mit einer guten Auswahl an Gerichten. Gute Salatküche.
Khan Bräu 6. Pendant zum ›Khan Bräu‹ in Ulan Bator, gutes Bier und deutsche Küche.
Savann 8. Beliebtes chinesisches Restaurant.
Amozonk Café 9, Tel. 236 82. Gute westliche Küche.

Führung durch die **Kupfermine** nur mit Erlaubnis; einzuholen beim Verwaltungsgebäude, Tel. 013 52/735 01, www.emc.erdnet.mn.
Bergbaumuseum, im 2. Stock des Kulturpalastes.
Besichtigung der **Teppichfabrik** nach Voranmeldung, Tel. 013 52/201 11, www.erdcarpet.com.

Einkaufszentrum Uiltschilgnii Tov 10. Kleiner Outdoorausrüstungladen, Souvenirs und wenige Antiquitäten.

Sportzentrum 11. Tolles Schwimmbad, Sauna, Massage, Sporträume; geschlossen 10. Juli–20. Aug., für die Öffentlichkeit nur sonntags zugänglich!

Khövsgöl-Aimag

In einem guten Wort
ist für drei Winter Wärme,
ein böses Wort verletzt
wie sechs Monate Frost.
               Mongolisches Sprichwort

Der Khövsgöl-Aimag (Хөвсгөл аймаг) streckt sich wie eine Zunge in das südliche Sibirien hinein. Die Besucher sind oft überrascht, daß die Mongolei nicht nur aus Wüste und Steppe besteht. Die über 100 000 Quadratkilometer umfassen **ausgedehnte Taigawälder**, Hochgebirgszüge, kristallklare Seen, Flüsse und im Süden Steppengebiete. Khövsgöl ist die **nördlichste Provinz der Mongolei** und grenzt an Sibirien und an die Tuwa. Es gilt als das stärksten bewaldete Gebiet der Mongolei mit weitreichenden Birken-, Lärchen- und Kieferbeständen. Einige Bäume erreichen eine stattliche Höhe von bis zu 40 Metern.

Durch die unterschiedlichen Vegetationszonen ist der Aimag überaus reich an Wildtieren, die Liste ist lang und exotisch. Rothirsche, Moschus, Argalischafe, Steinböcke, Schneeleoparden, Braunbären streifen durch die unberührte Natur. Und viele Vögel und Fische finden an den zahlreichen Gewässern von Khövsgöl den idealen Rastplatz und Lebensraum.

Fern von jeglicher Zivilisation blieb die Flora an den meisten Orten intakt. Zahlreiche Arten sind heimisch und lassen das Herz von Pflanzenliebhabern höher schlagen. So finden sich im Aimag verschiedene Arten von Orchideen, Enziane, Strauchrhododendron und gelber Mohn, um einige wenige aufzuzählen.

Khövsgöl-Aimag

Der Khövsgöl-Aimag

Und inmitten dieses Reichtums liegt das Juwel, der **Khövsgöl nuur**. Er ist der größte und tiefste Süßwassersee der Mongolei mit kristallklarem Wasser, das sich im Winter zu einer spiegelglatten Fläche verwandelt. Der See wird auf der Westseite von der **Khoridol-Saridag-Bergkette** flankiert, die mit Gipfeln um 3000 Meter majestätisch und als schier unüberwindbare Grenze anmutet. Nördlich angrenzend erhebt sich die **Sajan-Bergkette** mit dem höchsten Gipfel, dem Mönkhsaridag (3491 Meter). Hinter der Khoridol-Saridag-Bergkette verbirgt sich ein weiteres Naturparadies, die Darkhad-Senke. Sie gilt als die wasserreichste Region der Mongolei mit rund 300 Seen und unzähligen Flüssen und Bächen. Der Khövsgöl-Aimag ist auch für seine heilenden Mineral- und Heißquellen bekannt, die im ganzen Aimag verteilt sind.

Neben einigen verschiedenen ethnischen Minderheiten leben die einzigen Rentierzüchter der Mongolei in den Taigawäldern, die **Tsaatan**. Khövsgöl gilt auch als Heimstätte des Schamanismus. Das Praktizieren der schamanistischen Traditionen hat hier trotz Verfolgung überlebt und wird bis heute weitergegeben.

Das Gebiet um den Khövsgöl-See ist vor allem im Sommer wegen der Sümpfe und Flüsse schwer begehbar und kann

Der Khövsgöl-Aimag im Überblick

Fläche: 100 600 km²
Einwohner: 121 500,
  1,2 Einwohner pro km²
Ethnische Gruppen: Khalkha, Burjaten, Tsaatan, Uriankhai, Darkhad, Khotgoid
Aimagzentrum: Mörön
Entfernung von Ulan Bator: 671 km
Durchschnittstemperaturen: –1,8 °C, Juli +16,9 °C, Januar –23,8 °C
Jahresniederschlag: 234 mm

oft nur mit dem Pferd bereist werden. Trotzdem wurde der Tourismus in den letzten Jahren zur Haupteinnahmequelle. Die Tourismusverantwortlichen sind sehr kreativ und organisieren Veranstaltungen wie das Eisfestival auf dem See im Februar, und im Juli findet ein Sommermarathon um den See statt.

Mörön

Mörön (Мөрөн) ist mit 37 000 Einwohnern die fünftgrößte Stadt und das kälteste **Aimagzentrum** der Mongolei (bis zu –45 °C). Die Stadt liegt auf 1283 Metern Höhe neben dem Fluß Delger Mörön und ähnelt stark einem sibirischen Dorf. Die ausgedehnten Waldbestände lieferten das Baumaterial, und so sieht man fast ausschließlich Blockhütten und sehr selten Jurten.

Mörön ist seit den 1930er Jahren Aimagzentrum und diente vor allem als Handelszentrum zwischen Rußland und der Mongolei. Mörön war jedoch bereits 1890 mit 60 Tempelkomplexen ein wichtiges religiöses Zentrum im Norden. Das **Danzandarjaa-Kloster** ereilte jedoch in den 30er Jahren das gleiche Schicksal wie die meisten: Es wurde fast vollständig zerstört. Ehrgeizige Initiatoren versuchen seit 1990, das Kloster wieder zu seiner einstigen Größe aufzubauen. Früher fanden wichtige Zeremonien statt. Das Kloster war vor allem bekannt für seine großartigen Tsam-Tänze. Einst lebten hier 2500 Mönche, heute sind es ihrer noch 30. Ein Gemälde zeugt von der einstigen Größe des Klosters. Ein Künstler fertigt eigens für das neuerrichtete Kloster Thangkas an. Manchmal ergibt sich die Gelegenheit, ihm bei seiner Arbeit über die Schulter zu schauen. Über den Ursprung ist wenig bekannt, es gibt aber eine Legende darüber: Ein verarmter Fürst hatte einst keine andere Wahl, als seine mongolische Heimat zu verlassen und sich als Schafhirte in Tibet zu verdingen. Nach einer Weile wurde sein neuer Herr von Träumen über den Mann aus der Mongolei heimgesucht. Der tibetische Landbesitzer fragte um Rat beim nächsten Kloster, was denn seine Träume bedeuten mochten. Die Mönche weissagten, daß der mongoli-

Blick auf Mörön

Mörön

Legende

1. Guesthouse ›Gan Oyu‹
2. Guesthouse ›Bata's‹
3. Guesthouse ›Baigali‹
4. Hotel ›Dul‹
5. Hotel ›Gobi‹
6. Hotel ›Javkhlan‹
7. Hotel ›White House‹
8. Restaurant ›Urgee‹
9. Restaurant ›Jargalan‹
10. Restaurant ›Khos Torh‹
11. Imbißstube ›Mongol Buuz‹
12. Supermarkt ›Tes‹
13. ›Souvenir House‹

sche Schafhirt ein sehr frommer Mann sei und einst ein großer religiöser Führer werde. Nachdem er das gehört hatte, ließ der Landbesitzer den Schafhirten sofort frei und gab ihm die Hand seiner einzigen Tochter. Die beiden reisten nach Norden, bis sie sich in Tosontsengel niederließen (südöstlich von Mörön) und aus Dankbarkeit ein neues Kloster gründeten.

Zeremonien finden immer zwischen 9.30 und 18 Uhr statt – Spenden für den Wiederaufbau des Klosters sind willkommen.

Das **Aimagmuseum** ist temporär in den hinteren zwei Räumen des Theaters untergebracht. Es besteht seit 1949, und seither wurden ungefähr 4000 Objekte gesammelt, die jedoch nur teilweise ausgestellt sind. Die Ausstellung ist eine kuriose Mischung aus traditioneller Kleidung, einem Original-Schamanenkostüm, Portraits der ethnischen Minderheiten in Khövsgöl, Mammutstoßzähnen, ausgestopften Tieren, antiken Werkzeugen, Schmuck und Bildern von legendären Persönlichkeiten wie dem größten Mongolen (2,64 Meter).

Auf dem Platz vor dem Theater steht die **Statue von Davaadorj**. Sie wurde um 1966 errichtet und gedenkt des jungen Davaadorj, der 1948, im Alter von nur 22 Jahren, unter mysteriösen Umständen starb. Mit nur 13 Jahren kämpfte er 1939 am Khalkhyn gol an der Seite sowjetischer Truppen gegen die japanische

Invasionsarmee. Für seine mutigen Taten wurde er später von Tsedenbal mit dem Titel ›Held der Mongolei‹ ausgezeichnet.

Eine der besten Bogenschützinnen, Dagzmaa, lebt in Mörön und erteilt Interessierten gerne Unterricht.

Rund 20 Kilometer westlich von Mörön liegt eine der besterhaltenen **Hirschsteinstätten**, Uushigiin Uver. Die Stätte wird von ›Khövsgöl Dalai Eej‹, einer Nichtregierungsorganisation, unterhalten. Kundige geben im Sommer Hintergrundinformationen und können auch Touren zu anderen historischen Orten organisieren.

Mörön hat in den letzten Jahren mächtig aufgeholt, vor allem in touristischer Hinsicht. Inzwischen gibt es ein Touristeninformationszentrum und zahlreiche Unterkunftsmöglichkeiten. Mörön ist bequem mit dem Flugzeug erreichbar und ein idealer Ausgangsort, um die Khövsgöl-Region oder die Darkhad-Senke zu bereisen. Allerdings ist es einfacher, Touren direkt in Khatgal bei einem Guesthouse zu buchen.

Blick auf die Khoridol-Saridag-Bergkette

Mörön-Informationen

Vorwahl: 01382.
Mobiltelefonempfang, internationale Telefonverbindung, Internet, Postamt, Banken, öffentliche Duschen, Sport-Arena.

Touristeninformationszentrum, Tel. 99/382050, huvsgul_info@yahoo.com. Das Zentrum gibt Auskünfte über lokale Busfahrpläne, Unterkünfte, Auto- und Fahrermiete. Das Zentrum selber organisiert und arrangiert keine Touren, gibt aber Informationen darüber, wo Touren gebucht werden können. Es besteht seit 2006 und gewinnt an Professionalität.

Direktflüge von Ulan Bator werden von ›Aero Mongolia‹ und ›Miat‹ angeboten. Der Flugplan variiert ständig, die Flüge finden je nach Jahreszeit drei- bis sechsmal pro Woche statt, www.aeromongolia.com und www.miat.com.

Öffentliche Busse nach Ulan Bator (Fahrzeit 17–24 Std., 25000–30000 Tg) und Erdenet fahren direkt hinter der Tankstelle ab.

Minibusse nach Khatgal und in den Süden des Aimags fahren an der Minibusstation beim Schwarzmarkt ab.

In Mörön gibt es eine reiche Auswahl an Übernachtungsmöglichkeiten in allen Preisklassen.

Guesthouse Gan Oyu ❶, Tel. 223 49, 96 38 18 88, ganoyu_n@yahoo.com; 3,50 Euro/Person inkl. Frühstück, 10 Euro (Luxuszimmer), heiße Dusche 1000 Tg. Im Stadtzentrum, in einer Familienwohnung gelegen, Küche zum Selberkochen. Sehr freundliche Familie, der Ehemann spricht englisch und kann auch Touren organisieren, ganzjährig offen, im Sommer Jurten im Garten.

Guesthouse Bata's ❷, Tel. 91 38 70 80, bata_guesthouse@yahoo.com; 3 Euro/Person inkl. Frühstück. In der Nähe des Schwarzmarkts, 2 Jurten und Haus mit 8 Betten und heißer Dusche.

Guesthouse Baigali ❸, Tel. 938 84 08; 5000 Tg/Peron. Drei Jurten mit 15 Betten, Gäste können ihre eigenen Mahlzeiten kochen, Hilfe bei Transport.

Hotel Dul ❹, Tel. 222 06, www.dul.mn; 10 000–30 000 Tg/Nacht (einfach bis Luxus). Im Stadtzentrum, englischsprechend, führt auch Touristencamp neben dem Hotel ›Gobi‹ auf dem Weg zum Flughafen, Billard, Sauna und Restaurant.

Gobi ❺, Tel. 245 09, 99/38 23 74; 12 000–25 000 Tg (einfach bis Luxus), 8000–12 000 Tg (Jurtencamp). Gehört zum Kaschmirunternehmen ›Gobi‹, in der Nähe des Danzandarjaa-Klosters und auf dem Weg zum Flughafen gelegen, Billard, internationale Telefonverbindung, nebenan zusätzliches Jurtencamp.

Javkhlan ❻, Tel. 214 01, 99 23 53 87; 10 000–12 000 Tg (einfach bis Luxus) inkl. Frühstück. Neubau in der Nähe des Stadtzentrums.

White House ❼, Tel. 212 99, 99/ 38 85 88; 11 Euro (einfach bis Luxus). Zwischen Zirkus und Markt gelegen, Restaurant, Billard, Tischtennis.

Urgee ❽, neben dem Hotel ›Khövsgöl Urgee‹; 900–2200 Tg. Serviert mongolische Gerichte, die besten Khuushuur in der Stadt!

Jargalan ❾; 1000–2200 Tg. Sehr beliebt bei Touristen. Westliche Gerichte, jeden Tag neue Speisekarte, angemessene Preise.

Dul ❿; 1000–2400 Tg. Vorwiegend chinesische Gerichte. Gemäß eigener Aussage wird Gemüse aus eigener Produktion verwendet. Kann am Abend etwas laut sein.

Khos Torh ⓫. Serviert hausgemachtes Bier.

Im September und Oktober sind überall auf der Straße Zirbelnüsse (Samar) von der sibirischen Zirbelkiefer erhältlich, eine schmackhafte, vitaminreiche Zwischenmahlzeit.

Aimagmuseum; Mo–Fr 9–16 Uhr, 1000 Tg.

Hirschsteinstätte Uushigiin Uver, Tel. 99/38 93 97, dalai_eej@yahoo.com. Für den Erhalt der Hirschsteine wird pro Person ein Beitrag von 3000 Tg verlangt.

Supermarkt Tes ⓭. Gute Auswahl an Lebensmitteln.

Der **Schwarzmarkt** von Mörön soll der größte neben Ulan Bator sein. Ein Bummel durch das bunte Gemisch an Waren und Lebensmitteln lohnt sich auf jeden Fall.

Souvenir House (Khövsgöl Badral Cooperative) ⓮, gegenüber dem Hotel ›Dul‹. Handgemachte Souvenirs, Filzprodukte, Bilder und traditionelle Kleidungsstücke.

Südlich von Mörön

Die Landschaft südlich von Mörön geht in eine sanfte Steppenlandschaft über, wo Schafe und Ziegen friedlich weiden. Rund 50 Kilometer südlich von Mörön und etwas östlich von Tömörbulag, dort wo die Flüsse Ider, Selenge, Delger Mörön, Bugsei und Chuluut zusammenkommen, liegt das Fischerparadies Olon Golyn Belchin, auch als **Fünfflußdelta** bekannt. Für Unterkunftsmöglichkeiten sorgen Jurtencamps.

Eine weitere Sehenswürdigkeit ist der abflußlose **Salzsee Sangijn Dalaj nuur** in rund 1890 Meter Höhe. Der See liegt südwestlich von Mörön, an der Grenze zum Zavkhan-Aimag, und ist 32 Kilometer lang, 13 Kilometer breit und 30 Meter tief. Er entstand durch ein Erdbeben, da er direkt neben einer Verwerfungslinie liegt. Das Gewässer wird von einer großen Anzahl an verschiedenen Vögeln bevölkert. Bis jetzt gibt es noch keine Jurtencamps.

Khövsgöl nuur

»*Eis, das mit immenser Kraft ans Seeufer in eine Reihe von Formationen gedrängt wurde, mit Rauhreif bedeckt und mit transparenten Eiskristallen behangen. Ein außerordentlich phantastisches Bild. Die Eisformationen standen da wie Wache stehende Soldaten vor dem Palast der Eiskönigin, ihn vor unbekannten Eindringlingen schützend. Nur das Geräusch von Pferdehufen, die an den bizarren Eisformen widerhallten, unterbrachen die tiefe Stille. Manchmal hörten wir hinter uns das Eis mit einem langen klagenden Laut springen.*«

*Henning Haslund,
Secret Mongolia, 1934*

Der **Khövsgöl-nuur-Nationalpark** (Хөвсгөл нуур) ist von atemberaubender Schönheit: 70 000 Quadratkilometer pure Natur, durchzogen von Stränden, Lagunen, steilen Felswänden, nackten Berggipfeln und Taigawäldern. Die Wiesen sind im Sommer von einem zarten Blumenteppich überzogen. Die Bäume, die sich durch den harschen Wind in alle Richtungen verrenkt haben, stehen da wie Skulpturen in der Landschaft. Stürmische, eiskalte Winde frieren im Winter den See zu und machen ihn zu einem riesigen Spiegel. Jeder, der hier auf Besuch ist, nimmt ein Stück davon in seinem Herzen nach Hause und erinnert sich dort daran, wie er mit dem Pferd durch die würzig riechenden Nadelwälder streifte, kniehoch in einer Wildblumenwiese stand, frisches Yak-

Blick auf den Khövsgöl-See

[236] Khövsgöl-Aimag

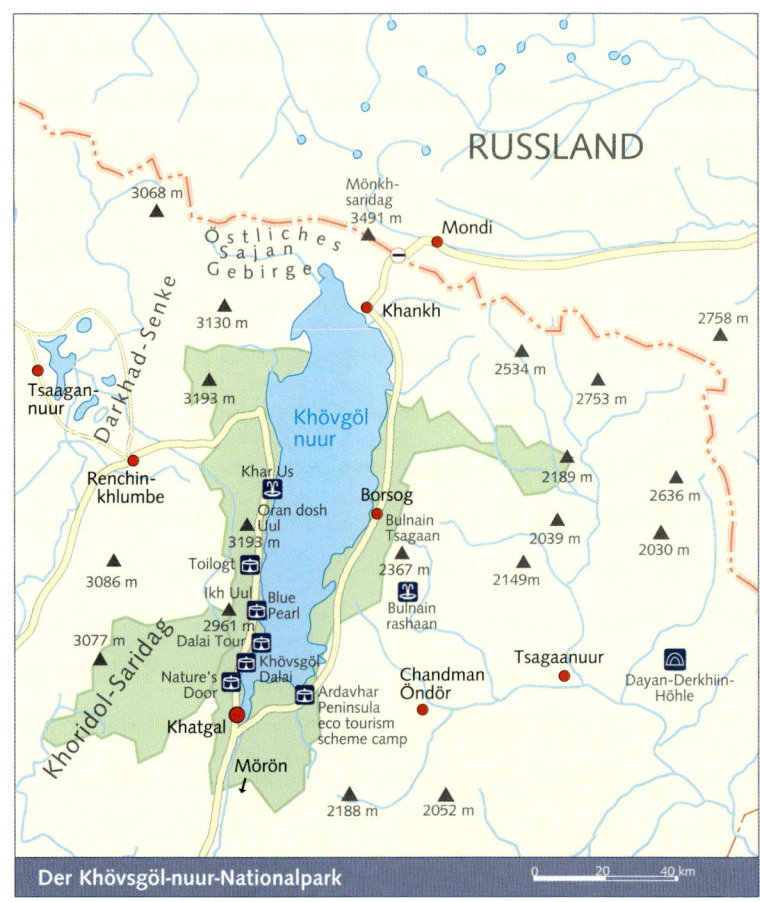

Der Khövsgöl-nuur-Nationalpark

milchyoghurt kostete und an den Ufern des Khövsgöl-Sees entlangspazierte. Holprige Fahrten sind schnell vergessen, und es fällt nicht schwer, sich der Gemächlichkeit des Lebens und der Einsamkeit hinzugeben.

Das mongolische Umweltministerium erklärte das Gebiet 1992 zum Nationalpark. In seinem Herzen liegt der kristallklare, bis zu 262 tiefe **Khövsgöl-See** mit 2760 Quadratkilometern: 134 Kilometer lang und 39 Kilometer breit. Der See gehört zum Baikaltriftsystem, das sich von der Mongolei bis nach Čita in Sibirien erstreckt. Auf der Westseite erheben sich die schroffen Gipfel der Khoridol-Saridag-Bergkette bis auf 3000 Meter.

Die Lagunen sind wichtige Habitate für Wasservögel, während Wildschweine und fünf verschiedene Arten von Hirschen an den Rändern der Lärchenwälder und Alpenwiesen beheimatet sind. Der Schneeleopard ist der König der Berge, er hat meist oberhalb der Baumgrenze sein Revier. Leider ist er inzwischen durch Wilderei vom Aussterben bedroht. Auf seinem Speiseplan stehen das Argalischaf und der asiatische Steinbock, die sich beide ebenfalls in höheren Lagen aufhalten. Auch sie sind inzwischen vom Aussterben bedroht. Deshalb wurden die Khoridol-Saridag-Bergkette und andere Teile des Nationalparks zum strenggeschützten Gebiet erklärt. Der Park bietet sich auch hervorragend zur Vogelbeobachtung an. Im Khövsgöl-Aimag gibt es rund 245 verschiedene Vogelarten.

Khövsgöl-nuur-Informationen

Nationalparkschein: erhältlich beim Eingangsposten oder beim Besucherzentrum in Khatgal, 3000 Tg/Gruppe, für 14 Tage gültig.
Grenzzonenschein: Wer näher als 100 km zur russischen Grenze geht, braucht eine Grenzzonenerlaubnis. Patrouillierende Grenzwächter können das Papier jederzeit verlangen; es ist schon vorgekommen, daß Touristen ohne Erlaubnis nach Mörön zurückgeschickt wurden. Am einfachsten ist es, die Erlaubnis über ein Guesthouse in Khatgal einzuholen. Dies dauert allerdings zwei Tage. Oder aber man tut es selber über das Touristeninformationszentrum in Mörön (9000 Tg/Gruppe).
Zusätzlich sollte man sich unbedingt bei den lokalen Administrationen in den Sumzentren wie Tsagaanuur oder Khankh melden und die Erlaubnis unaufgefordert vorzeigen. Wichtig ist, daß man immer den Paß dabeihat.

Am südwestlichen Ende des Sees gibt es eine **Vielzahl an Ger Camps**, die alle direkt am See liegen. Die Camps werden meistens nicht von Einheimischen geführt und sind deshalb für Tourenorganisationen weniger erfahren als die Guesthouses. Die Preise der Jurtencamps variieren von 18 bis 30 Euro. In diesem Betrag sind drei Mahlzeiten inbegriffen. Alle Camps verfügen über Strom, fließendes Wasser, Toilette und Dusche.
Toilogt, Tel. 11/46 03 67, www.hovsgol travel.com.
Blue Pearl, Tel. 99 11 78 08, www.blue pearltour.com.
Nature's Door, Tel. 11 34 19 42, www. naturesdoor.mn.
Dalai Tour, Tel. 11/36 56 88, www. montravels.com.
Khövsgöl Dalai, Tel. 11 35 01 45, www.huvsguldalai.mn.
Ardavhar Peninsula eco tourism scheme camp, Tel. 265 24, translation@ mongoliaservice.com, uka15@yahoo. com; 22 Euro inkl. drei Mahlzeiten. Bisher einziges Camp auf der anderen Seite, am südöstlichen Ende. Es wird von Einheimischen unterhalten und liegt direkt am Ufer. Die Leiter bieten auch Touren an, unter anderem Wildblumenexkursionen.

Einige Einheimische werden speziell als **Nationalparkführer** ausgebildet. Sie haben alle einen Ausweis, kennen sich sehr gut im Gebiet aus und wissen über die Notwendigkeit Bescheid, den Nationalpark nachhaltig zu schützen. Ein Pferdetrekkingführer kostet zwischen 5000 und 10 000 Tg/Tag, englischsprechende 15 000 Tg.

Auch die Pflanzenwelt ist überraschend vielfältig. Wer vom Seeufer bis hinauf ins Hochland wandert, findet von Mohnblumen über Sumpfdotterblumen, Anemonen, Orchideenarten, Strauchrhododendron und Enzianen eine lange Liste an Wildblumen und Kräutern. Und wildwachsende Beeren und Zwiebeln geben eine köstliche Zwischenmahlzeit. Viele der Pflanzen werden auch zu medizinischen Zwecken gesammelt.

Der See und die Flüsse sind beliebte Orte zum Angeln. Im Khövsgöl-See gibt es unter anderem den Baikal-Omul, Umberfische, Sibirische Plötze und eine einheimische Äschenart. Angeln ist allerdings nur mit einem Angelschein erlaubt, der bei der lokalen Administration oder bei den Ranchern eingeholt werden kann. Die Gebühr beträgt für zwei Tage 4,50 Euro, Sperrfrist ist zwischen dem 1. April und dem 25. Juni. Wer nach den raren Taimen fischen möchte, braucht eine Spezialerlaubnis vom Umweltministerium in Ulan Bator. Die über einen Meter langen Fische leben in den Flüssen der Darkhad-Senke.

Die **Westseite** des Sees ist allgemein beliebter, weil der Pfad am See entlangführt und die hohen Berge herrliche Ausblicke bieten. Im Sommer ist jedoch der Weg am Seeufer entlang nur teilweise befahrbar.

Die **Khoridol-Saridag-Bergkette** ist der südöstliche Ausläufer des Ostsajan-Gebirges mit Gipfeln über 3000 Meter. **Ikh uul** (2961 Meter) und **Oran Dosh uul** (2793 Meter) sind von den Jurtencamps erklimmbar und geben einen herrlichen Ausblick über den Nationalpark. Es empfiehlt sich jedoch, nur mit einem Führer zu gehen.

Die sumpfige **Ostseite** ist im Sommer mit dem Auto gänzlich unpassierbar, sie bietet jedoch einen hervorragenden Blick auf das Khoridol-Saridag-Bergkette, die sich an vielen Tagen klar im Wasser spiegelt.

Der östliche Teil des Sees ist besonders schön für Pferdetrekkings, da er flacher als die Westseite und größtenteils bewaldet ist. Die Bäume spenden Schatten in der Sommerhitze. Diese Seite ist mit Höhlenmalereien angefüllt, die jedoch oft nur unter kundiger Führung gefunden werden können.

Khar Us

Rund 65 Kilometer nördlich von Khatgal am Westufer befindet sich die **Mineralquelle Khar Us**, die für ihre Heilwirkung in der ganzen Mongolei bekannt ist. Die Quelle entspringt einem großen Fels und strömt in mehreren kleinen Bächen in den See. Jeder der Bäche hat eine Heilwirkung auf ein bestimmtes Körperteil.

Khankh

Der Ort Khankh (Ханх) liegt am nördlichen Ende des Khövsgöl-Sees, nur 20 Kilometer von der russischen Grenze entfernt (Achtung: Grenzzonenschein notwendig!).

Im Sommer ist das Dorf nur mit dem Pferd oder per Boot erreichbar. Es gibt jedoch eine Straße, die Khatgal mit Khankh verbindet. Im Winter, wenn die Flüsse und Sümpfe zugefroren sind, führt sie durch bezaubernde Schneelandschaften und verwunschene Wälder.

Khankh war einst ein geschäftiger Handelsort. Inzwischen ist der Ort verschlafen, weil selten Touristen bis hierher finden. Das nächste russische Dorf ist Mondi. Ausländer dürfen die Grenze zur Zeit noch nicht passieren.

Die Entstehung des Khövsgöl-Sees

Vor vielen Jahren war der Khövsgöl-See von majestätischen Bergen, dichten Wäldern und farbigen Blumenwiesen umgeben. Die Einwohner waren überzeugt, daß sie am schönsten Ort auf der ganzen Welt leben.

Eines Tages kam ein Riese vorbei. Er haßte alle hübschen Sachen, und in seiner Wut trank er den ganzen See bis hin zum letzten Tropfen leer und verschlang jede Kreatur. Wo einst fruchtbares Land war, blieb nur noch Wüste.

Viele Jahre später reiste eine alte Frau durch die dürre Landschaft und zertrampelte beinahe einen kleinen Jungen, der nicht größer als ein Daumen war. Vorsichtig hob sie ihn auf. Zusammen gingen sie auf die Suche nach Wasser und einem Zuhause. Drei Nächte und drei Tage reisten sie, bis sie einen Stein erblickten. Die Frau ahnte,

Am Khövsgöl-See

daß darunter Wasser verborgen sein könnte. Sie rollte ihn zur Seite, und augenblicklich sprudelte kristallklares Wasser hervor.

Hier ließen sie sich nieder und achteten darauf, daß sie den Stein immer wieder zurückschoben, damit das Wasser nicht davonfloß. Der Junge wuchs schnell zu einem kräftigen Burschen von normaler Größe heran. Da es ihn oft langweilte, füllte er die Tage mit Singen. Ein wunderschönes Mädchen hörte die glockenhelle Stimme. Sie nahm all ihren Mut zusammen und erschien dem Jungen. Doch bevor er etwas zu ihr sagen konnte, war es wieder verschwunden. Er wünschte sich sehnlichst, das Mädchen wiederzusehen. Drei lange Jahre mußte er warten. Aber diesmal blieb sie. Die alte Frau und die zwei Kinder lebten von da an glücklich weiter.

Wie es das Schicksal wollte, vergaßen sie eines Tages, den Stein zurückzustellen, und das Wasser überschwemmte das ganze Land. Und da Riesen Wasser hassen, ging es nicht lange, bis einer kam und versuchte den See leerzutrinken. Diesmal aber war der Junge kräftig genug, um den Riesen mit einem Schlag zu töten. Er schnitt eine Bergspitze ab und begrub den Riesen darunter. Die alte Frau tauchte und versuchte schnell, den Stein wieder vor die Quelle zu schieben. Es glückte, doch die Anstrengung war zuviel für das Mütterchen, und es ertrank. Dank ihr blieb der See genauso wie er jetzt ist, und es wuchsen wieder Bäume und Blumen. Aus Kummer und ihr zu ihren Ehren nannten das Mädchen und der Junge von da an den See Mutter Khövsgöl. Unter der größeren Insel liegt noch heute der Riese begraben, und die kleinere ist der Stein, der die Quelle verschließt.

Khatgal

Khatgal (Хатгал), 100 Kilometer nördlich von Mörön, ist ein kleines hübsches Blockhüttendorf am südlichen Ende des Khövsgöl-Sees an einer schmalen Bucht gelegen. Khatgal wurde 1727 von Mandschu-Soldaten gegründet und diente damals als Verteidigungslager gegen die Russen. 1911 wurde das erste Dampfschiff, ›Sükhbaatar‹, auf dem Khövsgöl-See in Betrieb genommen, und Khatgal wurde somit zu einem wichtigen russischen Handelsort. Das Dampfschiff ist heute noch seetüchtig und wurde in den vergangenen Jahren zu touristischen Zwecken genutzt.

Inzwischen ist Khatgal bester Ausgangsort, um den Norden und den Nationalpark zu bereisen. Khatgal ist ganz auf den Tourismus ausgerichtet und bietet viele verschiedene Unterkünfte an. Die Guesthouses sind der beste Ort, um Touren zu buchen, da sie meist von Einheimischen geführt werden. Sie kennen die Gegend wie ihre Westentasche.

In den kleinen Läden findet man das Nötigste an Nahrungsmitteln für Trekkingtouren. Das **Besucherzentrum** Khatgal informiert umfassend über das Ökosystem, die verschiedenen Landschaftszonen, die Flora und Fauna, Geschichtliches und Bedrohungen für den Nationalpark. Alles ist in englischer Sprache erklärt, und eine Reliefkarte veranschaulicht die faszinierende Region. Es ist gleichzeitig auch das Büro des Nationalpark- und Naturschutzprojektverantwortlichen Tömörsukh. Er beantwortet gern Fragen und gibt nähere Auskünfte über die laufenden Naturschutzprojekte. Das Zentrum ist rein informativ und kein Reisebüro.

Beim Hotel ›Blue Pearl‹ in Khatgal wurde 1997 ein **Kunsthandwerksladen** eröffnet. Handgemachte Kleider, Spiele und Bilder sind zu einem relativ günstigen Preis erhältlich und unterstützen gleichzeitig die Einwohner und den Nationalpark.

Etwas südlich vom Dorf befindet sich der **Eingang zum Khövsgöl-Nationalpark**, wo alle Besucher einen Nationalparkschein lösen müssen.

Khatgal ist auch für das **Eisfestival** im Februar bekannt. Auf dem gefrorenen Khövsgöl-See finden drei Tage lang Pferdeschlittenrennen und schamanistische und musikalische Aufführungen statt – ein Winterfest mit viel Essen und Trinken. Wer die Kälte nicht scheut, wird mit wunderschönen Eisskulpturen und glit-

Im Khövsgöl-nuur-Nationalpark

zernden Winterbildern belohnt. Tip: Die großen, beigefarbenen Filzstiefel halten die Füße warm und trocken. Sie fühlen sich erst etwas unflexibel und hart an, passen sich jedoch mit der Zeit dem Fuß an. Sie sind in Khatgal erhältlich. Ein weiterer Höhepunkt ist im Juli der Sommermarathon um den See. Informationen erhält man unter www.ultramongolia.org.

Khatgal-Informationen

Vorwahl: 013 82.
Besucherzentrum Khatgal, Büro des Nationalparkverantwortlichen, Telefon 265 13.

Es verkehren täglich **Minibusse** von Khatgal nach Mörön und umgekehrt. Abfahrtszeit ist, sobald der Bus voll ist.

Khatgal hat zusätzlich eine angelegte Piste für den Flugverkehr zwischen Mörön und Khatgal im Sommer. Der Flugplan ist jedoch nicht verläßlich.

IDER, Tel. 99/38 70 75, 99/71 73 77, Tumruu@chinggi.com. Einfache Unterkunft, erfahrene Tourenorganisation, Dusche und Sauna, nur im Sommer offen.
Guesthouse MS, Tel. 228 23, 99 79 60 30, 91 38 70 80, lake_hovsgol@yahoo.com; 5000 Tg/Person inkl. Tee und Kaffee. Beliebte Unterkunft für Individualreisende, liegt am Eingang des Dorfes. Ganbaa und Zorigoo sind in Khatgal aufgewachsen und sehr erfahren im Organisieren von Touren aller Art, auch maßgeschneiderten: Reittouren, Besuch bei den Tsaatan, Boottrips, Rafting, Jeep Trekking und Fischen. Nach Wunsch organisieren sie auch Wandertouren in der Khoridol-Saridag-Bergkette. Am besten ist es, Ganbaa und Zorigoo vorher per E-Mail zu kontaktieren, damit sie genügend Zeit haben, alles zu arrangieren. Das Guesthouse hat gemütlich eingerichtete Jurten und heiße Duschen und ist das ganze Jahr offen.
Sunway, Tel. 99/75 38 24 (Esee), horse trek_khuvsgul@yahoo.com. Esee organisiert vor allem Reit- und Jeeptouren. Dieses Guesthouse hat Dusche und Sauna, ist allerdings nur im Sommer geöffnet.
Garage 24, Tel. 99/11 86 52, www.4thworldadventure.com. Am Fuße eines Hügels gelegen, gemütliche Unterkunft in Kajütenbetten in einem ehemaligen sowjetischen Lastwagendepot, schmackhafte Gerichte. Gehört zum ›Nature's Door‹-Reiseunternehmen. Vermietung von Mountainbikes und Kajaks. Nur im Sommer offen.
Tömörsukh, Tel. 265 24, translation@mongoliaservice.com. Der Nationalparkverantwortliche Tömörsukh hat in seinem Wohnhaus ein kleines Guesthouse eingerichtet. Es besteht aus zwei Schlafräumen und einem Aufenthaltsraum und hat Zentralheizung. Gemütlicher Ort, am Rande des Dorfes gelegen. Das Guesthouse ist auch im Winter offen. Für Buchung und Auskunft einfach beim Besucherzentrum nach Nara oder Tömörsukh fragen.
Hotel Blue Pearl; 5000 Tg/Person. Einfaches Hotel mit Schlafsaal, Dusche und Außentoilette.

Darkhad-Senke

»Wir waren gezwungen, unseren Blick zu senken vor dem beispiellos grellen Sonnenlicht, das sich auf dem glitzernden Berggipfel reflektierte. Als die untergehende Sonne den majestätischen Gipfel traf, schien es mir, als stünde ich auf etwas unermeßlich Großartigem, Heiligem.
Die Stille war so tief und stark, daß mein Geist sich mit dem Göttlichen über mir verband. Es dauerte nur wenige Momente, und alles verklärte sich.«

Henning Haslund, ›Secret Mongolia‹, 1934 im Sajan-Gebirge

Etwa 50 Kilometer westlich des Khövsgöl-Sees, hinter dem Khoridol-Saridag-Gebirgszug, verbirgt sich die Darkhad-Senke, ein langes, weites und komplett flaches Tal, das ungefähr die Größe des Khövsgöl-Sees hat. Die Senke gehört mit über 200 Seen und vielen Flüssen, die sich durch das Tal schlängeln, zur wasserreichsten Region der Mongolei. Die Ebene ist von Bergen und bewaldeten Hügeln umgeben. Das Zusammenspiel von kristallklaren Flüssen und Seen, sattgrünem Grasteppich und hohen Bergen ist eine Augenweide.

Die Darkhad-Region ist ein Fischerparadies. In den Flüssen tummeln sich Forellen- und Lachsarten wie der Taimen, der gut mal über anderthalb Meter lang werden kann. Für das Taimen-Fischen braucht man eine Spezialerlaubnis des Umweltministeriums in Ulan Bator. Auch Vogelbeobachter kommen wegen der Vielfalt an Wasservögeln auf ihre Kosten.

Die Ebene ist größtenteils von den Darkhads bewohnt, einer mongolischen Minderheit mit ausgeprägtem Dialekt. Sie sind für ihre Gastfreundlichkeit und ihre klangvollen Volkslieder bekannt. Durch die abgeschiedene Lage hat die Region wenig von ihrer Ursprünglichkeit verloren. Das Schamanentum konnte bis heute überleben. Einige Schamanen sind inzwischen jedoch auch bereit, für gutes Geld ihre Zeremonien als Showaufführungen durchzuführen.

Ganz im Norden, in den Taigawäldern, leben die **Tsaatan** oder Dukha. Sie sind die einzigen **Rentierzüchter** der Mongolei. Noch 30 Familien leben als Rentiernomaden. Die Anreise zu ihrem Lager ist im Sommer wegen der Sumpfgebiete, Wälder und Flüsse nur mit dem Pferd möglich. Im Winter jedoch, wenn die Flüsse zugefroren sind und die Tsaatan in niedere Lagen ziehen, ist es mit viel Geduld und gutem Rücken möglich, sie mit dem Jeep zu besuchen.

Die Darkhad-Senke ist im Sommer je nach Wetterbedingungen mit dem Jeep von Mörön erreichbar. Die Verbindung von Khatgal nach Renchinlkhumbe über die Khoridol-Saridag-Bergkette ist nur im Winter mit dem Jeep und im Sommer mit dem Pferd möglich. Wegen ausgedehnter Sumpfgebiete können die Mücken zwischen Juli bis ungefähr Mitte August zur Plage werden.

■ Renchinlkhumbe

Renchinlkhumbe (Рэнчинлхумбэ) oder ›Lumb‹, wie es die Mongolen genennan, ist die **Versorgungsstation** für die ganze Region. Das Blockhüttendorf war einst ein chinesischer wie auch russischer Handelsort für Fische, Rinder und Pelze. Es gibt vereinzelte kleine Hotels und ein Jurtencamp, das ›Saridag Inn‹. Nach Lumb gelangt mit dem Bus oder Jeep von Mörön oder mit dem Pferd über die Khoridol-Saridag-Kette von Khatgal. Das nimmt rund fünf Tage in Anspruch.

■ Tsagannuur

Tsagannuur (Цагааннуур, Grenzzonenschein nötig) liegt idyllisch am **größten See der Region**, dem Tsagaan nuur. Etwas außerhalb des Dorfes, am Shishgid-Fluß, gibt es drei Jurtencamps. Von hier führt der Weg durch Taigawälder zu den Tsaatan. Tsagannuur ist im Sommer je nach Wetterverhältnissen auch mit dem Jeep erreichbar. Besucher müssen sich unbedingt bei der lokalen Behörde mit der Grenzerlaubnis anmelden.

Im Osten des Khövsgöl-Aimags

Der Osten des Aimags wird relativ wenig besucht, und doch gibt es wunderschöne Plätze, an denen man sich aktiv erholen oder einfach nur entspannen kann.

■ Bulnain rashaan

Bulnain rashaan ist ein bekannter Heil- und Kurort. Die Temperaturen der **heißen Quellen** liegen zwischen 25 und 55 Grad Celsius. Über jeder Quelle ist ein kleines Holzhaus gebaut, in dem man sich ungestört entspannen kann. Im Sommer sind Ärzte da und beraten. Als Unterkunft dienen einfache Holzhütten. Im Winter ist der Kurort offiziell geschlossen, die Quellen können jedoch trotzdem benutzt werden. Es ist ein sehr erfrischendes Erlebnis, aus der eiskalten Winterluft ins heiße Wasser zu tauchen: Es regt den Kreislauf an, und man fühlt sich nachher noch lange wohlig warm. Die Quelle ist am besten über Chandman Öndör erreichbar. Im Sommer empfiehlt es sich, die 60 Kilometer von Khatgal mit dem Pferd zu reiten.

■ Chandman Öndör

Chandman Öndör ist ein hübscher, unbedeutender Ort mit gepflegten Holzhäusern. Er hat jedoch kürzlich durch die Errichtung einer **Statue von Dschingis Khans Mutter Hölun** etwas an Bedeutung gewonnen. Hölun soll einmal hier gewohnt haben. Zu ihrem Andenken bauten die Bewohner in der Dorfmitte eine Holzjurte, in der die Geschichte Dschingis Khans und die Lehren seiner Mutter dokumentiert sind. Eines ihrer bekanntesten lehrsamen Gleichnisse ist folgende Geschichte: Hölun hatte fünf Söhne, zwischen denen Eifersucht und Konkurrenz herrschte. Eines Tages gab sie jedem von ihnen einen Holzstab. Sie bat ihre Söhne, den Stab zu brechen. Kinderleicht brachen sie einen nach dem anderen. Die Mutter nahm nochmals fünf Stäbe und tat sie zu einem Bund zusammen. Sie bat ihre Söhne, nun den Bund zu brechen. Keiner schaffte es. Die Mutter lächelte und meinte: »Solange ihr zusammenhaltet, kann euch nichts zerstören und brechen. Wenn jedoch jeder nur für sich denkt und arbeitet, seid ihr schwach und machtlos.«
Die Statue steht zehn Kilometer südlich vom Dorf. Unterkünfte sind rar, einige Einheimische nehmen gegen ein kleines Entgelt jedoch gerne Besucher auf.

■ Dayan-Derkhiin-Höhle

Rund 35 Kilometer östlich von Tsagaan nuur sum liegt die **Dayan-Derkhiin-Höhle** (Grenzerlaubnis nötig). Sie ist für ihre guterhaltenen **Höhlenmalereien** aus der Mittelsteinzeit bekannt. In ihrer Nähe war einst das Kloster Dayan Derkhiin, das 1939 niedergebrannt wurde. Einige Ruinen zeugen noch von diesem religiösen Ort. Für Schamanen und Buddhisten gilt dieser Ort als heilig. Eine überaus schöne Landschaft macht die strapaziöse 150 Kilometer lange Fahrt von Khatgal wieder wett.

Besuch beim Rentiervolk

Sein Name ist lang und kaum aussprechbar. Sie nennen ihn einfach ›Boss‹. Er ist keiner von ihnen. Keiner zweifelt jedoch, daß er genauso zum Wald gehört wie sie. Er erzählt von der Magie seiner Schützlinge, den Tsaatan, dem mongolischen Rentiervolk.

Der Boss wühlt in einem dicken Stapel von vollgekritzelten Blättern. Akribisch führt er im Auftrag des Staates Buch über die einzigen Rentierzüchter in der Mongolei, seit zehn Jahren. Er kennt sie alle, kennt ihre Vorlieben, ihre Sorgen. Und sie lieben ihn. Jedes Jahr wählen sie ihn wieder, ihren ›Boss‹, ihre Verbindung zum Tiefland.

Es ist Winter. Die kleinen Seen und Flüsse im nördlichen Teil der Mongolei sind bereits fest zugefroren. Nur ein russischer Bus schafft es nach Stunden holpriger Slalomfahrt in das Winterlager der Tsaatan vorzustoßen. Ihre nomadische Lebensweise bringt sie im Winter in tiefere, im Sommer in höhere Lagen des östlichen Sajangebirges. Im Sommer sind sie nur mit Pferden und nach tagelangem Ritt erreichbar.

Wie aus dem Nichts erscheint eine kleine Anzahl von Tipis, Zelten, die aus russischen Militärplanen, Plastik und Leder zusammengeflickt sind. Ringsherum scharren Rentiere Flechten und Strauchwerk unter der feinen Schneedecke frei. Sie sind gezähmt und dienen als Reittiere.

Niemand hat Besuch erwartet in dieser unwirtlichen Jahreszeit. Der ›Boss‹ ist hier! Bald füllt sich das Zelt mit Frauen, Männern und Kindern.

Frischer Milchtee brodelt über dem Holzofen in der Zeltmitte. Der herbe Duft von Tannennadeln und Holz vermischt sich mit dem Geruch von gekochter Rentiermilch. Das Feuer knistert, Rauch steigt aus der Spitze des Tipis in den Himmel.

›Ich weiß, ihr macht euch Sorgen über eure medizinische Versorgung. Bis spätestens Ende des Jahres wird ein Doktor vorbeikommen, und die Ursachen des hohen Blutdruckes und der aufgetretenen Lähmungserscheinungen untersuchen.‹ Dankbares Murmeln. Kurze Umfrage über Geburten, Todesfälle und Krankheiten. Der ›Boss‹ trägt die Änderungen in sein Notizbuch ein. Das Formelle ist schnell erledigt, es wird Zeit, die mitgebrachten Wodkaflaschen zu öffnen. Per Funk wird eine andere Gruppe von Tsaatan, die eine Stunde Fußmarsch weiter oben lebt, über den Besuch informiert. Sie machen sich auf den Weg.

Die Runde wird immer lustiger, und sie erzählen. Jeder ist Spezialist auf einem Gebiet. Der Tierarzt sorgt sich wegen der verbreiteten Infektionskrankheit Brucellose, die bei den Rentieren Früh- oder Fehlgeburten hervorruft.

»Unsere Zukunft ist ungewiß, deshalb will ich, daß unsere Kinder alle die Schule besuchen.« Nicht alle Tsaatankinder mögen aber weg von ihren Familien und in den Dörfern wohnen. Oft sind sie Opfer von rassistischen Übergriffen. Sie gelten als Wilde, Unzivilisierte. Dabei sind die Rentierzüchter gar nicht ungebildet. Der Reihe nach verraten sie die Anzahl ihrer Schuljahre.

Der Älteste in der Runde, bald 70, meldet sich zu Wort. »Wir sind keine Mongolen, aber seit 50 Jahren gehören wir zur Mongolei«. Ursprünglich lebten sie als Rentierzüchter in Tuwa, einer autonomen Sowjetrepublik. Kommunistische

Die Rentiere dienen auch als Reit- und Lasttiere

Versuche, die Nomaden seßhaft zu machen, trieben die Tsaatan noch tiefer in die Wälder. Als dann während des Zweiten Weltkriegs auch sie in den Kriegsdienst eingezogen werden sollten, flüchteten die Betreffenden mit ihren Tieren weiter östlich und ließen ihre Brüder und Schwestern zurück. Erst in den 50er Jahren, als die Grenze zwischen der Mongolei und der Sowjetunion neu gezogen wurde, realisierten sie, daß sie sich nicht mehr auf tuwinischem (russischem), sondern auf mongolischem Boden befanden. Die Rückkehr in ihre Heimat war versperrt. »Nach 60 Jahren habe ich mit Hilfe eines Ausländers meinen Bruder in Tuwa wiedergesehen«, erzählt einer mit Tränen in den Augen.

Das Schicksal holte sie aber auch in der Mongolei ein. Unter der kommunistischen Verwaltung wurde das Dorf Tsagaanuur gegründet, die Tsaatan in die Schule geschickt und seßhaft gemacht. Im Laufe der Zeit vermischten sie sich mit anderen Ethnien und übernahmen das mongolische Kulturgut weitgehend. Heute leben noch 336 reine Tsaatan in den Wäldern. Bis zum Zusammenbruch der Sowjetunionen lebten nur noch einzelne in der Taiga und kümmerten sich um die Rentiere.

Warum sind die anderen zurückgekehrt? Hat sie das Heimweh geplagt? »Nein, der Kollaps der Sowjetunion hat die Mongolei in einen katastrophalen Versorgungsnotstand gebracht. Essen war knapp, es gab keine Arbeit.« So sind viele wieder zurückgekehrt. Die Notlage zwang einige, das Geweih der Tiere frühzeitig abzusägen und für teures Geld der chinesischen Medizin zu verkaufen. Die Tiere verendeten. Die Konsequenz war, daß der Bestand in den 90er Jahren drastisch zurückging und die Existenz der Tsaatan bedroht war. Viele würden das Leben im Dorf vorziehen, aber nun sie sind zu arm, um sich ein Dach über dem Kopf zu kaufen.

Die Rentierfleischsuppe ist fertig. Das magere Fleisch ist gesund und nahrhaft, und die selbstgemachten Mehlnudeln liefern zusätzliche Energie gegen die grimmige Kälte. Ständig legt jemand Holz nach, draußen ist es dunkel geworden, die Temperatur ist weit unter null Grad gesunken. Die Köpfe sind rot geworden vom Feuer und vom Wodka.

»Plötzlich kamen Touristen und wollten uns fotografieren. Wir waren neugierig und ließen sie gewähren. Als Dank haben sie uns Geld, viel Geld hiergelassen.« Von da an mußte der Fremde für jede Handlung bezahlen. Das gefiel dem ›Boss‹ gar nicht, denn das Geld floß allzuoft in die Wodkaindustrie. Es ist öfters geschehen, daß die Tsaatan mit ihren Rentieren in tiefere Lagen zogen, um näher bei den Touristen, sprich näher beim Geld, zu sein, mit der Folge, daß die Rentiere starben. Die Tiere können nur in höheren Lagen überleben. In Zusammenarbeit mit der lokalen Naturschutzbehörde und der UNDP wurde ein kontrolliertes Tourismusprojekt für die Tsaatan entwickelt. Die Einnahmen werden gerecht und sinnvoll eingesetzt, und das Projekt soll den Touristen vor Abzockerei schützen.

Jeden Sommer werden für Touristen Tipis aufgebaut, die von den Tsaatan unterhalten werden. Der ›Boss‹ will wissen, wo die Decken und Stangen von den

Zu Besuch im Winterlager der Tsaatan

Besuch beim Rentiervolk [247]

vorübergehend abgebauten Touristentipis sind. Alle schweigen und senken ihre Köpfe. Im nächsten Sommer müssen wohl neue Zelte angeschafft werden!

Nichtsdestotrotz ist der Rentierbestand seither leicht, aber beständig angestiegen, und der Tourismus ist zu ihrer Haupteinnahmequelle geworden.

Jemand beginnt zu singen und vertreibt die ungemütliche Stimmung. Fröhliches Geplauder. Nur eine Frau sagt nichts. Aus ihrem eher grobschlächtigen Gesicht schauen zwei traurige und gleichzeitig kindliche Augen. Sie ist die Schamanin, die Mittlerin zwischen der Welt der Geister und der menschlichen Gemeinschaft.

Sie ist die Nachfolgerin von zwei alten, sehr mächtigen Schamaninnen, die in diesem Sommer gestorben sind. Ihre Aufgabe ist es, übersinnliche Erkenntnisse zu erlangen, böse Geister zu bannen und gnädige Geister als Beistand und Hilfe für die Menschen zu gewinnen. Sie mußte für diese Ausbildung durch die Hölle und hat seither Mühe zu sprechen. Die Zeremonien und Heilungen verlangen übermenschliche körperliche und mentale Kräfte von ihr. Aber sie hat keine Wahl, sie wurde ausgewählt. In ihrem Tipi, gerade groß genug, um sich auf dem Boden auszustrecken, lebt sie alleine, bescheiden. Sie sitzt und schläft auf dem Waldboden. Nur der Ofen in der Mitte gibt Wärme ab.

Ein junges Paar sucht ihren Rat. Ruhig sitzt sie da, läßt ihre Maultrommel tönen und wartet, bis sie die richtige Antwort hat. Die Gaben für ihre Dienste sind nicht so sehr für sie bestimmt. Beim nächsten Vollmond, wenn sie ihre Trommel rausholt und eine Reise in die Welt der Geister unternimmt, sind sie die Grundlage für die Verhandlung mit den Geistern.

Es wird Zeit, sich hinzulegen. Aber einige sind noch nicht soweit. Die älteste Dame hat sich gerade an ihre Jugendzeit im Dorf erinnert. Damals hat sie alle mit Gesang und Tanz unterhalten und die Männer verrückt gemacht. Die Männer nicken, alle sind sie ihr nachgelaufen. Eben noch gebrechlich, steht sie behende auf und schwingt ihre Hüften wie eine 16jährige.

Bis tief in die Nacht tönt Gelächter aus den Tipis. Schließlich strecken alle glücklich beschwipst ihre Glieder auf den harten Holzbrettern aus, legen Holz nach und schlafen friedlich ein. Nur die Rentiere scharen still weiter.

Das Sägen und Holzen beginnt schon früh am Morgen. Der Ofen verspeist eine Unmenge an Holz. Im Winter gibt es nichts anderes zu tun, als für Wärme und Essen zu sorgen. Die Frauen kochen Milchtee und Suppe und backen Brot in der Glut, die Männer hacken Holz und jagen. Und die Kinder rennen mit roten Backen von einem Tipi zum anderen und wärmen ihre kalten Hände am Ofen. Sie können nicht wie die Erwachsenen stundenlang vor dem Feuer sitzen.

Der ›Boss‹ verteilt Mehl, Salz, Kerzen und Süßigkeiten. Er fährt zurück ins Dorf, in seine warme Holzhütte mit Radio und Fernsehen. Einige Kinder entschließen sich, diese Woche den Unterricht zu besuchen, und gehen mit. »Danke für den fröhlichen Abend, für die Abwechslung, und kommt bald wieder.« Sie winken dem Bus nach, bis er im Dickicht verschwunden ist.

Kontakt: Informationszentrum Khatgal 013 82/265 24 oder altai_sayan@magicnet.mn. Die Übernachtung kostet 11 Euro, drei Mahlzeiten inbegriffen. Alle anderen Aktivitäten wie Rentierreiten werden speziell verrechnet. Als Geschenk am besten Eßwaren wie Mehl, Reis, Salz, Süßigkeiten oder auch Kleider mitbringen.

Taiga, Grassteppe, Wüste und unendlich scheinende Ebenen: Die Landschaften im Osten der Mongolei sind vielfältig.

Der Osten

Khentii-Aimag

*Ein Pferd ohne Reiter
ist immer noch ein Pferd,
aber ein Reiter ohne Pferd
ist nur ein Mensch.*
Mongolisches Sprichwort

Der Khentii-Aimag (Хэнтий аймаг) nordöstlich von Ulan Bator sieht sich als **Urheimat der Mongolen**. In den Gebieten zwischen Onon und Kherlen siedelten jene Stämme, die der junge Temüjin einigte und die ihn zum Dschingis Khan ernannten. Von hier aus begannen die Eroberungszüge, die Ost und West in Schrecken versetzten und durch die ein Weltreich entstand, in dem ein bis dahin nie dagewesener wirtschaftlicher und kultureller Austausch zwischen Europa und Asien stattfand. Den Zeugnissen der ›Geheimen Geschichte der Mongolen‹ nach wurde Dschingis Khan hier geboren. Der Aimag hat sich in den letzten Jahren mächtig ins Zeug gelegt, um mehr Touristen anzuziehen. Insbesondere 2006, zum 800jährigen Jubiläum der Gründung des Mongolenreiches, wurden unzählige Veranstaltungen durchgeführt, ein Gedenkstein nach dem anderen enthüllt. Trotzdem besuchen nach wie vor nur wenige Gäste den Aimag. Ob es an den schwierigen Pisten liegt oder an fehlenden spektakulären Landschaften, ist schwer zu beurteilen. In jedem Fall ist der Aimag sehenswert und eignet sich durchaus zum Erholen. Eine wunderbare, abwechslungsreiche Landschaft lädt zum Reiten, Wandern, Angeln und Zelten unter klarem Sternenhimmel ein.

Teile des strenggeschützten **Naturschutzgebietes Khan Khentii** liegen auf dem Territorium des Aimags. Knapp ein Viertel der Provinz ist mit Wäldern überzogen. Lärchen, Zirbelkiefern, Birken und Tannen bilden teils dichte undurchdringliche Wälder. Elche, Rehe, Braunbären, Füchse, Wölfe, Luchse, Zobel und Wiesel sind hier beheimatet. Unendlich scheint die Zahl der verschiedenen Vögel. Löffler, Höckerschwäne, Reiher, Milane, Falken und Geier sind nur einige von ihnen. Vor allem im Norden wechselt sich die **Gebirgstaiga** mit Wiesen ab, die eine reiche alpine Blütenpracht tragen. Die Flüsse Onon und Kherlen sowie unzählige kleine Zuflüsse sorgen für eine gute Bewässerung, so daß die hüglige Landschaft mit einem grünen Teppich überzogen ist. Nach Süden wechselt die Landschaft ihr Erscheinungsbild, und **weite Grassteppe**, die allmählich in Wüste übergeht, beherrscht das Bild. Im Aimag gibt es eine Vielzahl von Heilquellen, in denen man sich von den Strapazen einer langen Reittour oder einer endlosen Fahrt im Jeep entspannen kann.

Wirtschaftlicher Hauptzweig des Aimags ist die Viehwirtschaft; vor allem Schafe, Ziegen, Rinder und Pferde werden gehalten. Im äußersten Südwesten, im Kreis Galshar, werden Rennpferde gezüchtet. Sie sind der Stolz des Aimags.

Der Khentii-Aimag im Überblick

Fläche: 82 000 km^2
Einwohner: 71 100, 0,9 pro km^2
Ethnische Gruppen:
Khalka, Burjaten
Aimagzentrum: Öndörkhaan
Entfernung von Ulan Bator:
331 km
Durchschnittstemperaturen:
–0,9 °C, Juli 16,8 °C,
Januar –23,2 °C
Jahresniederschlag: 254 mm

▲ Karte S. 251

Khentii-Aimag [251]

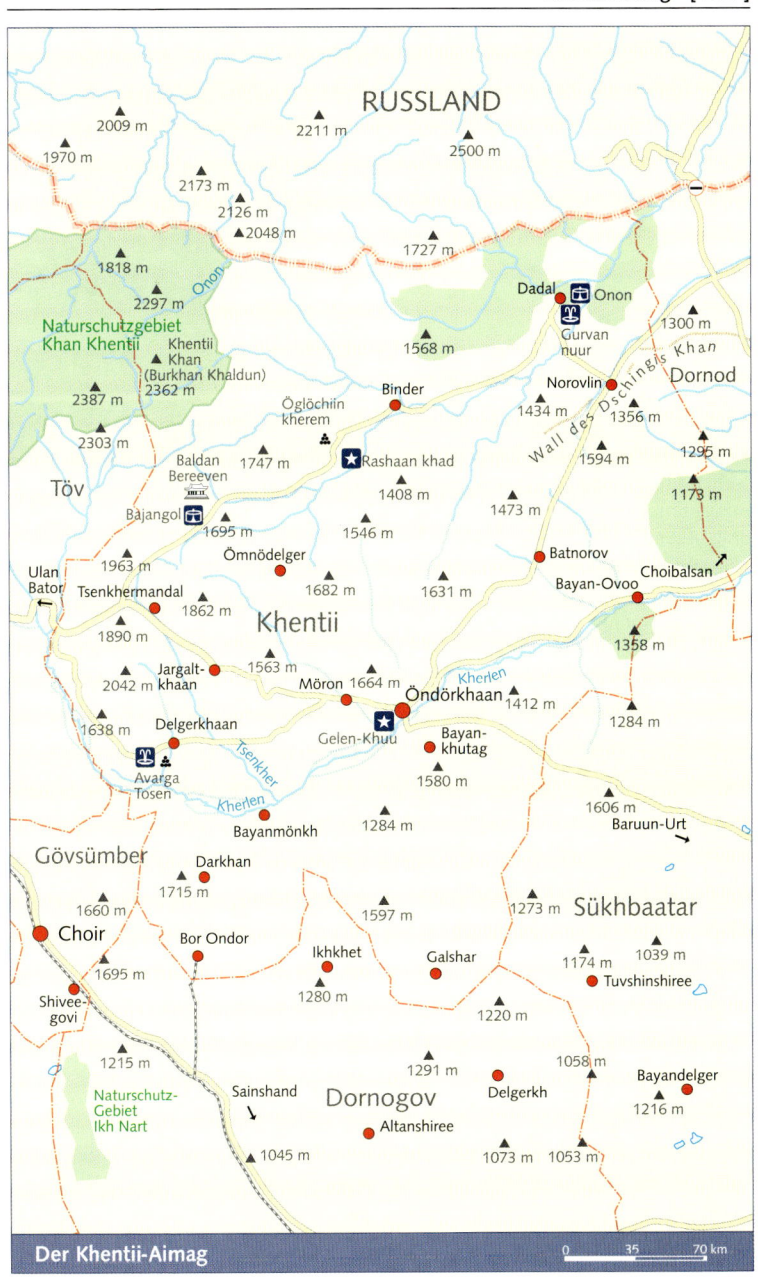

Der Khentii-Aimag

Die Pferde genießen im ganzen Land wegen ihrer außergewöhnliche Schnelligkeit hohes Ansehen. So manches Naadam-Rennen wurde von ihnen gewonnen. Ergänzt wird das Wirtschafts-aufkommen durch Ackerbau, lebens-mittelverarbeitende Betriebe, Forstwirtschaft und Bergbau (Flußspat und Kohle).

Öndörkhaan

Das **Aimagzentrum** Öndörkhaan (Өндөрхаан) liegt etwa 330 Kilometer westlich von Ulan Bator am Ufer des Kherlen-Flusses. Die Straße nach Öndörkhan ist verhältnismäßig gut, und von Ulan Bator braucht man etwa sechs bis sieben Stunden. Auffallend sind die vielen Blockhäuser des Zentrums. Der Waldreichtum des Aimags und wohl auch das Vorbild der in der Nachbarschaft lebenden Burjaten beeinflußten hier die Bauweise des Städtchens. Der Grundriß ist dem der meisten Städte ähnlich: Es gibt einen zentralen Platz mit Park, um den sich Verwaltungsgebäude, Museum, Theater und Kulturhaus gruppieren. Hotels und Lebensmittelläden befinden sich in unmittelbarer Nähe. Die zweite Querstraße parallel zum Park hat sich zur Hotelmeile entwickelt. Das größte Hotel ist das renovierte ›Erdes‹ (Эрдэс) mit zwölf Zimmern.

Sehenswert ist das **Museum für Ethnographie**, wohl eines der schönsten Aimagmuseen. Es ist im ehemaligem Palast des Tsetsen Khaans untergebracht, eines mongolischen Fürsten, der im Auftrag der Mandschus die Region verwaltete. Das im 18. Jahrhundert errichtete Bauwerk zeigt neben verschiedenen Nationaltrachten eine stattliche Anzahl von Kunst- und Kultgegenständen, unter anderem Thangkas (Rollbilder), Bücher

Im Khentii-Aimag

und Skulpturen, die im Besitz der Adelsfamilie waren.

Zwischen Innenstadt und dem Fluß Kherlen befindet sich das **Kloster Gundgaravlin khiid**. Anfang der 1990er Jahre neu gegründet, wurde es auf geweihtem Boden erbaut. Früher befand sich hier das Kloster des Tsetsen Khaan, auch Öndörkhaanii Khuree genannt. Bedeutend war das Kloster vor allem wegen der ersten philosophischen Klosterschule der Mongolei. Anfang des 20. Jahrhunderts lebten hier über 1000 Mönche. In den Jahren 1937/38, in Zusammenhang mit den antibuddhistischen Repressalien, wandten sich einige Mönche dem weltlichen Leben zu, viele wurden arrestiert oder hingerichtet.

Etwa 20 Kilometer westlich von Öndörkhaan liegen zwei **Ruinen einer Kitan-Stadt**, die westliche und die östliche Stadtbefestigung. Nur wenige Kilometer westlich von Öndörkhaan, in der Nähe des Flughafens, befindet sich eine 1,8 Meter große **Steinfigur aus der Turkzeit**, die von den Einheimischen Gelen-Khuu, kleiner Novize, genannt wird.

Öndörkhaan-Informationen

Vorwahl: 01562.
Post, Telefon, Internet, südöstlich vom Stadtpark; 24 Stunden, Internet tägl. 9–17 Uhr.
Khan Bank, östlich vom Park; Mo–Fr 9–16 Uhr, Mittagspause 13–14 Uhr.
Polizei, südlich vom Stadtpark. Grenzzonenscheine sind hier erhältlich.

Anreise mit dem Flugzeug oder Mietwagen mit Fahrer ab Ulan Bator.

Hotel Erdes, Tel. 224 16, 99 56 90 90; 12 Zimmer, einfach bis Luxus, 3–30 Euro.

Ganga, Tel. 99/09 13 02, 96 56 56 56, GSJ@yahoo.com; etwa 8 Euro. Kleines Hotel mit 4 Zimmern und 8 Betten.

Ger Camp Öndörkhaan, Tel. 99/66 88 31; 25 Betten, etwa 8 Euro. Fünf Kilometer östlich von Öndörkhaan gelegen.

Ethnographisches Museum; Mo–Fr 9–18 Uhr, Mittagspause 13–14 Uhr.
Aimagmuseum; Mo–Fr 9–18 Uhr, Mittagspause 13–14 Uhr.
Kloster Gundgaravlin khiid; 9–18 Uhr.

Rundreise durch den Aimag

Öndörkhaan dient vielen Reisenden als Zwischenstop in die weiter östlich gelegenen Aimags Dornod und Sükhbaatar. Von hier kann man auch über **Batnorov** und **Norovlin** bis in den Norden des Aimags, nach **Dadal** fahren, einen der möglichen **Geburtsorte von Dschingis Khan**. Der Vorteil dieser Route liegt darin, daß man die gut 200 Kilometer bis Norovlin auf der Hauptstraße bewältigen kann. Erst nach Norovlin muß man diese in westliche Richtung verlassen und noch gut 50 Kilometer bis Dadal mit mongolischen Nebenstraßen kämpfen. Etwa sieben bis acht Stunden fährt man auf dieser Strecke. Sie ist relativ trocken und führt durch ein hügliges Gebiet mit steppenhaftem Charakter. Viele der historisch interessanten Punkte des Aimags liegen aber auf einer Route, die bereits vor Öndörkhaan, nämlich bei **Tsenkhermandal**, nach Nordwest abbiegt und am Khentii-Gebirge vorbei verläuft. Von Tsenkhermandal, am **See Khökh nuur** vorbei, sind es etwa 80 Kilometer bis zum ersten interessanten Punkt, den Ruinen vom Kloster Baldan Bereeven.

Wer diese Strecke fahren will, sollte sich einen erfahrenen und ortskundigen Begleiter mitnehmen, denn so schön sie auch ist, so problematisch kann sie nach Regenfällen werden. Versumpfte Pisten und über flache Ufer getretene Flüsse können die Fahrt erheblich erschweren. Für die Zeitplanung sollte man davon ausgehen, daß eine durchschnittliche Geschwindigkeit von 25 bis 30 Kilometern pro Stunde kaum überschritten werden kann.

Eine andere Möglichkeit besteht darin, sich die Rundreise durch den Aimag über einen Reiseveranstalter organisieren zu lassen.

Baldan Bereeven khiid

In der Nähe des Flusses Jargaland stehen die **Ruinen des Klosters Baldan Bereeven** (Балдан Бэрээвэ хийд). Die Geschichte des Klosters beginnt am Endes des 17. Jahrhunderts. Zanabazar, das geistliche Oberhaupt der mongolischen Buddhisten, wollte auch im Osten des Landes ein Kloster errichten, nachdem in den anderen Himmelsrichtungen bereits welche entstanden waren. Auf seine Anweisung hin wurde eine Gruppe von Mönchen ausgesandt, um einen geeigneten Platz zu finden. Nach langem Suchen fanden sie im Khentii in der Nähe eines Flusses ein landschaftlich schönes Gebiet. Der Legende nach waren sie von den wundersam vom Wind geformten Felsskulpturen besonders beeindruckt. Sie glichen verschiedenen Tieren, einem Tiger, einem Löwen und vor allem dem mystischen Gurada-Vogel. Das wurden von den Mönchen als Omen verstanden. Als sie auch noch ein altes, friedlich teetrinkendes Ehepaar entdeckten, deuteten sie dies als Willkommenszeichen. Hier sollte das Kloster errichtet werden. Am Anfang befand sich das Kloster in Jurten, später, im 18. Jahrhundert, wurden drei Tempel im tibetischen Stil erbaut, um die sich kleinere Gebäude und Jurten gruppierten. Abseits, hinter den Bergen, entstand auch ein Nonnenkloster. In der Blütezeit zählte das Baldan Bereeven zu den bedeutendsten Klöstern der Mongolei. Über 1000 Mönche lebten hier, besondere Zeremonien wurden von weit über 2000 Mönchen besucht. Das Kloster beherbergte eine angesehene Fakultät für Malerei, Bildhauerkunst und Architektur. Anfang der 1990er Jahre begann unter maßgeblicher Beteiligung des Cultural Restoration Tourism Project (www.crtp.net) der Wiederaufbau des Klosters. Allerdings führten Diskrepanzen mit örtlichen Behörden 2005 zu einem vorläufigen Baustopp.

Baldan-Bereeven-khiid-Informationen

Ger Camp Bajangol, etwa 20 Kilometer südwestlich der Ruinen, Tel. 99/18 30 67, 99/83 19 25.

Die Ruinen des Klosters Baldan Bereeven

Binder

Vom Kloster Baldan Bereeven sind es knapp 130 Kilometer in nordöstlicher Richtung bis nach Binder (Биндэр). Auf der Fahrt in das **Sumzentrum** begegnen einem viele Spuren der Vergangenheit. Etwa 17 Kilometer nach dem Start kann man zwei **Hirschsteine** entdecken. Nach weiteren 60 Kilometern liegen knapp 8 Kilometer westlich der Straße die **Mauern von Öglögchiin kherem** (Өглөгчийн хэрэм). Die genaue Herkunft ist noch ungeklärt, einige Wissenschaftler schreiben sie der Kitan-Zeit (10. bis 12. Jahrhundert) zu, andere datieren sie auf das 13. bis 14. Jahrhundert. Einige schließen nicht aus, daß es sich um einen Friedhof handeln könnte. Ganz in der Nähe, östlich der Straße, steht ein **riesiger Stein** mit verschiedenen Schrifttypen, genannt Rashaan khad. Dies ist nur eine kleine Auswahl. Von Binder kann man mit einem ortskundigen Führer noch weitere Hirschsteine, Grabstätten und Höhlen mit Felsmalereien entdecken.

Der kleine Ort liegt malerisch zwischen Wiesen und Kiefernwäldern. Im Norden und Süden fließen kleine Flüsse an ihm vorbei, die im Osten in den Onon münden. Es ist ein hervorragender Platz, um zu verweilen und zu Fuß oder auf dem Pferderücken den Norden des Aimags zu erkunden. Die russische Grenze ist nicht fern, deshalb sollte man sich bereits in Ulan Bator einen Grenzzonenschein besorgen.

Binder-Informationen

Ger Camp Binder (Chinggitoonot), Tel. 11/32 20 79, www.chinggistoonot.com.

Dadal

Etwa 100 Kilometer nordöstlich von Binder liegt Dadal (Дадал), das Zentrum des gleichnamigen Kreises im Nordosten des Aimags. Der Besucher findet hier eine berauschende Landschaft mit Bergen, Wäldern, Flüssen und Seen einschließlich der **Heilquellen von Gurvan nuur** (Гурван нуур). Blockhütten sind hier mehr vertreten als Jurten, ein Zeichen des nahen Sibirien und einer gemischten Bevölkerung von Khalka-Mongolen und Burjaten. Mit Reiten, Wandern, Angeln und Baden kann man mehrere erholsame Tage verbringen. Auch die nahegelegenen Heilquellen laden zum Entspannen ein, inklusive Akupunktur, Kräuterbad und Massage.

Es ist aber nicht nur die faszinierende Umgebung, die die Touristen nach Dadal kommen läßt. Seit langem wird dieser Flecken Erde mit der Geburt von Dschingis Khan in Verbindung gebracht. Bereits 1962, in einer Zeit, in der ein Parteitag der Mongolischen Revolutionären Volkspartei feststellte, daß sich die Mongolei in der Etappe der Vollendung des Aufbaus des Sozialismus befand, wurde anläßlich seines 800. Geburtstages das erste **Denkmal für Dschingis Khan** hier errichtet. Es ist leicht nachvollziehbar, daß es ein politischer und ideologischer Spagat war, den in der Bevölkerung verehrten Gründer des mongolischen Staates zu ehren, obwohl er mit dem Makel feudaler Eroberungszüge behaftet war. Peking plante pompöse Gedenkfeiern, und Moskau erklärte ihn zur Unperson.

D. Tömör-Otschir, das für ideologische Fragen zuständige Mitglied des Politbüros, war beauftragt worden, die Jubiläumsfeiern zu organisieren. Unter anderem plante man die Herausgabe von

Khentii-Aimag

In Dadal

Dadal-Informationen

Vorwahl: 01562.

Ger Camp Onon, Tel. 11/31 03 34. Selbstversorgung.
Gurvan nuur, Tel. 224 16, 99/08 43 34, 99/09 03 48; 25–35 Euro inkl. Frühstück. 15 Jurten und Blockhütten mit Zwei- und Vier-Bett-Zimmern und Wäscherei, einfache Toiletten.

Briefmarken, Postkarten, die Errichtung eines Denkmals und die Durchführung einer wissenschaftlichen Konferenz. Alles war durch Premierminister Yumjaagiin Tsedenbal höchstpersönlich begutachtet und bestätigt worden. Die Konferenz allerdings endete mit einem Eklat. Insbesondere der Beitrag des Schriftstellers Damdinsüreen, der die einseitig verurteilende Darstellung Dschingis Khans durch sowjetische Gelehrte und Schriftsteller kritisierte, rief im Kreml Empörung hervor. Den mongolischen Organisatoren der Feierlichkeiten wurde der Vorwurf gemacht, daß sie nationalistisches und parteifeindliches Gedankengut geduldet hätten. Der Staat reagierte: Postkarten und Briefmarken verschwanden in der Versenkung, D. Tömör-Otschir wurde all seiner Ämter enthoben und aufs Land geschickt, der Bildhauer erhielt keine Aufträge mehr. Erhalten geblieben ist das große zackige Denkmal.

Delgerkhaan

Es sind die satten und sicheren Weidegründe in den sanften Bergen südlich des Khentii und nördlich vom Kherlen, die die Nomaden besonders schätzen. Selbst in harten Jahren, wenn in den anderen Regionen zu viel Schnee liegt oder alles abgegrast ist, gibt es hier im Kherlenbayan-Ulaan genannten Gebiet genug für alle Tiere zu fressen. Seit Generationen treffen sich Mensch und Tier auf diesem Flecken westlich des Flusses Tsenkher, wenn anderswo das Überleben durch Zud gefährdet ist. Und genau hier, im Süden des Gebietes, unweit der heutigen Siedlung Delgerkhaan (Дэлгэрхаан), fanden Archäologen Grundmauern einer alten Siedlung von 1,3 Kilometern Länge und 500 Metern Breite. Münzfunde deuten darauf hin, daß sie bereits im 12. Jahrhundert existierte. Wurde vielleicht doch hier und nicht am Khökh nuur 1206 Temüjin zum Khan aller Mongolen ernannt, war hier die erste Hauptstadt? Auch wenn diese Fragen noch nicht endgültig beantwortet werden können: Der große, 1991 errichtete Obelisk erinnert auf jeden Fall an die Niederschrift der ›Geheimen Geschichte der Mongolen‹, an das Werk, das etwa zehn Jahre nach dem Tod von Dschingis Khan (1227) verfaßt wurde und in 282 Abschnitten seine Herkunft, die seiner – teils mythischen – Vorfahren, sein Leben und seine Taten schildert. Während dem geschichtsbegeisterten Reisenden vielleicht Bilder von hunderten von galoppierenden Reitern mit Pfeil und Bogen vor das geistige Auge treten, kann ein anderer sich den **Heilquellen Avarga Tosen** zuwenden, sich etwas Mineralwasser abfüllen lassen oder ein Schlammbad nehmen, das Hautprobleme lindern soll.

Etwa zehn Kilometer westlich von Delgerkhaan kann man im **Ger Camp Khödöö Aral** übernachten.

Burkhan Khaldun

Der heilige **Berg Burkhan Khaldun** (Бурхан Халдуун), der Berg, an dem sich die mythischen Urahnen Dschingis Khans, der Blaugraue Wolf und die Falbe Hirschkuh niederließen, der Berg, der dem flüchtenden Temüjin in seiner Jugend Schutz vor den Verfolgern gewährte: Wo ist er, welcher der Gipfel des Khentii-Gebirges ist der Burkhan Khaldun?

Burkhan-Khaldun-Informationen

Ger Camp Dresden, Tel. 11/45 04 89, 99 18 40 00; Übernachtung und Verpflegung etwa 25 Euro. Geeignet als Basislager für eine Reittour zum Burkhan Khaldun, das Camp befindet sich etwa 180 Kilometer nordöstlich von Ulan Bator (östlich von Möngönmort). Die Betreiber des Ger Camps helfen gerne bei der Organisation.

Bis heute konnte es nicht exakt bestimmt werden, aber der 2362 Meter hohe Berg **Khentii Khan** gilt als eben dieser. In seinem Umkreis entspringen die wichtigen Flüsse Onon, Kherlen und Tuul, er verkörpert die Lebenskraft des mongolischen Volkes. Immer wurde er verehrt und wurden ihm Opfer gebracht, große oder kleine. Im Sommer 1995 fand nach 70jähriger Unterbrechung wieder eine große staatliche Opferzeremonie statt, aber vergessen war er, der Burkhan Khaldun, zu keiner Zeit. Die Kindeskinder des Temüjins hatten sein Versprechen bewahrt.

Heuernte im Khentii-Aimag

Dornod-Aimag

*Ehe du nach dem Willen anderer
Butter trinkst, trinke nach
deinem freien Willen lieber Wasser.*
　　　　　　Mongolisches Sprichwort

Der Dornod-Aimag (Дорнод аймар), der im Norden an Rußland und im Osten an China grenzt, fasziniert durch seine scheinbare Eintönigkeit. Hier im Osten (mongolisch Dornod) überwiegt flach-wellige bis leicht hügige Grassteppe. Der Himmel scheint die Erde zu berühren.

Die ausgedehnten Gebiete der **Federgrassteppe** gehören zu den letzten unberührten und weitgehend intakten Graslandschaften der Erde. Sie sind die Heimat der Mongoleigazelle. Herden mit tausenden von Tieren ziehen auf Nahrungssuche durch die Steppe, halten sich nicht an Grenzen und bewegen sich zwischen Mongolei und China hin und her. Flüsse wie Kherlen und Ulz sowie Seen wie Buir nuur und Khökh nuur vervollkommnen das landschaftliche Bild des Aimags. Der Kherlen, Hauptwassersammler aus dem Khentii-Gebirge, der quer durch Dornod Richtung

Am Buir nuur

Pazifik fließt, ist bevorzugter Rast- und Nistplatz verschiedener Vögel. Die Liste der **mannigfaltigen Tierwelt** des Aimags ist lang. Neben den Mongoleigazellen haben unter anderem auch Steppenfüchse, Murmeltiere, Wölfe, Dachse, Jungfernkraniche, Steppenadler, Trappen, Ussuri-Elche und eurasische Fischotter hier ihren Lebensraum. Inzwischen gibt es mehrere Nationalparks und grenzübergreifende Projekte, die sich für die Erhaltung dieses biologisch interessanten und ökologisch bedeutenden Gebiets einsetzen. Ganz im Norden, entlang der russischen Grenze, liegen bewaldete Gebiete, die daran erinnern, daß Amur und Taiga nicht weit sind.

Dornod kann auch Superlative anbieten. Einstimmig wird von allen Quellen der See Khökh nuur als der **niedrigstgelegene Punkt der Mongolei** angegeben. Weniger uneins ist man sich über die Höhe über dem Meeresspiegel. Sie schwankt zwischen 560 und 532 Metern, mehrheitlich werden aber etwa 560 Meter genannt.

Der Dornod-Aimag im Überblick

Fläche: 123600 km²
Einwohner: 74400, 0,6 pro km²
Ethnische Gruppen: Khalkha, Burjaten, Bargut
Aimagzentrum: Choibalsan
Entfernung von Ulan Bator: 661 km
Durchschnittstemperaturen: +0,4 °C, Juli 20,6 °C, Januar −21,3 °C
Jahresniederschlag: 246 mm

Dornod-Aimag

Der Dornod-Aimag

Wirtschaftliche Basis des Aimags ist der Ackerbau. Weite Gebiete des Beckens von Kherlen, Onon und Khalkhyn Gol sind kultiviert, Getreide, Kartoffeln, Gemüse und Futterpflanzen werden angebaut und eingebracht. Außerdem ist die Industrie relativ stark entwickelt. Kohle, Gold, Silber, Fluorite und andere Bodenschätze werden abgebaut, nach Erdöl wird gebohrt. Natürlich wird auch Viehwirtschaft betrieben, vor allem Schafe und Rinder werden gehalten. Nicht unbedeutend für die Entwicklung des Aimags sind die erleichterten Handelsbeziehungen zwischen den Ländern Rußland, China und der Mongolei, die **Choibalsan** einen florierenden Markt bescheren.

Das Aimagzentrum ist nach dem hier geborenen Staatspräsidenten und späteren Premierminister (1939–1952) Choibalsan benannt. Bis zu seinem Tod 1952 war er entscheidend an den Geschicken des Landes beteiligt. Oft wird er als mongolischer Stalin bezeichnet, da er als rücksichtsloser Diktator und Vollstrecker russischer Ukasse galt, der jegliche Opposition unterdrückte. Die ›Säuberungen‹ in den 30er Jahren, die viele buddhistische Mönchen und Oppositionelle das Leben kosteten, sind größtenteils auf sein Geheiß ausgeführt worden. Andererseits fallen in die Zeit seines Wirkens auch die Anfänge der Entwicklung der Infrastruktur des Landes, die Alphabetisierung, der Aufbau des Gesundheits- und Bildungssystems, so daß das Erbe Choibalsans widersprüchlich ist und die Bevölkerung, insbesondere die ältere, ein zwiespältiges Verhältnis zu ihm hat.

Der heutige Dornod-Aimag wurde Ende der 30er Jahre auch weltgeschichtlich bedeutend. Ganz im Osten fand am Vorabend des Zweiten Weltkrieges die Schlacht am Khalkhyn gol zwischen russisch-mongolischen Kräften und der japanischen Kwantung-Armee des ›Kaiserreiches Mandschuko‹ statt, die mit einer Niederlage Japans endete.

Choibalsan

Eine sandige Straße, gesäumt mit Flußauen, Weiden und Pappeln, führt von Öndörkhaan in das etwa 360 Kilometer entfernte **Aimagzentrum Choibalsan** (Choibalsan khot/Чойбалсан хот). Auf dem Weg sieht man mit etwas Glück Mongoleigazellen, die im fruchtbaren Kherlen-Tal nach Weiden und Wasser suchen.

Choibalsan gehört zu den Siedlungen der Mongolei, die sich aus religiösen Zentren entwickelt haben. 1822 als Sain Beisin Khuree gegründet, hatte nicht nur das Kloster einen festen Sitz am Kherlen-Fluß, sondern auch sein adliger Stifter ließ sich hier mit seinem Gefolge nieder. Nach 100 Jahren hatte sich Sain Beisin Khuree zu einem bedeutenden Handelszentrum entwickelt. Hier trafen sich die Karawanenrouten zwischen Mongolei und Mandschurei, Sibirien und China. Russische und chinesische Händler hatten sich niedergelassen, ein zweites Kloster war eröffnet worden, und seßhafte Mongolen lebten in Jurten, die sich um die Klöster gruppierten. 1909 wurde Sain Beisin Khuree Schauplatz des Widerstandes der Araten gegen Feudalherren und mandschurische Fremdherrschaft. Finanzkontore und Läden wurden gestürmt und geplündert, chinesische Beamte und Kaufleute aus der Stadt vertrieben. Auch wenn der Aufstand erstickt wurde, so war er doch Vorbote der Unabhängigkeit der Mongolei. 1939 wurde die Stadt aus militärstrategischen Gründen durch ein Stichgleis mit der Transsibirischen Eisenbahn verbunden. Diese Strecke ist auch gegenwärtig für die wirtschaftliche Entwicklung des Aimags bedeutsam.

Heute prägen verlassene Kasernen der hier ehemals stationierten russischen Einheiten und stark renovierungsbedürftige Häuser das Bild von Choibalsan. 1990 zogen Aimagverwaltung und andere wichtige Gebäude aus der alten Stadt weg und ließen sich weiter östlich nieder, so daß Choibalsan über eine Alt- und eine Neustadt verfügt.

Die Altstadt mutet ein wenig wie ein Museum an: Ein russischer Panzer, das **Ehrenmal** für die mongolischen Helden von der Schlacht am Khalkhyn gol, eine **Statue von Choibalsan** und die Museen haben hier ihren Platz gefunden. Hinter dem Denkmal von Choibalsan befindet sich das **Aimagmuseum**, das über die Geschichte der Region Auskunft gibt. Westlich davon liegt das **Naturhistorische Museum**, mit Exponaten der Fauna und Flora des Steppengebietes. Wer sich für das Kriegsgeschehen von 1939 interessiert, kann sich im **Jukov-Museum** ausführlich informieren. Das Museum, versteckt im Jurtenviertel, ist nicht leicht zu finden, und geöffnet wird es auch nur nach Anfrage. Am besten äußert man seinen Wunsch in einem der Hotels und läßt sich den Besuch organisieren.

n der Neustadt findet der Reisende das Nötige an Unterkunft, Essen und Einkaufsmöglichkeiten. Ebenfalls in der Neustadt, etwa 400 Meter hinter dem Hotel ›Kherlen‹, befindet sich das **Danrig-Danjaalin-Kloster**, das 1840 gebaut, 1937 geschlossen und schließlich 1990 wieder geöffnet wurde. Die Mönche heißen Besucher herzlich willkommen und laden zu den Zeremonien ein.

Choibalsan ist der beste Ausgangspunkt, um den Osten der Mongolei zu erkunden.

Choibalsan-Informationen

Vorwahl: 01582.
Internationale Telefonverbindung, Internet, Postamt, Banken.
Büro für Naturschutz, östlich vom Hotel ›To Van‹, in einem weißen Gebäude.
Grenzschutz, Büro im äußersten Westen der Neustadt.

Anreise mit dem Flugzeug, Überlandbus oder eigenem Fahrzeug.

Hotel Kherlen, Tel. 23060, 21250, 99/582121, Fax 23050, herlen2@mongol.net; 45 Zimmer mit 125 Betten, 7–25 Euro. Im Stadtzentrum, Restaurant, Billard, Sauna.

To Van, Tel./Fax 21567, Tel. 21551; 4–20 Euro inkl. Frühstück.
12 Zimmer mit 24 Betten, einfach bis Luxus.
Olikhon, Tel. 21567, 21551, 99/582888; 11 Zimmer mit 23 Betten, 4–20 Euro (einfach bis Luxus).
Mit Restaurant, Billard und Laden.
Erdene, Tel. 21778, 90580060; 7 Zimmer mit 15 Betten, 4 Euro. Kleines neues Hotel mit Garage.

Nice Café, neben dem ›Khishig‹-Supermarkt.

Supermarkt Khishig, im Zentrum.
Markt, knapp ein Kilometer östlich vom Zentrum.

Kherlen Bars khot

Etwa 70 Kilometer vor Choibalsan stößt man nördlich der Straße auf Ruinen, die unterschiedliche Ursprungs sind, aber unter dem ›Familiennamen‹ Kherlen Bars khot (Хэрлэн Барс хот) ausgewiesen und mit der Kitan-Zeit – 10. bis 12. Jahrhundert – verbunden werden. Der erste Komplex besteht aus Überresten eines großen überdachten Tempels, in dessen zentraler Halle sich der Altar für die Hauptgottheit befunden haben soll. Dekorative Elemente im mongolischen Stil und Bruchstücke einer Skulptur wurden gefunden. In der Nähe befanden sich **Stupas**, klägliche Überreste zweier Türme können heute noch ausgemacht werden. Archäologen und Historiker vermuten hier ein religiöses Zentrum der Kitan.

›Straße‹ im Dornod-Aimag

Einen Kilometer weiter befinden sich die **Überreste einer zweiten Siedlung**, in der Einzelstücke gefunden wurden, die der Xiongnu-Periode (1. Jahrhundert) zugeordnet werden, und weiter in Richtung Choibalsan stößt man nach etwa 15 Kilometern auf die letzten Zeugnisse einer weiteren befestigten Stadt. Hier soll der letzte mongolische Kaiser von China (Yuan-Dynastie), der 1368 aus Peking vertrieben wurde, Zuflucht gefunden haben.

Nördlich von Choibalsan

Etwa 100 Kilometer nördlich von Choibalsan, fast parallel zum Kherlen-Fluß, erstreckt sich über mehrere hundert Kilometer der sogenannte **Wall des Dschingis**. Er ist deutlich als von Menschenhand errichteter Erdwall erkennbar, hat aber, trotz des Namens, nichts mit dem großen Mongolenkhan zu tun. Der Bau der Abgrenzung wird der Kitanperiode (10. bis 12. Jahrhundert) zugeschrieben. Die genaueren Umstände, die zu seiner Errichtung geführt hatten, sind jedoch nach wie vor unklar.

Der Norden des Aimags ist eine einzigartige Bergsteppenlandschaft mit einer Pflanzenvielfalt wie nirgendwo sonst in der Mongolei. Im Sommer sind die Wiesen mit farbigen Blüten übersät. Mehrere **Naturschutzgebiete** liegen westlich der Bahnlinie beziehungsweise der Straße. Eines von ihnen ist das Mongol Daguur, das auch Feuchtgebiete vom Fluß Ulz einschließt. Hier, knapp 200 Kilometer nördlich von Choibalsan, ist ein wichtiger Rast- und Nistplatz für tausende von Zugvögeln, haben sechs verschiedene Kranicharten ihren Lebensraum. Wendet man sich Richtung Westen, fährt man durch eine eindrucksvolle Flußlandschaft und trifft auf das **Naturreservat Ugtam uul**. In dem 460 Quadratkilometer großen, geschützten Gebiet stehen zwei **heilige Berge**, Ugtam und Khairkhan, sowie **Ruinen eines buddhistischen Klosters**. Diese Region wird vor allem von Burjaten besiedelt, die traditionell in Blockhäusern wohnen. Auf ihrem Speiseplan steht viel Fisch, der in verschiedenen Formen erhältlich ist.

Auf dem Weg zur russischen Grenze passiert man nach 180 Kilometern den Khökh nuur, einen kleinen flachen **Salzsee**, der nur 560 Metern über dem Meeresspiegel liegt. Für diese Gegend benötigt man einen Grenzzonenschein, den man sich in Choibalsan holen sollte.

Menengiin-Steppe

Fährt man von Choibalsan in den äußersten östlichen Zipfel des Aimag, kommt man durch die Menengiin-Steppe. Dieses rund 200 Kilometer breite und komplett flache Gebiet ist eine der letzten intakten **Hochsteppen** der Erde. Unendliche menschenleere Weite breitet sich vor dem Reisenden aus, und hoch in den Lüften kreisen Adler, Bussarde und Falken. Herden von Mongoleigazellen und Kropfantilopen durchwandern alljährlich dieses einzigartige unberührte Steppen-Ökosystem. Einige Sumpfgebiete durchziehen die Landschaft und sind Grund für eine unangenehme Mückenplage.

■ Buir nuur

Im Norden der Menengiin-Steppe liegt unmittelbar an der chinesischen Grenze der Buir nuur (Буйр нуур). Mit über 600 Quadratkilometer Fläche ist er der **größte Süßwassersee** im Osten der Mongolei, ein Teil des Sees gehört zu China. Der See und seine Umgebung sind wunderschön und Lebensraum von verschiedenen Wildtier- und Fischarten. Karpfen, Hechte, Welse Forellen und Lachse reizen den Angler. Allerdings braucht man neben dem Angelschein auch noch den Grenzzonenschein. Der Fischreichtum wird nicht nur von Hobbyanglern genutzt: Eine Fischereigenossenschaft versucht, sich mit den Verkauf der Fänge ihren Lebensunterhalt zu verdienen. Gespeist wird der See vom Khalkhyn gol, der am Ostufer ein Flußdelta bildet. Hier leben Wasservögel wie Reiher, Enten, Kormorane und Möwen.

Khalkhgol

Etwa 70 Kilometer südöstlich vom Buir nuur liegt das **Kreiszentrum Khalkhgol** (Khalkhgol sum/Халхгол сум, auch Sümber genannt). Kriegsdenkmäler, noch heute sichtbare Schützengräben und Befestigungsanlagen erinnern an eine wichtige Vorentscheidung für den Zweiten Weltkrieg, an die **Schlacht am Khalkhyn gol**. Im Zentrum selber gibt ein **Museum** Interessierten Auskunft über Geschichte und Verlauf.

Der liegende Boddhisattva bei Khalkhgol

Bevor man in die Siedlung Khalkhgol kommt, etwa auf halber Strecke von Buir nuur aus, trifft man auf ein weit friedlicheres Erbe der Vergangenheit, einen **liegenden Boddhisattva**, eine Einmaligkeit in der Mongolei. Etwa 40 Meter lang ist das aus Steinen ausgelegte Abbild des Avalokiteshvara, des Botthisattva des Mitgefühls (bei den Mongolen Janraisig). Der Komplex wurde in der Zeit von 1859 bis 1864 auf Initiative des adligen Bat-Ochiriin Togtokhtur errichtet und in den 1990er Jahren aufwendig restauriert.

Nömrög

Fährt man von Khalkhgol weiter in den Süden, erreicht man nach knapp 120 Kilometern den **Nömrög-Nationalpark** (Нөмрөг). Das ist ein Gebiet, das bis in die Mandschurei reicht und Ausläufer des Khiangan-Gebirgszugs einschließt. Ursprünglich war dieses Gebiet bewaldet, inzwischen sind staudenartige Steppenwiesen vorherrschend. Mehrere kleine Flüsse werden von Weiden, Espen und Birken gesäumt. Das Klima in dieser Region ist eher feucht und unterscheidet sich von der umgebenden trockenen Steppenzone. Ein typischer Bewohner ist der Ussuri-Elch. Insgesamt wurden 47 Säugetiere und 255 Vogelarten im Nationalpark registriert. Im Gegensatz zu anderen mongolischen Weidegebieten wird hier nur ein Prozent der Fläche wirtschaftlich genutzt, und somit ist dieses Gebiet praktisch unbewohnt und daher weitgehend unberührt. Unter Schutz gestellt wurden auch die sich westlich an Nömrög anschließenden Grenzgebiete. Die aus typischer Steppenlandschaft bestehende Region soll insbesondere den Mongoleigazellen Überlebensraum garantieren.

Sükhbaatar-Aimag

Reich ist, wer keine Schulden hat, glücklich, wer ohne Krankheit lebt.
Mongolisches Sprichwort

Der Sükhbaatar-Aimag (Сухбаатар аймар) liegt am östlichsten Rand der Wüste Gobi. Während im Norden wellige Steppenlandschaft und teilweise üppige Wiesen vorherrschen, wird gen Süden der Graswuchs spärlicher. Weite Sandflächen und kleine salzwasserhaltige Seen deuten auf die Nähe der Wüste hin. Im Süden ist der Aimag von aufragenden Basaltklippen und über 200 erloschenen Vulkanen durchzogen. Einige von ihnen haben außergewöhnliche Formen, so daß man ihnen Namen wie Amboß, Hexenkessel, Waschzuber oder Nabel gab. Fließende Gewässer gibt es hier nicht, dafür Trockentäler, die bei starkem Regen schnell aufgeschwemmt sind und durch die sich dann Sturzbäche ihren Weg bahnen.

Landschaftliche Höhepunkte des Aimags sind die **Dariganga-Ebene**, der **heilige Berg Shiliin Bogd uul** sowie die **Naturreservate Lkhachinvandad uul und Ganga nuur**. In der Steppe leben, wie im benachbarten Dornod-Aimag, große Bestände an Mongoleigazellen und Kropfantilopen sowie Füchse, Wölfe, Murmeltiere und Wildkatzen.

Zu berücksichtigen ist, daß für Reisen im Osten der Mongolei viel Zeit benötigt wird, die Pisten bremsen die Fahrgeschwindigkeit, und große Entfernungen sind zurückzulegen. Touristenunterkünfte außerhalb von **Baruun Urt** sind noch selten. Zusätzlich benötigt man eine Grenzerlaubnis für den attraktiven südlichen Teil, da dieses Gebiet nahe an der chinesischen Grenze liegt. Trotz dieser Widrigkeiten lohnt sich der Weg in den weiten Osten, abseits der üblichen Touristenwege.

Dies Provinz ist sehr dünn von Khalka-Mongolen, Dariganga und Üzemchin besiedelt. Der Sükhbaatar-Aimag ist eine der einkommensschwächsten Gegenden der Mongolei. Die Menschen auf dem Land leben praktisch ausschließlich von der nomadischen Viehwirtschaft, dabei überwiegt die Schafzucht. Im äußersten Norden wird auch Ackerbau betrieben. In der Nähe vom Aimagzentrum Baruun Urt gibt es eine Kohlegrube, außerdem werden Zink und Eisen abgebaut.

Benannt wurde der Aimag nach dem 1893 geborenen Revolutionär Damdiny Sükhbaatar. Er selber wurde wahrscheinlich in Urga (Ulan Bator) geboren, aber seine Familie väterlicherseits stammt aus dieser Region.

Baruun Urt

Von Ulan Bator fährt man etwa 560 Kilometer in östliche Richtung über Öndörkhan in das **Aimagzentrum Baruun Urt** (Баруун Урт). Die Stadt mit knapp 15 000 Einwohnern liegt buchstäblich am Ende der Welt und mag etwas her-

---

Der Sükhbaatar-Aimag im Überblick

Fläche: 82 300 km²
Einwohner: 56 400, 0,7 pro km²
Ethnische Gruppen: Khalkha, Dariganga, Üzemchin
Aimagzentrum: Baruun Urt
Entfernung von Ulan Bator: 560 km
Durchschnittstemperaturen: +0,4 °C, Juli +19,9 °C, Januar −21,5 °C
Jahresniederschlag: 191,7 mm

▲ Karte S. 265

Sükhbaatar-Aimag [265]

Der Sükhbaatar-Aimag

Baruun-Urt-Informationen

Vorwahl: 015 12.
Grenzzonenscheine und **Permits** sind erhältlich bei der Polizeistation im westlichen Teil der Stadt, etwa 1 Kilometer vom Hauptplatz entfernt, Tel. 517 51.

Informationen unter www.eznis.com oder www.aeromongolia.mn.

Anreise mit dem eigenen Fahrzeug möglich.

Hotel Sharga, Tel. 211 01; 10-25 Euro (einfach bis Luxus). Westlich vom Hauptplatz, Zimmer mit TV und Bad, Restaurant.
Ganga, Tel. 212 12; 5-15 Euro. Im Nordosten der Stadt, kleine einfache Zimmer, Restaurant.
Zotol, Tel. 99 09 95 15. An der östlichen Seite des Hauptplatzes.

Restaurants in den Hotels und das **Restaurant Kharkhorin**, nördlich vom Verwaltungsgebäude.

Im nördlichen Teil der Stadt liegt der **Markt**, wo man die wichtigsten Dinge einkaufen kann.
Tip: Silberarbeiten der Darigangas; im Hotel oder beim Reiseleiter fragen.

Denkmal für Toroibandi, den mongolischen Robin Hood

untergekommener und staubiger wirken als andere. Viele Einwohner leben von der örtlichen Zinkmine oder vom nahegelegenen Kohlebergwerk. Das Wasser in dieser Gegend ist stark schwefelhaltig, deshalb ist es besser, Wasser in der Flasche zu kaufen. Von hier aus läßt sich die südliche Grenzregion bestens erkunden.

Baruun Urt wird in der Regel einmal die Woche angeflogen. Das Zentrum verfügt über die nötigste Infrastruktur mit wenigen einfachen Hotels, Restaurants und mongolischen Imbißstuben (Tsainii Gazar oder Söögin Gazar), die zum Teil auch chinesische Küche anbieten. Internet, Bank und Postamt liegen ebenfalls im Stadtzentrum.

Die Person auf dem **Reiterdenkmal** vor dem zentralen Verwaltungsgebäude ist unverkennbar der Nationalheld Sükhbaatar. 200 Meter westlich des Hauptplatzes ist das **Kloster Erdenemandal khiid** nur noch eine Erinnerung an den einstigen Glanz. Der ursprüngliche Standort etwa 20 Kilometer entfernt soll sieben Tempel und 1000 Mönche beherbergt haben, bis es den sogenannten Säuberungen von 1938 zum Opfer fiel. Das **Aimagmuseum** zeigt Trachten der lokalen ethnischen Gruppen und ihre Jurten, die sich im Aufbau etwas von den üblichen unterscheiden und in denen sich häufig ein Lehmofen befand. Außerdem werden wunderschöne Exponate der auch heute noch hochgeschätzten Silberarbeiten der Dariganga gezeigt.

Sükhbaatar

Ein Tip für geschichtsinteressierte Reisende ist das kleine **Sumzentrum Sükhbaatar**, knapp 50 Kilometer östlich von Baruun Urt, abseits der Hauptpiste. Es beherbergt ein liebevoll gepflegtes **Museum**, das dem Leben des Nationalhelden Sükhbaatar gewidmet ist. Unter anderem wird die Druckerpresse ausgestellt, an der Sükhbaatar während seiner Tätigkeit in der Druckerei in Urga (heute Ulan Bator) gearbeitet hat. Der Abstecher lohnt sich, wenn man sowieso zwischen den Aimagzentren Baruun Urt und Choibalsan unterwegs ist. Im Ort angekommen, muß man sich erkundigen, wer aktuell den Schlüssel zum Museum verwaltet.

Dariganga-Sum

Rund 160 Kilometer südöstlich von Baruun Urt liegt das **Kreiszentrum Dariganga** (Дарьганга). Das umliegende gleichnamige Gebiet ist Heimat der ethnischen Gruppe der Dariganga. Sie sind mit Stämmen in der Inneren Mongolei verwandt und sprechen einen eigenen Dialekt, können sich aber gut mit den Khalka-Sprechenden verständigen. Hier, nahe der chinesischen Grenze, treffen **Sanddünenfelder** auf die ausgedehnte **Wüstensteppe**. Das verschaffte der Region auch den Beinamen ›Vorzimmer der Gobi‹. Ergänzt durch **erloschene Vulkane**, erhält die Landschaft einen einmaligen, sehenswerten Charakter. Das Weideland der Dariganga, das weit in das Gebiete der Inneren Mongolei hineinreicht, war während der Mandschuzeit den Pferden des Kaisers von China vorbehalten. Die Pferdezüchter hatten ein besonders schweres Los. In der von Klaus Koppe herausgegebenen alten Spielmannsdichtung ›Feuer des Zorns‹ wird die Geschichte eines jungen Pferdehirten, der gegen Intrigen machtbesessener Feudalherren und um seine junge Liebe kämpfen muß, ergreifend erzählt.

Nicht zufällig wirkte eben in dieser Gegend der Legende nach Toroibandi, einer der tapfersten mongolischen Gesetzlosen, der ähnlich wie Robin Hood die Reichen zugunsten der Armen beraubt haben soll. Nähert man sich vom See Ganga nuur dem Berg Shiliin Bogd uul, trifft man auf den in Stein gehauenen, teetrinkenden Gesetzlosen, dessen Taten noch heute in den Jurten der gesamten Mongolei besungen werden.

Ganga nuur

Nur wenige Kilometer südlich der Siedlung Dariganga liegt das **Naturschutzge-**

Am Ganga nuur

biet **Ganga nuur** (Ганга нуур). Es umfaßt das etwa 250 Quadratkilometer große **Dünengebiet Moltsog els** und mehrere kleine Seen, unter anderem den **Kholboo nuur** und den etwa vier Quadratkilometer großen **See Ganga nuur**. Sie dienen im Herbst als Sammelplatz für tausende von Kranichen, Schwänen und anderen Zugvögeln. Obwohl als Schutzgebiet ausgewiesen, ist das Ökosystem durch die Beweidung der Ufer weiterhin gefährdet.

Zehn Kilometer östlich des Sees befindet sich **ein Ger Camp**, in dem man für 30 Euro (inklusive Essen) übernachten kann. Das Camp ist hervorragend geeignet, um die für mongolische Verhältnisse nähere Umgebung zu erkunden. So könnte man die Sanddünen erklimmen und in das nordöstlich gelegene **Tal Khurgiin Khöndii** fahren (oder reiten), um den vielen **Steinfiguren** einen Besuch abzustatten, oder Richtung Shiliin Bogd uul aufbrechen. Unweit vom Camp erblickt man am Horizont den Berg Altan Ovoo (1354 Meter), ein weiteres lohnendes Ziel.

Altan Ovoo

Der **erloschene Vulkan Altan ovoo** (Алтан овоо) ist der heilige Berg der Dariganga. Alljährlich Ende Juli wird er zum Mittelpunkt der Naturverehrung. Die Männer begeben sich auf den Gipfel und opfern bei den ersten Sonnenstrahlen Milch- und Fettprodukte am fest gemauerten Ovoo. Den Frauen ist eine heilige Stätte am Fuße des Berges vorbehalten, der Ovoo auf dem Gipfel ist für sie tabu. Nach den Opferritualen wird, nun gemeinsam, gefeiert und gewetteifert. Wer ist der beste Ringer oder Schütze, wessen Pferde sind die schnellsten? Für Besucher ist dies eine Möglichkeit, ein Naadam-Fest in seiner Ursprünglichkeit hautnah zu erleben. Die genauen Termine erfragt man am besten bei den Reiseveranstaltern.

Bewegt man sich aus südlicher Richtung, vom Ganga-nuur-Naturschutzgebiet kommend, auf den heiligen Altan Ovoo zu, sieht man östlich am Fuße des Berges drei Steinfiguren, die von den Einheimischen als König, Königin und Prinz verehrt werden.

Shiliin Bogd uul

Etwa 60 Kilometer östlich von Dariganga liegt der 1778 hohe Kegel des **erloschenen Vulkans Shiliin Bogd uul** (Шилийн Богд уул). Er ist von allen Richtungen aus vielen Kilometern Entfernung zu sehen. Er gilt als heiliger Berg, und eine Besteigung verspricht Erneuerung und Energiezuwachs. Von seinem Gipfel, den man nach gut 15 Minuten Fußmarsch erreicht, öffnet sich ein herrlicher Blick auf eine faszinierende Landschaft von erloschenen Vulkanen, die sich nordöstlich entlang der mongolisch-chinesischen Grenze aneinanderreihen. Hier ist der Aufstieg zum Gipfel auch den Frauen gestattet.

Khurgiin-Tal

Im Khurgiin-Tal, 35 Kilometer nordwestlich von Schiliin Bogd uul, finden sich **Menschensteine** aus dem 13./14. Jahrhundert. Die sitzenden Steinfiguren tragen Schuhe und einen kegelförmigen Hut und halten ein Trinkglas in der rechten Hand. Es sollen an die 50 Figuren gewesen sein, heute findet man mit Hilfe eines Ortskundigen noch drei von ihnen. Es gibt verschiedene Legenden über den Hintergrund der Menschenstelen. Eine davon erzählt, daß einst ein

Sükhbaatar-Aimag [269]

Heilige Stätten auf dem erloschenen Vulkan Altan Ovoo

Fürst während der Jagd eine Gazellenherde über die Klippe eines Felsens trieb und so hunderte von ihnen tötete. Der Himmelsgott Tengeri bestrafte ihn und seine Angehörigen für diese Untat, indem er Unglück über die Familie brachte. Als Mahnung daran, sich an die Gesetze der Jagd zu halten und respektvoll mit der Natur umzugehen, wurden die Statuen aufgestellt.

Taliin agui

Etwa 15 Kilometer nordwestlich von Shiliin Bogd uul befindet sich die **Lavahöhle Taliin agui** (Талын агуй). Sie ist mehr als 200 Meter lang und hat eine Größe von etwa 100 000 Kubikmetern. Es handelt sich um eines der größten und spektakulärsten Höhlensysteme in der Mongolei. Der Eingang der Höhle ist während eines großen Teiles des Jahres zugefroren und meistens erst ab August zugänglich. Der Boden bleibt ganzjährig mit Eis bedeckt, und von der Decke hängen Eiskristalle. Das Schmuckstück ist nicht ganz einfach zu finden, so daß man, wie so oft in der Steppe, einen ortskundigen Begleiter dabei haben sollte.

Lkhachinvandad uul

Etwa 200 Kilometer südöstlich von Baruun Urt, an der chinesischen Grenze, liegt das **Naturreservat Lkhachinvandad uul** (Лхачинвандад уул). Dieses 58 500 Hektar große geschützte Gebiet hat vor allem zum Ziel, den Lebensraum der kleinen Ussuri-Elche zu schützen, die sich in den bergigen Regionen des Lkhachinvandad uul aufhalten.

Inzwischen gibt es dort ein Jurtencamp. Der Park kann über **Erdenetsagaan** (Эрдэнэцагаан) erreicht werden, wo es auch ein einfaches Hotel gibt. Auch hier ist wieder der Grenzzonenschein erforderlich. Der nahe Grenzübergang ist zur Zeit für Bürger aus Drittländern keine Variante, um zwischen der Mongolei und China zu pendeln.

Der Osten

Wüstenland – unauffällig zarte
und doch robuste Natur.
Nur ein Narr durchquert es ohne
Vorkehrungen.

Der Süden

Dundgov-Aimag

Zwei Menschen in Freundschaft sind stärker als Mauern aus Stein
       Mongolisches Sprichwort

Flache trockene Wüstensteppe und wie von Riesen abgelegte Felsformationen prägen das Bild der **Mittelgobi**.
Die Strecke in den südlich von Ulan Bator gelegenen Dundgov-Aimag (Дундговь аймар) führt durch den hügligen Töv-Aimag. Das Grün der Steppe und der baumbestandenen Nordhänge der Berge begleitet den Reisenden bis in den Norden des Dundgov-Aimags, um dann einen blaugrünen bis ockerfarbenen Ton anzunehmen.

Antilopen, Gazellen, Füchse und Wölfe durchstreifen auf Nahrungssuche die Steppe, Argali-Schafe und Steinböcke zeigen sich, mit etwas Glück, als Hausherren der Berge. In der Steppe und Wüstensteppe gedeihen Zwergmispeln, Federgras und eine Vielzahl von Heilkräutern wie Beifuß, Bilsenkraut, Scharfgarbe und Wegwarte. Im Süden des Aimags wachsen Saxaul und Tamariske, die typischen Vertreter der Gobi-Vegetation.

Die überwiegende Mehrheit der Bevölkerung lebt von der Viehwirtschaft. Schafe und Ziegen kommen am besten mit den harten klimatischen Bedingungen zurecht und natürlich die Kamele, die man in kleinen Herden in der Wüstensteppe weiden sieht, wenn man durch den Aimag fährt. Von wirtschaftlicher Bedeutung sind auch der Braunkohletagebau im Nordwesten des Aimags und kleinere, lebensmittelverarbeitende Betriebe, die Getränke, Marmelade, Brot, Nudeln und Gebäck herstellen.

Der Aimag gehört nicht zu den gutbesuchten Regionen der Mongolei. Touristen, die mit dem Auto oder Motorrad in die Südgobi fahren, durchqueren ihn meist nur, wenige Reiseanbieter verbinden eine Tour in den Süden mit ausgewählten Sehenswürdigkeiten des Dundgov-Aimags. Es lohnt sich aber durchaus, die Provinz etwas näher kennenzulernen.

Mandalgov

Von einem **Aimagzentrum**, das in der mittleren Gobi liegt, kann man keine Parkanlagen mit rauschendem Blätterwald erwarten – nur mit Mühe und liebevoller Pflege wachsen die wenigen Bäume und Sträucher in dem Städtchen. Trotzdem bietet Mandalgov (Мандалговь) alles, was der Mongoleireisende benötigt. Man kann Auto und Wasserbehälter auftanken, im Geschäft seinen Proviant auffüllen und mongolisch essen gehen. Um sich die Beine von der langen Autofahrt zu vertreten, empfiehlt sich ein kleiner Fußmarsch zum **Mandalin Khar Ovoo**, der auf einem Hügel im Norden der Stadt liegt. Von dort hat man einen wunderbaren Überblick über das Mandalgov und die Umgebung. Mit etwas Stolz verweisen die Einheimi-

---

Der Dundgov-Aimag im Überblick

Fläche: 74 700 km²
Einwohner: 50 500, 0,68 pro km²
Ethnische Gruppen: Khalka
Aimagzentrum: Mandalgov
Entfernung von Ulan Bator: 258 km
Durchschnittstemperaturen: +1,1 °C, Juli +18,8 °C, Januar −18 °C
Jahresniederschlag: 163,8 mm

Karte S. 273

Dundgov-Aimag [273]

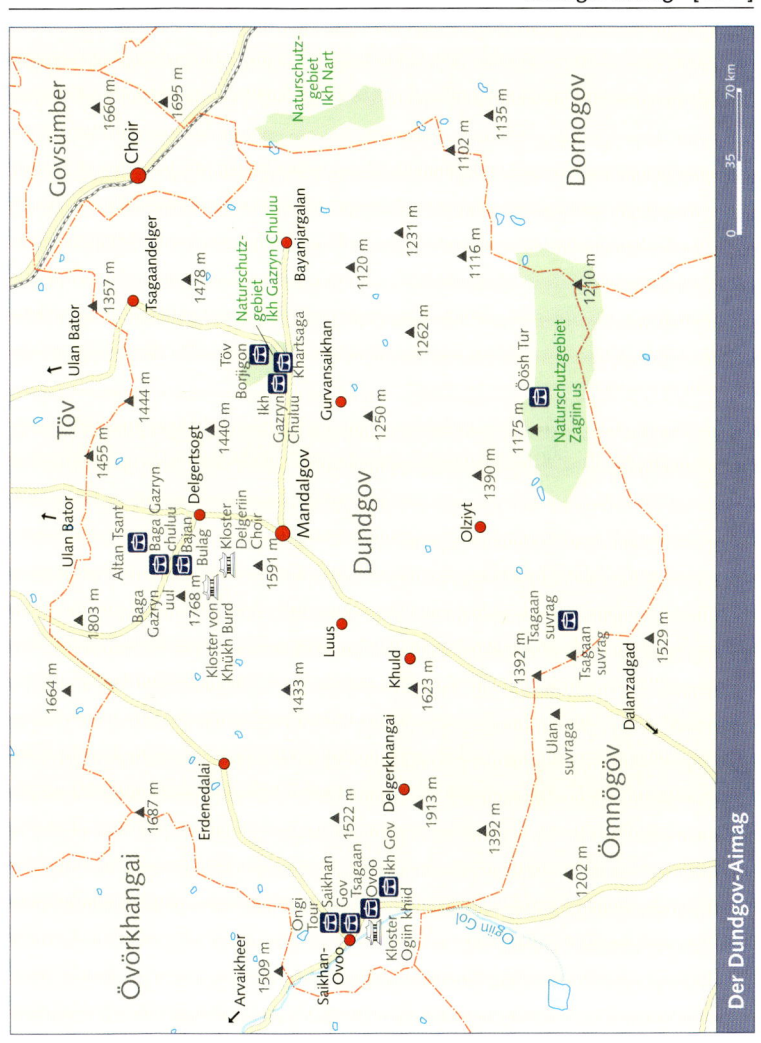

schen auch auf die Exponate in ihrem **Museum**. Es beherbergt eine gutbestückte ethnographische Abteilung mit Gebrauchsgegenständen aus verschiedenen Epochen, den in allen Aimags anzutreffenden Bereich über Flora und Fauna der Region und eine beeindruckende Sammlung buddhistischer Rollbilder. Als Juwel des Museums gilt die bronzene Buddha-Statue von Zanabazar. Das Museum zeigt auch einige Fotos von besonders schönen und von den Mongolen verehrten Orten. Die Bilder ermutigen den Besucher, die anstrengende Fahrt fortzusetzen und die fotografierte Landschaft im Original zu betrachten.

Mandalgov-Informationen

Post, Telekommunikation, Internet südlich vom Park; Mo-Fr 9-18 Uhr, Telefon rund um die Uhr.
Khan-Bank; Mo-Fr 9-16 Uhr, Mittagspause 13-14 Uhr.

Museum, nordöstliches Parkende; tägl. 9-18 Uhr.

Supermarkt Gandalai, Hauptstraße südlich vom Park; tägl. 10-22 Uhr.

Hotel in Mandalgov

Ikh Gazryn chuluu

Etwa 80 Kilometer östlich von Mandalgov liegt das **Naturschutzgebiet Ikh Gazryn chuluu** (Их Газрын чулуу). Blickfang des Gebietes ist eine stark zerklüftete Felsformation, die aus dem kargen Boden wie aus dem Nichts emporwächst. Dieser Platz wird von den Einheimischen besonders verehrt, er ist Pilgerstätte und Ort für buddhistische Zeremonien. Wer einmal am Fuße der steinigen Kulisse steht, sollte sich Zeit nehmen und mit Ruhe und Phantasie einzelne Abschnitte betrachten. So erkennt man womöglich einen an den Fels geketteten mongolischen Ikarus, ein liegendes Kamel mit großen, festen Höckern, hoch oben ein Paar, das sich schützend vor ein Kind stellt ...

Ikh-Gazryn-chuluu-Informationen

Ger Camp Töv Borjigon, Tel. 99/16 51 20; etwa 20 Euro inkl. Essen. Im Naturschutzgebiet.
Ikh Gazryn chuluu und **Khartsaga**. Auch diese beiden Camps nahmen in den vergangenen Jahren Gäste auf.

Zagiin Us

Knapp 200 Kilometer südlich von Ikh Gazryn chuluu liegt das **Naturschutzgebiet Zagiin Us** (Загийн Ус) mit Wüstensteppe, kleinen Saxaulwäldern, Sanddünen, Salzsümpfen und kleinen Seen, eine Region, die kaum besucht wird. Für Liebhaber jedoch, die Kropfgazellen und Mongoleigazellen beobachten wollen, ist es ein idealer Platz. Im Norden, unweit des Eingangs zum Schutzgebiet, kann man sich im Ger Camp ›Öösh Tur‹ (etwa 20 Euro inkl. Essen) einquartieren, denn es braucht Zeit, um die scheuen Tiere aufzustöbern. Die Betreiber geben gerne Tips über den letzten bekannten Aufenthaltsort der Gazellen und noch manch anderen Hinweis zu Sehenswertem im Gebiet.

Tsagaan suvraga und Ulaan Suvraga

Gut 100 Kilometer westlich von Zagiin Us liegt die **Weiße Stupa** (Tsagaan suvraga/Цагаан сувраг). So wird die etwa 30 Meter hohe und über 100 Meter breite **Felsformation** aus Kalkstein genannt. Über Jahrhunderte haben Wind und Wetter die Steilhänge geformt und ihnen ihr bizarres Aussehen gegeben. Die Nomaden verehren auch diese Felsen und nennen sie nicht bei ihren Namen, es sind die ›verehrten, liebsten Weißen‹. Wer es ermöglichen kann, sollte sich dieses Kunstwerk der Natur nicht entgehen lassen.

Etwa 20 Kilometer westlich von der ›Weißen Stupa‹ liegt ein Bergzug, der durch seine rote Färbung auffällt. So ist es kaum verwunderlich, daß er **Rote Stupa** (Ulaan suvraga/Улаан суврага) genannt wird. Im Frühjahr, wenn heftige Stürme über die Felsen fegen, heben sich mächtige braune Staubwolken empor. Der eine oder andere spricht dann davon, daß der Atem der allmächtigen Khormusta-Tengri-Gottheit zu sehen sei.

Um die Entstehung der beiden Gebirgszüge ranken sich viele Legenden. In einer heißt es, daß vor langer Zeit ein Drachenpaar in dieser Gegend lebte, er mit wunderschönen roten Schuppen, sie mit zarten weißen. Eines Tages drang ein mächtiger, feindseliger Drache in ihr Gebiet ein und wollte sie fressen. Er bekam die beiden bei den Schwänzen zu packen und als er zubeißen wollte, gelang es ihnen, sich aus seiner Gewalt zu befreien. Erst als sie in Sicherheit waren, bemerkten sie, daß die Enden ihrer Schwänze zurückgeblieben waren. Für

Tsagaan-suvraga-Informationen

Ger Camp Tsagaan Suvraga, Tel. 99 59 96 02; etwa 20 Euro inkl. Essen.

Die ›Weiße Stupa‹

Blick auf Baga Gazryn Chuluu

eine Rückkehr war es zu spät. Aber auch der große Drache konnte mit den spitzen, harten Schwanzenden nichts anfangen, er warf sie achtlos weg, und so liegen sie heute noch da.

Baga Gazryn chuluu

Gut 40 Kilometer nördlich von Mandalgov liegt die **Siedlung Delgertsogt**. Von hier sind es noch etwa 30 Kilometer gen Nordwesten bis zu den **Felsen von Baga Gazryn chuluu** (Бага Газрын чулуу). In Delgertsogt sollte man sich aber noch nach dem neuerrichteten **Kloster Delgeriin Choir** erkundigen, da es auf dem Weg liegt. Der Besuch bei den Mönchen ist eine gute Einstimmung, um die heiligen Berge zu besuchen.

Viele Legenden ranken sich auch um dieses Massiv. So soll Dschingis Khan mit seinen Kriegern hier gelagert haben, und während der blutigen Fehden zwischen Khalkha-Fürsten und Oiraten im 17. Jahrhundert fand das Oberhaupt der mongolisches Buddhisten, Bogd Gegeen Zanabazar, Schutz in den Bergen. Handfeste Beweise gibt es dafür nicht, aber die Geschichten und die außergewöhnliche Anordnung von Fels, Mineralquellen und Steppe bezaubern auch den Besucher, und man bewegt sich etwas ehrfürchtiger an dieser heiligen Pilgerstätte.

Die höchste Erhebung der Gegend ist der **Baga Gazryn uul** (1768 Meter). Gut fünf Stunden benötigt man für einen Aufstieg. Wer hier klettert oder reiten möchte, kann in einem der Ger Camps übernachten, sich Tips für die Weiterfahrt geben lassen und einen Sonnenuntergang vor phantastischer Kulisse erleben.

Baga-Gazryn-chuluu-Informationen

Ger Camp Bajan Bulag, im Süden des Gebietes, Tel. 99 89 83 38; etwa 22 Euro inkl. Essen. Empfehlenswert.

Altan Tsant und **Baga Gazryn chuluu**. Zwei Camps nördlich der Felsgruppen, leider ohne Telefon.

Gut 20 Kilometer westlich von Baga Gazryn chuluu liegt auf einer Insel die **Klosteranlage von Khükh Burd** (Сум Хөх Бурд). Die Ursprünge gehen auf ein Kloster zurück, das bereits im 10. Jahrhundert errichtet wurde. Im 17. Jahrhundert wurde hier ein prächtiger Palast erbaut. Es heißt, daß der buddhistische Würdenträger und Poet Dazanravjaa diesen Palast später für seine Theateraufführungen genutzt haben soll. Wenig ist heute von der einstigen Pracht und Belebtheit dieser Region zu spüren. Es sind weit mehr Gänse und Schwäne auf dem **See Sangiin Dalai** als Menschen vor Ort, die Palast und Klosterruine bewundern.

Ongiin Gol

Im Südwesten das Aimags fließt der Ongiin Gol durch Wüstensteppe und Wüste. Der Fluß mäandert durch die karge hüglige Landschaft und läßt oasenartig ein wenig Grün gedeihen – ein wunderbarer Platz, um sich von langer Fahrt auszuruhen oder um ein, zwei Ruhetage einzulegen. Als Lager eignet sich am besten die Gegend etwa 20 Kilometer südlich der **Siedlung Saikhan-Ovoo** (Сайхан-Овоо). Mehrere Ger Camps laden hier zum Übernachten ein. Man kann sich auch Pferde oder Kamele ausleihen und so die Umgebung erkunden.

In der Nähe der Camps befinden sich am Ufer des Flusses die **Ruinen der Klöster Barlim khiid und Khutagt khiid**, die zusammengefaßt auch als **Ogiin khiid** bekannt sind. Seit der Wende in den 90er Jahren zieht wieder buddhistisches Leben in die Anlage. Erste kleine Tempel und weiße Stupas wurden errichtet, weiße Jurten geben Mönchen und Helfern Unterkunft. Und doch erinnert zur Zeit das ganze Terrain mit seinem sandigen Boden und den Ruinen eher an eine große antike Ausgrabungsstätte als an ein einst belebtes großes Kloster. Erfahrungen aus anderen wieder aufgebauten Klöstern zeigen aber, daß sich das schnell ändern kann.

Ongiin-Gol-Informationen

Ger Camp Ongi Tour, Tel. 91 91 61 84; etwa 22 Euro inkl. Essen. Am Flußufer gelegen, mit Sanitärtrakt und Sauna.

Saikhan Gov, Tel. 99/12 87 83; etwa 20 Euro inkl. Essen. 11 Kilometer südlich von Saikhan-Ovoo.

Tsagaan Ovoo, Tel. 11/31 81 67; etwa 20 Euro. In der Nähe des Ger Camps ›Saikhan Gov‹.

Die Klosterruinen Ogiin khiid

Dornogov-Aimag

*Auch das schnellste Pferd
hat nur vier Beine.*
  Mongolisches Sprichwort

Fährt man von Peking mit dem Zug in die Mongolei, passiert man bei Ereen khot/Zamyn Üüd die chinesisch-mongolische Grenze. Ist die mongolische Grenzabfertigung bewältigt – in der Regel in der Nacht – beginnt ab Zamyn Üüd die etwa zwölfstündige Fahrt nach Ulan Bator. Der größte Teil der Strecke führt durch **Wüstensteppe** und Steppe, nur ab und zu lockern vereinzelte Bergketten oder Hügel das Bild auf, beleben Jurten, Kamele, Ziegen und Schafe die Landschaft. Der **Eindruck von endloser Weite** ist typisch für den Dornogov-Aimag (Дорноговь аймаг), die Ostgobi. Die wenig besiedelte Steppe und Wüstensteppe garantiert Khulanen (Wildesel), Mongolei- und Kropfgazellen Lebensraum. Mit etwas Glück kann man in der Ferne eine Herde der selten gewordenen Tiere ausmachen.

Touristisch ist die Region kaum erschlossen. Obwohl man in der weiten Steppe wunderschöne kleine Achate sammeln und eine Quelle faktisch dem Wüstensand entspringen sehen könnte, verirrt sich kaum jemand für längere Zeit in den Aimag. Einige durchqueren ihn, um in die Südgobi zu fahren, einige machen einen Abstecher Richtung Provinzhauptstadt Sainshand, um das nahegelegene Kloster Kamariin khiid zu besuchen. Liebhaber von Versteinerungen und Fossilien suchen gezielt die Fundstätten von **Süikhent** oder **Ergeliin Zoo** im Südwesten des Aimags auf. Bei aufgehendem Vollmond kann man in der flachen Steppe ein einzigartiges Naturschauspiel erleben: In einem Rot, das sonst nur der Sonne vorbehalten ist, erhebt sich der Erdtrabant am fernen Horizont und taucht die Steppe in ein phantastisches Licht.

Hauptwirtschaftszweig von Dornogov ist die Viehwirtschaft. Überwiegend werden Ziegen und Schafe gehalten. Der Verkauf von Wolle und Rohkaschmir ist eine wichtige Einnahmequelle für den Aimag. Als zweites wirtschaftliches Standbein entwickelt sich die ölgewinnende Industrie. Die ersten Bohrungen erfolgten bereits in den 1950er Jahren durch sowjetische Geologen, heute werden die Erkundungen von australischen und amerikanischen Spezialisten fortgesetzt. Als besonders vielversprechend gilt die Region südlich von Sainshand im Zuunbayan-Sum.

Der nordwestliche Zipfel der Provinz wurde 1994 als selbständige administrative Einheit **Govsümber-Aimag** (Говьсумбэр аймаг) ausgegliedert, Aimagzentrum ist die Stadt Choir.

Der Dornogov-Aimag im Überblick

Fläche: 109 500 km²
Einwohner: 52 100, 0,5 pro km²
Ethnische Gruppen: Khalka
Aimagzentrum: Sainshand
Entfernung von Ulan Bator:
450 Kilometer
Durchschnittstemperaturen:
+3,4 °C, Juli +23,2 °C,
Januar –18,4 °C
Jahresniederschlag: 116 mm

Sainshand

Von Ulan Bator hat man nach etwa zehnstündiger Bahnfahrt das **Aimagzentrum** von Dornogov erreicht, Sainshand (Сайншанд). Knapp zwei Kilometer süd-

Dornogov-Aimag [279]

Der Dornogov-Aimag

lich vom Bahnhof liegt die Stadt, die alles Notwendige für den Durchreisenden bereithält. Ein Platz und ein kleiner Park bilden das Zentrum, in dessen Nähe sich Verwaltung, Theater, Museen, Post, Restaurants und ein Einkaufszentrum befinden.

Das typische **Aimagmuseum** beherbergt Exponate zur Flora und Fauna. Präparierte Gazellen, Khulane, Argali und Murmeltiere erlauben dem Besucher, die Steppenbewohner, die er sonst nur aus der Ferne beobachten kann, genauer in Augenschein zu nehmen. Die zweite

Sainshand-Informationen

Vorwahl: 01522.
Telefon, Internet, Post südlich vom Danzanravjaa-Park. Internet Mo–Fr 9–22, Sa, So 9–17 Uhr, Telefon-Service rund um die Uhr.

Hotel Shand Plaza, Tel. 99 52 63 14, 235 09; 15–40 Euro (Zimmer einfach bis Luxus). Zwischen Bahnhof und Stadtzentrum gelegenes Hotel, einfach und sauber. Im Keller Sauna und heiße Dusche. Im Hotel befinden sich ein Restaurant, Billard-Raum und die Filiale der ›Anod‹-Bank.
Zagal, nördlich vom Zentrum Richtung Bahnstation, Tel. 52692, 99090729; 8–10 Euro, mit Sauna.
Ikh Goviin Naran, Am westlichen Ende des zentralen Verwaltungsgebäudes, Tel. 22473; etwa 6000 Tugrik. Einfaches Hotel, Zimmer mit Bad.

Restaurant Ergeliin Zoo, nördlich vom Park, hinter dem Gebäude der Aimagverwaltung; 9–18 Uhr. Gute mongolische Küche, Khuushuur (fritierte Teigtaschen).
Zeegiin Ogloo, nördlich vom Park; 9–21 Uhr. Gute Küche, unter anderem Gulasch.
Guanz (Гуанз), 200 Meter östlich vom Park; 10.30–20 Uhr. Chinesische Küche.

Aimagmuseum, südlich vom Park gelegen; 9–18 Uhr, Mittagspause 13–14 Uhr.
Danzanravjaa-Museum, östlich vom Park, gegenüber der Post; 9–18 Uhr, Mittagspause 13–14 Uhr.

Dramaturgisches Theater Saran Khökhöö (Mondkuckuck); Eintritt etwa 4 Euro. Das nach dem Theaterstück von Danzanravjaa benannte Theater gehört zu den besten Spielstätten außerhalb Ulan Bators. Den aktuellen Spielplan sollte man am besten im Hotel erfragen.

Etage ist der Geschichte vorbehalten. Wer etwas Zeit hat, sollte sich unbedingt das Danzanravjaa-Museum anschauen. Es ist dem außergewöhnlichen buddhistischen Würdenträger Danzanravjaa (1803–1856) gewidmet. Er war nicht nur geistiges Oberhaupt der Region, sondern auch Maler, Mediziner und Dichter. Im Museum werden Manuskripte und Zeichnungen von ihm gezeigt, eine Sammlung von Kräutern, die in der traditionellen mongolischen Medizin Anwendung finden, sowie diverse Geschenke, die er aus China und Tibet erhielt.

Khamariin khiid

Knapp 40 Kilometer südlich von Sainshand liegt die **Klosteranlage von Khamariin khiid**, die Anfang des 19. Jahrhunderts gegründet wurde. Das in den 1930er Jahren zerstörte Kloster wurde zum Teil wiederaufgebaut. Es ist ein interessantes **Museum** mit über 1000 Exponaten und gleichzeitig eine beliebte Pilgerstätte. Der dazugehörige **Shambhala-Komplex** mit seinen 108 Stupas liegt beeindruckend in der Wüstensteppe, und an Tagen, an denen sich viele

Kloster Khamariin khiid

Gläubige hier aufhalten, kann man sich die einstige Größe und Bedeutung des Klosters gut vorstellen. Unweit der heiligen Stätte sind mehrere Höhlen in den Bergen zu entdecken, sie dienten den Mönchen als Klause für ihre Meditationsübungen oder als Ort, an dem sie sich in Ruhe ihren komplizierten Studien widmen konnten. Früher gehörten zum Kloster auch eine Bibliothek und ein Gebäude, das man als Theater bezeichnen könnte. Das Wasser der nahegelegenen Quelle wurde schon von den Mönchen genutzt, und Einheimische wie Besucher schwören auf seine heilende Wirkung.

Gegründet wurde das Kloster von Dazanravjaa (1803–1856). Er war 1803 als Sohn einer armen Hirtenfamilie geboren worden. Noch als Kleinkind verlor er seine Mutter, und tragische Umstände erforderten, daß der Vater den Sohn wenige Jahre später in die Obhut eines Klosters gab und ihn für den Mönchsstand bestimmte. Bereits als Novize soll er die ersten Gedichte und Lieder verfaßt haben; einige von ihnen sind noch heute unter den Mongolen verbreitet. Als er etwa acht Jahre alt war, erkannte man in ihm die fünfte Reinkarnation eines hohen Geistlichen, er wurde Gobi-Noyon-Khutuktu. Nach seiner Weihe gründete er mehrere Klöster, eine Schule für begabte Kinder und förderte die Teilnahme von Frauen am religiösen Leben. Da er einem alten, nicht reformierten buddhistischen Orden angehörte (Rotmützen), unterlag er nicht den strengen Regeln wie die Mönche der Gelugpa-Schule (Gelbmützen). Er war verheiratet, und weltliches Leben war ihm durchaus bekannt. So war es ihm möglich, neben seinen Aufgaben als geistiges Oberhaupt der Region sein künstlerisches Schaffen fortzusetzen. Unter anderem schrieb er weiter Gedichte, Lieder und das damals sehr beliebte und weitverbreitete Theaterstück ›Das Leben des Mondkuckucks‹, eine dramatische Geschichte von Liebe, Verrat, mystischen Zauberkünsten und buddhistischen Belehrungen. In den Spielplan des sozialistischen Theaters fand das verlorengegangene und in den 1960er Jahren wiedergefundene Stück keinen Eingang. Heute entdecken es die Mongolen aufs neue.

Khamariin-khiid-Informationen

Zwischen Sainshand und Khamariin khiid liegen zwei Ger Camps: Das **Gobi Sunrise Tavan Dohoi**, mit Restaurant und gutem Sanitärtrakt, Tel. 99/09 01 51; etwa 19 Euro inkl. Essen, und das große **Camp Shand**, Tel. 99/25 78 83; etwa 22 Euro inkl. Essen.

Süikhent

Etwa 120 Kilometer südwestlich von Sainshand, im südlichen Teil des Mandakh-Sums, liegt ein Geröllfeld, das aussieht wie so viele in der Mongolei. Kenner aber sehen sofort, daß es sich nicht um einfache Steinbrocken oder gewöhnlichen Hangschutt handelt, sondern um Fossilien, versteinerte Baumstämme und Äste aus der Jura-Zeit. Maserung und Jahresringe sind teilweise gut zu erkennen.

Obgleich in einigen Karten eingezeichnet, ist das Areal nicht einfach zu finden. Einige Reiseveranstalter haben den **Steinernen Wald von Süikhent** (Сүйхэнтэйн Чулуужсан ой) in ihrem Programm, Individualreisende sollten sich am besten von einem Ortskundigen begleiten lassen.

Ergeliin Zoo

Im Südwesten des Aimags, in der Nähe des Kreiszentrums Khatanbulag (Хатанбулаг), erhebt sich im **Naturreservat von Ergeliin Zoo** (Эргэлийн зоо) ein **Felsmassiv** aus dem Boden, das die Einheimischen den ›Goldenen Berg‹ nennen, eine Fundstätte unzähliger **Saurierskelette**. Wer Zeit und Muße hat, kann auf das Plateau klettern, und oben angekommen den phantastischen Blick genießen.

An dieser Stelle eine kleine Anmerkung zu den Bezeichnungen der Berge: Auf Karten stehen neben der Höhe auch sorgsam die Namen der Berge. Trifft man vor Ort auf Einheimische und fragt nach diesem oder jenem Berg, so wird man meist Begriffe hören wie ›Der Südliche Heilige‹, ›Der Ansehnliche Braune‹ oder ›Der Große Ehrwürdige‹. Es ist tiefer Respekt vor der Natur und vielleicht auch ein wenig Ehrfurcht, der die Nomaden dazu bewegt, den Mächtigen nicht bei seinem wahren Namen zu nennen.

Ziegen in der Wüste

Bürdene-Quelle

Etwa 80 Kilometer südöstlich von Sainshand, in der Nähe der Eisenbahnstation Erdene, liegt ein großes **Sanddünenfeld**, in dem die **Quelle Bürdene** (Bürdene bulag/Бүрдэнэ булаг) praktisch dem Sand entspringt. Eine kurze Strecke bemüht sich ein von der Quelle gespeister Fluß, einige Pflanzen zu ernähren, um dann wieder zu verschwinden. Es ist ein bezaubernder Platz, und es ist nur all zu verständlich, daß man hier dem Wasser und dem vom Wasser benetzten Sand heilsame Kraft zuspricht. Da das mit Sand bedeckte Areal sehr groß ist, benötigt man einen ortskundigen Begleiter, um die Quelle zu finden.

Wüstenvegetation

Bürdene-Informationen

Ger Camp Bürdene els, leider ohne Telefon. Knapp 30 Kilometer westlich der Bahnstation Erdene (Achtung, nicht mit der Stadt Erdenet im Norden des Landes verwechseln!).

Zamyn Üüd

Touristen landen in Zamyn Üüd (Замын Үүд) eigentlich nur, wenn sie von oder nach Peking unterwegs sind. Auch der gut florierende kleine Grenzverkehr ist nur für die einheimische Bevölkerung gedacht. Die Stadt lebt von der Nähe zur chinesischen Grenze und der Bahnstation. Bedeutsam für Zamyn Üüd und den Umkreis ist die 2004 eingeweihte Umschlagstation für Benzin und Diesel. Sie ist eine mit modernster Technologie ausgerüstete Anlage. Das Be- und Entladen erfolgt vollautomatisch, und in den Tanks können je 3000 Kubikmeter Kraftstoff lagern. Neben ausgeklügelter Löschanlage für den Notfall gehört auch ein Sicherungssystemen zum Schutz der Umwelt zum Komplex. Erbaut wurde der Umschlagplatz als Gemeinschaftsprojekt von der Europäischen Union und der Mongolei.

Die Landschaft um Zamyn Üüd ist von karger Wüstensteppe und Wüste geprägt. Selbst in den Straßen bildet sich die eine oder andere Sanddüne. Mit finanzieller Hilfe aus Japan werden in der Stadt Pappeln angepflanzt, um der drohenden Versandung entgegenzuwirken. Ergibt sich für den Reisenden doch ein etwas längerer Aufenthalt, so kann er im ›Jintin‹-Hotel Billard spielen oder das neuerrichtete **Heimatmuseum** besuchen, in dem unter anderem traditionelle Musikinstrumente, Nationaltrachten und Spiele ausgestellt werden.

Wer mehr über die Gobi im Süden der Mongolei erfahren möchte und darüber, wie sich außergewöhnliche Wanderer den Herausforderungen stellen, kann

Zamyn-Üüd-Informationen

Telefonzentrale und Internet, im Zentrum; 24 Std.
Trade & Development Bank, in der Bahnhofsstation; Mo–Fr 9–16 Uhr.
Khas Bank, im Hotel ›Erkhes‹.

Hotel Zamyn Üüd, unweit der Bahnstation; etwa 12 Euro. Die Luxuszimmer sind mit Bad.
Jintin, in der Nähe des Bahnhofs, Tel. 99 17 99 83; 10–15 Euro (Halb- und Voll-Luxuszimmer mit Bad). Neues Hotel mit gutem Restaurant.
Erkhes, gegenüber der Bahnstation, Tel. 99 11 29 85; ca. 12 Euro.

den Bericht ›Gobi‹ von Reinhold Messner lesen. Nördlich von Zamyn Üüd startete er 2004 seine Durchquerung der Gobi, die ihn über den Altai bis nach Altai-Stadt führte.

Choir

Ähnlich wie Ulan Bator, Erdenet und Darkhan bildet die Region um Choir-Stadt (Choir khot/Чойр хот) eine eigene Verwaltungseinheit, den **Aimag Govsümber**. Dieser 5500 Quadratkilometer große, etwa 13 000 Einwohner zählende Aimag wurde erst 1994 gegründet, und perspektivisch soll er sich zu einem wirtschaftlichen Knotenpunkt südlich von Ulan Bator entwickeln. Bereits heute ist er Verwaltungs- und Wartungszentrum einiger Teilstrecken des mongolischen Eisenbahn- und Telefonnetzes, werden Diesel und Benzin umgeschlagen, lagern die staatlichen Futterreserven in der Nähe. Nördlich der Stadt waren Truppen der Sowjetarmee stationiert, die eine geisterhaft anmutende Garnison hinterließen und einen einfachen, aber doch betriebsbereiten Militärflugplatz.

Geologische Untersuchungen des Bodens um die Berge Sümber und Choir ergaben, das die Region reich an Bodenschätzen ist. Flußspat, Buntmetallerze, Eisenerz, Blei und Braunkohle sowie Ausgangsstoffe für Baumaterialien warten auf ihre verstärkte Erschließung – und die Region auf weiteren wirtschaftlichen Aufschwung. Heute gehört die Viehzucht noch zu den wichtigsten Wirtschaftszweigen des Aimags, wobei der Aufzucht von Karakulschafen und den wertvollen lockigen Lammfellen eine besondere Bedeutung zukommt. Vereinzelt werden Kartoffeln, Rüben und andere Gemüsesorten angebaut.

Von Ulan Bator fährt man Richtung Nalaikh, ohne in die Stadt zu fahren, durch den Töv-Aimag nach Choir. Anfänglich sind viele der Bergketten noch bewaldet, die Hügel mit sanftem Grün überzogen. Je weiter man in den Süden kommt, desto flacher wird das Land, bestimmen Wüstensteppe und Wüste den Charakter der Landschaft. Im Govsümber-Aimag sind Mongolei- und Kropfgazellen, Steppenfüchse, Murmeltiere und Wölfe beheimatet. Steppenfalken, Milane und Steppenadler ziehen am blauen Himmel ihre Kreise und spähen nach Beute, majestätisch schreiten Kraniche durch das Steppengras.

Etwa 60 Kilometer südlich von Choir, an der Grenze zum Dornogov-Aimag, beginnt das **Naturschutzgebiet von Ikh Nart**, eine Region mit spektakulären Felsformationen. Da das Gebiet weitab von der Straße liegt, klettern kaum Touristen im Gefels, dafür haben Argali-Wildschafe und Steinböcke hier ihren geschützten Lebensraum.

Ömnögov-Aimag

*Einmal gesehen ist besser
als tausendmal gehört.*
              Mongolisches Sprichwort

In den Ömnögov-Aimag (Өмнөговь аймаг), eher als **Südgobi** bekannt, führen seit Jahren die klassischen Reiserouten für ausländische Touristen. Kamele, Sanddünen, Wüstensteppe und Gobi-Altai bilden in ihrem teils spektakulärem Zusammentreffen beeindruckende Bilder, für die sich eine so weite und anstrengende Reise lohnt. Hinzu kommen eine außergewöhnliche Flora und Fauna. Im Verhältnis zu anderen Wüstenregionen kann die Gobi auf eine reiche Pflanzenwelt verweisen. Über 250 Arten werden gezählt, darunter der bekannte Saxaul, verschiedene medizinische Kräuter und endemische Pflanzen wie das Gobifedergras. Die Fauna ist der im Gobi-Altai ähnlich. In den Gebirgszügen, weiten Wüstenebenen und Oasen haben seltene Tiere ihren Lebensraum. Zwar haben auch hier Jagd und Wilderei die Bestände beträchtlich reduziert, dennoch können Wildesel, sibirische Steinböcke, Füchse, Saiga-Antilopen, Kropfgazellen, Marder und Wüsten-

Gobilandschaft

springmäuse, Bartgeier und Adler beobachtet werden.

Wer sich für längst ausgestorbene Tiere interessiert, ist in der Südgobi ebenso am richtigen Platz, sie ist ein Paradies für Paläontologen. Seit knapp 100 Jahren bringen wissenschaftliche Expeditionen einen sensationellen Fund nach dem anderen zu Tage. Alles begann mit den fossilen Gelegen von **Dinosauriern**, die die Expedition von Roy Chapman-Andrews 1923 bei Bajan Zag entdeckte. Heute ist unter anderem die Fundstätte von Nemegt hinzugekommen. Die Sedimentschicht ist 400 Meter dick und enthält eine Vielzahl verschiedener Fossilien wie Muscheln, Schnecken, Amphibien, Krokodile, Schildkröten und Dinosaurier – Zeugnisse dafür, daß in der Kreidezeit vor 140 bis 70 Millionen Jahren ein großer Binnensee das Territorium bedeckte und ein feuchtwarmes Klima herrschte. Wie ergiebig sie sind, macht eine kleine Schlagzeile von 2006 deut-

Der Ömnögov-Aimag im Überblick

Fläche: 165 400 km²
Einwohner: 46 700, 0,3 pro km²
Ethnische Gruppen: Khalka
Aimagzentrum: Dalanzadgad
Entfernung von Ulan Bator: 331 km
Durchschnittstemperaturen: 3,9 °C, Juli 21,2 °C, Januar –15,4 °C
Jahresniederschlag: 132 mm

In Dalanzadgad

lich: ›In zwei Tagen 67 Dinosaurier entdeckt‹. Liebhaber seien darauf hingewiesen, daß die Ausfuhr von Fossilien verboten ist.

Das wirtschaftliche Rückgrat des Aimags bilden Ziegen, Kamele und Schafe. Gut ein Viertel des gesamten Kamelbestandes der Mongolei wird hier gehalten. Die außerordentlich genügsamen Tiere liefern Milch, Fleisch und Wolle und sind das Transportmittel Nummer eins. Wer mehr über die Kamele und das Leben der Kamelzüchter erfahren will, dem sei der Film ›Die Geschichte vom weinenden Kamel‹ empfohlen, den es auch auf DVD zu kaufen gibt.

Die Ziegen der Südgobi geben jährlich tonnenweise gute Kaschmirwolle, die zu einem Teil im Land weiterverarbeitet, zum anderen als Rohstoff exportiert wird. Getreidemühlen und Wollwäschereien bilden gegenwärtig den Kern einer bescheidenen Industrie. Allerdings zeichnen sich Vorboten einschneidender Veränderung deutlich ab. Bei Oyu Tolgoi wurde die bisher größte Gold- und Kupferlagerstätte der Mongolei entdeckt. Der Lizenzhalter der Rohstoffreserve, das kanadische Unternehmen ›Ivanhoe Mines‹, drängt auf den Beginn der Abbautätigkeit. Auch das 200 Kilometer südwestlich von Dalanzadgad liegende Kohlevorkommen bei Tavan Tolgoi wird nicht mehr lange auf seine Erschließung warten müssen.

Dalanzadgad

Ausgangspunkt für die Erkundung der Südgobi ist in aller Regel das 560 Kilometer südwestlich von Ulan Bator gelegene **Aimagzentrum Dalanzadgad** (Даланзадгад). Die Stadt ist von flacher Wüstensteppe umgeben, nur westlich der Stadt zeigen sich die Berge des Gobi-Altai.

Dalanzadgad ist im typisch russischen Stil erbaut, mit gemauerten Verwaltungsgebäuden, kleinem Park und Hauptstraße. Die Mehrzahl der Einwohner lebt in Jurten, die sich um den Stadtkern gruppieren. In den Läden gibt es eine gute Auswahl, auch an westlichen

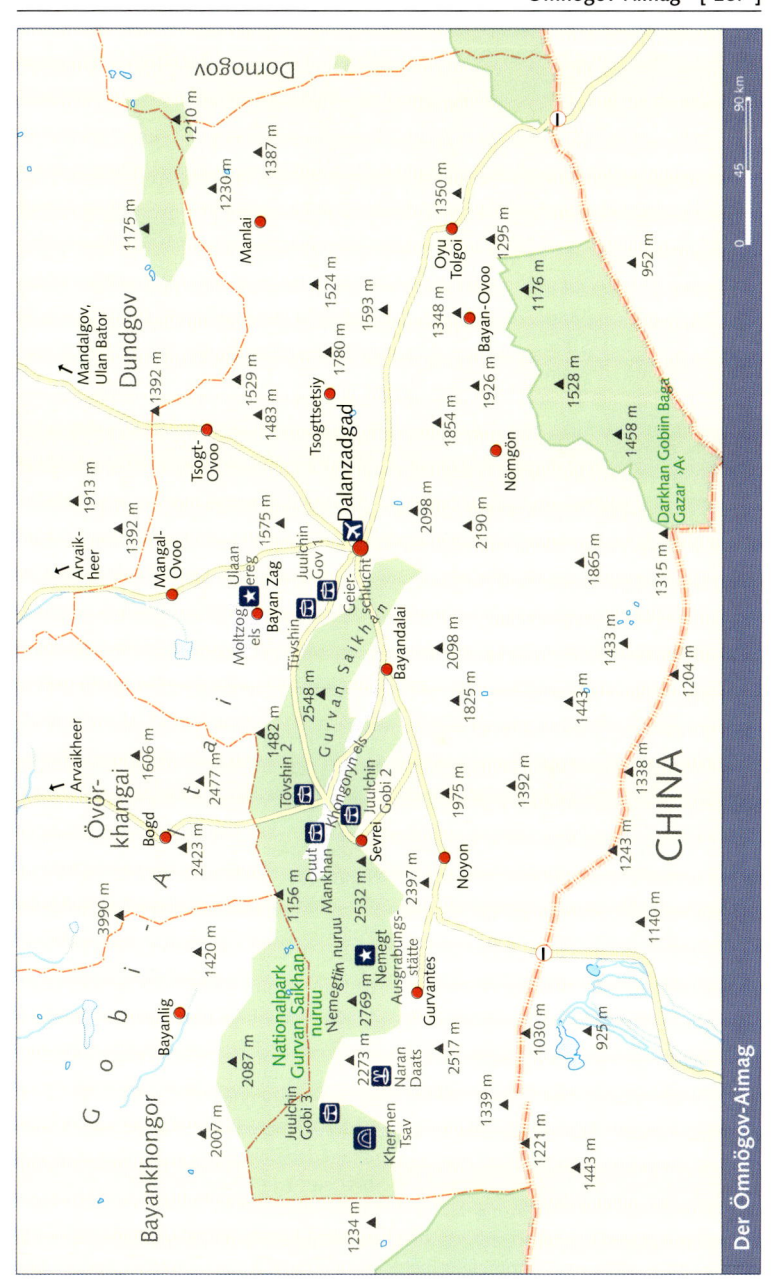

Dalanzadgad-Informationen

Vorwahl: 01532.
Post, im Osten der Stadt; Mo–Sa 9–18 Uhr, Mittagspause 13–14 Uhr.
Zentrum für Kommunikation, Fax und Internetzugang; 24 Std. geöffnet. Internationale Telefonverbindungen sind teuer, etwa 5 Euro für 2–3 Minuten.
Büro der Nationalparkverwaltung, im Südwesten der Stadt oder Eingang Nationalpark Gurvan Saikhan, Tel. 23973.
Khan Bank, westlich des Hauptplatzes.

Wer per Flugzeug nach Dalanzadgad kommt und dann mit dem Auto die Südgobi entdecken will, sollte sich vorab um ein Fahrzeug kümmern, denn in der Hochsaison ist es schwierig, einen Mietwagen zu bekommen.

Hotel Gurvansaikhan, Tel. 3830; einfaches Zimmer (ohne Bad) 8 Euro, Suite (mit Bad und TV) 15 Euro.
Devshil, Tel. 22519; 11–15 Euro (einfach und Luxus), 18 Zimmer und 30 Betten.
Kherlen, Tel. 23918. Kleines Hotel, seit 2004 in Betrieb.

Naran Café, am südwestlichen Ende vom Park; 9–21 Uhr. Einfaches Essen.

Lebensmitteln. Im Zentrum für Kommunikation kann man sich mit aller Welt per Telefon verbinden lassen, ein Fax abschicken oder sich ins Internet begeben. Theater und Museen sorgen für kulturelles Leben. Das **Heimatmuseum** gibt einen ersten Überblick über Flora, Fauna und geologische Besonderheiten der Region. Für Liebhaber ist ein Besuch im **Kamel-Museum** empfehlenswert. Es gibt Auskunft über die Entwicklung der wirtschaftlichen Nutzung der Tiere, ihre Bedeutung für die Nomaden. Breiter Raum wird Informationen über die mongolischen Wildkamele (Khavtgai) eingeräumt.

Bajan Zag

Für Reisende mit kleinem Zeitbudget bietet sich eine Tour Richtung Norden an, nach Bajan Zag (Баян Заг), da sich hier relativ konzentriert finden läßt, was man sich so allgemein unter der **Gobi** vorstellt: Kamele, Sand und Saxaul. In Abhängigkeit von der Lage des Nachtlagers benötigt man etwa 50 bis 70 Kilometer, um an den Ort zu gelangen, der ›reich an Saxaul‹ ist: Bajan Zag. In unmittelbarer Nähe befinden sich auch die Sedimentfelder, in denen in den 1920er Jahren der amerikanische Paläontologe Chapman-Andrews reichlich **Knochen von Dinosauriern** fand, unter anderem das Skelett des Giganten, das heute im Museum von Ulan Bator ausgestellt ist. In diesem Ausgrabungsgebiet wurden auch die ersten fossilen Gelege der Urechsen gefunden. Häufig läßt die untergehende Abendsonne die sandigen Klippen in flammendem Rot erscheinen, was ihnen den Beinamen ›Flaming Cliffs‹ einbrachte. Die Einheimischen nennen sie **Rote Klippen** (Ulaan ereg/Улаан эрэг). Nur wenige Kilometer nördlich von Bajan Zag stößt man auf die **Sanddünen**

Bajan Zag

Moltzog els (Молцог элс, nicht mit der gleichnamigen zu verwechseln, die südlich vom Gebirge Gurvan Saikhan liegt!), so daß das Bild von der mongolischen Gobi annähernd komplett ist.

Wer kann, sollte sich Zeit nehmen und westlich in die Gobi vordringen. Je nach Belieben und Entfernung des Reiseziels wählt man ein Fahrzeug, Kamel oder Pferd. Die Tour mit den Vierbeinern kann man über einen Reiseveranstalter organisieren oder mit Hilfe der Ger-Camp-Leitung.

Bajan-Zag-Informationen

Ger Camp Three Camel Lodge, zwischen Gurvan Saikhan und Bajan Zag, Tel. 11/32 57 86; 55 Euro inkl. Essen.
Bajan Zag, Tel. 99 53 99 88; 25 Euro inkl. Essen.

Gurvan Saikhan Nuruu

Von Dalanzadgad fährt man auf einer natürlichen Schotterpiste in westliche Richtung, um einen der Touristenmagnete der Mongolei zu erreichen, die **Drei Schönen**. So wird in der Regel der Name des östlichen Ausläufers des Gobi-Altais, das **Gurvan-Saikhan-Gebirge** (Гурван Сайхан нуруу) übersetzt. Nach etwa 45 Kilometern Fahrt ist das Ziel erreicht. Schon bei der Anfahrt ist der Betrachter von der natürlichen Kulisse beeindruckt. Aus der flachen Ebene erhebt sich steil der Gebirgszug, der aus drei Gebirgsstöcken besteht. Die höchsten Gipfel des Gurvan Saikhan erreichen 2500 bis 2800 Meter über dem Meeresspiegel.

Das seit 1994 unter Naturschutz stehende Gebirge lädt zum Wandern und Klettern ein. Mit etwas Ausdauer und Geschick kann man einen der mehrere hundert Meter hohen Gipfel erklimmen.

Gurvan-Saikhan-Nuruu-Informationen

Ger Camp Tövshin 1, Tel. 11/32 64 19, 99/114811; 35 Euro/Person inkl. Verpflegung (Rabatt ab 5 Personen). 40 Kilometer westlich von Dalanzadgad, Nähe Nationalpark Gurvan Saikhan. 42 Jurten, Dusche und Restaurant.
Juulchin Gobi 1, Tel. 11/34 59 59, 31 27 69, 99 11 73 99; 30 Euro inkl. Essen. 35 Kilometer von Dalanzadgad.
Khavtsgai; 30 Euro/Person inkl. Verpflegung. 40 Kilometer westlich von Dalanzadgad. Solides Camp, bietet Kamelritte in der Umgebung an.

Nach zwei bis drei Stunden wird die Anstrengung mit einem Blick auf ein bezauberndes Panorama belohnt. Wildschafe und Wildziegen sind im Areal des Gurvan Saikhan zu Hause, Geier, Milane und andere Greifvögel ziehen am Himmel auf Nahrungssuche ihre Bahn.

Im östlichen der drei Gebirgsmassive liegt die von allen Reiseanbietern gepriesene **Geierschlucht** (Yolyn Am/Ёлын ам). Ein leicht ansteigender Weg führt zu dieser Schlucht, in der steile Felswände mehrere hundert Meter hoch in den Himmel ragen. Am Boden nähern sie sich teilweise klammähnlich, am Grund fließt ein glasklarer, kalter Gebirgsbach. Dort, wo auch im Sommer kein Sonnenstrahl den Boden erreicht, taut der im Winter zugefrorene Bach nicht auf: Eis inmitten der Wüste. Allerdings beklagen die Mongolen, daß in den letzten Jahren die sommerliche Eisdecke sehr dünn gewesen beziehungsweise ganz aufgetaut sei. Das wird von einigen Forschern als Auswirkung der globalen Klimaerwärmung gewertet.

Im Umfeld des Gurvan-Saikhan-Gebirges sind mehrere Ger Camps entstanden. Von dort kann man nach einer erholsamen Nacht bei sternklarem Himmel die Südgobi weiter entdecken. Viele Familien der Kamelzüchter haben ihre Jurten hier aufgestellt, Besucher sind immer herzlich willkommen.

Khongoryn els

Nach den Gurvan Saikhan empfehlen sich als nächstes Reiseziel die mächtigen

In der Geierschlucht

Khongoryn-els-Informationen

Ger Camp Juulchin Gobi 2, Telefon 99 11 73 99, 99 09 45 88, 11/34 59 59; 35 Euro. Zwischen Gurvan Saikhan und Khongoryn els.
Tövshin 2, Tel. 99 11 48 11; 35 Euro inkl. Essen.
Duut Mankhan, Telefon 11/32 11 50; 30 Euro inkl. Essen.

Sanddünen Khongoryn els (Хонгорын элс). Je nachdem ob man die ›Drei Schönen‹ durchquert oder sie umfährt, benötigt man 120 bis 200 Kilometer in westliche Richtung. Irgendwann nach fünf- bis siebenstündiger anstrengender und landschaftlich faszinierender Fahrt zeigen sie sich dann die bis zu 200 Meter hohen und kunstvoll geschwungenen Dünen. Das Areal der Sandberge erstreckt sich über mehrere hundert Quadratkilometer. Sie liegen am Fuß des **Ikh-Sevrei-Gebirgszuges**, der sich im Hintergrund abzeichnet.

An der Nordseite der mächtigen Dünen hebt sich deutlich ein wiesengrüner Streifen ab, es ist keine Fata Morgana. Das kleine Flüßchen Khongor ermöglicht zahlreichen Pflanzen das Wachsen und bildet damit die Grundlage für dieses Naturschauspiel. Der Wind, der durch die Dünen streift, erzeugt einen leisen und doch deutlich wahrnehmbaren Ton, bringt den Sand zum Singen: Khongoryn els.

Nemegt nuruu

Eine der aktuellen **Ausgrabungsstätten** der Paläontologen befindet sich gut eine Tagesfahrt südwestlich von Khongoryn els beim Gebirgszug Nemegt (Нэмэгтийн нуруу). Die einsame Landschaft mit ihren roten, zerklüfteten Sandsteinwänden ist spektakulär und das Wissen darum, daß hier Zeugnisse der Urgeschichte unseres Planeten liegen, läßt eine besinnliche und vieles relativierende Stimmung aufkommen.

Wer noch nicht genug von der Gobi und ihren Extremen hat, kann sich weiter westlich vorwagen. Etwa 50 Kilometer südwestlich sprudelt die **Quelle Naran Daats**. Sie ist die einzige weit und breit und bedeutet Überleben für Mensch und Tier.

Von hier kann man zu den **Höhlen von Khermen Tsav** gelangen. Das ist eine Gegend, die hautnah erleben läßt, was Gobi bedeuten kann: extreme Trockenheit, gnadenlose Hitze, zerklüftete Sandformationen, Lebensfeindlichkeit. Dennoch gibt es hier Leben: kleine Pflanzenbüschel aus Hartgras, Saxaul, Pillendreher und Gecko, 20 Kilometer nördlich die **Oase Tsulganai** mit Wasser, Schilf und Grün.

Dieser westliche Zipfel des Ömnögov-Aimags ist außergewöhnlich faszinierend, aber auch nicht ungefährlich. Deshalb wird empfohlen, sich an ein Reisebüro zu wenden oder einen sach- und ortskundigen Begleiter in die Crew aufzunehmen.

Naran Daats-Informationen

Ger Camp Juulchin Gobi 3, Telefon 99 11 73 99 und 99 09 45 88. Knapp 40 Kilometer nordwestlich von der Quelle; ehe man das Camp ansteuert, sollte man sich unbedingt erkundigen, ob es aktuell auch Besucher empfängt, entweder telefonisch oder man fragt im Gobi 1 bzw. Gobi 2 nach.

Bayankhongor-Aimag

*Reise, indem du Proviant,
Futter und Wasser des Pferdes
vorausbedenkst.*
Mongolisches Sprichwort

Der Bayankhongor-Aimag (Баянхонгор аймаг) zieht sich knapp 600 Kilometer von Nord nach Süd und schließt sich abwechselnde und deutlich voneinander zu unterscheidende Landschaftsformen ein. Im Norden prägen die Massive des **Khangai-Gebirges** das Aussehen. Typisch sind die bewaldeten Nordhänge und die abgerundeten Bergkuppen, die darüber hinwegtäuschen, daß sie eine Höhe von 3000 Metern und mehr erreichen. Der höchste Berg des Khangai auf dem Territorium des Aimags ist der Erkhet Khairkhan mit 3535 Meter. Er befindet sich etwa 70 Kilometer nordöstlich von Bayankhongor-Stadt.

Hirsch, Steinbock, Wildschwein, Dachs und andere Tiere sind im Khangai beheimatet. Zahlreiche Quellen und Gebirgsbäche entspringen dem Khangai und bewässern die Region, nähren üppiges Weideland. Interessant ist, daß über weite Strecken die nördliche Aimaggrenze mit Abschnitten der Wasserscheide Asiens übereinstimmt. Talabwärts sammeln sich die nach Süden fließenden Quellen und Bäche und speisen die Flüsse, die in die **Senke der Gobi-Seen** fließen. So der Baidrag gol, der in den abflußlosen Böön Tsagaan nuur und der Tüin gol, der an Bayankhongor-Stadt vorbei in den Orog-See fließt. Die über 1000 Meter hoch liegende Senke zieht sich von West nach Ost durch den Aimag. Im Norden wird sie durch den Khangai und im Süden durch den Gobi-Altai begrenzt. Trockene Wüstenlandschaft, scheinbar endlose Kies- und Sandebenen charakterisieren diesen Landstrich. An den tiefsten Stellen der Senke sammeln sich die salzhaltigen Gobi-Seen. Sie sind flach und von Salzablagerungen und Sumpfgebieten umgeben. Obwohl auch von Grundwasser versorgt, trocknen in niederschlagsarmen Jahren die kleineren von ihnen völlig aus, um im Folgejahr wieder aufzutauchen, häufig mit verschobenen Uferzonen. Mit den vorhandenen Schilfabschnitten bieten insbesondere der Böön Tsagaan nuur und der Orog nuur paradiesische Bedingungen für verschiedene Vogelarten. Seltene Krauskopfpelikane, Höckerschwäne, Streifengänse und andere Arten belagern die fischreichen Seen. Während im Becken der Gobi-Seen Gazellen und kleine Herden von Saiga-Antilopen durch Wüste und Wüstensteppe ziehen, durchstreifen Wildschafe, Luchse und der Schneeleopard ihre Gefilde im Gobi-Altai. Der trennt mit seinen Bergketten die Senke von der im äußersten Süden des Aimags liegenden **Trans-Altai-Gobi**.

Weite Teile dieser Gobi-Region stehen unter strengen Naturschutz, sie sind Lebensraum für Wildesel und Wildkamele sowie den äußerst seltenen Gobibären. Für den Reisenden ist es eine Herausforderung, den Aimag von Nord nach Süd

Der Bayankhongor-Aimag im Überblick

Fläche: 116 000 km^2
Einwohner: 83 000, 0,7 pro km^2
Ethnische Gruppen: Khalkha
Aimagzentrum: Bayankhongor
Entfernung von Ulan Bator: 639 km
Durchschnittstemperaturen: +0,7 °C, Juli, +15,9 °C, Januar −18,4 °C
Jahresniederschlag: 216 mm

Bayankhongor-Aimag [293]

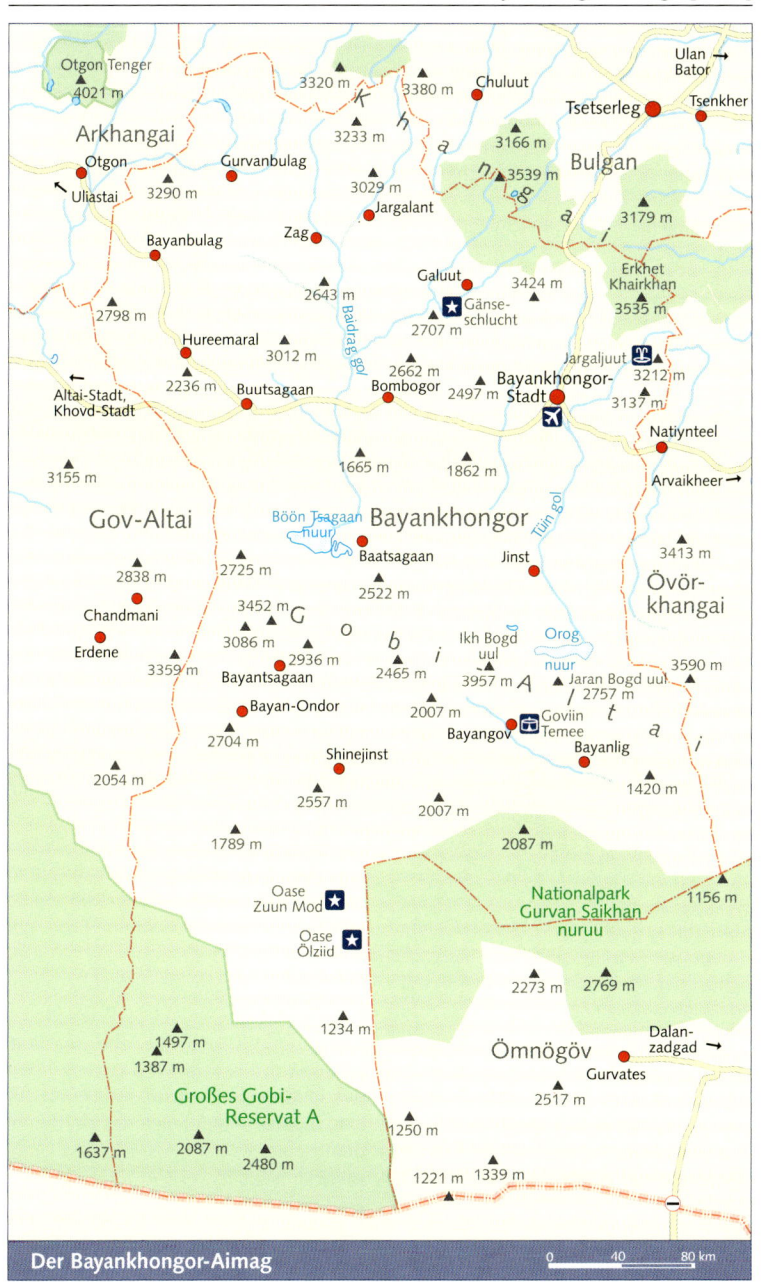

oder umgekehrt zu durchqueren. Der Weg führt durch zerklüftete, teils mit Gletschern überzogene Berge, trockene, heiße Wüstenebenen, Sanddünen, Seen und Oasen. Die Strapazen werden aber mit einer einmaligen Landschaft belohnt.

Wirtschaftlicher Hauptzweig des Bayankhongor-Aimags ist die Viehwirtschaft, vorwiegend sind Ziegen und Schafe auf den Weideflächen zu sehen. Kamele und Pferde ergänzen das Bild.

Der Aimag verfügt über eine breite Palette an Bodenschätzen einschließlich Kupfer, Eisen, Wolfram und Gold. Im Nordosten des Aimagzentrums liegt eine der Goldminen, die auch viele illegale Goldgräber anzieht. In den vergangenen Jahren führten mehrere außergewöhnlich harte Winter zu hohen Tierverlusten, was für viele Nomadenfamilien den Bankrott bedeutete. Besonders junge Leute suchen unter äußerst harten Arbeits- und Lebensbedingungen ihr Glück als Ninja.

Ein Plätzchen im Schatten

Bayankhongor-Stadt

Das **Aimagzentrum Bayankhongor-Stadt** (Баянхонгор хот) liegt unmittelbar am Fuße des Khangai, so daß die Bergketten das Panorama des 1942 gegründeten Städtchens bestimmen. Der im Gebirge entspringende Fluß Tüin Gol fließt östlich an der Stadt vorbei und spendet der sonst sehr trockenen Stadt etwas Grün und Lebendigkeit. Das Zentrum selbst wird im Prinzip durch eine Hauptstraße gebildet, von der links und rechts Seitenstraßen abgehen. Hier befinden sich Übernachtungsmöglichkeiten, Post und Bank, Theater und Museum sowie der kleine Platz mit dem Gebäude der Aimagverwaltung.

Östlich vom Platz liegt das **Naadam-Stadion**, in dem auch das **Museum für Geschichte und Ethnographie** seine Heimstätte gefunden hat. Es lohnt einen Besuch. Neben verschieden Gebrauchsgegenständen aus frühgeschichtlicher und neuerer Zeit, beeindrucken Zeichnungen, die die ›Neun Strafen‹ der mandschurichen Gesetzgebung für Delinquenten abbilden. Wunderschön sind die ausgestellten buddhistischen Kultgegenstände, Thangkas (Rollbilder) und Skulpturen, unter anderem die weiße und die grünen Tara. Einzelne Exponate stammen aus dem Ende der 1930er Jahre völlig zerstörtem Kloster Lamyn Gegeenii Gon Gandan Dedlin khiid. Das Kloster befand sich südöstlich der heutigen Stadt und gehörte zu den größten des Landes. Südlich des Museums für Geschichte befindet sich das Naturkundemuseum, in dem Fossilien von Dinosauriern gezeigt werden. Interessant ist die versteinerte Schildkröte.

Bayankhongor-Stadt wird häufig als Zwischenstop für die Südroute zwischen

Bayankhongor-Informationen

Vorwahl: 014 42.
Telefon, Post und Internet in der Hauptstraße; Telefonzentrale 24 Stunden, Post und Internet 10–17 Uhr.

Anreise per Flugzeug oder mit eigenem Fahrzeug möglich.

Hotel Negdelchin, im Süden der Hauptstraße, Tel. 222 78, 99 44 91 27; 20 Zimmer/60 Betten, etwa 4 Euro die Nacht (6000 Tugrik). Einfache Räume mit Toilette, Restaurant.
Nomun, Tel. 222 55; 15 Zimmer/35 Betten, etwa 5 Euro die Nacht (8000 Tugrik). Einfache Räume mit Toilette, Restaurant.
Khongor, südlich vom Hauptplatz, Tel. 233 00, 99 44 73 37; 4 Zimmer/11 Betten, etwa 4 Euro die Nacht (6000 Tugrik). Freundliche Räume mit TV und Bad, Restaurant.

Neben den **Restaurants der Hotels** gibt es noch das **Restaurant Uran Khairkhan** im Zentrum der Stadt.

Ulan Bator und Khovd genutzt. Allerdings kann Bayankhongor auch Ausgangspunkt für einen Kuraufenthalt bei den **Heilquellen von Jargaljuut** nordöstlich der Stadt oder für eine Reise in die Vergangenheit zu **Hirschstein** und **Felsgravuren** nordwestlich der Stadt im Galuut-Sum (Kreis) sein.

Jargaljuut

Knapp 60 Kilometer nordöstlich von Bayankhongor-Stadt liegen in den Bergen die **Heilquellen von Jargaljuut** (Жаргалуутын рашаан). Über 200 Quellen mit Wassertemperaturen zwischen 40 und 90 Grad Celsius bilden die Basis für das Heilbad. Unterschiedliche chemische Zusammensetzungen ermöglichen eine große Bandbreite an medizinischen Anwendungen. Vor allem Haut- und Gelenkerkrankungen werden im Sanatorium erfolgreich behandelt. Nach den Behandlungen kann man auch in den Bergen wandern und so zusätzlich seine Gesundheit stärken.

Das Kurheim ist unter den Mongolen sehr beliebt und häufig ausgebucht. Wer in der Nachbarschaft zeltet, bekommt aber in der Regel Zutritt zu den Quellen. Wer seinen Aufenthalt langfristig plant, kann auch einen Platz unter der Rufnummer 014 42/265 03 buchen.

Galuutin khavtsal

Gut 70 Kilometer nordwestlich von Bayankhongor-Stadt, noch vor dem Kreiszentrum Galuut, liegt die beeindruckende **Gänseschlucht** (Galuutin khavtsal/Галуутын хавцал). Ein dem Olgoi-See entspringender Gebirgsbach hat sich auf einer Länge von mehr als einem Kilometer viele Meter tief in den Fels eingeschnitten. An einigen Stellen scheinen sich die Wände zu berühren, sie nähern sich bis auf einen Meter. Neben diesem Naturschauspiel finden sich in der Gegend Felszeichnungen und ein Hirschstein. Diese Sehenswürdigkeiten zu entdecken ist nicht einfach, ein ortskundiger Begleiter ist dabei hilfreich.

Böön Tsaagan nuur und Orog nuur

Die Massive des Khangai noch im Rücken, kann man im Süden bereits die Gebirgszüge des Gobi-Altai sehen. Doch ehe man sie erreicht, steht einem die mehrstündige Fahrt durch die Senke der **Gobi-Seen** bevor. Über 600 Kilometer erstreckt sich das Gebiet mit Trockensteppe und Halbwüste von West nach Ost. Salzgräser, Saxaul und verschiedene Zwergsträucher bedecken vereinzelt den kargen Boden, Gazellen und Antilopen durchstreifen die Region auf Nahrungssuche. Zahlreiche große und weniger große abflußlose Seen liegen an den tiefsten Stellen des Beckens. Etwas über 100 Kilometer südwestlich von Bayankhongor-Stadt liegt der bis zu 240 Quadratkilometer große **Böön Tsaagan nuur** (Бөөн Цааган нуур). Er ist der größte der Gobi-Seen und, wie die meisten, ein Salzsee.

Fährt man von Bayankhongor direkt nach Süden, trifft man nach gut 100 Kilometern auf den ebenfalls salzhaltigen **Orog nuur** (Орог нуур). Er wird vom Fluß Tüin gespeist, der im Khangai seinen Ursprung hat. Die Größe des Sees ist stark von den Niederschlägen im Khangai abhängig und schwankt zwischen 140 Quadratkilometern und einer größeren Pfütze. Einheimische Vögel und ihre Artgenossen, die nur auf Durchreise sind, lieben diesen fischreichen See, und man kann Stunden mit Beobachtungen verbringen, wie sich die Tiere zanken und versöhnen, fressen und dösen. Der See und seine Sanddüne (!) am Ostufer liegen auf einer Höhe von etwa 1200 Metern. Den Kontrast dazu bilden die keine 30 Kilometer südlich davon liegenden Berge des Gobi-Altai.

Ikh Bogd uul

Die Gebirgsstöcke des Gobi-Altai erreichen südlich von Bayankhongor-Stadt ihre größte Höhe. Zu nennen sind vor allem der 3957 Meter hohe, oft auch im Sommer schneebedeckte **Ikh Bogd uul** (Их Богд уул) und der ›nur‹ 2757 Meter hohe **Jaran Bogd uul** in

▲ *Im Gobi-Altai*

Ikh-Bogd-uul-Informationen

Ger Camp Govi Camel (Goviin Temee). Das Camp kann Ausgangspunkt für Wanderungen in die Berge, Reittouren in die nähere Umgebung oder Zwischenstation für eine Weiterfahrt in den Süden sein. Da man sich hier schon in einer empfindlichen Region aufhält, was die Versorgung betrifft, kann man sich vorab in Ulan Bator unter der Rufnummer 11 31 04 55 erkundigen, ob das Ger Camp aktuell Besucher empfängt.

seiner Nachbarschaft. Das mächtige Massiv spendet den am Fuß liegenden Flächen Feuchtigkeit und läßt Futter für Schafen und Ziegen, vor allem aber für die Kamele, ausreichend gedeihen. Trotzdem sind nur wenige Herden und Nomaden zu sehen. Zum einen sind sie auf den Sommerweiden in höheren Lagen, zum anderen halten sie unterschwellige Ängste fern: Bis 1957 waren die Weideflächen am Fuß des Ikh Bogd unter der Araten sehr beliebt. Ein Erdbeben forderte hohe Opfer an Mensch und Tier. Noch heute zieht sich eine eindrucksvolle Bruchspalte über 300 Kilometer von West nach Ost.

Will man vom Orog nuur aus in die Berge, fährt man am besten am östlichen Seeufer vorbei in südliche Richtung, um dann nach etwa 60 Kilometern in Richtung Westen zum **Kreiszentrum Bayangov** zu gelangen.

Trans-Altai-Gobi

Die Region südlich des Gobi-Altais gehört zur Trans-Altai-Gobi, die sich über die Grenzen des Bayankhongor-Aimags hinaus nach China erstreckt. Der Besucher ist immer wieder erstaunt darüber, wie vielseitig und abwechslungsreich die Wüste Gobi ist. Schotter- und Kiesebenen werden durch Trockenflüsse durchbrochen, in mächtigen Sandsteinformationen beeindrucken scharf geschnittene Canyons, Salzseen liegen neben Sanddünen, Saxaulbäume, Salzkräuter und Goldsträucher scheinen sich vom Nichts zu ernähren, und dort, wo ein Hauch Wasser ist, grünt es.

Fährt man, wie oben erwähnt, von Bayangov in den Süden, erreicht man nach etwa 130 Kilometern die **Oase von Zuun Mod** (Einhundert Bäume) und etwas südlicher die **Oase von Ölziid**. Nach stundenlanger Fahrt durch Trockenheit und Hitze erfreuen sich alle Sinne des Reisenden. Unweit der Oasen grasen in der Ebene Kropfgazellen. Nur mit Glück bekommt man Wildkamele und Khulane (Wildesel) zu sehen.

Noch weiter südlich, bereits auf streng geschütztem Gebiet, liegt die **Oase Ekhiin Gol**. Mehrere Quellen bewässern das Areal und lassen Gräser und Bäume wachsen. Die kleine Siedlung, umrahmt von Saxaul, Pappeln und Tamarisken, steht im schroffen Gegensatz zur kargen Umgebung und verdeutlicht anschaulich, welch große Bedeutung das Wasser für das Leben von Mensch und Tier hat.

Reiseveranstalter bieten Touren in die einsamen und von Touristen weniger besuchten Gebiete der Südgobi an. Häufig führen sie über Dalanzadgad, Khongoryn els (Ömnögov-Aimag), eine Oase des Bayankhongor-Aimags und einem der Gobi-Seen zurück nach Ulan Bator. Derjenige, der die extreme Landschaft hautnah erleben möchte, sollte sich einem der Kenner anvertrauen. In der Regel sind sie bereit, für zwei bis vier oder auch mehr Personen die Tour durchzuführen.

Gov-Altai-Aimag

*Wer lange schläft,
verliert sein Pferd.*
                    Mongolisches Sprichwort

Der Gov-Altai-Aimag (Говь-Алтай аймаг) ist der zweitgrößte Aimag des Landes, und von der Fläche paßt Griechenland bequem in diese Provinz. Von den klimatischen Bedingungen her unterscheiden sich die beiden aber gewaltig voneinander, wenn auch manch spärlich mit buckligen Grasbüscheln bewachsener und von Ziegen bevölkerter Felsabschnitt an Kreta erinnert – nur die Olivenbäume fehlen.

Die **Ausläufer des Mongolischen Altai** und die **Trans-Altai-Gobi** sind die prägenden Landschaftsgebiete des Aimags. Während die Höhenzüge des Altai die 4000-Meter-Grenze fast erreichen, liegen weite Teile der Wüstensteppe auf einer Höhe zwischen 1000 und 1500 Metern über dem Meeresspiegel. Die außergewöhnliche, kontrastreiche Landschaft mit schneebedeckten Gipfeln, Sandfeldern und unzähligen Quellen fasziniert den Besucher, für die Nomaden und ihre Herden sind es aber harte Lebensbedingungen. In den vergangenen Jahren ha-

Saxaulbaum in der Gobi

ben extreme Wetterbedingungen (Zud) mehrfach den Viehbestand empfindlich reduziert. Die Mehrzahl der Einwohner siedelt im Nordosten, wo durch das Khangai-Gebirge eine verhältnismäßig gute Bewässerung der Weideflächen gegeben ist.

In den fast unberührten Landschaftsgebieten wächst eine Vielzahl von Pflanzen. Salzsträucher, Steppenbeifuß, Wermut, Federgras und verschiedene eßbare Zwiebelgewächse gedeihen auf dem kargen Steppenboden, Saxaul, Tamariske

Der Gov-Altai-Aimag im Überblick

Fläche: 141 400 km²
Einwohner: 61 400, 0,44 pro km²
Ethnische Gruppen: Khalka
Aimagzentrum: Altai-Stadt
Entfernung von Ulan Bator: 1037 km
Durchschnittstemperaturen:
–1,8 °C, Juli +14 °C,
Januar –18,9 °C
Jahresniederschlag: 176,9 mm

Gov-Altai-Aimag [299]

Der Gov-Altai-Aimag

und Pappeln in den Wüstengebieten und Oasen. In den bewaldeten Gebirgsregionen dominiert die Lärche. Während Schneeleoparden, Steinböcke und Argali-Wildschafe im Altai ihren Lebensraum haben, sind in der Wüstensteppe und Wüste Murmeltiere, Springmäuse, Gekkos und Pillendreher beheimatet.

Die Viehwirtschaft bildet das wirtschaftliche Rückgrat des Aimags. Vorwiegend werden Ziegen und Schafe gehalten, aber auch Kamele und Pferde.

Vereinzelt werden Kartoffeln und anderes Gemüse angebaut, in den Oasen gibt es Versuche, Äpfel, Weintrauben und Baumwolle anzupflanzen.

Altai-Stadt

Egal aus welcher Richtung man sich dem **Aimagzentrum** nähert, es gibt ein untrügliches Zeichen für ihre Nähe: eine neue, gut befahrbare Straße, auf der Hinweisschilder Orte und ihre Entfernung angeben.

Aus Khovd kommend, fährt man vor Altai-Stadt (Altai khot/Алтай хот) durch ein Gebirgsmassiv, in dem die einzelnen Abschnitte in verschiedenen Farbnuancen schimmern, grün, braun, ocker oder rotbraun, mal blaß, mal kräftig. Es ist eine Wohltat für die Augen, nachdem man weite Strecken durch karge, staubige Gebiete gefahren ist und jedes vorbeifahrende Auto eine meterhohe Staubsäule hinterließ. Die Stadt selbst ist klein und freundlich und bietet alles, was man für einen Zwischenstop braucht.

Wer Zeit hat, sollte sich das **Aimagmuseum** anschauen. Wunderbare buddhistische Bronzeskulpturen und Thangkas werden ausgestellt, beeindruckend sind auch das Schamanenkostüm und die große Schamanentrommel.

Hinweis zur Orientierung: Auch im Süden des Aimags gibt es noch eine zweite Siedlung namens Altai!

Khasagat Khairkhany Nuruu

Der **Gebirgszug Khasagt Khairkhan Nuruu** (Хасагт Хайрханы нуруу) im Nordosten des Aimags ist von Altai-Stadt aus gut zu erreichen und bietet eine Fülle landschaftlicher Attraktionen: Quellen, Höhlen und schroffe Felsformationen. Eine verkehrte Welt scheint sich zu öffnen, wenn man von der Wüstensteppe hoch in die Berge klettert. Je höher man sich begibt, um so kräftiger und vielfältiger wird der Pflanzenwuchs. Auf mittlerer Höhe gibt es Wälder, in denen man die frische und etwas kühlere Luft genießen kann. Erst in den höchsten Lagen stoppt die Vegetationsgrenze den grünen Gürtel. Der südöstliche Teil des Gebirgszugs steht unter Naturschutz, und beim Betreten des Areals wird man aufgefordert, die entsprechenden Permits zu erwerben.

Nahe der Siedlung Khünkher im Osten des Khasagat Khairkhany Nuruu liegt

Altai-Stadt-Informationen

Post, Telefon, Internet, südliche Ecke vom Hauptplatz, Telefon rund um die Uhr, Internetzugang Mo-Sa 10-18 Uhr, etwa 800 Tugrik die Stunde.
Khan Bank, nordöstlich vom Park, Mo-Fr 9-18 Uhr; Pause 13-14 Uhr.

✈

Flüge mit Eznis oder AeroMongolia. Der Flughafen liegt 2 km nordwestlich der Stadt.

Hotel Altai, westlich vom kleinen Stadtpark; etwa 12 Euro. Einfaches Hotel mit Bad in den Luxuszimmern.

Ger Camp Juulchin Altai. Etwa 20 km nordwestlich der Stadt.
Zaiver. Gut 15 km südlich von Altai.
(museum) **Aimagmuseum**, Mo-Fr 9-18 Uhr, Mittagspause 13-14 Uhr.

Die Dünen Mongol Els

das **Ger Camp Khünkher**, leider ohne Telefon.

Nördlich von Khasagt Khairkhan, etwa 40 Kilometer nördlich der Siedlung Jargalan (Жаргалан), bietet sich auf dem Weg nach Uliastai (Zavkhan-Aimag) ein kleiner Abstecher zum **See Ereen nuur** an. Er ist wunderbar zum Abkühlen geeignet. Wer Zeit hat, kann sich bei Nomaden ein Pferd mieten und die Umgebung einschließlich der Sanddünen von Mongol els erkunden.

Mongol els

Das im Nordwesten des Aimags gelegene **Sanddünengebiet Mongol els** (Монгол элс) gehört zu den größten in der Mongolei, über 300 Kilometer erstreckt es sich von Nordwest nach Südost: Feiner Sand, soweit das Auge reicht. Klettert man jedoch auf die höchsten Sandberge, gewinnt man nicht nur einen Eindruck von der Größe des Gebietes, sondern entdeckt auch hier und dort kleine Oasen, in denen friedlich Schafe und Ziegen grasen. Mit etwas Glück oder mit Hilfe eines Einheimischen findet man auch eine Quelle oder einen kleinen See mitten in der Wüste.

Einfacher ist der große **Salzwassersee Sangiin Dalai** (Сангийн Далай нуур) zu finden, der südlich vor den Sanddünenfeldern liegt. Von Altai-Stadt sind es etwa 150 Kilometer in nordwestlicher Richtung bis zum See. Die Region ist touristisch nicht erschlossen, aber mit genügend Proviant kann man dort ein paar erholsame Tage verbringen, oder man fährt weiter in den Khovd-oder Zavkhan-Aimag. Auf dem Weg kann man übrigens seine Feldküche mit schmackhaften wilden Zwiebelgewächsen aufbessern. Selbst die eßbaren Blüten haben ein Knoblaucharoma, das jeden Gourmet begeistern würde.

Sutai uul und Sharga-Gobi

Im Westen des Aimags ist der auch im Sommer mit Schnee bedeckte Gipfel des Sutai uul (Сутай уул, 4090 Meter) ein Magnet für Bergsteiger. Die weiße, in der Sonne glitzernde Kappe zeigt sich über viele Kilometer und bildet einen eigentümlichen Kontrast zu der heißen, trockenen Hochebene. Von Altai-Stadt führt die etwa 230 Kilometer lange Strecke über die **Siedlung Sharga** (Шарга), durch das Gebiet der **Sharga-Gobi** (Shargyn Gov/Шаргын говь) mit ihren Salzseen, Sanddünenfeldern, Saxaul-Bäumen und Gazellenherden. Von der **Siedlung Tonkhil** (Тонхил) sind es dann noch knapp 30 Kilometer bis nach **Züil** (Зуйл), einem kleinen Ort am Fuße des Berges. Ein Gebirgsfluß weist den weiteren Weg Richtung Sutai uul.

Der Anstieg von der Südseite ist etwas für Kenner, er ist streckenweise sehr steil und karstig und verlangt eine gute Portion Erfahrung, Kondition und eine entsprechende Ausrüstung. Viele Bergsteiger wählen deshalb die etwas einfachere Route, vom Khovd-Aimag kommend über die nordwestliche Seite. Zum Besteigen des Gipfels des Sutai uul benötigt man eine Erlaubnis. Reiseveranstalter in Ulan Bator oder der Mongol-Altai-Club können helfen.

Eej Khairkhan uul

Knapp 200 Kilometer südlich von Altai-Stadt liegt das **Naturschutzgebiet von Eej Khairkhan** (Ээж Хайрхан уул). Das Sandsteinmassiv erhebt sich wuchtig aus seiner Umgebung. Lange bevor man den Gebirgszug erreicht hat, sind die beiden höchsten Berge in der Ferne zu erkennen. Ein wenig erinnern sie an

Salzsee im Süden

Mutterbrüste. Ob wohl daher der Name ›Heiliger Mutterberg‹ kommt? In jedem Fall kann man in dem Areal hervorragend wandern und klettern. Im Südosten befindet sich eine Höhle mit guterhaltenen Felsmalereien. Leider ist sie nicht ganz einfach zu finden, aber der Reiseleiter oder ein ortskundiger Begleiter wird helfen, sie zu finden. Es lohnt sich, ein wenig länger in den Bergen herumzuklettern. Eine natürliche Kaskade ergießt sich über mehrere Becken, und das Wasserspiel scheint so gar nicht in die trockene Region zu passen.

Einen Kenner der Gegend benötigt man auch, um die Höhlenwohnung eines Lamas zu finden, der hier vor über 100 Jahren gelebt haben soll. Es heißt, der Eremit hatte sich in die Berge zurückgezogen, nachdem er von einer Pilger- und Studienreise aus Tibet zurückgekommen war.

Großes Gobi-Reservat

Im Süden liegt das **größte Naturschutzgebiet der Mongolei**. Das strenggeschützte ›Große Gobi-Reservat‹ (Goviin Ikh Darkhan Gazar/Говийн Их Дархан газар) besteht aus den Teilen A und B, die sich im Osten beziehungsweise im Westen des Aimags befinden und sich in den Khovd- und Bayankhongor-Aimag fortsetzen. In diesem von extremen klimatischen Bedingungen geprägtem Landstrich sind seltene Tiere wie der Gobibär, der asiatische Wildesel, wilde Kamele, Argali-Wildschafe, Saiga-Antilopen und Kropfgazellen beheimatet. Neben Saxaul, Gobi-Federgras und Erbsenstrauch wachsen an die 200 Pflanzenarten in dem Gebiet. Wissenschaftler nutzen die Einzigartigkeit für ihre Forschungen, und die UNESCO hat das seit 1975 unter Schutz stehende Areal

Gobi-Reservat-Informationen

Der Zugang zum Naturschutzgebiet ist für Touristen nur eingeschränkt möglich; man fragt am besten einen Reiseveranstalter oder das zuständige Verwaltungsbüro: Für das Gebiet **Gobi A** befindet sich das Büro in der Siedlung Tsogt (Цогт), Tel. 99/ 94 96 06, für das Gebiet **Gobi B** in der Siedlung Bugat (Бугат), Tel. 99/ 78 46 20, takhi@tiwi.at.

1991 in die Liste der internationalen Biosphärenreservate aufgenommen.

Takhi-Tal

Im Südosten des Gov-Altai-Aimags, zwischen den Gobi-Reservaten A und B, liegt das Takhi-Tal. Im Jahr 1990 wurden in diesem Gebiet die ersten **Takhis** (Przewalskipferde) ausgewildert. Aus aller Welt kamen die ersten Tiere, aus der Schweiz, Australien, Tschechien, Deutschland und den Niederlanden. Der Bestand der Wildpferde hat sich in den letzten Jahren erfreulich entwickelt. Rund 100 Takhis leben heute in der Ebene und im angrenzenden Gobi-Reservat B.

Auch die hier lebenden Nomaden unterstützen mehr und mehr das Projekt, obwohl die extrem scheuen Pferde die Nutzung der wenigen Wasserstellen in der Region deutlich einschränken. Zusätzlich gebohrte Brunnen sollen den Takhis abseits gelegene Tränken geben. Trifft man auf einen Mongolen, der seine Tiere zu einer angestammten Quelle führt, verweist er heute schon mit Stolz darauf, daß dort draußen, irgendwo am Ende des Horizontes, der wilde Hengst mit seinen Stuten durch die Steppe zieht.

Majestätischer mystischer Altai – Ergebenheit vor der Herrlichkeit der Schöpfung.

Der Westen

Zavkhan-Aimag

*Freundlichkeit zu jeder Zeit
kostet nicht viel.*
　　　　　　Mongolisches Sprichwort

Hier im Nordwesten der Mongolei treffen **sibirische Taiga** und südlichster Dauerfrostboden der Nordhemisphäre auf **Wüstensteppe** und Sanddünen. Das Zusammenspiel dieser so gegensätzlicher Landschaftsformen ergeben den besonderen Reiz des Zavkhan-Aimags (Завхан аймаг). Es ist durchaus möglich, am frühen Morgen im dichten Gebirgswald aufzubrechen, um dann am Abend das Lager an einem durch Sanddünen begrenzten See aufzuschlagen.

Die dichtbewaldeten Nordhänge des Khangais und die zum Teil mit Schnee bedeckten Gipfel des Gebirges liegen im Osten des Aimags. Pferde, Schafe, Ziegen, Yaks und Kamele grasen friedlich in den weiten Hochebenen. Das Gebirgsmassiv und die nördlich liegenden Ausläufer Tarvagatai und Bulnai geben mit ihren Lärchen, Zedern, Zirbelkiefern und alpinen Wiesen Bären, Hirschen, Wildschweinen, Luchsen und Wildschafen ihren Lebensraum. In den Höhen der

Im Zavkhan-Aimag

Massive entspringen die wasserreichen Flüsse Zavkhan, Tes und Ider. Weitere zahlreiche kleinere Flüsse durchziehen den Aimag, bilden Seen, die je nach Lage mit dichtem Wald umrahmt sind oder von Steppe oder Sanddünen begrenzt werden. Die fischreichen Gewässer ziehen eine Vielzahl von Vögeln an, so daß je nach Belieben geangelt, geschwommen oder beobachtet werden kann. Im Khangai bieten sich Bergwander- und Reittouren an. Während einer Rast kann man sich an schmackhaften Walderdbeeren, Brombeeren oder Schwarzen Johannisbeeren laben.

Im Westen des zentralen Khangai, etwa 50 Kilometer östlich vom Aimagzentrum Uliastai, liegt im gleichnamigen strenggeschützten Areal die höchste Erhebung des Khangai, der Otgon Tenger (4021 Meter). Majestätisch erhebt er sich mit seiner von Gletschern überzogenen Kuppe über die anderen Berge. In der Nähe liegen der **wunderschöne See Khökh nuur**, Heilquellen und weite mit

Der Zavkhan-Aimag im Überblick

Fläche: 82 500 km²
Einwohner: 82 900, 1,0 pro km²
Ethnische Gruppen: Khalkha, Burjaten, Dörvöd, Ööld, Russen
Aimagzentrum: Uliastai
Entfernung von Ulan Bator: 984 km
Durchschnittstemperaturen: –2,8 °C, Juli +15,4 °C, Januar –23,1 °C
Jahresniederschlag: 217 mm

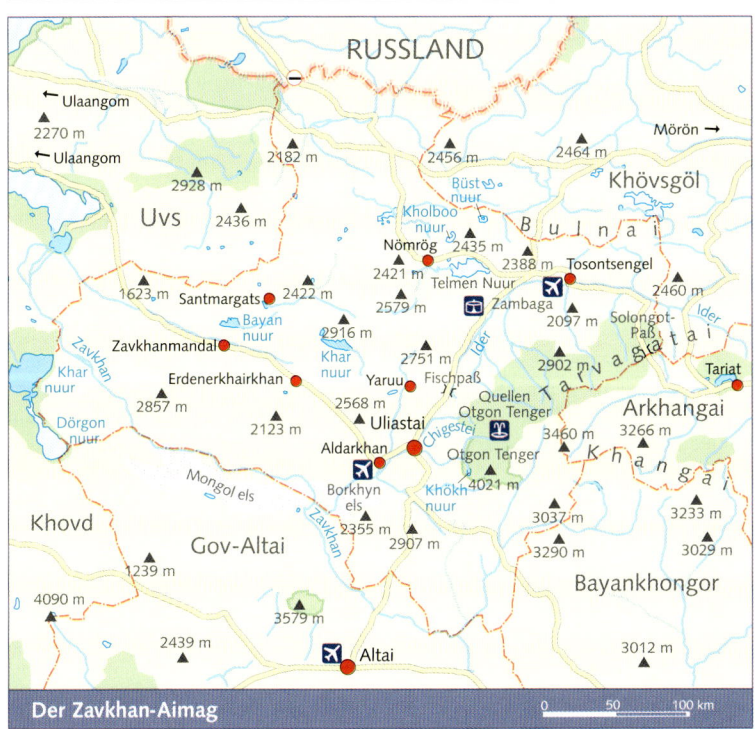

Der Zavkhan-Aimag

Gräsern und Sträuchern bewachsene Hochebenen.

Im Gegensatz zum Nordosten zeigen sich die westlichen Gebiete Zavkhans äußerst karg. Von Uliastai aus sind es keine 50 Kilometer in südwestliche Richtung, und die **Sanddünenfelder** der Borkhyn els vermitteln dem Besucher einen ersten Eindruck vom Westen des Aimags. Auf kürzester Entfernung wechseln sich sattgrüne Weideflächen mit Sandbergen ab, darin sind Flüsse und Seen eingebettet. Über 100 Kilometer fließt der wasserreiche Fluß Zavkhan unmittelbar an den Sanddünenfeldern der Mongol els (Gov-Altai-Aimag) entlang. Bergketten zeigen sich meist sparsam bewachsen oder stark verwittert.

In der westlichen Region sind Wölfe, Steppenfüchse und Murmeltiere ebenso zu Hause wie Steppenhasen, Antilopen und Gazellen.

Abgesehen von drei Kurheimen und zwei Ferienlagern ist Zavkhan touristisch wenig erschlossen. In den Kreiszentren gibt es zwar ein, zwei Zimmerchen, aber die freie Natur und vor allem der oftmals sternenklare Himmel locken doch mehr. Südlich vom See Telmen gibt es das Ger Camp ›Zambaga‹, das jetzt schon mehrere Jahre existiert, weitere werden bestimmt hinzukommen. Aber unabhängig von der aktuellen Camp-Versorgung kann man mit Zelt und genügend Proviant die Reise wagen und die Vielseitigkeit des Aimags entdecken.

Uliastai

Das **Aimagzentrum Uliastai** (Улиастай) gehört neben Khovd zu den ältesten urbanen Punkten der Mongolei. 1733 als Garnison mandschu-chinesischer Militäreinheiten gegründet, wurde es später zum administrativen Zentrum und Aufenthaltsort des Generalgouverneurs für die Westmongolei. Erst 1921, nach der endgültigen Unabhängigkeit der Äußeren Mongolei von China, wurde Urga (Ulan Bator) Sitz der selbständigen mongolischen Regierung, und Uliastai verlor seine frühere Bedeutung. Als Zentrum der Fremdherrschaft war Uliastai immer wieder auch Ausgangspunkt für Aufstände gegen die mandschu-chinesischen Besatzer. Nur wenige Kilometer nördlich von der Stadt finden sich noch **Ruinen der Stadtumfriedung** und alte, noch von den Chinesen angelegte Obstplantagen.

Uliastai ist in zwei Stadtgebiete geteilt. Westlich vom Fluß Chigestei befindet sich das Zentrum mit Verwaltung, Hotels, Restaurants, Läden und Post. Das **Aimagmuseum** liegt südöstlich vom Hauptplatz. Eine Abteilung zeigt Exponate der Flora und Fauna des Aimags, eine andere macht den Besucher mit der Geschichte der Region bekannt. Ein Bereich ist der mandschu-chinesischen Gesetzgebung vorbehalten, die bis zur Vertreibung der Besatzer Anfang des 20. Jahrhunderts ihre Gültigkeit hatte und die bei Bedarf unter Anwendung der ausgestellten Folterinstrumente umgesetzt wurde. Ein zweites **Museum** in unmittelbarer Nachbarschaft ist bekannten Persönlichkeiten des Aimags gewidmet, darunter P. Ochirbat und N. Bagabandi, die ersten demokratisch ge-wählten Staatspräsidenten der Mongolei. In Uliastai gibt es mehrere Filialen mongolischer Hochschulen, unter anderem eine Ökonomische Fakultät der Staatsuniversität.

Uliastai-Informationen

Vorwahl: 01462.
Post, Telefon, Internet, nordwestliche Ecke des Hauptplatzes; Mo–Fr 9–23, Wochenende 16–23 Uhr, Telefonservice 24 Std.
Büro der Naturschutzverwaltung, etwa 500 Meter südlich des Hauptplatzes in einer Nebenstraße, Telefon 99 46 94 77. Allgemeine Informationen und Permit für das strenggeschützte Gebiet Otgontenger uul; 9–17 Uhr, Mittagspause 13–14 Uhr.
Khan Bank, nordöstliche Ecke des Hauptplatzes; Mo–Fr 9–18 Uhr.

Der Flughafen liegt etwa 35 Kilometer westlich der Stadt, aber es findet sich immer ein Auto, das ankommende Touristen mitnimmt, oder man nimmt für etwa 12 000 Tugrik ein Taxi.

Hotel Uliastai, Tel. 224 14; 17 Zimmer/27 Betten (Halb- und Voll-Luxus), 600–1000 Tugrik. Westlich vom zentralen Platz, alle Zimmer mit WC.

Restaurant Chigistei; Mo–Fr 8.30–23 Uhr, Wochenende 8.30–20 Uhr.
(wagen) **Markt**, im Südosten der Stadt.
Supermarkt Tesiin Gol; 10–18 Uhr.

Zavkhan-Aimag

Der Otgon Tenger

Im Nordosten der Stadt ist der **Hügel Javkhalant Tolgoi** zu sehen. Wer Zeit und Muße hat, kann ihn erklimmen und einen Blick auf die Stadt werfen. Ein minimaler Umweg zum Aussichtspunkt führt am kleinen **Kloster Tögs Buyant Javkhlant** vorbei. Interessierte sind bei den Mönchen willkommen. Eine Brücke führt in den Osten, in den anderen Teil der Stadt, in dem produziert wird, unter anderem Lebensmittel und Baustoffe.

Uliastai dient den meisten Reisenden als Zwischenstop, die von hier zum Otgon Tenger oder in die westlichen Gebiete aufbrechen.

Otgon Tenger uul

Das Gebiet um den Otgon Tenger (Отгон Тэнгэр уул) steht unter strengem Schutz, um das weitgehend intakte Ökosystem dieser Hochgebirgsregion zu erhalten. Eine Vielzahl seltener Pflanzen, unter ihnen Heilkräuter und eine unter Mongolen besonders beliebte Wacholderart, wachsen in der Region. Sibirischer Steinbock, Rotwild, Vielfraß, Wolf und Berghase haben hier ihren Lebensraum, Bussarde, Mönchsgeier und Milane gleiten durch die Luft.

Südwestlich vom Berg Otgon Tenger liegt malerisch der **See Khökh nuur**. Um in diesem großen Areal Wander- oder Reittouren zu unternehmen, bedarf es einer Bleibe. Möglich ist das Zelt, man kann aber auch die vorhandenen Erholungseinrichtungen nutzen. An der westlichen Grenze des Naturschutzgebietes, etwa 50 Kilometer östlich von Uliastai, befindet sich das **Ferienlager Dayan**. Weiter im Norden, in der Nähe der Siedlung Otgon Tenger (in einigen Karten nur Otgon), kann man die Gastfreundlichkeit des **Kurheims Otgon** in Anspruch nehmen. Hier sprudeln die 30 Heilquellen, die eine Temperatur bis zu 50 Grad Celsius erreichen. Sie werden für medizinische Anwendungen benutzt, und der entstandene Kurort auf 2500 Meter über dem Meeresspiegel ist bei den Mongolen sehr beliebt, aber auch die ausländischen Besucher sind herzlich willkommen.

Von beiden Haltepunkten ist es möglich, sich dem schneebedecktem Riesen zu nähern. 1955 eroberten mongolische

Alpinisten zum erstenmal den Gipfel des Berges, heute ist es untersagt, ihn zu besteigen. Auch wenn es den geübten Bergwanderer reizt, sich auf den Weg zur schneebedeckten Kuppe zu machen, so sollte man das Gebot respektieren. Der Otgon Tenger ist für viele Mongolen ein besonders ehrwürdiger, heiliger Berg. In älteren Reiseberichten wird er bei seinem anderen Namen genannt, der verstehen läßt, worin das Geheimnis liegt. Der Otgon Tenger ist der Berg Ochirvaan (Vajrapani), der Berg des Schutzgottes aller Mongolen. Seit 1779 wird er als solcher verehrt, und 1995 wurden die alte Rituale wieder aufgenommen. Aller vier Jahre werden mit einer feierlichen Zeremonie Opfergaben dargebracht, Gebete an die Adresse der Berggeister und an den Himmel gerichtet.

Für die Fahrt zum Otgon Tenger sollte man trotz der geringen Entfernung von Uliastai einige Stunden einplanen, da die Piste durch den permanenten Wechsel von großer Hitze und eisiger Kälte von extremer Trockenheit und Nässe gekennzeichnet ist.

Eine Fahrt durch den Aimag

Von Ulan Bator gen Westen führt die landschaftlich reizvolle und kulturhistorisch interessante Strecke über Karakorum/Erdene Zuu, Tsetserleg, Chuluutgol-Canyon und den Khorgo-Terkhin-Zagaan-nuur-Nationalpark in den Zavkhan-Aimag. Knapp 100 Kilometer hinter der **Siedlung Tariat** (Arkhangai-Aimag) erreicht man auf gut 2000 Meter Höhe den **Solongot-Paß**. Vom Paß geht es weiter Richtung Nordwest, nach **Tosontsengel**. Die Strecke mit verschiedenen Landschaftsformen gibt einen Vorgeschmack auf den gesamten Aimag: Lärchenwälder und Flußauen, kahle Berge, die in den verschiedensten Farben leuchten, Sandflächen und zerklüftete Felsen. Tosontsengel selbst ist ein Städtchen mit holzverarbeitendem Betrieb, Lebensmittelladen und Tankstelle. Etwa 30 Kilometer hinter Tosontsegel gabelt sich dann der Weg. Nach Norden führt die Straße in den Khövsgöl-Aimag, nach Westen in den Uvs-Aimag und nach Süden durch den westlichen Khangai nach Uliastai. Auf dem Weg nach Uliastai gilt es noch den sogenannten **Fischpaß** (Zagastain davaa) zu überqueren, eine baumlose, an Ödland erinnernde Bergkuppe in einer stattlichen Höhe von über 2500 Metern. Bei Schnee, der auch im Sommer noch liegen kann, und Regen ist die Überquerung ein nicht ganz ungefährliches Unterfangen. Während vor dem Paß über weite Strecken der **Ider-Fluß** den Reisenden begleitete, so ist es nach dem Paß der **Chigestei-Fluß**, der auch das Aimagzentrum Uliastai zum Ziel hat.

Im Aimagzentrum kann man sich ein wenig umschauen, den Proviant ergänzen und sich dann dem nächsten Ziel zuwenden. Für die beschriebene, etwa 1000 Kilometer lange Route sollte man mindestens eine Woche rechnen, um wenigstens ab und zu einen Blick nach links und rechts wagen zu können. Die Tour ist anstrengend, aber lohnenswert. Es ist nicht nur die Landschaft, die fasziniert. Während der Fahrt durch den Arkhangai-Aimag, vorbei an vielen Sommerweiden mit großen Yak-, Schaf- und Ziegenherden, kann man die Gelegenheit nutzen und bei einer Nomadenfamilie Halt machen, frische Stutenmilch und andere Milchprodukte probieren. Die weißen Speisen aus dieser Region gehören zu den schmackhaftesten in der ganzen Mongolei.

Der Yak

Im Norden und Westen der Mongolei trifft der Reisende neben den fünf Nutztieren – Schaf, Ziege, Kamel, Rind und Pferd – oft Yaks an. Der Yak ist hervorragend geschaffen für hochliegende Gebirgsweiden. Mit seinem dichten, langen Haarkleid überlebt er bei Temperaturen von bis zu minus 50 Grad Celsius. Yaks sind höchst anpassungsfähig in höheren Lagen. Ihre dicke und voluminöse Luftröhre paßt sich bei beschleunigter Atemfrequenz an, und die schlecht ausgebildeten Schweißdrüsen vermeiden weitgehend eine starke Transpiration und damit Wärmeverlust. In Tibet ziehen die Yaks bis auf 5000 Meter Höhe. Sie können eine Steigung von 75 Prozent gut bewältigen und eignen sich daher ausgezeichnet als Reittier und verläßliches Packtier in steilem Gelände. Der Yak ist ausdauernd, durch seine angepaßten Hufe trittsicher, und es gerät nicht so schnell in Panik. Es kann eine Strecke von über 20 Kilometern mit einer Last von 80 Kilogramm im Hochgebirge zurücklegen.

In der Mongolei weiden etwa eine halbe Million Yaks. Das Nutzvieh kommt auch in China, Rußland, Indien, Bhutan und Nepal vor. Domestizierte Yaks sind auf das Khangai-Khövsgöl-Bergland (etwa zwei Drittel) und das mongolische Altaigebirge (etwa ein Drittel) verteilt. Wildyaks gibt es inzwischen nur noch im Himalaja-Gebiet in Tibet. Erfolgreiche Kreuzungen wurden zwischen einem Rind und einem Yakbullen erzielt, bekannt als ›Sonnen-Hainag‹. Diese Kreuzung übertrifft das Yak in Größe, Gewicht und Milchproduktion. Yaks werden zwischen 500 und 600 Kilogramm schwer und bis zu zwei Meter hoch.

Die Milch der Yaks hat fast doppelt soviel Fett wie Kuhmilch und ergibt köstliche Butter, Joghurt und Käse. Yak-Produkte gelten als sehr gesund, da sich die Tiere größtenteils von Bergkräutern ernähren und in unberührten Gegenden leben. Neben der Milch ist auch ihre Wolle sehr nützlich. Sie läßt sich kaum von der Kaschmirwolle unterscheiden, nur daß sie etwas langfasriger und stärker ist und sich dadurch leichter spinnen läßt. Der einzige Nachteil ist, daß die Wolle einen Grauton hat, der sich durch Färben nur schlecht überdecken läßt. So wird die Wolle vor allem für Schlafdecken und als Polstermaterial eingesetzt.

Auch als Zugtiere sind Yaks geeignet

Telmen nuur

Aus Richtung Osten (Arkhangai-Aimag) wählt man an der Weggabelung gut 30 Kilometer hinter Tosontsengel nicht die südliche Piste Richtung Uliastei, sondern fährt einfach weiter Richtung Westen. Nach weiteren 30 Kilometern ist das Ostufer des Sees erreicht. Der knapp 200 Quadratkilometer große **Salzsee Telmen nuur** (Тэлмэн нуур) liegt auf einem Hochplateau, die umliegenden Berge des Khangai geben dem See ein wunderschönes Panorama. In der Nähe (nach mongolischen Maßstäben) liegen weitere Seen, der Ider-Fluß und ausgedehnte Waldgebiete, die ein abwechslungsreiches Urlaubsprogramm mit Reiten, Wandern und Angeln ermöglichen. Ein guter Ausgangspunkt für einen längeren Aufenthalt in der Gegend ist das **Ger Camp Zambaga**, das südlich vom See auf seine Gäste wartet (leider ohne Telefon). Wer nicht mit einer Reisegruppe, sondern auf eigene Faust den Aimag entdecken möchte, findet in den Betreibern des Camps freundliche Helfer, die Reiserouten zeigen, Pferde oder Kamele organisieren und bei Bedarf einen ortskundigen Begleiter zur Seite stellen.

Vom Ger Camp aus kann man über die kleine Siedlung Nömrög Richtung Norden fahren und nach etwa 60 Kilometern eine Seenkette als Wandergebiet wählen. Auf dem Weg, kurz vor Nömrög, trifft man am Fuß der Berge auf mehrere **Steinsetzungen**, die dafür sprechen, daß hier mehrere prähistorische Gräber liegen. Ab Nömrög führt eine kleine Piste, die fahrerisches Können verlangt, zu den alpinen **Seen Kholboo** (Холбоо нуур), **Khunt** und **Ulaan** (nicht zu verwechseln mit dem See Kholboo südlich von Santmargats). Wer Fahrzeug, genügend Proviant und einen Kenner der Gegend bei sich weiß, kann von hier aus weiter in der Berge des Bulnai-Gebirges fahren.

Büst nuur

Eine wenig erschlossene, außergewöhnlich schöne Region ist der Flecken Erde um den 22 Quadratkilometer großen **See Büst nuur** (Буст нуур) im Nordosten des Aimags. Er ist von den langgestreckten bewaldeten Bergketten des Bulnai-Gebirges umgeben und strahlt eine Ruhe aus, die Streß und Hektik vergessen lassen. Wie an so vielen Orten in der Mongolei kann man auch hier von dem Gefühl überrascht werden, daß man sich in absolutem Einklang mit der Natur fühlt. Die große Insel im fischreichen See bietet Rast- und Brutplätze für unzählige Vögel.

Nördlich vom See stößt man auf eine deutlich sichtbare Bruchfalte. Sie zieht sich über 400 Kilometer von West nach Ost durch den Aimag und ist Zeugnis eines Erdbebens von 1905. Bis zu zehn Meter riß die Erde damals auf, und die Spalte erreichte eine Tiefe bis zu 60 Metern.

Khar nuur

Welche Route man auch wählt, um in das Zentrum oder in den Westen des Aimags zu gelangen: Die Landschaft nimmt, je weiter man in den Westen kommt, deutlichen Wüstencharakter an. Um so beeindruckender sind grüne, teils mit Bäumen bestandene Flußauen, plötzlich auftauchende Seen und immer wieder kleine Weideflächen, sogar zwischen einzelnen Dünen. Die Nomaden in ihren weißen Jurten trotzen mit ihren Schaf-, Ziegen- und Kamelherden den schwierigen klimatischen Bedingungen.

Prähistorische Gräber bei Nömrög

Eine mögliche Reiseroute wäre, von Uliastai Richtung Norden in das etwa 60 Kilometer entfernte **Kreiszentrum Yaruu** (Яруу) zu fahren und sich dann nordwestwärts dem **See Khar nuur** (Хар нуур) zu nähern.

Nach etwa 80 Kilometern erreicht man den über 20 Kilometer langen und über 3 Kilometer breiten See in einer Höhe von knapp 2000 Metern. Der See gehört zu einer Gruppe von Gewässern, die von einem riesigen prähistorischen See, der vor gut 5000 Jahren verschwand, übriggeblieben sind. Der Khar nuur wird ausschließlich von Niederschlägen gespeist, und seine Ausdehnung unterliegt deshalb im Jahreszyklus starken Schwankungen.

Faszinierend ist der See vor allem durch seine Lage. Während er im Norden von hohen Sanddünen begrenzt wird, bestimmen im Süden 2600 Meter hohe Berge das Panorama. Hinzu kommen der blaue Himmel und das türkisfarbene Wasser, in dem sich die weißen Wolken spiegeln. Zugvögel machen auf dem Weg durch Zentralasien Rast an diesem schönen Platz, den die Einheimischen liebevoll ›Perle des Khangai‹ nennen.

Westlich vom Khar nuur liegt ein verstecktes Anglerparadies, der **See Bayan nuur** (Баян нуур). Frischer Lenok, Grayling, Hecht oder Stör ergeben eine wunderbare Mahlzeit. Das südliche Ufer des spiegelglatten, bis zu 80 Meter tiefen Sees wird durch Sanddünen gebildet. Im Nordosten schieben sich lange schmale Landzungen in den See, die begrünte Halbinseln bilden. Zu erreichen ist der Bayan nuur über das **Sumzentrum Santmargats** (Сантмаргац).

Khomyn-Ebene

Im äußersten Westen des Aimags, östlich vom Khar nuur und Dörgön nuur (Uvs-Aimag), werden seit 2004 **Wildpferde** angesiedelt. In der Khomyn-Ebene sollen die Takhis wieder einen Lebensraum in der freien Natur finden. Das Projekt wird durch das französische ›Institut zum Schutz des Wildpferdes‹ gefördert und gemeinsam mit dem WWF der Mongolei durchgeführt.

Uvs-Aimag

*Auch wenn Frau und Mann
auf gleichem Kissen schlafen,
so haben sie doch
verschiedene Träume.*
　　　　Mongolisches Sprichwort

Der Uvs-Aimag (Увс аймаг), weitab im Nordwesten der Mongolei gelegen, grenzt im Norden an die russische Autonome Republik Tuwa. Will man ihn von Ulan Bator mit dem Geländefahrzeug erreichen, sollte man drei bis vier Tage für die Fahrt einplanen. Man kann zwischen der nördlichen Strecke über Bulgan und Mörön oder der südlichen über Tsetserleg und Tosontsengel wählen. Die letztgenannte führt durch fruchtbare Weidegebiete, reizvolle Gebirgslandschaften des Khangaii und karge Wüstensteppe, die einem die eine oder andere Fata Morgana vorgaukelt. So oder so ist die Fahrt anstrengend, und die Mehrzahl der Touristen fliegt daher nach Ulaangom, um von dort aus den Aimag mit der nördlichsten Wüstenregion der Erde zu erkunden.

Landschaftsbild, Klima, Flora und Fauna des Aimags werden durch seine Lage im

Straßenblockade

Becken der Großen Seen bestimmt. Typisch für den gesamten Aimag ist das nördliche Becken mit dem flächenmäßig **größten See der Mongolei**, dem salzhaltigen Uvs nuur. Das Becken weist eine Bandbreite verschiedener Ökosysteme auf, wie sie nur selten in der Welt auf so verhältnismäßig kleinem Raum zusammentreffen. Fast alle für Zentralasien typischen Landschaftsformen ballen sich hier: ewige Schneefelder im Türgen-Gebirge, Permafrostboden und Waldsteppe, weite Ebenen mit karger Wüstensteppe, die Sanddünen der Böörög Deliin els und der See mit seinen Feuchtgebieten. Um diese Einzigartigkeit der noch weitgehend intakten Ökosysteme zu erhalten, wurden weite Gebiete des Uvs-nuur-Beckens 1994 unter Naturschutz gestellt. 1997 wurde es als UNESCO-Biosphärenreservat ausgewiesen, und seit 2003 gehört es zur UNESCO-Liste des Weltkulturerbes.

Ist man in Uvs unterwegs, stößt man mit einer hohen Wahrscheinlichkeit auf **Zeugnisse frühgeschichtlicher Zeit**. Der Aimag ist reich an Hirschsteinen, Felszeichnungen, Grabmälern und Steinmenschen (Babal).

> **Der Uvs-Aimag im Überblick**
>
> **Fläche:** 69 600 km²
> **Einwohner:** 81 900, 1,2 pro km²
> **Ethnische Gruppen:**
> Dörvöd, Bayat, Khalkh
> **Aimagzentrum:** Ulaangom
> **Entfernung von Ulan Bator:**
> 1420 km
> **Durchschnittstemperaturen:**
> −3,8 °C, Juli +19,2 °C,
> Januar −33,0 °C
> **Jahresniederschlag:** 135 mm

Uvs-Aimag [315]

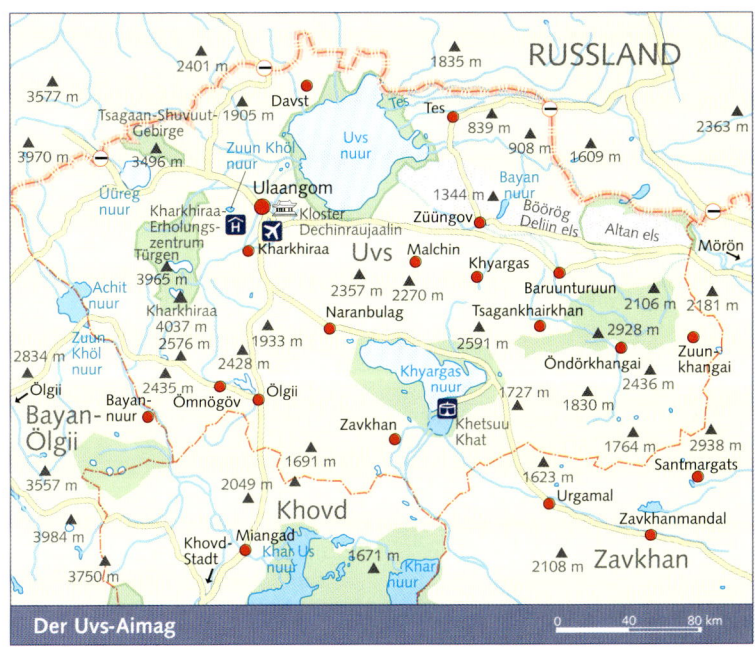

Der Uvs-Aimag

Seit 1933 wird der Aimag nach dem Uvs nuur benannt. Davor hieß er für wenige Jahre Dörvöd-Aimag, da die Mehrzahl der Einwohner Dörvöd-Mongolen waren. Auch heute bilden sie knapp die Hälfte der Bevölkerung, ein Drittel sind Bayat, und nur 16 Prozent sind Khalkha-Mongolen.

Der Hauptwirtschaftszweig des Aimags ist die Viehwirtschaft. Vereinzelt wird auch Ackerbau betrieben, vorwiegend werden Gemüse, Kartoffeln und Futterkulturen angebaut. Bekannt ist der Aimag für die Verarbeitung von Sanddorn, der reichlich im Delta des Tes-Flusses wächst. Die vitaminreichen Beeren werden sowohl für medizinische Zwecke als auch für die Lebensmittelindustrie verwendet. In einigen kleinen Läden von Ulaangom ist der wohlschmeckende Sanddornsirup erhältlich.

Im Westen des Aimags wird im bescheidenen Maße Bergbau betrieben, vor allem Kohle und Kupfer werden abgebaut. Mit den angrenzenden russischen Ortschaften gibt es einen regen Handel. Auch die Elektrizität kommt zur Zeit noch aus Rußland. Das in Bau befindliche Wasserkraftwerk am Chono-Kharaikh-Fluß (Khovd-Aimag) soll in Zukunft die Stromversorgung übernehmen und so einen Beitrag zur wirtschaftlichen Unabhängigkeit der Republik leisten.

Ulaangom

Nähert man sich aus südlicher Richtung dem **Aimagzentrum**, kann man sich den Namen des Städtchens Ulaangom (Улаангом), ›Roter Sand‹, gut herleiten: Eine rötlich schimmernde zerklüftete

Ulaangom-Informationen

ℹ️

Vorwahl: 01452.
Mobiltelefonempfang ist möglich, internationale Telefonverbindung, Internet, Postamt, Banken.
Khas Bank; Mo-Fr 9-18 Uhr.
Touristeninformation Eco Ger, am Flughafen; geöffnet, wenn Flüge aus Ulan Bator kommen. Die Mitarbeiter geben Tips für Routen, helfen bei der Organisation von Fahrzeug, Fahrer und/oder ortskundigem Führer.
Büro der Naturschutzverwaltung, im Westen der Stadt (den Fluß überquerend), Tel. 22184, 99/459366; 9-17 Uhr.
Grenzzonenschein, im Nordosten der Stadt, Nähe Tankstelle; 9-17 Uhr.

Bayalag Od, Tel. 22445; 30 Betten, einfach bis Luxus, 5-13 Euro. Einfaches Hotel mit kleinem Restaurant.
ZZTOD, Tel. 23982, 24286; 24 Betten, einfach bis Halbluxus, 10-15 Euro. Mit Restaurant, Billard und Sauna.
Hotel Uvs nuur, Tel. 24614; 18-20 Betten, einfach bis Luxuszimmer, 8-15 Euro. Mit Billard und Restaurant.
Kharkhiraa, Tel. 99/457801, 9458440; 25 Betten, einfach bis Halbluxus, 5-10 Euro. Einfaches Hotel mit Restaurant und Billard.
Kharkhiraa-Erholungszentrum, Tel. 23982, 24286; 80 Betten, einfach bis Halbluxus, 10-15 Euro. Etwa 30 Kilometer südwestlich von Ulaangom.

Chinggis Steak House, westliche Seite der Hauptstraße, Nähe Kaufhaus; 9-22 Uhr.
Tsagaan Sarnai (Цагаан сарнай), nordöstliche Querstraße zum zentralen Platz, Tel. 9945 3848; 9-20 Uhr.

Kleines Kaufhaus, Hauptstraße.
Markt, nordöstliches Stadtgebiet.

Felsgruppe begrüßt den Besucher vor der Einfahrt in das Zentrum. Ulaangom selbst ist ein typisches Aimagzentrum mit Hauptstraße, kleiner Parkanlage und weiträumigem Platz, um den sich die Gebäude der örtlichen Verwaltung gruppieren. In seiner Nähe finden sich Post mit Internetzugang, Theater, Museum, Banken, Restaurants und Hotels. Auf dem Platz selbst steht die **Statue von Yumjaagiin Tsedenbal**. Der in Ulaangom geborene Staatsmann hatte 40 Jahre die Geschicke der Mongolei geleitet, bis er 1984 die Regierungsgeschäfte abgab. Auf der anderen Straßenseite gedenken die Bürger von Ulaangom dem Helden Givaa, der 1948 während der Auseinandersetzungen mit Truppen der chinesischen Kuomintang fiel.

Im **Aimagmuseum** kann man sich einen guten Überblick über die Flora und Fauna der Region verschaffen. Besondere Aufmerksamkeit wird den Vögeln gewidmet, die in großen Kolonien den Uvs bewohnen. Eine andere Abteilung zeigt buddhistische Kultgegenstände, ein beeindruckendes Schamanenkostüm und weitere Arbeitsutensilien des Schamanen. Ausgestellt werden auch verschiedene Musikinstrumente und Trachten der einheimischen Nationalitäten.

Nordöstlich vom Flughafen ist das alte,

Im Kharkhiraa-Tal

1757 gegründete und in den 1930er Jahren zerstörte **Dechinravjaalin-Kloster** im Wiedererstehen. Einst bestand das Kloster aus sieben Tempeln, und zu besonderen Anlässen beteiligten sich bis zu 2000 Mönche an den Zeremonien. Auch wenn das Kloster heute weit von der einstigen Pracht entfernt ist, so geben die wenigen Mönche dem Interessierten gerne Auskunft über ihr Leben, die Religion und ihre Geschichte.

Ulaangom ist für die meisten Besucher Ausgangspunkt für Fahrten an den Uvs nuur und die angrenzende Sanddüne oder für Bergtouren in das Türgen-Gebirge. Andere starten von Ulaangom ihre Touren durch die westlichen Aimags der Mongolei. Im kleinen **Kaufhaus** und auf dem **Markt** kann man sich mit Notwendigem eindecken. Wer sich nicht bereits in Ulan Bator die notwendigen Papiere für die geschützten Gebiete besorgt hat, sollte dies in Ulaangom nachholen. Das Büro, in dem die Permits vergeben werden, befindet sich nordöstlich vom Hauptplatz.

Kharkhiraa-Tal

Knapp 30 Kilometer südwestlich von Ulaangom schiebt sich ein anmutiges Tal mit Kiefernwäldern, saftigen Wiesen und einem klaren Gebirgsbach nebst Wasserfall in die Berge. Das Tal liegt noch vor dem Naturschutzgebiet und ist einfach zu erreichen. Hier befindet sich auch das **Kharkhiraa-Erholungszentrum**, das früher der Vereinigung der mongolischen Viehzüchter gehörte. Es eignet sich hervorragend als Ausgangspunkt für ausgedehnte Wanderungen durch das Gebiet.

Uvs-nuur-Becken

Das seit 1994 geschützte Gebiet des Uvs-nuur-Beckens umfaßt eine Fläche von 7710 Quadratkilometern und besteht aus vier Arealen: dem **See Uvs nuur**, dem **Sanddünenabschnitt Altan els**, dem **Türgen-Gebirge** und dem **Tsagaan-Shuvuut-Gebirge**. Alle Gebiete liegen im Norden des Aimags, und in einer dreiwöchigen Tour könnte man durch Wüstensteppe fahren, ein paar Tage im Wald wandern und sich morgens am Bach die Zähne putzen, eine Woche als Bergsteiger unterwegs sein und auf einen 4000er blicken, danach im See baden und zur Abrundung Sanddünen erklimmen. Es bleibt jedem Interessierten selbst überlassen, wie viele außergewöhnliche Eindrücke von atemberaubender Natur er auf einmal wahrzunehmen vermag.

So extrem wie die Landschaft, so extrem sind auch die klimatischen Verhältnisse. Die Region um den Uvs nuur gehört gleichzeitig zu den kältesten, wärmsten und trockensten Plätzen des Landes. Während der See im Winter bei minus 40 Grad Celsius und mehr (1974 wurden minus 57 Grad gemessen) zufriert, zeigt im Sommer das Thermometer Temperaturen zwischen 30 und 40 Grad plus.

■ Uvs nuur

Um an den **See Uvs nuur** (Увс нуур) zu gelangen, verläßt man Ulaangom im Norden und fährt dann Richtung Osten. Als Entdeckungsreisender sollte man besser einen ortskundigen Begleiter bei sich wissen, denn Sümpfe und durch Regen aufgeweichte Pisten erschweren die Zufahrt oder machen sie an einigen Stellen sogar unmöglich. War man bisher ohne Begleiter unterwegs, kann man in den Hotels oder beim regionalen Büro für Naturschutz um Hilfe bitten.

Mit einer Fläche von 3350 Quadratkilometern (Bodensee: 536 Quadratkilometer) gleicht der Uvs-See einem Meer inmitten der Wüste. Er wird von etwa 200 Flüssen und Bächen gespeist. Ihre Deltas umrahmen den See und bilden weitflächige Feuchtgebiete. Dichte Schilfgürtel wechseln sich mit schlammigen Uferzonen ab. Nur das südöstliche Ufer ist relativ trocken. Wer geduldig sucht, findet bestimmt einen Platz mit Sandstrand, und einem kurzen Badeurlaub steht nichts im Wege. Der See selbst ist abflußlos. Sein Salzgehalt entspricht der fünffachen Salzkonzentration des Pazifiks – kein Lebensraum für Fische. Trotzdem gibt der See mit seinen Feuchtgebieten genug Nahrung für die zahlreichen Vögel.

Ornithologen zählen über 200 Vogelarten am Uvs, unter anderen Schwarzstorch und Silberreiher, Fisch- und Seeadler, Singschwan und Löffler, Streifen- und Schwanengans. Am See und auch schon bei der Anfahrt kann man etwas irritiert sein: Möwen fliegen am blauen Himmel! Eine Fata Morgana? Die Möwen sind an der Südküste Chinas zuhause und verbringen den Sommer am Uvs nuur.

■ Böörög Deliin els

Das **Sanddünengebiet der Böörög Deliin els** (Бөөрөг Дэлийн элс) erstreckt sich über 180 Kilometer östlich vom Uvs nuur. Sie ist die nördlichste Sanddüne der Welt und flächenmäßig die größte der Mongolei. An einigen Stellen ist sie über 40 Kilometer breit, und die Dünen erreichen eine Höhe bis zu 30 Metern. Der östliche Teil, der Goldene Sand (Алтан элс), zählt zum strenggeschütztem Gebiet des Uvs-nuur-Beckens. Am Südufer des Uvs nuur entlang verläuft in östlicher Richtung die Hauptstraße von Ulaagom nach Mörön. Verläßt man sie in der Nähe der kleinen Ortschaft Züüngov, etwa 100 Kilometer von Ulaangom entfernt, und folgt der nördlicher gelegenen Pistenstraße, fährt man gut 100 Kilometer parallel zur Dünenkette. Dann zeigen sich die ersten Vorboten der sibirischen Taiga des Khövsgöl-Aimags. Vorher allerdings lädt knapp 20 Kilometer nördlich von **Züüngov** der von Quellen gespeiste **See Bayan nuur** zu einem Abstecher ein. Der Weg dorthin setzt aber fahrerisches Können und ein sandtaugliches Fahrzeug voraus.

■ Türgen uul

Die **Zwillingsberge Kharkhiraa** (4037 Meter) und **Türgen** (3965 Meter) (Хархираа, Түргэн) sind mit ihren schneebedeckten Gipfeln bei in- und ausländischen Bergsteigern sehr beliebt. Aber auch als gesunder und körperlich fitter Wanderer kann man eine Bergtour wagen, ohne den Gipfel zu erstürmen. Allerdings sollte man sich auf extreme Temperaturschwankungen einstellen, Schneeschauer sind hier im Sommer durchaus möglich. Am besten startet man am **See Khökh nuur** (Хөх нуур), in der Nähe der kleinen **Ortschaft Kharkhiraa**, etwa 50 Kilometer südwestlich von Ulaangom (Achtung, nicht mit dem gleichnamigen Erholungszentrum verwechseln!). Es geht am Kharkhiraa-Fluß entlang und über den **Kharkhiraa-Paß** hinauf auf das beeindruckende Hochplateau am Fuße des Berges. Am Türgen-Berg vorbei über den **Yamaat-Paß** verläßt man in westliche Richtung das Naturschutzgebiet.

Auf dieser sechs- bis siebentägigen Tour begegnet man beeindruckenden Felsformationen, Wiesen mit alpinen Blumen und immer wieder, in wechselnden Kompositionen, dem Panorama mit den natürlichen Giganten. Zurück nach Ulaangom sind es gut 100 Kilometer. Auf dem Weg liegt linker Hand der malerisch von Altai-Gipfeln umrahmte **Salzsee Üüreg nuur** (Үүрэг нуур), der zum Wandern, Angeln und Zelten einlädt. Ein Ziel für die Wanderung könnten beispielsweise die Felszeichnungen am Westufer des Sees sein. Wer über Nacht bleibt, kann einen beeindruckenden Sonnenuntergang erleben. Die Sonne taucht weite Teile des Naturschutzgebietes **Tsagaan Shuvuu** nördlich vom See in ein bezauberndes Rot.

Khyargas nuur

Der 1400 Quadratkilometer große **Salzsee Khyargas nuur** (Хяргас нуур) liegt 90 Kilometer südöstlich von Ulaangom. Egal aus welcher Richtung man sich dem See nähert, er sticht mit seiner türkisblauen Farbe aus seiner von Wüstensteppe geprägten Umgebung hervor und bezaubert durch ein scheinbar unwirkliches Panorama. Eine gute Badestelle in der Mitte des Nordufers lädt nach kilometerlager Fahrt durch heißes

Khyargas-nuur-Informationen

Ger Camp Khetsuu Khad, www.khetsuukhad.mn; 25 Euro inkl. Vollverpflegung). Am südöstlichen Ufer, einsam und wunderbar gelegen an einer Bucht mit Blick auf den Vogelfelsen.

und trockenes Gebiet zum Schwimmen ein. Auf dem etwa 100 Meter breiten Strand aus groben Sand kann man durchaus auch das Zelt aufschlagen. In den Berghängen unmittelbar am Ufer entspringen Heilquellen, gut sichtbar dank der typischen blauen Bänder, die die Mongolen an verehrte und heilige Orte knüpfen.

Achit nuur

Die Straße von Ulaangom nach Ölgii (Bayan-Ölgii-Aimag) führt am **See Achit nuur** (Ачит нуур) vorbei. Der 297 Quadratkilometer große fischreiche Süßwassersee ist ein wunderbarer Platz für eine Rast. Hält man auf der Brücke, die die Verbindung zwischen Achit nuur und dem kleineren See Zuun Khöl nuur überwindet, werden die ersten kasachischen Jungs neugierig das Auto betrachten. Das ist die Gelegenheit, nach guten Angelplätzen zu fragen, die Jungs kennen sich aus. Genauso gut kann man sich einfach eine Stelle am Ufer suchen und in Ruhe die zahlreichen Vögel beobachten. Mit etwas Glück sieht man hier die äußerst selten gewordenen Krauskopfpelikane. Wären nicht die vielen Mükken, könnte man hier in wunderschöner Landschaft auch campen. In der Regel fährt man vom Achit nuur weiter nach Ölgii, das etwa 80 Kilometer südwestlich liegt.

Bayan-Ölgii-Aimag

*Die Schönheit des Sees ist das Schilf,
die Schönheit des Berges die Quelle.*
Kasachisches Sprichwort

Der Bayan-Ölgii-Aimag (Баян Өлгий аймаг) ist der westlichste Zipfel der Mongolei. Er grenzt im Nordwesten an Rußland (Republik Altai und Republik Tuwa) und im Südwesten an China (Autonomes Gebiet Xinjiang Uigur). 1940 wurde er als **Aimag der Kasachen** gegründet. Auch heute bestimmen die Kasachen, die knapp 90 Prozent der Einwohner ausmachen, das Bild des Aimags. Dem ungeübten Auge fällt das nicht gleich auf, Jurten beleben die Landschaft, Ziegen- und Schafherden ziehen über die Weiden, Pferde grasen vor malerischer Kulisse. Kasachen sind eben, genauso wie die Mongolen, Nomaden. Aber ihre gegorene Stutenmilch schmeckt anders, sie essen gerne Besbarmak (Fleischgericht aus Hammel-, Pferde- und Rindfleisch), ihr Kunsthandwerk hat eigene Motive. Ihr liebstes Instrument ist die Domra, ein zweisaitiges Zupfinstrument, das Sänger und Epenerzähler begleitet. Kasachen sprechen

Kinder in Ölgii-Stadt

eine Turksprache, und viele von ihnen sind Moslems. Ihre Sprache ist zweite Amtssprache des Aimags. Es gibt kasachische Schulen, Presseerzeugnisse und Bücher erscheinen auf kasachisch, Rundfunk und Fernsehen senden in dieser Sprache. Seit der Wende Anfang der neunziger Jahre üben viele ihren traditionellen Glauben wieder verstärkt aus, eine neu erbaute Moschee und eine Koranschule ermöglichen es.

Kasachen haben aber auch ihre eigenen Feste. Dazu gehört das Nauryz, das traditionelle Neujahrsfest. Im März, im ersten Monat des neuen Jahres, wird das Erwachen der Natur begrüßt. Familie, Freunde und Bekannte treffen sich und tauschen die besten Wünsche aus. Sportliche Wettkämpfe begleiten das Fest, und das traditionelle Neujahrsgericht Nauryz-Koje darf nicht fehlen. Ein anderes Fest ist den Berkutshis gewidmet, hochangesehenen Jägern, die mit ihren Adlern auf die Jagd gehen.

Der Bayan-Ölgii-Aimag im Überblick

Fläche: 45 700 km²
Einwohner: 100 800, 2,2 pro km²
Ethnische Gruppen: Kasachen, Uriankhai, Dörvod, Tuwa
Aimagzentrum: Ölgii
Entfernung von Ulan Bator: 1709 km
Durchschnittstemperaturen: +1,5 °C, Juli +20,8 °C, Januar −18,8 °C
Jahresniederschlag: 107 mm

Bayan-Ölgii-Aimag [321]

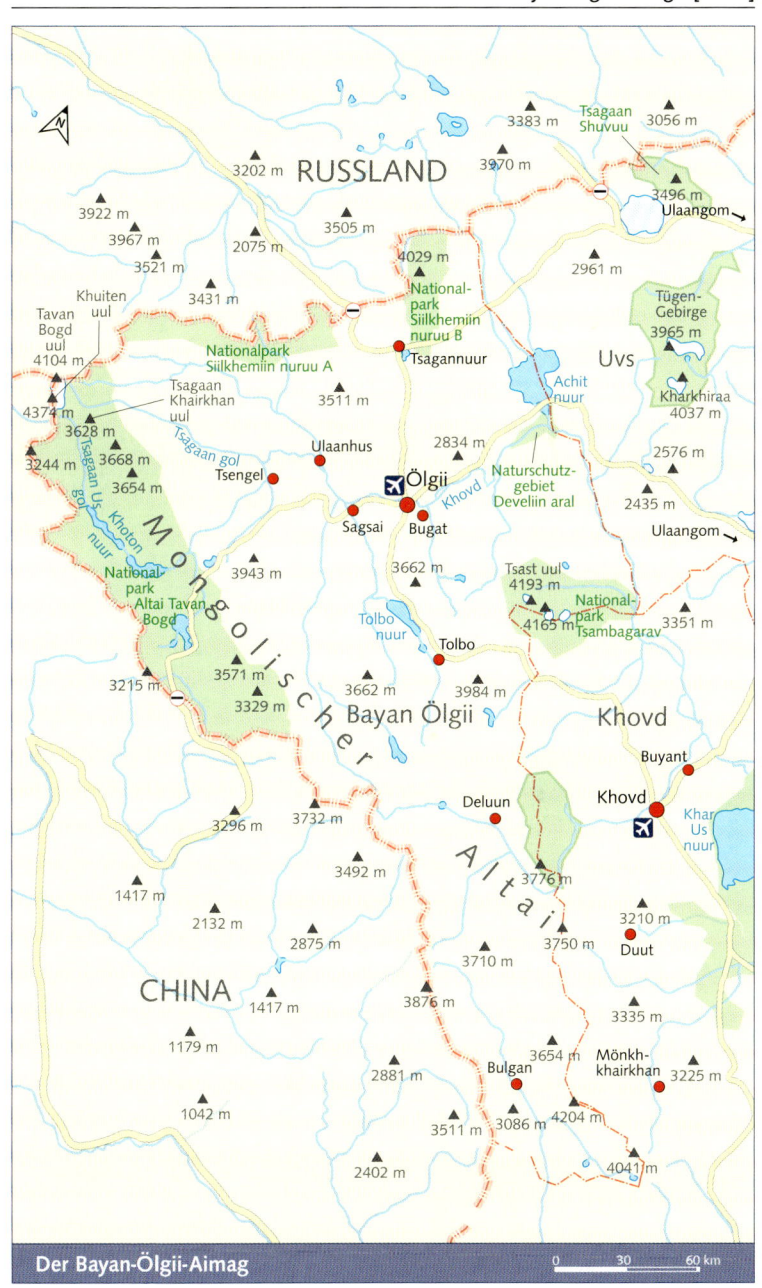

Der Bayan-Ölgii-Aimag

Am ersten Wochenende im Oktober wird das Adlerfest begangen. In der Nähe von Ölgii finden sich die Besten ein und messen ihre Kunst und die ihrer Tiere. Veranstalter organisieren für Touristen, die das Schauspiel der über 2000 Jahre alten Jagdkunst erleben wollen, spezielle Reisen.

Nicht wenige Kasachen verließen in den letzten Jahren die Mongolei und suchten in Kasachstan ihr Glück. Viele haben es gefunden, einige kamen mit der Erkenntnis zurück, daß es auch dort schwierig ist, sich seine Existenz aufzubauen.

Landschaft

Landschaftlich prägen die Gebirgsmassive des **Mongolischen Altai** das Aussehen des Aimags. Majestätische Berge und Felsmassive, teils mit ewigem Schnee bedeckt, beherrschen das Panorama. Gletscher überziehen Hauptkämme, ziehen sich weit in die Täler und speisen zahllose klare Bergflüsse und alpine Seen. Die Gipfelgruppe der fünf ehrwürdigen, heiligen Berge (Tavan Bogd uul) im Ländereck Mongolei–China–Rußland bilden das Herzstück des Mongolischen Altais. Einer der fünf, der Khuiten uul, erhebt sich mit 4374 Metern in den blauen Himmel und ist damit der **höchste Berg der Mongolei**. Zwischen den Bergmassiven finden sich fruchtbare Weideflächen, karge Bergsteppen und geschützte Canyons mit Lärchenwäldern. In diesem Naturraum sind neben Wölfen, Füchsen, Adlern und Habichten auch seltene Tiere wie Luchse, Wildschafe und Bergziegen, Fasane und Steppenhühner beheimatet. Der Schneeleopard hat im Osten des Aimags, im geschütztem Gebirgsmassiv des Tsambagarav uul sein Revier.

Wirtschaft

Hauptwirtschaftszweig des Bayan-Ölgii-Aimags ist die Viehwirtschaft. Über eine Millionen Ziegen und Schafe weiden auf den mittleren Höhenlagen des Ai-

Yakherde

Blick auf Ölgii-Stadt

mags. Kamele, die vorwiegend als Transporttiere genutzt werden, sind hervorragend an die kargen Lebensbedingungen angepaßt und bilden eine wichtige wirtschaftliche Basis für die Region. Und obwohl das ausgeprägte Bergrelief Ackerbau nur an wenigen Stellen zuläßt, werden insbesondere in den Flußtälern Futterkulturen, Getreide und im bescheidenem Maß auch Kartoffeln angebaut. Verarbeitende Betriebe gab und gibt es kaum in Bayan Ölgii, aber ein kleines Wärmekraftwerk von örtlicher Bedeutung, Unternehmen des Lebensmittelherstellung und des Baugewerbes. Außerdem werden Kohle und Gold abgebaut.

Geschichte

Bayan Ölgii zählt zu den Aimags mit einer weit in die Vergangenheit zurückreichenden Geschichte. **Felszeichnungen, Hirschsteine, Babals aus der Turkzeit und Kurgane** (Grabhügel) sind an vielen Stellen zu finden. 2006 gelang einem Team von deutschen, russischen und mongolischen Archäologen ein unter Fachleuten aufsehenerregender Fund. Im südöstlichen Altai, einer Region mit Dauerfrostboden, stießen sie beim Öffnen eines Kurgans auf eine rund 2500 Jahre alte Eismumie eines Skythenkriegers. Der etwa 30- bis 40jährige Mann trug einen prachtvollen Pelzmantel und vergoldeten Kopfschmuck, dazu Hosen und Filzstiefel. Im Köcher befanden sich die Pfeile für seinen Bogen, am Gürtel Dolch und Streitaxt.

Ölgii-Stadt

Das **Aimagzentrum Ölgii-Stadt** (Өлгий хот) unterscheidet sich schon architektonisch von den anderen Provinzhauptstädten. Obwohl der übliche russische Baustil auch vertreten ist, erinnern die mit Lehmmauern umrahmen Jurten und die kleinen, verschachtelt gebauten Häuser ein wenig an Mittelasien. Anfang der 90er Jahre wurde eine Moschee eröffnet, die rege besucht wird. Daneben nimmt sich das neue buddhistische Kloster am Rande der Stadt sehr bescheiden aus.

Das **Museum** in Ölgii gibt – neben dem Exkurs über Flora und Fauna, einschließ-

Ölgii-Informationen

Vorwahl: 01422.
Post/Telefonzentrale mit Internetzugang, Telefon 24 Stunden, Post und Internet 9–19 Uhr.
Internet, hinter der Post, südlich vom Platz abgehende Hauptstraße; Mo–Sa 11–19 Uhr.
Büro der Nationalparkverwaltung, Ostseite des Parks, im Süden, Telefon 22111; Mo–Fr 9–18 Uhr, Mittagspause etwa 12–13 Uhr.
Grenzzonenscheine gibt es bei der Grenzpolizei (Khiliin Tsergiin Gazar).

Mit den Fluglinien Eznis oder Aero Mongolia aus Ulan Bator. Es gibt auch eine regelmäßige Flugverbindung zwischen Almaty (Kasachstan) und Ölgii. Um diese zu nutzen, sind Visa für beide Länder nötig.

Hotel Duman, Tel. 21666, 99428174; 18 Zimmer/50 Betten, etwa 20 Euro, mit Sauna.
Altyn Orda, Tel. 23046; 14 Zimmer/32 Betten, 5 Euro. Mit Restaurant.

Ger Camp Blue Wolf, Tel. 221315, 99110303. In Sagsai, 30 km westlich von Ölgii. Der Veranstalter hat auch sehr einfache Jurtenunterkünfte und ein Restaurant neben seinem Büro in Ölgii (vom Hauptplatz nach Süden, nächste Straße rechts, dann nach 250 Metern auf der linken Seite).

Empfehlenswert ist das Restaurant im Hotel ›Tavan Bogd‹.

Museum; Mo–Sa 10–17 Uhr, Mittagspause etwa 13–14 Uhr, Eintritt 1000 Tg.

Aktuellen Spielplan des **Theaters** vor Ort erfragen, Eintrittskarte etwa 3 Euro.

Badehaus, 500 Meter westlich vom Hauptplatz, südliche, parallel zum Platz verlaufende Hauptstraße; 9–22 Uhr.

lich präpariertem Schneeleoparden – einen Überblick über die Geschichte der Region und einen guten Einblick in die kasachische Lebensweise.
Für den, der es sich zeitlich erlauben kann, ist der Besuch einer Vorstellung im **kasachischen Nationaltheater** empfehlenswert, unabhängig davon, ob Tanz, Musik oder beides auf dem Programm stehen.
Vor der Weiterfahrt sollte man den **Markt** aufsuchen und sich mit den üblichen Lebensmitteln, aber auch mit Melonen und frischem Gemüse eindecken. In der Nähe des Marktes finden Interessierte die kleine **Manufaktur Altai Craft**. Eine engagierte Amerikanerin hat sie mit kasachischen Frauen aufgebaut. Hier werden nach traditionellen Mustern Kissenbezüge, Taschen, Decken und kleine Börsen bestickt. Die Frauen können so einen Beitrag zum Lebensunterhalt ihrer Familien leisten. In einem Laden, der sich im Museum von Ölgii befindet, und auch in Ulan Bator finden sich die wunderschönen Stickereien.

Gleich um die Ecke vom Museum liegt das Büro für das strenggeschützte Gebiet des Altaigebirges. Wer nicht einer geführten Reisegruppe angehört, muß sich hier die notwenigen Permits für den Aufenthalt in den geschützten Gebieten kaufen, kann sich aber gleichzeitig in mögliche Wanderrouten einweisen und auf der Karte besonders attraktive oder historisch interessante Punkte markieren lassen.

Tsengel

Tsengel (Цэнгэл), etwa 70 Kilometer westlich von Ölgii, ist der **westlichste Sum** (Kreis) der Mongolei. Der kleine Ort liegt außerhalb des Nationalparks Altai Tavan Bogd, ist aber für Wanderer oder Bergsteiger so etwas wie das Eintrittstor. Obwohl verhältnismäßig viele Touristen hier durchkommen, ist er versorgungstechnisch wenig ergiebig. Viele halten hier nur zum Tanken. Im Kreis Tsengel sind die turksprachigen Tuwa zuhause. Die wenigen Familien bilden nur ein Prozent der Bevölkerung des Aimags. Bekannt sind sie durch die schriftstellerische Tätigkeit – hauptsächlich in deutscher Sprache – von Galsan Tschinag.

Seit mehreren Jahren unternehmen die Frauen der Tuwa große Anstrengungen, um einen Beitrag zur wirtschaftlichen Absicherung ihrer Familien zu leisten. Naturbelassene und selbstgefärbte Schafwolle wird zu Filz verarbeitet. Aus ihm entstehen Sitzkissen, Schuhe und andere Produkte, die dann verkauft werden. Gearbeitet wird im ehemaligen Backhaus, das zum **Begegnungszentrum** umfunktioniert wurde. Wer einmal in Tsengel ist, sollte danach fragen. Stolz sind die Frauen auch auf die ersten Früchte ihrer landwirtschaftlichen Tätigkeit: Kartoffeln vom Feld, Tomaten und Gurken aus dem Gewächshaus.

Altai Tavan Bogd

Der etwa 6000 Quadratkilometer große **Nationalpark Altai Tavan Bogd** (Алтай Таван Богд) liegt knapp 150 Kilometer westlich von Ölgii. Er ist reich an bezaubernden landschaftlichen Kleinoden, Wochen könnte man in ihm verbringen. Am bekanntesten ist das **Massiv des Tavan Bogd uul** (die ›heiligen Fünf‹). Die fünf Gipfel sind mit ewigem Schnee bedeckt und die angrenzenden Berge mit Gletschern überzogen. Der längste von ihnen, der nach einem russischen Forscher benannte **Potanin-Gletscher**, zieht sich über eine Länge von 19 Kilometer. Im Jahr 1955 wurde der höchste Gipfel, der **Khuiten uul** (4374 Meter), zum ersten Mal erklommen. Auch heute stellt das Massiv selbst für geübte Bergsteiger eine Herausforderung dar. Ohne Führer allerdings und vor allem ohne professio-

Der Potanin-Gletscher

nelle Ausrüstung sollte man keinen Aufstieg wagen. Man sollte sich an spezielle Reiseveranstalter, die Touren organisieren, oder an den mongolischen Altai-Club wenden (siehe S. 365). Die außergewöhnliche Schönheit der Region erschließt sich aber genauso gut bei ausgedehnten Wanderungen. So könnte man von Tsengel dem **Gletscherfluß Tsagaan gol** in nordwestlicher Richtung folgen, das **Bergmassiv des Tsagaan Khairkhan uul** (3628 Meter) überqueren und von dort aus in südöstlicher Richtung dem Lauf des **Flusses Tsagaan Us gol** folgen. Der Weg führt teils durch eine markante Schlucht mit Lärchenwäldern. Nach etwa 20 Kilometern läßt man die Schlucht hinter sich, orientiert sich weiterhin am Fluß und gelangt an den großen **Hochgebirgssee Khoton nuur**. Hier am See hat man einen wunderbaren Blick auf den Paß des Ikh Türgen, der unmittelbar an der chinesischen Grenze liegt. Am südlichen Ufer des Sees führt eine kleine mongolische Straße vorbei – ein guter Punkt, um sich nach etwa einer Woche Wanderung abholen zu lassen und nach Ölgii zurückzufahren.

Siilkhemiin Nuruu

Der aus zwei Teilen bestehende **Nationalpark Siilkhemiin Nuruu** (Сийлхэмийн нуруу) liegt im Norden des Aimags und deckt sich über weite Strecken mit dem Verlauf der mongolisch-russischen Grenze. Der Park wurde 2000 eingerichtet, um die dort vorkommenden Wildschafe Argali zu schützen.

Wer hier die Wildschafe beobachten möchte, hat gute Chancen, braucht aber etwas Geduld und einen kundigen Begleiter, der die Aufenthaltsorte der scheuen Tiere kennt. Für die Region benötigt man einen Grenzzonenschein.

Tsambagarav uul

Das geschützte **Gebirgsmassiv des Tsambagarav uul** (Цамбагарав уул) liegt etwa 80 Kilometer südöstlich von Ölgii an der Grenze zum Khovd-Aimag und ist mehr als 1000 Quadratkilometer groß. Er ist ebenso von Khovd-Stadt erreichbar, vom Aimagzentrum ist er etwa 100 Kilometer entfernt.

Wählt man von Ölgii nicht die Hauptstraße, die am See Tolbo nuur vorbeiführt, sondern fährt über die nördlichen Pisten in Richtung des Tsambagarav uul, kann man die extremen klimatischen Bedingungen und auch die sich drastisch wechselnden Landschaftstypen hautnah erleben. Dort, wo der Fluß Khovd oder einer seiner Zuflüsse den Boden bewässert, entstehen saftigsatte grüne Oasen, schlängelt sich ein schmales grünes Band durch Wüstensteppe. Kaum ist das Wasser verschwunden, führt der Weg über spärlich bewachsene Senken, durch baumlose Hügelkette und erneut durch Wüstensteppe. Ab und zu gibt ein Tal den Blick auf die schneebedeckten Gipfel des Tsambagarav frei.

Erreicht man dann die nördliche Hochebene am Fuß des höchsten **Berges Tsast uul** (4193 Meter), ist man von dem Bild gebannt. Wer das Bild von Marsan Sharav ›Ein Tag der Mongolei‹ im Museum von Ulan Bator gesehen hat, wird sich in diesem Moment daran erinnern. Eine riesige Weidefläche wird von Schafen, Ziegen, Kamelen und Pferden bevölkert, überall stehen Jurten, überall bewegen sich Menschen. Im Hintergrund sind die mit ewigem Schnee überzogenen Gipfel der Berge Tsast, Tsambagarav und Shanagiin Khünkher auszumachen.

Hat man sein Zelt aufgestellt, wird es nicht lange dauern, bis die ersten Kinder auftauchen. Sie sind die Botschafter, die erkunden, wer und warum in die Gegend gekommen ist. Der Kontakt zu einer mongolischen, wahrscheinlicher aber zu einer kasachischen Familie ist hergestellt, denn die Mehrzahl der Familien, die hier den Sommer verbringen, sind Kasachen.

Die Hochebene selber liegt über 2000 Meter über dem Meeresspiegel und eignet sich gut als Basislager für Klettertouren in die Berge. Es ist aber nicht unbedingt notwendig, bis zu den Gipfeln vorzudringen. Nach einer guten Bergwanderung auf die knapp 3000 Meter hoch gelegenen Ebenen wird man schon mit einem faszinieren Panoramablick belohnt, und die Gipfel scheinen zum Greifen nahe. Für ihre Besteigung sollte man einheimische Unterstützung in Anspruch nehmen.

In den Bergen versteckt sich, für jedermann zugänglich, ein kleiner Wasserfall. Ist man allein unterwegs, kann man sich bei einer der Nomadenfamilien den Weg aufzeichnen lassen. Wer länger bleiben möchte, mietet sich am besten bei den Nomaden Pferde und bittet um einen Begleiter.

Ein Aufenthalt in der Region verspricht Reiten, Wandern, Bergsteigen und Kontakt mit Nomadenfamilien. Allerdings sollte man einen ortskundigen Fahrer dabei haben, um den richtigen Weg zu den Sommerweiden zu finden. Da es hier aber kein Ger Camp gibt, muß man sich rundum selbst versorgen. Vor der Tour sollte man sich in Ölgii oder Khovd-Stadt den Permit für den Nationalpark besorgen.

Develiin aral

Etwa 60 Kilometer nordöstlich von Ölgii, nahe der Grenze zum Uvs-Aimag, beginnt das **Naturschutzgebiet Develiin aral** (Дэвэлийн арал). Es erstreckt sich gut 20 Kilometer östlich, parallel zur Straße Ölgii–Ulaangom. Das Areal, bewässert durch den Khovd, gleicht einer großen Oase und ist Heimat für Ringfasane, Wildschweine und Biber, deren Bestand in den letzten Jahren sehr abgenommen hat. Nur wenige Kilometer nördlich liegt der **Süßwassersee Achit nuur** (siehe Uvs-Aimag, Seite 319). Ein Tagesaufenthalt in dieser Region lohnt sich durchaus.

Am Achit nuur

Khovd-Aimag

*Mit einer Hand
läßt sich kein Knoten knüpfen.
Mongolisches Sprichwort*

Der ethnisch bunt gemischte Khovd-Aimag (Ховд аймаг) gehört zu den vielbesuchten Regionen des Landes. Eine bewegte Geschichte und die Kombination aus Halbwüste und grünen Flußauen, Sanddünen und Seen, schneebedeckten Bergkuppen und weiter Steppe faszinieren die Besucher und wecken den Wunsch nach einem längeren Aufenthalt.

Die **landschaftliche Vielfalt** ergibt sich aus der recht deutlichen Gliederung des Aimags in drei Regionen. In der Mitte schiebt sich der Mongolische Altai mit seinen teils schneebedeckten Massiven von Nordwest nach Südost durch den Aimag. Der Gebirgszug des Khökh Seriin Nuruu ist als strenggeschütztes Naturschutzgebiet ausgewiesen. Seltene Tiere wie das Argali-Wildschaf, der Schneeleopard und der Steinbock haben hier ihren

Flußüberquerung

Lebensraum. Der im Westen des Aimags weit sichtbare Berg Mönkh Khairkhan ist mit seinen 4204 Metern die zweithöchste Erhebung der Mongolei. Die nördliche Region des Aimags gehört mit der unter Naturschutz stehenden Seenkette Khar Us nuur, Khar nuur und Dörgön nuur zur **Beckenlandschaft der Großen Seen**. Gänse, Wildenten, Reiher, Schlammläufer und viele andere Vogelarten lassen die Herzen von Ornithologen höher schlagen. Südlich vom Mongolischen Altai schließen sich die Gebiete der **Trans-Altai-Gobi** mit typischer Wüste und Steppenwüste an. Teile des strenggeschützten Naturschutzgebietes Dzungarian Gobi (Gobi B) liegen im Südosten des Aimags. In der ausgedehnten Wüstensteppe befinden sich Habitate der seltenen Wildesel und Wildkamele. Auch die kleinen nachtaktiven Wüstenspringmäuse, die bis zu drei Meter weit springen können, sind hier beheimatet. Sehr selten wird der vom Aussterben bedrohte Gobibär gesichtet.

> ### Der Khovd-Aimag im Überblick
>
> **Fläche:** 76 100 km²
> **Einwohner:** 87 500, 1,2 pro km²
> **Ethnische Gruppen:** Khalkh, Zakhchin, Kasachen, Torguud, Uriankhai, Ööld, Dörvöd, Miangad
> **Aimagzentrum:** Khovd-Stadt
> **Entfernung von Ulan Bator:** 1487 km
> **Durchschnittstemperaturen:** + 0,3 °C, Juli +18,9 °C, Januar −25,4 °C
> **Jahresniederschlag:** 119 mm

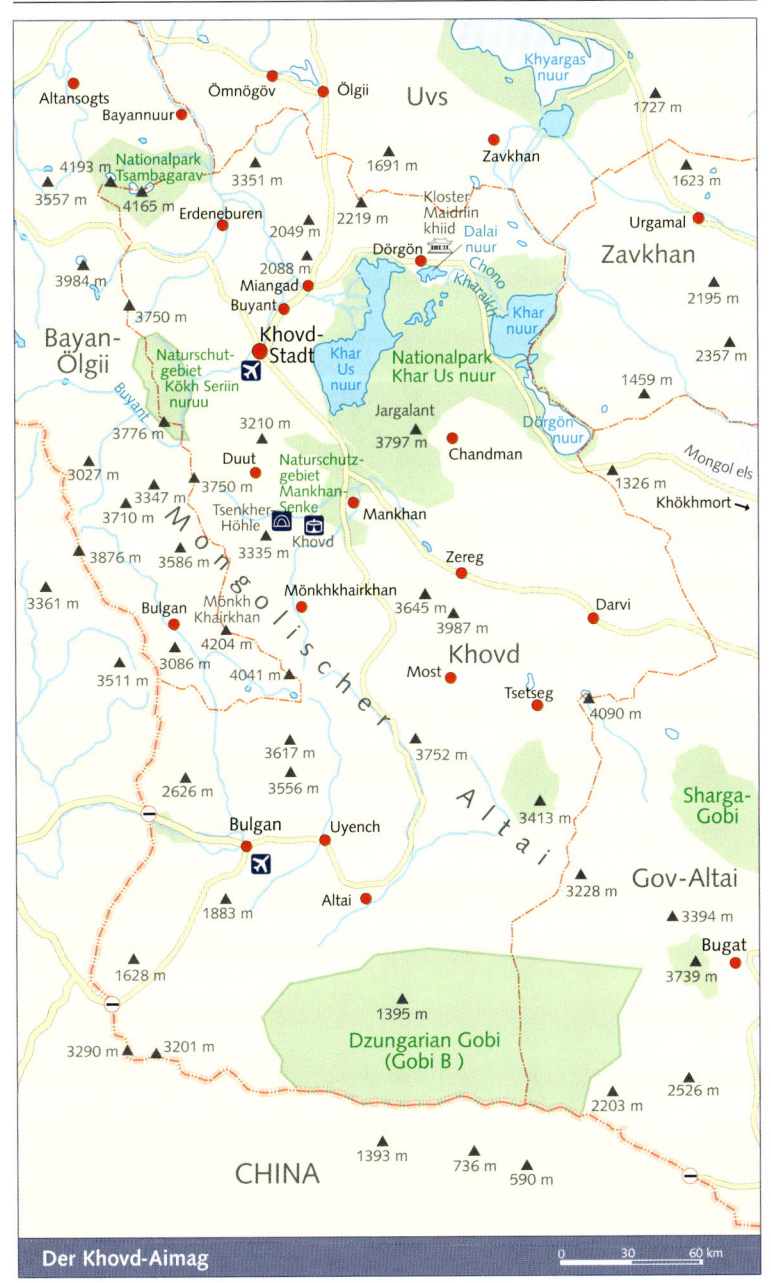

Der Khovd-Aimag

Hauptwirtschaftszweig von Khovd ist, genau wie in den anderen Aimags, die Viehwirtschaft. Vorwiegend werden Schafe und Ziegen gehalten, es gibt auch größere Bestände von Kamelen. Anders als die meisten anderen Provinzen kann Khovd auf einen traditionellen Ackerbau verweisen. Die Wassermelonen, die hier gedeihen, sind im ganzen Land bekannt und beliebt. Angebaut werden außerdem Getreide, Futterpflanzen, Kartoffeln sowie verschiedene Gemüsesorten wie Tomaten und Gurken. Wer durch den Aimag reisen will, kann sich also auf dem Markt von Khovd mit schmackhaftem frischen Obst und Gemüse eindecken. Im Norden des Aimags befindet sich ein Projekt von überregionaler Bedeutung im Bau. Am Fluß Chono Kharaikh wird mit chinesischer Hilfe ein Wasserkraftwerk gebaut, das in Zukunft die drei West-Aimags unabhängig von russischer Stromzufuhr machen soll.

Khovd-Stadt

Im Jahr 1962 beging das **Aimagzentrum Khovd-Stadt** (Khovd khot/Ховд хот) feierlich sein 200jähriges Bestehen. Gegründet wurde die Stadt an heutiger Stelle als Garnison und Verwaltungszentrum von der mandschurisch-chinesischen Qing-Dynastie. Von der alten Stadt und ihrer Festung sind nur noch die Ruinen im Norden von Khovd zu sehen, und es bedarf einer ordentlichen Portion Phantasie, um sich das Bild aus vergangenen Zeiten vor Augen zu führen.

Heute ist Khovd ein typisches Aimagzentrum mit Verwaltung, kleinen Betrieben der Lebensmittel- und Baustoffbranche, medizinischen und wissenschaftlichen Einrichtungen, Hochschule, Theater und Museum. Der westlich an der Stadt vorbeifließende Fluß Buyant läßt die von schroffen Felsen umgeben Stadt als grüne Oase erscheinen. Pap-

▲ *Denkmal von Ayuush auf dem zentralen Platz*

peln und andere Pflanzungen geben der Stadt ein angenehmes Äußeres.

Auf dem zentralen Platz steht seit langem das **Denkmal von Ayuush** (1859–1939), einem in der Region geborenen Helden, der sich anfangs friedlich mit einer Petition gegen die mandschurische Steuergesetzgebung auflehnte. Er wurde gefangengenommen und gefoltert. Da er alle neun Foltermethoden – von Daumenschraube über Schließbrett bis hin zum Feuereisen – überstanden hatte, mußte er laut geltendem Gesetz freigelassen werden. Später schloß er sich der Befreiungsbewegung an und gehörte zu denen, die 1912 die Stadt von der Fremdherrschaft befreiten. Nach 1921 leitete Ayuush ein Verwaltungsgebiet im Khovd-Aimag.

Neu ist das zweite **Denkmal** auf dem Platz. Es zeigt, kraftvoll ausschreitend, den oiratischen Fürsten Galdan Boshgot (1644–1697). Er führte im 17. Jahrhundert die westmongolischen Oiratenstämme an, um gegen die drohende mandschurische Eroberung zu kämpfen. Allerdings trug er seine Fehden mit den Khalkha-Fürsten ebenso mit kriegerischen Mitteln aus.

Unweit vom Platz, der Hauptstraße in nördliche Richtung folgend, liegt etwas versteckt das wieder aufgebaute **Kloster Tügemeel Amarshuulagch**. Es ist kein prunkvolles Kloster mehr wie vor seiner Vernichtung Ende der 30er Jahre, und auch der Platz ist neu. Trotzdem: Es ist wieder da und zeigt sich als ein schönes, stilles Kloster mit freundlichen Mönchen, die Besuchern Einlaß gewähren, wenn nicht gerade offizielle Zeremonien

Khovd-Stadt-Informationen

Vorwahl: 01432.
Post, Telefon, Internet, nördlich vom Hauptplatz; Post und Telefon 24 Std., Internet Mo–Fr 8–22 Uhr, Mittagspause 13–14 Uhr.
Nationalparkverwaltung, im Norden der Stadt, gegenüber vom Postamt, Tel. 22487; Mo–Fr 8–17 Uhr, Mittagspause 13–14 Uhr. Hier auch nach dem **Grenzzonenschein** nachfragen oder bei der Polizei, gegenüber dem Museum, Hauptstraße, nördlich vom Stadtzentrum.

Aktuellen Flugplan unter www.miat.com oder www.aeromongolia.mn erfragen.

Hotel Buyant, Tel. 23860, 99439043; Einfach, Halbluxus, Luxus, 10–35 Euro. Die Luxus-Räume verfügen über TV und eigenes Bad mit Warmwasser, es gibt eine Sauna.
Myangan Ugalzat, Tel. 22086, 99695351; 17 Zimmer/32 Betten, 5–12 Euro. Neues einfaches Hotel.
Mongol Tüürgatan, östlich von zentralen Platz, Straße Richtung Altai-Stadt, Tel. 22469, 99868086; 21 Zimmer, 5–25 Euro.

Restaurant Naran.
Guanz (Гуанз), chinesiches Küche.
Zoogiin gazar (Зоогийн газар), Schnellimbiß.

Markt Minii Delgur, Hauptstraße südlich vom Theater. Hier gibt es von allem etwas.

[332] Khovd-Aimag

Bad im Khar Us nuur

Khar Us nuur

Um in das **Naturschutzgebiet des Khar Us nuur** (Хар Ус нуур) zu gelangen, fährt man von Khovd Richtung Nordosten. Endlos scheint sich die Wüstensteppe auszudehnen, ab und zu ist am Horizont eine Bergkette oder der mit einer weißen Kappe versehene 3797 Meter hohe **Berg Jargalant** zu sehen. Ansonsten breitet sich zu beiden Seiten der Piste ausgetrockneter Boden mit spärlichem Pflanzenwuchs aus – keine Kamele, keine Pferde, keine Herden. An einigen Stellen wächst der Wüstenstrauch Nitraria, aus dessen Beeren die Einheimischen einen schmakhaften Schnaps brennen.

Im **Kreiszentrum Buyant** gibt es plötzlich

abgehalten werden. Es sind nicht nur die Buddhisten, die sich wieder eine Stätte für ihren Glauben errichtet haben. Vorwiegend von den in Khovd ansässigen Kasachen wird die neu erbaute **Moschee** unweit der Festungsruine im Norden der Stadt genutzt.

Das **Heimatmuseum** gibt einen Überblick über die Geschichte, inklusive Modell der alten Festung, zeigt eine gute Sammlung der Nationaltrachten der verschiedenen Ethnien, die hier leben, buddhistische Kultgegenstände und verschiedene Exponate zu Flora und Fauna. Besonders interessant ist die Kopie der berühmten Felszeichnungen der Höhle Tsenkheriin agui, die im Original leider teilweise zerstört wurden.

Wer länger bleibt, sollte sich eine Vorstellung im renovierten Theater nicht entgehen lassen. Mit etwas Glück steht der Khöömi, der Obertongesang, mit auf dem Programm, der in Khovd eine lange Tradition hat.

saftige Wiesen. Sie sprechen für Bewässerung und Gemüseanbau, der hauptsächlich von Kasachen betrieben wird. Diese Oase ist eine kleine Episode. Nach wenigen Kilometern erreicht man den Miangad-Sum; er ist wie ausgestorben. Das Vieh und seine Besitzer sind auf der Sommerweide, die Weiden um die Seen werden erst im Herbst wieder belebt sein, es ist zu heiß, und die vielen Mücken und Stechfliegen würden Mensch und Tier zu sehr zusetzen.

Nach knapp zwei Stunden Fahrt passiert man den Eingang in den Nationalpark. Die notwendigen Permits sollten bereits in Khovd gekauft werden. Im Schutzgebiet setzt sich die baumlose Kiesebene fort. Nur an den Stellen, wo sich Zuflüsse in den Khar Us nuur ihren Weg bahnen, tauchen saftige Uferstreifen mit verschiedene Gräsern und bunten Blumen auf, wachsen Sträucher und vereinzelte Bäume. Hier ist der Punkt, an dem der Reisende die Kanister nachfüllen sollte. Da das Gebiet um den See an vielen Stellen sumpfig ist, fährt man

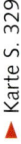
Karte S. 329

lange parallel zum See, sieht ihn nicht, aber riecht ihn. Erst das nördliche schilfbewachsene Ufer gewährt Zutritt, und Enten, Gänse, Möwen, Schwäne und Reiher können beobachtet werden. Mit etwas Glück kann man auch Pelikane sehen. Ihr Bestand ist bedauerlicherweise stark zurückgegangen. Viele wurden getötet, um aus den Schnäbeln Schaber herzustellen, mit denen man den Pferden den Schweiß abziehen kann.

Die Straße am nördlichen Ufer des Khar Us nuur führt weiter in den **Dörgön-Sum**. Dieses Kreiszentrum liegt bereits am **See Dalai nuur,** der mit dem Khar Us nuur verbunden ist. Der See ist sehr fischreich und lädt zum Angeln ein. Auf den nahegelegenen Anhöhen hat sich das **Kloster Maidriin khiid** – benannt nach dem kommenden Buddha Maitreya – eingerichtet. Es ist eine schöne, recht große Anlage mit mehreren kleinen Tempeln.

Von Dörgön kann man Richtung Norden, am Salzsee Khyargas nuur vorbei, nach Ulaangom (Uvs-Aimag) fahren oder den Fluß Chono Kharaikh (Wolfssprung) bei der Brücke überqueren und in südlicher Richtung an den Seen Khar nuur und Dörgön nuur vorbeifahren, um letztlich in das große **Sanddünengebiet Mongol els** zu gelangen. Für beide Routen benötigt man gut einen Tag, so daß man irgendwo im grenzenlosen, welligem Nichts, eventuell in Nachbarschaft zu ein paar Jurten und Schafen, sein Zelt aufbauen muß; Ger Camps gibt es noch keine.

Zu den Dünen Mongol els

Der Weg zu den großen **Sanddünen Mongol els** (Монгол элс) an der Grenze zum Gov-Altai-Aimag führt durch flache mit Kies und Geröll übersäte Steppe entlang der Seen Khar nuur und Dörgön nuur. Die Piste wird über weite Strecken von Bergketten flankiert. Sie sind kahl, schimmern in grün, braun, grau oder rot. Mal ist es ein einzelner Stock, mal eine Kette, die an aneinandergereihte Kleckerburgen erinnert. Während der Fahrt lädt der Frischwassersee Khar nuur an einigen Stellen zum Baden ein. Nachdem man den Khar nuur hinter sich gelassen hat, fährt man

Kloster Maidriin khiid

am Südufer des salzhaltigen Dörgön nuur vorbei weiter Richtung Osten, und die ersten Sanddünen zeigen sich nördlich der Piste. Mit einem ortskundigen Begleiter findet man in dem Areal auch Plätze, an denen Sanddünen scheinbar aus einem kleinen See herauswachsen. Weit über 100 Kilometer zieht sich das Dünenfeld von West nach Ost. Die Sandberge erreichen eine Höhe von bis zu 30 Metern. Vom Gipfel eröffnet sich ein phantastischer Blick über die geschwungenen Dünenfelder. Manchmal leuchtet ein grüner Flecken aus dem Sandmeer heraus und zeugt davon, das hier einst Weidefläche war. Die Einheimischen kennen diese Mini-Oasen und nutzen sie als windgeschützte Futterquelle für ihre Herden.

Mankhan-Senke

Etwa 60 Kilometer südlich von Khovd beginnt die große Mankhan-Senke (Манханы тал). Geschützt wird die Region vor allem wegen der seltenen **Saiga-Antilopen**. Diese Tiere mit ihren sonderbaren Knautschnasen sind vom Aussterben bedroht und stehen auf der mongolischen Roten Liste für streng geschützte Tiere. Trotzdem ist ihr Bestand stark zurückgegangen. Gab es im Jahr 2000 in der gesamten Mongolei noch 5000 Tiere, so waren es 2005 nur noch etwa 800. Neben dem Fleisch haben es die Wilderer vor allem auf die 20 bis 50 Zentimeter langen Hörner abgesehen. Sie werden in der traditionellen Chinesischen Medizin als Mittel gegen Fieber, Kopfschmerzen, Schwindelanfälle und andere Beschwerden eingesetzt und sind sehr begehrt: Je seltener das Horn, um so höher ist der erzielte Gewinn. Langfristig kann die Saiga-Antilope nur überleben, wenn sie besser vor der Wilderei geschützt wird. In- und ausländische Naturschützer setzen dabei insbesondere auf die Aufklärung der einheimischen Bevölkerung. Nur wer wirklich den Wert der Tiere kennt und die reale Bedrohung erkennt, kann aktiv am Schutz mitwirken.

Chandman

Nordöstlich von Mankhan, hinter dem **Gebirgszug Jargalant Khairkhan** (Жаргалант Хайрхан), liegt der Ort **Chandman** (Чандмань). In seiner Umgebung läßt es sich wunderbar zelten, wenn man beispielsweise Richtung Khar nuur oder Dörgen nuur weiterfahren möchte. Wer sich für den Kehlkopfgesang interessiert, ist hier an der richtigen Stelle. Seit Jahrhunderten wird die Kunst des **Obertongesanges** in Chandman gepflegt und gelehrt. Die Könner ihres Faches geben Interessierten gerne Auskunft über die Technik des Gesanges und natürlich auch eine Kostprobe. Man sollte einfach nach Khöömi-Sängern fragen.

Tsenkheriin agui

Wenige Kilometer westlich von der Mankhan-Senke, etwa 90 Kilometer südwestlich von Khovd, liegt eine weitere Sehenswürdigkeit des Khovd-Aimags, die **Tsenkher-Höhle** (Tsenkheriin agui/Цэнхэрийн агуй) mit ihren **Felsmalereien** aus der Altsteinzeit. Auf über 15 000 Jahre wird das Alter der abgebildeten Stiere, Schafe, Kamele, Gazellen, Strauße und Mammuts geschätzt. Die deutlich erkennbaren Motive wurden mit rotbrauner Farbe auf gelb-weißen Untergrund gezeichnet.

Das **archäologische Museum** hat einen Ausstellungsraum von etwa 40 Metern Länge und einen weiteren, zweigeteilten

Das Dünengebiet Mongol els

Raum von etwa 130 Metern. Es ist etwas feucht, kühl und dunkel, entsprechend sollte man sich kleiden und sich mit einer Taschenlampe ausrüsten.

Die kostbaren Höhlen wurden erst 1967 von einer russisch-mongolischen Expedition entdeckt. Das Kunstwerk der steinzeitlichen Jäger hat zwar Jahrtausende relativ unbeschadet überlebt, aber leider glaubten neuzeitliche Dilettanten, daß man das Vollendete ergänzen müsse. Für Liebhaber lohnt sich der Besuch trotzdem.

Da die Höhlen nicht leicht zu finden sind, sollte man sich den Weg genauer aufzeichnen lassen oder einen ortskundigen Begleiter mitnehmen. Wem dies alles zu abenteuerlich ist, kann sich Kopien der Felsenmalerei in Khovd im Museum anschauen.

In der Nähe der Höhle ist das ›Khovd‹ Ger Camp, in dem man übernachten kann. So lassen sich Mankhan-Senke, Felsmalerei und auch eine Wanderung zum zweithöchsten Berg der Mongolei, zum Mönkh Khairkhan, wunderbar verbinden.

Mönkh Khairkhan

Der mit Gletschern bedeckte Mönkh Khairkhan (Мөнх Хайрхан уул) reizt den Bergsteiger, entzückt den Wanderer und verwirrt denjenigen, der an genauen Fakten interessiert ist: Die Angaben schwanken zwischen 4204 und 4362 Meter Höhe. Egal, das an der Grenze zu China stehende Massiv ist beeindruckend. Wer den Gipfel erklimmen möchte, kann sich vom **Kreiszentrum Mönkhkhairkhan** dem Massiv mit einem Jeep nähern und dann von der Nordseite den Aufstieg beginnen. Ewiger Schnee und Eis verlangen Erfahrung und entsprechende Ausrüstung. Das Gebiet steht unter Naturschutz, und vor der Bergsteigertour sollte man im Kreiszentrum das entsprechende Verwaltungsbüro aufsuchen, Telefon 99 28 54 72. Grenzzonenschein nicht vergessen!

Sprachführer

Es ist immer wieder eine wunderbare Erfahrung, daß man sich irgendwie auch mit Händen und Füßen verständigen kann. In der Mongolei wird man wohl häufiger zu dieser internationalen Sprache greifen müssen, obwohl relativ viele Mongolen eine Fremdsprache beherrschen. Während der sozialistischen Zeiten wurde vor allem Russisch einstudiert, heute werden Englisch, Deutsch und Koreanisch fleißig gelernt und auch gesprochen. Insbesondere in Ulan Bator findet man viele Mongolen, die sich durch Studium, Ausbildung oder andere längere Auslandsaufenthalte gute Sprachkenntnisse angeeignet haben.

Die mongolische Sprache ist nicht ganz einfach zu erlernen und für Europäer schwer auszusprechen. Im folgenden Sprachführer wird versucht, eine möglichst genaue Aussprache zu beschreiben, dabei wurde teils auf die offizielle Transkription verzichtet. Fehlende Endungen wie beispielsweise ›bain‹ statt ›baina‹ sind beabsichtigt, da das ›a‹ nicht mitgesprochen wird. Alle mongolischen Vokale werden kurz ausgesprochen, es sei denn, sie sind verdoppelt. Länge und Kürze der Vokale sind wichtig für die Verständlichkeit und Bedeutung. So bedeutet zum Beispiel цас (tsas) ›Schnee‹, während цаас (tsaas) für ›Papier‹ steht.

Mongolische Buchstaben	Aussprache	Deutsche wissenschaftl. Transliteration	ISO-Norm	Englische Transkription
а	a	a	a	a
б	b	b	b	b
в	w wie in Winter	v	v	v
г	g im hinteren Gaumen	g	g	g
д	d	d	d	d
е	e	je	ye	ye
ё	jo wie in Jolle	jo	yo	yo
ж	dsch wie in Dschungel	ž	j	j
з	ds	z	z	z
и	i	i	i	i
й	i, zur Verlängerung	j	i	i
к	k	k	k	k
л	l	l	l	l
м	m	m	m	m
н	n	n	n	n
о	o	o	o	o
ө	o mit leichtem ö	ö	u	ö
п	p	p	p	p
р	gerolltes Zungen-R	r	r	r
с	s	s	s	s
т	t	t	t	t

у	u	u	u	u
Y	u	ü	u	ü
ф	f	f	f	f
х	ch wie in Buch	ch	kh	kh
ц	z wie in Zahn	c	ts	ts
ч	tsch wie in Tschechien	č	ch	ch
ш	sch wie in Schule	š	sh	sh
щ	schtsch	šč	shch	shch
ъ	wird nicht gesprochen	-	-	-
ы	Verlängerung i wie Miene	y	i	y
ь	Weichheitszeichen	i	i	
э	e wie in Ente	ä	e	e
ю	ju wie in Jubel	ju	yu	yu
я	ja wie in Jacke	ja	ya	ya

deutsch	mongolisch	Schreibweise
Begrüßung/Verabschiedung		
Guten Tag (eine Person)!	Sain bain uu!	Сайн байна уу!
Guten Tag (mehrere Personen)!	Sain baitsgaa nuu!	Сайн байцгаана нуу!
Ist die Sommerweide gut? (Begrüßung auf dem Land)	Saikhan dsusadsch bain uu?	Сайхан зусаж байна уу?
Wie geht es Ihnen?	Tany bie sain uu?	Таны бие сайн уу?
Wie heißen Sie? (höflich)	Tany ner aldar khen be?	Таны нэр алдар хэн бэ?
Wie heißt Du?	Tschinii ner khen be?	Чиний нэр хэн бэ?
Wo kommen Sie her?	Ta khanaas irsen be?	Та хаанаас ирсэн бэ?
Ich komme aus ... (Deutschland).	Bi (german-) ... aas irsen.	Би (герман-) ... аас ирсэн.
Auf Wiedersehen!	Bajartai!	баяртай!
Gute Reise!	Sain javaarai!	Сайн яваарай!
Leben Sie wohl!	Dsa, sain suudsch baigaarai!	За, сайн сууж байгаарай!
Gute Nacht!	Saikhan noirsooroi!	Сайхан нойрсоорой!
Wann treffen wir uns?	Bid nar khedsee uuldsakh we?	Бид нар хэзээ уулзах вэ?
Wo treffen wir uns?	Bid nar khaana uuldsakh we?	Бид нар хаана уулзах вэ?

deutsch	mongolisch	Schreibweise
Abgemacht!	Dsa, tegi!	За, тэгьe!
Allgemeines		
Ja	Tiim, dsa	тийм, за
Nein	ugui	үгүй
Danke	Bajarlaa	Баярлалаа
Bitte (ist ok)	Dsa, dsugeer	За, зүгээр
Entschuldigung	Uutschlaarai	Уучлаарай
Ich verstehe Sie nicht.	Bi oilgokhgui bain.	Би ойлгохгүй байна.
Würden Sie mir behilflich sein?	Ta nadad tusal nuu?	Та надад туслана уу?
Was ist das?	En ju we?	Энэ юу вэ?
Gesundheit		
Mir geht es schlecht.	Minii bie muu bain.	Миний бие муу байна.
Ich habe Fieber.	Bi khaluuntai bain.	Би халуунтай байна.
Ich brauche einen Arzt.	Bi emtschid udsuulmeer bain.	Би эмчид үзүүлмээр байна.
Mein Zahn schmerzt.	Minii schud övdödsch bain.	Миний шүд өвдөж байна.
Arm/Hand	gar	гар
Auge	nud	нүд
Bauch/Gedärm	gedes	гэдэс
Bein/Fuß	khul	хөл
Hals	khooloi	хоолой
Herz	dsurkh	зүрх
Kopf	tolgoi	толгой
Ohr	tschikh	чих
Behörden/Offizielles		
Ich möchte mein Visum verlängern.	Bi minii visig sunguulakh kheregtee bain.	Би миний Виз-ийг сунгуулах хэрэгтэй байна.
Ich benötige eine Erlaubnis für das Naturschutzgebiet.	Nadad baigal ortschmin khamgaalakh bused orokh dsöwschööröl kherektee bain.	Надад байгаль орчмын хамгаалах бүсэд орох зөвшөөрөл хэрэгтэй байна.
Ich benötige eine Erlaubnis für das Grenzgebiet	Nadad khiliin bused newtrekh dsöwschööröl kheregtee bain	Надад хилийн бүсэд нэвтрэх зөвшөөрөл хэрэгтэй байна

deutsch	mongolisch	Schreibweise
Wetter/Natur		
Wie ist das Wetter heute?	Önöödör tenger jamar bain?	Өнөөдөр тэнгэр ямар байна?
Heute ist es kalt (warm, heiß).	Önöödör khuiten (dulaan, khaluun).	Өнөөдөр хүйтэн (дулаан, халуун).
Es regnet (schneit).	Boroo (tsas) ordsh bain.	Бороо (цас) орж байна.
Sonne	nar	нар
Regenbogen	solong	солонго
Mond	sar	сар
Stern	od	од
Baum	mod	мод
Wald	oi	ой
Blume	tsetseg	цэцэг
Pferd	mor	морь
Kamel	temee	тэмээ
Rind	ükher	үхэр
Schaf	khon	хонь
Ziege	jamaa	ямаа
Verkehrsmittel		
Autobus	avtobus	автобус
Eisenbahn	galt tereg	галт тэрэг
Flugzeug	ongots	онгоц
Auto	maschin	машин
Geländewagen	mosttoi tereg	мосттой тэрэг
Reifen	khaimar	хаймар
Rad	dugui	дугуй
Fahrer	dscholootsch	жолооч
Abschleppseil	tross	тросс
Achse	gol	гол
Benzin	bensin	бензин
Bremse	tormos	тормос
Flickzeug	khaimar nökhökh tsawuu	хаймар нөхөх цавуу
Licht	gerel	гэрэл
Motoröl	motoryn tos	моторын тос

deutsch	mongolisch	Schreibweise
Reparaturwerkstatt	dsaswaryn gasar	засварын газар
Getriebe	araa	араа
Tank	bank	банк
Wagenheber	damkrat	дамкрат
Ich möchte ein Auto mieten.	Bi neg tereg zeelj avtsch unahk gesen jum.	Би нэг тэрэг зээлж авч унах гэсэн юм.
Wieviel kostet es für einen Tag?	ödört jamar unetei ve?	Өдөрт ямар үнэтэй вэ?
Essen/Restaurant		
Fisch	dsagas	загас
Fleisch	makh	мах
Hammelfleisch	khoniny makh	хонины мах
Hühnerfleisch	takhiany makh	тахианы мах
Kalbfleisch	tugalyn makh	тугалын мах
Rindfleisch	ukhriyn makh	үхрийн мах
Schweinefleisch	gakhain makh	гахайн мах
Ziegenfleisch	jamaany makh	ямааны мах
Brot	talkh	талх
Butter	maasal	маасал
Ei	öndög	өндөг
Gurke	ogurtzy	огурцы
Kartoffeln	töms	төмс
Milch	suu	сүү
Mehl	guril	гурил
Nudeln (hausgemacht)	guril	гурил
Nudeln (Fabrik)	goimen	гоймон
Reis	tsagaan budaa	цагаан будаа
Salz	davs	давс
Tomate	pomidor	помидор
Weißkohl	baitsaa	байцаа
Zucker	elsen tschikhir	элсэн чихэр
Zwiebeln	songino	сонгино
Nudeln mit Fleisch und Gemüse	Zuivan	Цуйван

deutsch	mongolisch	Schreibweise
Gedünstete Teigtaschen mit Fleisch	Buuz	бууз
Frittierte Teigtaschen mit Fleisch	Khuschuur	хуушуур
Fischsuppe	dsagasny schöl	загасны шөл
Gemüsesuppe	nogootoy schöl	ногоотой шөл
Geflügelsuppe	takhiany schöl	тахианы шөл
gebraten	scharsan	шарсан
gekocht	tschanasan	чанасан
Ich möchte vegetarisch (pflanzliche Kost) essen.	Bi urgamlyn garaltai khool idmeer bain.	Би ургалмлын гаралтай хоол идмээр байна.
Zeit		
Wie spät ist es?	Kheden zag boldsh bain?	Хэдэн цаг болж байна?
Morgen	öglöö	өглөө
Vormittag	üdees ömnö	үдээс өмнө
Mittag	üd	үд
Nachmittag	üdees khoisch	үдээс хойш
Abend	oroi	орой
Nacht	schönö	шөнө
heute	önöödör	өнөөдөр
morgen	margaasch	маргааш
gestern	ötschigdör	өчигдөр
Montag	negdekh ödör, davaa garig	нэгдэх өдөр, даваа гариг
Dienstag	khojrdakh ödör, mjigmar garig	хоёрдахь өдөр, мягмар гариг
Mittwoch	guravdakh ödör, lkhava garig	гуравдахь өдөр, лхагва гариг
Donnerstag	dörövdekh ödör, pürev garig	дөрөвдэх өдөр, пүрэв гариг
Freitag	tavdakh ödör, baasan garig	тавдахь өдөр, баасан гариг
Sonnabend	khagas sain ödör, bjamba garig	хагас сайн өдөр, бямба гариг
Sonntag	buten sain ödör, njam garig	бүтэн сайн өдөр, ням гариг

[342] Sprachführer

deutsch	mongolisch	Schreibweise
Orientierung auf der Landkarte		
Norden	umard, khoid dsug	умард, хойд зуг
Süden	ömnö dsug	өмнө зуг
Osten	dsuun dsug	зүүн зуг
Westen	baruun dsug	баруун зуг
Landkarte	gadsryn dsurag	газрын зураг
Berg	uul	уул
Brücke	guur	гүүр
Düne/Sandwüste	els	элс
Fluß	gol	гол
Gebirge	Nuruu	нуруу
Höhle	agui	агуй
Mineralquellen	arshaan	аршаан
Paß	davaa	даваа
Quelle	bulag	булаг
See	nuur	нуур
Stadt	khot	хот
Steppe/Ebene	tal	тал
Strom	mörön	мөрөн
Zahlen		
1	neg	нэг
2	khojer	хоёр
3	gurav	гурав
4	dürüv	дөрөв
5	taw	тав
6	dsurga	зургаа
7	doloo	долоо
8	naim	найм
9	jus	ес
10	araw	арав
11	arwan neg	арван нэг
12	arwan khojer	арван хоёр
13	arwan gurav	арван гурав

14	arwan dürüv	арван дөрөв
15	arwan taw	арван тав
16	arwan dsurga	арван зургаа
17	arwan doloo	арван долоо
18	arwan naim	арван найм
19	arwan jus	арван ес
20	khor	хорь
21	khorin neg	хорин нэг
22	khorin khojor	хорин хоёр
30	guch	гуч
31	guchin neg	гучин нэг
32	guchin khojer	гучин хоёр
100	dsuu (n)	зуу (н)

Reisetips von A bis Z

Angeln

Die Mongolei ist reich an Seen und Flüssen, in denen man erfolgreich angeln kann. Über 70 Fischarten sind in der Mongolei beheimatet. Forellen, Welse, Hechte und andere Fische tummeln sich in den Gewässern; auch der Sibirische oder Baikalstör und der Baikal-Omul. Angeln ist nur mit einer **Erlaubnis** möglich, die bei der lokalen Behörde (Naturschutzbehörden, Adressen siehe die jeweiligen Aimags) eingeholt werden kann. Eine Ausnahme bildet das Fischen der **Taimen**. Dafür ist eine Spezialerlaubnis des Umweltministeriums in Ulan Bator nötig.

Auch im Winter wird gefischt

Will man nicht nur mal den Speiseplan durch einen frischgeangelten Fisch ergänzen, sondern seinem Anglerhobby nachgehen, sollte man sich an einen ausgewiesenen **Reiseveranstalter für Angeltouren** (z. B. Chinggis Toonot Travel, www.chinggistoonot.com.) wenden. Der organisiert die Tour mit all den notwendigen Papieren und Unterkünften und kennt die besten Angelplätze.

Die **Hauptsaison** für Angler liegt zwischen September und Mitte Oktober. Die fischreichen Flüsse und Seen liegen zwischen Lärchenwäldern und karger Steppenlandschaft in unvergleichlicher Ursprünglichkeit. Es bietet sich also an, den Angelurlaub durch eine Wanderung, einen Ausritt und einen Besuch bei einer Nomadenfamilie zu ergänzen.

Anreise mit dem Auto

Für ganz Verwegene ist die Anreise mit dem eigenen PKW durchaus machbar, aber nicht unbeschwerlich. Eine solche expeditionsähnliche Tour sollte man nur mit mehreren Personen und Fahrzeugen antreten, damit bei Bedarf Hilfe geholt werden kann. Wählt man den **Landweg**, so ist an der Grenze Polen–Weißrußland (weißrussisches Visum erforderlich) eine Kaution von etwa 1500 US-Dollar fällig, die bei der Rückreise (!) zurückerstattet wird. Diese Kaution kann im wahrsten Sinne des Wortes umschifft werden, indem man mit der **Fähre über Finnland** in Vyborg russisches Territorium betritt und via St. Petersburg seine Reise fortsetzt (russisches Visum erforderlich).

Führt ein Teil der vorgesehenen Strecke über Kasachstan, ist auch für dieses Land ein Visum einzuholen.

Die **Einreise in die Mongolei** mit dem Auto kann, entsprechend der Angaben des Auswärtigen Amtes, über Altanbulag (Selenge Aimag, tgl. 8–19 Uhr), Tsgaannur (Bayan Ölgii Aimag, werktags 9–18 Uhr) und Zamyy Uud (Dornogov Aimag, tgl. 9–18 Uhr) erfolgen.

Es empfiehlt sich eine Voranmeldung beim mongolischen Hauptzollamt in Ulan Bator, die möglichst über einen Reiseunternehmer vor Ort erfolgen sollte. Die Einfuhr kann auch direkt beim mongolischen Zoll, Abteilung für Überprüfung und Kontrolle (Fax +976/11/350048) auf englisch beantragt werden. Anzugeben sind Personalien, Staatsangehörigkeit, Paßnummer, Angaben zum Fahrzeug (Marke, Motornummer, Fahrgestellnummer) sowie Datum und Grenzübergang der geplanten Ein- und Ausreise. Bei der Einreise wird auf dem Einreisestempel im Paß ein entsprechender Vermerk angebracht, zusätzlich wird für das Fahrzeug ein Transitdokument ausgestellt, in dem die wesentlichen Daten, die Aufenthaltsdauer und der Ausreiseort vermerkt sind. Eine Zollkaution muß nicht mehr hinterlegt werden. Eine Ausreise ist nur mit dem Fahrzeug möglich, ansonsten sind eine nachträgliche Verzollung und ein aufwendiger Verwaltungsprozeß notwendig. Fahrzeuge müssen eigentlich innerhalb von 72 Stunden nach der Einreise beim Verkehrspolizeihauptamt in Ulan Bator angemeldet werden. Dies ist vor allem bei der Einreise über Tsagaannur (Bayan Ölgii Aimag) wegen der Entfernung schwierig. Auch hier kann ein Vertreter vor Ort helfen.

Anreise mit der Bahn

Es ist ein Erlebnis, von Europa durch Sibirien bis in die Mongolei in der Eisenbahn zu fahren. Man begegnet den verschiedensten Menschen, Landschaften, und kleine Dörfer ziehen vorbei. Ein Gefühl von Weite stellt sich ein. Für die etwa 6300 Kilometer lange Strecke von Moskau über Irkutsk am Baikalsee entlang nach Ulan Bator benötigt man mit der **Transsibirischen** und **Transmongolischen Eisenbahn** keine fünf Tage, es sei denn, man plant Zwischenaufenthalte ein. Natürlich kann man auch nur eine Teilstrecke per Bahn zurücklegen. So könnte man nach **Irkutsk** fliegen, dort einen Zwischenaufenthalt einplanen, die Stadt und den Baikalsee kennenlernen und sich dann in einer etwa 35stündigen Fahrt auf das Erlebnis Mongolei einstellen.

Von **Peking** benötigt man für die knapp 1500 Kilometer lange Strecke nach Ulan Bator etwa 30 Stunden.

Der **individuelle Kauf der Tickets** von zu Hause kann mühselig sein. Am besten wendet man sich für die Besorgung der Fahrkarten an ein Reisebüro oder an ›Wildberrytours‹, www.wildberrytours.com.

Seit 2006 bietet die russische Eisenbahngesellschaft **elektronische Tickets** an. Unter www.ufs-online.ru muß man sich erst durch die Eingangsmaske kämpfen, da Russischkenntnisse vorausgesetzt werden und wechselweise kyrillische und lateinische Buchstaben akzeptiert werden. Es ist nützlich, das Visum bereits zu haben und zu wissen, wie der eigene Name ins Russische transkribiert wird. Das System ist, laut Aussage des Vertreters der russischen Eisenbahn, zu-

Moskau–Ulan Bator

Auf dem Flughafen in Ulan Bator

verlässig und zeitsparend. Nach erfolgreicher Registrierung gibt man die gewünschten Reisedaten ein, zahlt per Kreditkarte und erhält einen Ausdruck der Fahrkarte. Diese ist dann bei einem vorher auszuwählenden Bahnhof an einem gesonderten Schalter gegen Vorlage des Passes mit der Originalfahrkarte auszutauschen.

Anreise mit dem Flugzeug

Die Anreise per Flugzeug ist natürlich die schnellste Variante. Man steigt in Berlin in den Flieger der mongolischen **Fluglinie MIAT** und landet nach etwa neun Stunden, inklusive Tankstop in Moskau, auf dem Flughafen ›Dschingis Khan‹ in Ulan Bator. Obwohl im Sommer an drei Tagen in der Woche geflogen wird, kann es durchaus passieren, daß schon im Frühjahr nur noch Plätze auf der Warteliste zu haben sind. In der Regel können diese dann im Sommer doch noch in eine Buchung umgewandelt werden.

Wer das Risiko aber nicht eingehen möchte, kann es mit der **Aeroflot** versuchen. Vorteilhaft ist, daß Moskau von verschiedenen Städten Europas angeflogen wird und die russische Fluggesellschaft 30 Kilogramm Gepäck genehmigt. Nachteil ist ein längerer Zwischenstop in Moskau, bei dem auch das Flugzeug gewechselt wird.

Wenn auch diese Möglichkeit nicht mehr zur Verfügung steht, muß man sich ein gutes **Reisebüro für Individualreisende** suchen und erfinderisch eine Route zusammenbasteln, denn Ulan Bator wird neben Berlin und Moskau auch von Irkutsk, Peking, Seoul, Tokio und Osaka angeflogen. Die Wahl der Fluggesellschaften, die aus dem Ausland Ulan Bator anfliegen, ist allerdings begrenzt, nur MIAT, Aeroflot, Air China, Korean Air und Eznis Airways haben derzeit Landerechte außerhalb der Mongolei. Wählt man eine Kombination Bahn-Flug oder einen Gabelflug, sollte man darauf achten, daß man bei einer Fluggesellschaft bleibt. Auf diese Weise können die Kosten der Reise sogar geringer sein als bei einem direkten Hin- und Rückflug. Eventuell ist es jedoch notwendig, ein Visum für das Drittland zu beschaffen (siehe ›Visum‹).

An dieser Stelle sei noch erwähnt, daß die **mongolische Fluggesellschaft** internationale Flüge mit modernen Maschinen fliegt: Airbus oder Boeing, die Aeroflot fliegt ab Moskau nach Ulan Bator mit der TU 154, für den Flugverkehr zwischen europäischen Städten und Moskau werden TU 154 und der Airbus eingesetzt. China Air fliegt mit Boeing-Maschinen von Peking nach Ulan Bator, ebenso z.B. von München und Frankfurt nach Peking.

Wichtige Anmerkung: 72 Stunden vor der Heimreise muß der Abflug bei der entsprechenden Fluggesellschaft in Ulan Bator bestätigt werden; das ist auch telefonisch möglich.

Bei einer größeren Reise in die Mongolei hat man schnell die üblicherweise

Reisetips von A bis Z [347]

Gutausgerüstete Camper

kostenfreien 20 Kilogramm (Aeroflot 30 Kilogramm) beisammen. **Übergepäck** ist sehr teuer, bei der MIAT ist mit neun Euro pro Kilo zu rechnen. Wer langfristig plant, kann einen Teil des Gepäcks mit der MIAT per **Luftfracht** aufgeben und zwar so, daß die Fracht mit dem gleichen Flugzeug mitgeht. Bei einem Paket zwischen 30 und 40 Kilogramm kann man mit etwa 150 Euro inklusive Sicherheitsgebühr rechnen. Der Preis pro Kilogramm reduziert sich mit steigendem Gesamtgewicht. Fliegt man in einer Gruppe, ist die Luftfracht-Variante durchaus überlegenswert. Genauere Informationen und aktuelle Preise kann man bei der MIAT (Cargo) in Berlin unter 030/27596 47 erfragen. Unterstützung gibt auch gerne die in Berlin ansässige Vertretung von ›Off The Map Tours‹, zu erreichen unter info@steppenreise.de oder 01 71/404 52 16.

Aeroflot
Seoul Street
Tel. 11/320720.

MIAT
Westliche Seitenstraße vom Sükhbaatar Platz, Höhe Parlamentsgebäude
Tel. 11/32 26 86, 32 22 73, 32 21 44 oder 11/18 81, www.miat.com.

Air Network-International Ticket Center
Westlicher Baga Toiruu, kurz vor Tourist Street
Tel. 32 22 22
www.airnetwork.mn.
Service für internationale Flugtickets aller Ulan Bator anfliegenden Airlines.

Apotheken

In Ulan Bator gibt es viele Apotheken (Emiin san/эмийн сан). Viele Arzneimittel auf Kräuterbasis sind ebenso zu haben wie Medikamente verschiedener Herkunftsländer. Wer ein Mittel in der Apotheke kaufen will, sollte die Wirkstoffzusammensetzung des gewünschten Medikaments gut kennen. Häufig fehlen aber gerade besonders benötigte Mittel wie **Antibiotika**, Herz-Kreislauf regulierende Medikamente etc. Das heißt, man sollte sich nicht auf den Kauf vor Ort verlassen, sondern alles eventuell Notwendige einpacken.

Wer indes Interesse an Präparaten der alternativen Medizin hat, kann in Ulan Bator fündig werden. Seit der Wende findet die **traditionelle mongolische Medizin**, eng verwandt mit der tibetischen und chinesischen Heilkunde, wieder verstärkt Anwendung. Dabei werden viele Heilmittel angewandt, die zum Teil aus Pflanzen gewonnen werden, die ausschließlich in den mongolischen Bergen wachsen.

Ausrüstung für organisierte Reisen

Wer sich über ein Reisebüro den Urlaub in der Mongolei organisieren läßt, braucht eigentlich keine besonderen Ausrüstungsgegenstände mitzunehmen. Individualreisende, die erst in Ulan Bator entscheiden, wohin und wie die Reise verläuft, sollten einen Schlafsack und eventuell auch die Isomatte dabeihaben. Alles weitere wird von den großen und kleinen Reiseveranstaltern in der Regel zur Verfügung gestellt. Taschenlampe, Fernglas, Campingbesteck und Schweizer Messer sind nützliche Utensilien, die durchaus ins Gepäck gehören.

Ausrüstung für Trekkingtouren

Für diejenigen, die auf eigene Faust in die Steppe fahren wollen, anbei einige Tips für die Ausrüstung. Das meiste kann in Ulan Bator gekauft werden.

Zelt und **warmer Schlafsack** sind einfach Pflicht, Isomatte von Vorteil. Nicht vergessen sollte man den nützlichen Kleinkram wie Taschenlampe, multifunktionales Messer, diverse Öffner, kleiner Gummihammer, Streichhölzer und Feuerzeug, Feueranzünder für nasse Zeiten, Nähzeug, Schnippgummi und Strippe, Abfalltüten, Servietten oder Papierrollen, eventuell Angelrute, Reiseapotheke sowie Sonnen- und Insektenschutzmittel.

Für die Feldküche haben sich **Gaskocher** mit zugehörigem Gasballon bewährt. Sie gibt es in Ulan Bator auf dem Markt, sind ein- oder zweiflammig zu haben. Wiederauffüllbare Gasballons gibt es von 5 bis 20 Kilogramm. Als Bemessungsgrundlage ein kleiner Richtwert: 20 Kilogramm reichen, wenn man zwei Wochen früh und abends für sechs Personen kocht. Es gilt, sich bereits in Ulan Bator mit genügend Gas zu bevorraten, da in den Aimagzentren nicht immer nachgefüllt werden kann. Ein einflammiger Kocher mit einem 20-kg-Ballon kostet etwa 35 Euro.

In der **Küche** sollten neben Topf und Pfanne, Eßbesteck und scharfem Messer, Becher und Schalen auch solche Dinge wie große Schüssel, Topflappen, Quirl, Sieb, Pfannenheber, Abwaschlappen und Stahlschrubber nicht fehlen. Alufolie sollte auch dabei sein, da aus ihr ein Schutzschild für die Flamme bei starkem Wind gebildet werden kann.

Wer auf eine **Trekkingtour** geht und zwei, drei Wochen unterwegs ist, sollte Klappstuhl, Klapphocker und auch einen Campingtisch mitnehmen. Es sitzt sich nicht nur bequemer, auch die Zubereitung des Essens und das Studium der Landkarte lassen sich so besser bewerkstelligen. Wer spät bei Kerzenlicht den Abend ausklingen lassen möchte, braucht einen hohen Windschutz für die Kerze.

Batterien: Heutzutage ist selbst der Abenteuerreisende häufig mit diverser Technik unterwegs, die Stromzufuhr verlangt (Kamera, Höhenmesser, GPS-Geräte etc.). Nicht immer kann man sich darauf verlassen, daß man in der kleinen Raststätte oder im Aimagzentrum das Ladegerät in die Steckdose stecken kann. Es heißt also, genügend Batterien bei sich zu haben. Ist man auf dem Land unterwegs, so kann man zwar auf dem Markt oder in kleinen Läden Batterien kaufen, aber leider ist deren Funktionstüchtigkeit nicht immer gegeben, häufig geben sie nach kurzer Zeit den Geist

Waschtag

auf. Bewährt hat sich die Nutzung eines Schnellladegeräts, das entweder beim Aufenthalt im Ger Camp zum Einsatz kommt oder während der Fahrt über den Zigarettenanzünder des Fahrzeugs die Akkubatterien auflädt. Das umweltfreundliche Sparen von Batterien kann bei der Taschenlampe fortgesetzt werden, in dem man bereits zu Hause eine kauft, die sich per Handkurbel aufladen läßt.

Ein leichtes Fünf-Liter-Drucksprühgerät, das in den Gartencentern für die Bewässerung von Pflanzen angeboten wird, läßt sich mit etwas Geschick in eine praktische und wassersparende **Campingdusche** umwandeln. Stellt man diese dann während der Fahrt in die Nähe des Motors, hat man abends auch noch warmes Wasser.

Bekleidung

Die Kleidungsstücke sollten so ausgewählt sein, daß sie nach dem **Zwiebelprinzip** aus- und angezogen werden können. Tages- und Nachttemperaturen weichen stark voneinander ab, 15 Grad und mehr sind keine Seltenheit. Dazu kommt, daß in den Höhenlagen auch im Sommer die Temperaturen gen null Grad absacken

Extrem-Zeltplatz

können und man beim morgendlichen Aufwachen mit Neuschnee überrascht wird. Auch ist zu bedenken, daß die Hauptreisezeit gleichzeitig die Regenzeit ist. Nicht immer hat man das Glück, das faszinierende Schauspiel aus der Ferne zu beobachten, wie sich die Regenwolken über dem nahen Gebirgszug abregnen. Deshalb gehört **Regen- und auch Windschutzbekleidung** auf jeden Fall mit ins Gepäck. Eine **Kopfbedeckung** gegen die intensive Sonneneinstrahlung darf auch nicht fehlen.

In der Steppe sind **lange oder kniclange Hosen** angemessen. Bei einem unverhofften Besuch in einer Jurte sitzt man mit kurzen Hosen nicht nur äußerst unbequem auf den üblichen kleinen Hockern, sondern bietet den Gastgebern auch ein ungewohntes Bild.

Während man sich in Ulan Bator durchaus mit Sandalen bewegen kann, ist außerhalb **festes, möglichst knöchelhohes Schuhwerk** notwendig. Auch Trekkingsandalen sind für Überlandtouren (Flußdurchquerungen!) unbedingt zu empfehlen. Für den Besuch eines Konzerts, Theaters oder bei einer Familie in Ulan Bator sollten ein paar **schicke Sachen** mitgenommen werden.

Camping

Ein **Zelt** gehört bei einer selbstorganisierten Tour durch die Mongolei einfach dazu, da die Option auf eine Jurtenübernachtung nicht immer gegeben ist. Ein Zwei-Personen-Zelt ist am sinnvollsten, da die meisten von ihnen noch genügend Abstellflächen für die Dinge besitzen, die man zur Sicherheit mit ins Zelt nimmt. Der Wind kann sich in der Mongolei auch zum Sturm auswachsen. Daher sollte die äußere Zelthaut aus reißfestem Material bestehen. Ein Kuppelzelt besitzt bei wechselnden Windrichtungen Vorteile gegenüber dem Tunnelzelt.

In der Mongolei gibt es keine ausgewiesenen Campingplätze. Man kann das Zelt überall dort aufschlagen, wo es einem gefällt. Aber nicht immer ist der schönste Platz der beste. So gibt es in der Nähe von Wasser immer genügend Mücken und ähnliche Störenfriede. Besser ist es, sich eine Anhöhe zu suchen, auf der der Wind sie vertreibt. Auch sollte man vom Ufer eines Flusses genügend Abstand halten, um bei einem plötzlichen Regenguß nicht vom Hochwasser überrascht zu werden. Die Sicherheit des Zeltes bei Regen kann auch in der Nähe von Berghängen gefährdet sein. Deshalb empfiehlt es sich, vor dem Aufstellen des Zeltes nach Abflußspuren von Regenwasser zu schauen. Da der Boden in seiner Beschaffenheit sehr unterschiedlich sein kann, von steinhart bis sandig, sollten verschiedene **Heringe** vorhanden sein.

Essensvorräte und -reste werden über Nacht entweder im oder auf dem Auto verstaut. Es versteht sich von selbst, daß **Müll** nicht zurückgelassen wird.

Das **Campen in Schutzgebieten** setzt voraus, daß man die Eintrittsgebühren bezahlt hat, dies entweder vor Ort oder bereits in Ulan Bator (Protected Areas Bureau, Baga Toiruu 44, hinter dem Hotel ›Ulan Bator‹). Es gibt aber Notsituationen, in denen man unvorbereitet einen Zwischenstop einlegen muß, und nicht immer ist der zuständige Kassierer dann in seinem Häuschen. In solchen Fällen ist es notwendig, alles freundlich zu erklären und nachzuzahlen. In strenggeschützten Gebieten ist das Campen nicht erlaubt.

Devisenbestimmungen

Die Einfuhr und Ausfuhr von **Tugrik** ist möglich. Allerdings werden gegenwärtig Tugrik international nicht gehandelt. Auch in der Mongolei gilt das Gesetz zur Verhinderung der Geldwäsche, so daß Bargeldmittel über 10 000 Euro beim **Zoll** angemeldet werden müssen. Geringere Beträge können uneingeschränkt eingeführt, müssen aber bei der Einreise auf der Zolldeklaration erklärt werden. Seit 2007 müssen deutsche Staatsbürger Geldbeträge über 10 000 Euro vor der Ausfuhr auch beim heimatlichen Zoll anmelden. Mehr unter www.zoll.de.

Diplomatische Vertretungen

Botschaft der Mongolei in Deutschland
Dietzgenstr. 31
13156 Berlin
Tel. 030/474 80 60
mongolbot@aol.com
www.botschaft-mongolei.de

Botschaft der Mongolei in Österreich
Fasanengartengasse 45
A–1130 Wien
Tel. 01/535 28 07
www.embassymon.at

Botschaft der Mongolei in der Schweiz
4, Chemin des Mollies
CH–1293 Bellevue (Genf)
Tel. 022/774 19 74
mongolie@bluewin.ch

Deutsche Botschaft
Negdsen Undestnii Gudamj
210613 Ulan Bator
Tel. 11/32 33 25, 32 39 15, 32 09 08
Fax 11/32 39 05
www.ulan-bator.diplo.de

Tuwa-Junge im Tavan-Bogd-Nationalpark

Österreichisches Honorarkonsulat
Enkhtaivany Urgun Chuluu 7
POB 344 Ulan Bator 51
Tel./Fax: 11/32 48 04
hk_at_ub@magicnet.mn

Schweizer Konsulat
Chingeltei District, 4th Khoroo
Diplomatic Complex 95
Entrance 4, door 36
Ulan Bator
Tel. 11/33 14 22
Fax 11/33 14 20
ulaanbaatar@sdc.net

Chinesische Botschaft
Zaluuchuudyn Urgun Chuluu 5
C.P.O. Box 672
Ulan Bator 13
Tel. 11/32 09 55, 32 39 40
Fax 31 19 43

Russische Botschaft
Enkhtaivany gudamj A-6
C.P.O. Box 661
Ulan Bator
Tel. 11/32 68 36, 32 60 37, 32 70 71
Fax 11/32 70 18, 32 44 25
Telex 251 UB

Kasachische Botschaft
District Chingeltei
6th MicroDistrict
Diplomatic Building 95, Apartment 11
P.O. 38, Box 291
Ulan Bator
Tel. 11/31 22 40

Drogen und Alkohol

Haschisch und harte Drogen sind in der Mongolei bisher noch wenig verbreitet, Besitz und Verkauf werden hart bestraft. Anders sieht es mit dem Alkohol aus. Insbesondere **Arkhi** (Wodka oder Klarer) wird bei allen möglichen Gelegenheiten getrunken, und manchmal wird das berühmte Maß überschritten. In der Steppe wird **Milchschnaps** und **gegorene Stutenmilch** getrunken, aber auch der Arkhi ist hier sehr beliebt. Wachsender Beliebtheit erfreut sich vor allem in der Stadt das Bier. Wein kommt seltener und wenn, dann für die Frauen auf den Tisch. Das Weinangebot in den Läden ist nicht sehr groß, und er ist auch recht teuer.

Einkaufen

In den Aimagzentren ist die Auswahl beim Einkaufen nicht ganz so groß wie in Ulan Bator. Benötigt man Nachschub an Kartoffeln, Weißkohl, Nudeln, Instant-Kaffee, Salz und ähnlichem, ist es am besten, auf dem Markt danach zu suchen. Neben den Lebensmitteln sind die **Märkte** auch hervorragend dafür geeignet, nach den nützlichen 1000 Dingen Ausschau zu halten, die man für die Reise noch braucht. Ein kleiner Hinweis für Ulaangom: In einigen Lebensmittelläden der Stadt bekommt man einheimischen **Sanddornsirup** zu kaufen. Mit Wasser verdünnt, ist er nicht nur Vitaminquelle, sondern auch eine wunderbare geschmackliche Abwechslung.

Elektrizität

220V/50 Hertz. Die früher häufigen **Stromausfälle** haben deutlich abgenommen, kommen aber immer noch vor. Die meisten Ger Camps auf dem Land verfügen über Strom, der außerhalb der Aimagzentren mit einem Generator erzeugt wird. In der Mongolei, vor allem in Ulan Bator, gibt es keine einheitlichen Steckdosen. Deshalb ist es von Vorteil, einen **Weltadapter** dabeizuhaben. Es kann jedoch immer noch sein, daß der Stecker nicht paßt. In den Läden in Ulan Bator gibt es jedoch alle möglichen Varianten von Adaptern zu kaufen.

Entfernungen

Alle Angaben werden in Kilometern berechnet; Ausgangspunkt ist Ulan Bator.

Der offizielle ›Null‹-Punkt befindet sich in der kleinen Parkanlage zwischen Sükhbaatar-Platz und Peace Avenue.
In den Regionen, die mehr als 250 Kilometer von Ulan Bator entfernt liegen, ist eine **Durchschnittsgeschwindigkeit** zwischen 30 und 40 Stundenkilometern normal. So sollten für die Strecke nach Khovd fünf Tage eingeplant werden, nach Dalanzadgad und an den Khövsgöl (Mörön) zwei bis drei.
Die in den Karten angegebenen Kilometer sind als ungefähre Entfernungen zu verstehen. Umwege und Abkürzungen verändern den sichtbaren Verlauf der Piste, so daß Differenzen zwischen gefahrener Strecke und eingezeichneter durchaus normal sind.
Trügerisch ist manch geschätzte Entfernung. Klare Höhenluft und ein weiter Blick ohne nahegelegene Anhaltspunkte lassen das gewünschte Ziel oder den gesehenen Punkt nur wenige Kilometer entfernt erscheinen, in Wahrheit aber trennen Dutzende Kilometer das Gesehene vom Betrachter.

Gaststätte auf dem Land

Essen und Trinken

In **Ulan Bator** gibt es eine Fülle von Restaurants, Gaststätten, Bierzelten und kleinen Cafés. Die Speisekarten bieten unter anderem mongolische, europäische, russische, koreanische und chinesische Küche und auch Pizza an, und in ›Sacher´s Café‹ gibt es auch Filterkaffee. Frische Salate, meist aus Tomate und Gurke bestehend, und der sogenannte Hauptstadt-Salat aus Kartoffeln, Erbsen und Möhren, kleingeschnittener Wurst und Mayonnaise werden fast überall angeboten.
Gegen den Durst werden Milchtee und verschiedene Teesorten, Mineralwasser und andere alkoholfreie Getränke angeboten. Bierliebhaber brauchen auch in der Mongolei nicht auf ihr gewohntes Getränk zu verzichten. Es gibt verschiedene Biere aus dem In- und Ausland, unter anderem auch von Deutschen vor Ort gebrautes.
Geht es in die Steppe, sieht es mit der Versorgung und der Vielseitigkeit schon etwas anders aus. In den **Aimagzentren** findet man einige Restaurants, die einen Mix aus mongolischer und europäischer Küche anbieten. Auf den Speisekarten finden sich in der Regel Buuz, Tsuivan und Gulasch. Mancher Schnellimbiß, ›Zoogiin Gazar‹ (Зоогийн Газар), bereitet diese Gerichte ebenfalls zu; viele Imbisse sind sauber, und das Essen schmeckt. Als Mitglied einer Reisegruppe steht die Frage der Versorgung nur am Rande, da ›Vollpension‹ gebucht wurde. Wer allerdings auf einen bestimmten Tee, Brotaufstrich oder Müsli nicht verzichten möchte, sollte ihn mit auf die Reise nehmen.

Feiertage
1. Januar, Neujahr
Februar/März. In Abhängigkeit vom

Mondkalender wird das mongolisches Neujahrsfest ›Tsagaan Sar‹ gefeiert.
1. Juni, Kinder- und Muttertag
11.–13. Juli, Nationalfeiertag. Er wird mit dem Naadam begangen.
26. November, Tag der Unabhängigkeit.

Fotografieren

Bei Bedarf kann Filmmaterial im Land nachgekauft werden.

Beim Fotografieren von Menschen gehört es sich, um Erlaubnis zu bitten. Viele Mongolen werden es nicht verneinen, im Gegenteil. Schnell stellt man sich in eine würdige Pose, holt Familienangehörige dazu. Mit einem Abzug kann man den Fotografierten immer eine große Freude machen. Bei Schnappschüssen gilt es, Sensibilität zu zeigen, man selbst möchte auch nicht in jeder Situation festgehalten werden.

Außer **militärischen Anlagen** darf eigentlich alles aufgenommen werden. In **Museen** und **Tempelanlagen** muß in der Regel eine Fotoerlaubnis erworben werden.

In Ulan Bator ist es überhaupt kein Problem mehr, Filme entwickeln zu lassen. In speziellen Servicepunkten können auch **digitale Fotos** bearbeitet, gespeichert oder ausgedruckt werden.

Frauen alleine unterwegs

Hält man allgemeine Gepflogenheiten ein, ist es für eine Frau kein Problem, sich allein zu bewegen. In der Stadt ist es völlig normal, ohne männliche Begleitung zu sein, den Einkauf zu erledigen, ins Kino zu gehen oder sich in ein Café zu setzen. Nachts allerdings sollte eine Frau nicht allein durch die Straßen ziehen. Auch Disco oder Bar sollten nur in einer Gruppe besuchen werden. Ein allzu intensiver Augenkontakt und ausgelassenes Flirten können zu Mißverständnissen führen. Betrunkenen geht man am besten aus dem Weg.

Eine Reise in die Steppe sollte man nie allein unternehmen, auch nicht als Mann.

Geschenke

Bei der Gastfreundschaft der Mongolen kommt es häufig vor, daß man eingeladen wird. Man sollte darauf vorbereitet sein und ein **Mitbringsel** dabeihaben. Spezialitäten und kleine Souvenirs aus der Heimat kommen immer gut an, aber auch Süßigkeiten und Kekse für die Kinder, Kosmetika, eine Flasche Wodka und nützliche Utensilien wie Taschenmesser, Fernglas oder Taschenlampe. In abgelegenen Orten sind Lebensmittel, die nur in Ulan Bator erhältlich sind, ebenso sehr willkommen.

Gesundheit

Das trockene Klima in der Mongolei ist der Gesundheit eigentlich zuträglich. Trotzdem gilt es einige Vorsichtsmaßnahmen einzuhalten, um nicht krank zu werden. Vor Reiseantritt sollte man seinen Hausarzt konsultieren und die individuellen Gesundheitsrisiken sowie den aktuellen Impfschutz abklären. Für einen gesunden und angenehmen Aufenthalt im Land ein paar Hinweise:

Wegen der trockenen Luft ist immer auf genügend **Flüssigkeitsaufnahme** zu achten. Tee und Wasser sind hier bekanntlich die besten Mittel. Dafür kann man sich mit abgefüllten Mineralwasserflaschen eindecken. Natürlich kann auch

Abendliches Yak-Melken im Altaigebirge

Beim Auffüllen der Wasservorräte

frisches Quellwasser getrunken werden, aber dieses muß unbedingt vorher abgekocht werden. Wer ganz sicher gehen will, nimmt einen Wasserentkeimer mit.

Da in der Mongolei **Brucellose** als Tierkrankheit weit verbreitet ist, heißt es: Frische Milch abkochen und kein rohes oder halbrohes Fleisch essen.

Durch das ungewohnte, recht fette Essen sind **Erkrankungen des Magen-Darm-Traktes** nicht ungewöhnlich. Entsprechende Gegenmittel sollten in der Reiseapotheke nicht fehlen. Wer eher zu Verstopfung neigt, hat in der gegorenen Stutenmilch eine wunderbare Arznei. Sie ist nicht nur vitaminreich, sondern sie entschlackt und reinigt den Körper auf natürliche Art.

Häufig ist es leicht windig, und man spürt die Intensität der Sonne nicht, aber sie ist trotzdem gefährlich. Creme mit hohem UV-Filter und Sonnenhut schützen vor **Sonnenbrand**.

Eine weitere Gefahrenquelle für die Gesundheit sind die **stark schwankenden Temperaturen**. Hier gilt der Grundsatz: Lieber etwas wärmer anziehen als von Blasen- oder Nierenentzündung die Urlaubsstimmung trüben lassen. Wer sich im Winter in der Mongolei aufhält, muß sich vor Erfrierungen und Frostbeulen schützen. Trockene Kälte und strahlend blauer Himmel täuschen oft über die bestehende Gefahr hinweg.

In der Mongolei gibt es **endemische Pestgebiete**. Die possierlichen Murmeltiere und ihre Flöhe sind, so eine Erkrankung vorliegt, die Überträger der Pest. Gefahr der Ansteckung besteht jedoch nur bei direktem Kontakt mit infizierten Tieren und mit unverarbeiteten Produkten, die aus ihnen hergestellt wurden.

AIDS ist in der Mongolei noch kein großes Thema. Zum einen halten sich die Zahlen der offiziell registrierten HIV-Infizierten noch in Grenzen, aber auch Aufklärung und Prävention erfolgen nur im kleinen Maßstab. Kondome sind in Ulan Bator in den meisten Apotheken erhältlich.

Grenzzonenschein

Wenn man sich in der Nähe der russischen oder chinesischen Grenze aufhält, ist ein Grenzzonenschein notwendig. Der Grenzzonenschein ist eine Erlaubnis, die man in Ulan Bator oder im Ausnahmefall im Aimagzentrum erwerben kann. Patrouillierende **Grenzwächter** können das Papier jederzeit verlangen. Es ist auch schon vorgekommen, daß Touristen ohne Erlaubnis auf direktem Weg wieder zurückgeschickt wurden. Auch hier ist es wichtig, den Paß dabeizuhaben. Einige Grenzwächter verstehen keinen Spaß.

Das **zentrale Büro der Grenzbehörden** befindet sich im Osten von Ulan Bator, in der Nähe des Militär-Museums. Für die Papiere braucht man einen schriftlichen Antrag, einen gültigen Paß nebst Visum und eine Routenplanung. Der

Preis schwankt, es ist mit etwa 25 Euro zu rechnen. Das Büro ist von Montag bis Freitag von 9 bis 17 Uhr geöffnet (mögliche Mittagszeit einkalkulieren), Tel. 11/267259 oder 11/452599. Gegen eine kleine Gebühr besorgen mongolische Reiseveranstalter (siehe ›Reiseveranstalter‹) die notwendigen Papiere.

Impfungen

Der Gesundheitsdienst des Auswärtigen Amts empfiehlt eine Schutzimpfung gegen Tetanus, Diphtherie, Polio und Hepatitis A, bei Langzeitaufenthalt über drei Monate auch Hepatitis B. Unter besonderen Bedingungen (langer Landaufenthalt, Jagd) kann Impfschutz gegen Tollwut und Typhus sinnvoll sein.

Internet

Auch die Mongolei ist online. In **Ulan Bator** ist es überhaupt kein Problem mehr, via Internet Kontakt zur Welt aufzunehmen. Mehrere Internetcafés bieten ihre Dienstleistung mit mehr oder weniger moderner Technik an. Eine Stunde im Netz kosten etwa 800 bis 1000 Tugrik. In den **Aimagzentren** ist es noch nicht überall so einfach, einen Internetzugang zu finden. In der Regel wird man zumindest in der Post der Aimagzentren fündig.

Kriminalität

Vom Auswärtigen Amt werden für die Mongolei keine besonderen Sicherheitsbestimmungen angegeben. Verwiesen wird darauf, daß man nach Einbruch der Dunkelheit in Ulan Bator nicht alleine durch die Stadt laufen und insbesondere schlechtbeleuchtete Orte meiden sollte. Es gilt allgemeine Verhaltensregeln einzuhalten, die man auch in der Heimat befolgt. Wer Videokamera und teure Ausrüstung offen im geparkten Fahrzeug zurückläßt, riskiert die Aufmerksamkeit von Dieben. Auffälliges Herumhantieren mit Geldscheinen ist ebenso unangebracht wie nächtliche Debatten nach einem Bar-Besuch. Sehr sorgsam sollte man in Kaufhäusern, öffentlichen Verkehrsmitteln, bei touristischen Sehenswürdigkeiten und besonders auf den Märkten auf seine Sachen achten. Wie überall findet man an diesen Plätzen eine Vielzahl geübter und gemeinschaftlich handelnder Taschendiebe.

Landkarten

In Ulan Bator bekommt man inzwischen die verschiedensten Karten von der Gesamtmongolei, einzelnen Regionen und Nationalparks. Die Karten sind teilweise auf Basis russischer Generalstabskarten angefertigt worden, manchmal dient ein Satellitenfoto als Grundlage. Es gibt auch Karten, in denen Berge, Reit- und Wanderrouten skizziert sind.

Während ausgedehnter Trekkingtouren haben die Autoren mit **Road Network Map of Mongolia** 1:2000000 (großes Faltblatt, knapp 6000 Tugrik) und dem Auto-Atlas 1:1000000, (Ringbuch, etwa 18000 Tugrik) gute Erfahrungen gemacht. Bei der Wahl, ob man die Karte mit kyrillischen oder lateinischen Lettern kauft, sollte man bedenken, daß man auf dem Land eventuell auf das Ziel zeigen muß, um sich mit den Nomaden zu verständigen.

Für Ulan Bator und Umgebung ist die **Tourist Map of Ulaanbaatar** 1:10000 bzw. 1:200000 für knapp 6000 Tugrik zu empfehlen. Hotels, Restaurants, Einkaufsmöglichkeiten, medizinische Einrichtungen sind eingezeichnet, und kleine Bilder von markanten Gebäuden erleichtern die Orientierung. Auch Ger Camps, die sich in der Umgebung von Ulan Bator befinden, sind angegeben.

Ziemlich genau gibt die **Tourist Map of Mongolia**, (1 : 2 100 000) an, wo sich welche Sehenswürdigkeit, welcher Nationalpark und welches Ger Camp im Land befindet. Damit ist sie für die Routenplanung optimal. Aber sie zeigt den Straßenverlauf nur grob und gibt keine Entfernungskilometer an.

Eine große Auswahl an Karten ist im **Kartenladen**, Ikh Toiruu 15, in Ulan Bator erhältlich. Auch Kaufhäuser, Buchläden, die Touristeninformation bei der Hauptpost oder Souvenirläden bieten die gängigsten an. Wer schon zu Hause die Route planen möchte, kann auf die Übersichtskarte der Mongolei vom Reise-Know-How-Verlag 1 : 1 600 000 zurückgreifen.

Die kyrillisch-lateinisch beschriftete Karte **Mongolia/Монгол Улс** 1 : 2 000 000 ist bei Gizi Map erschienen, allerdings sind die Straßenverhältnisse sehr optimistisch angegeben.

Medien

Die Medienwelt in Ulan Bator ist in den letzten Jahren vielseitiger geworden. Vor allem das **Fernsehen** liefert von Nachrichten über Kulturveranstaltungen und aktuelle Sumo-Wettbewerbe mit mongolischer Beteiligung bis hin zu neuen Tele-Soaps aus Korea ein buntes Programm. Das staatliche Fernsehen ›Mongol Televis‹ sendet landesweit bzw. mit ›Ulan Bator TV‹ in Reichweite der Stadt. Es gibt private Sender wie ›Kanal 25‹, ›TV 5‹ und ›TV 9‹. Die ›Deutsche Welle‹ sendet täglich in deutsch und englisch.

Ähnlich dem Fernsehen gibt es einen staatlichen **Radiosender**, der landesweit ausstrahlt: ›Mongol Radio‹. Private Sender wie ›Radio 102,5‹, ›Radio 104‹, ›Radio 107‹ haben ihren Sendebereich in und um Ulan Bator. Die wichtigsten **Zeitungen** sind: ›Mongolin Medee‹, ›Tsuuni Medee‹, ›Önöödör‹, ›Ödrin Sonin‹, ›Seruuleg‹, ›Khukh Tolbo‹. Wöchentlich erscheinen die ›UB Post‹ und der ›Mongol Messenger‹ in englisch.

Seit 2006 erscheint vierteljährlich die deutsch-mongolische Zeitschrift ›Super Nomad‹, Anfragen für den Kauf unter der deutschen Handynummer 01 73/131 48 41.

Medizinische Versorgung

Jeder Krankheitsfall im Urlaub ist unpassend. In der Mongolei kommt die problematische Lage des Gesundheitswesens hinzu. Was die medizinische Betreuung so schwierig macht, ist weniger die fachliche Kompetenz der Ärzte, sondern die materielle Versorgung. Es fehlt an modernem medizinischen Gerät genauso wie an Einwegspritzen, Antibiotika etc. Sollte im Notfall doch ein Arzt konsultiert werden müssen, so findet man ihn im Krankenhaus des Aimagzentrums oder in Ulan Bator. In besonders schweren Fällen wendet man sich am besten an die Botschaft seines Landes.

Mit der Mongolei gibt es keine Vereinbarungen über die kassenärztliche Versorgung. Der Abschluß einer **Auslandskrankenversicherung** vor Reiseantritt wird dringend empfohlen. Dabei ist darauf zu achten, daß ein Krankenrücktransport im Schutzpaket enthalten ist. Muß im Notfall ein Arzt aufgesucht werden, ist vor Ort die Leistung zu bezahlen. Die Quittungen (wenn möglich in englisch) sind dann zu Hause dem Versicherungsgeber vorzulegen.

In Ulan Bator konsultiert man am besten folgende Einrichtungen:

Koreanisches Krankenhaus der Freundschaft

Südöstlich vom Sükhbaatar-Platz
Tel. 31 09 45 oder 34 53 74

Mo, Di, Mi 9–17 Uhr (mit Mittagspause), Do, Fr, Sa 9–12.30 Uhr.
Traditionelle Medizin, westlicher Standard, nur ambulante Behandlung.
Russisches Krankenhaus
Enkh Tayvan Avenue (Peace Avenue)
Tel. 11/45 00 07
SOS Medica Mongolia Clinic
Im Osten der Stadt, Zaluuchuud Avenue bis zum Ikh Toiruu, nördlich vom Hotel ›Khan Palace‹
Tel. 464 32-5, -6, Klinikmanager 99/75 09 67, Notfallnummern außerhalb der Öffnungszeiten 34 55 26, 99/11 03 35 (engl.), 9191 31 22 (mongol.)
www.sosmedica.mn
Mo–Fr 9–18 Uhr.
Englischsprachige Ambulanz mit westlichen Standard. Bereits eine Konsultation kostet mindestens 40 Euro. Die Klinik ist rund um die Uhr erreichbar und macht im Notfall auch Hausbesuche. Sie verfügt über einen Evakuierungsservice, falls ein Notfall besser nicht in der Mongolei behandelt werden sollte.
Dental Group
Finnisch-mongolische Zahnarztpraxis
Tel. 99/16 29 30.
Westlicher Standard, beste Zahnklinik der Stadt, aber gesalzene Preise. Peace Avenue von Sükhbaatar-Platz Richtung Osten, verlängerter Baga toiruu, direkt neben der koreanischen Botschaft.
Germon Zahnklinik
Tel. 91 91 77 61
Mo–Sa 8–20, So 9–15 Uhr.
Annehmbarer Standard und erheblicher billiger als die finnisch-mongolische Klinik. Deutschsprachige Leitung. Zaluchuud Avenue, Ecke Ikh Toiruu, Nähe SOS Medica Mongolia Clinic.
Jörgi Zoll, Deutscher Heilpraktiker in der ›Hands of Light Clinic‹, spricht fließend Mongolisch mit Ausbildung in den USA und China. Vom Suchbaatarplatz die Peace Avenue Richtung Osten, vor der Brücke über den Selbe auf der rechten Seite. E-Mail: joergizoll_1999@yahoo.com, Tel. 99/85 12 36.

Meldepflicht

Reisende, die länger als 30 Tage im Land verbleiben wollen, müssen sich innerhalb der ersten sieben Tage bei der **Ausländerbehörde** beim Ministerium für Justiz und Inneres in Ulan Bator anmelden und bei der Ausreise entsprechend abmelden. Das Büro befindet sich in der Nähe der Friedensbrücke, Tel. 32 57 96 oder 32 40 58.

Für Touristen, die die **30-Tage-Frist** nicht überschreiten, besteht keine Meldepflicht. Man kann sich in dieser Zeit frei im Land bewegen.

Wer **ohne Reisegruppe** und etwas abseits der üblichen Touristenrouten reist, kann allerdings der Situation begegnen, daß er dem örtlichen Hüter des Rechts Paß, Visum und eventuell eine von der Ausländerbehörde bestätigte Reiseroute vorlegen muß. In solchen Fällen hilft es, jemand dabei zu haben, der ortskundig ist und Mongolisch spricht. Wichtig ist es, mindestens eine Kopie des Passes und des Visums dabeizuhaben. Irgendwie lassen sich die Probleme immer lösen, aber es geht Zeit verloren, und eventuell ist die Klärung auch mit Kosten verbunden.

Eine weitere Meldepflicht besteht für den, der näher als 100 Kilometer an die russische oder chinesische Grenze fährt. Mit einem **Grenzzonenschein** und dem Paß soll man sich unaufgefordert bei den lokalen Administrationen melden (siehe ›Grenzzonenschein‹)

Naturschutzgebiete

Heute werden knapp 15 Prozent des Territoriums der Mongolei einer der vier

Achtung: Naturschutzgebiet

Schutzkategorien – Nationalpark, natürliche und historische Gebiete, Naturreservat oder strenggeschütztes Gebiet – zugeordnet.

Für den Besuch der geschützten Gebiete wird ein **Eintritt (Permit)** erhoben, es sind etwa 3000 Tugrik pro Person und 3000 Tugrik für ein Fahrzeug. Die Permits bekommt man direkt vor Ort, in den Aimagzentren oder beim Umweltministerium in Ulan Bator. Am besten ist es, sich vor Reiseantritt an ein mongolisches Reiseunternehmen zu wenden und sich die notwendigen Papiere zu besorgen.

Es ist erlaubt, strenggeschütztes Gebiet zu durchqueren. **Campieren** sollte man jedoch unterlassen, da dadurch die gefährdeten Tiere verängstigt werden und flüchten. So werden sie zum Freiwild. Um die unberührte Natur zu schützen, hat die Naturschutzbehörde einige Regeln für die Besucher aufgestellt:

Abfall nicht wegwerfen oder liegenlassen, in der nächsten Siedlung entsorgen.

Vorsicht mit **Feuer.** Waldbrände gibt es jedes Jahr wieder. Feuer immer vollständig löschen. Nur herumliegendes Holz für Feuer verwenden, Bäume nicht beschädigen.

Keine **Seife** oder andere Chemikalien im oder in der Nähe des Gewässers benutzen, außer biologisch abbaubaren Produkten.

Wenn möglich, immer bereits **vorhandene Wege** benutzen, um Grasland zu schützen.

Angeln ist nur mit Erlaubnis gestattet (Schutz vor Überfischung).

Jagen und das Mittragen von Gewehren ist nicht erlaubt.

Notrufnummern

Feuerwehr: 101
Polizei: 102
Medizinischer Notruf: 103
Verkehrspolizei: 124, 32 10 08
SOS Medica Mongolia: 34 55 26
Zentrale Notrufnummer zum **Sperren von EC-, Kredit-, Kunden- und Handykarten**: 00 49/11 61 16, oder über Berlin 00 49/30/40 50 40 50.

Sicherheitshalber sollte man sich die Notrufnummern für die persönlichen Karten extra notieren.

Öffentliche Verkehrsmittel

In Ulan Bator fahren **Busse** und **Trolleybusse**. In der Regel sind sie schon älteren Baujahrs, und auch die neueren sehen häufig schon arg mitgenommen aus. Obwohl mit den Bussen fast jeder Punkt in Ulan Bator erreichbar ist, werden die **Mikrobusse** bevorzugt. Diese Sammeltaxi-Linien ergänzen den öffentlichen Nahverkehr. Der Tourist in Ulan Bator wird sehr schnell die zentralen Haltestellen der Mikrobusse erkennen. Die Stationen werden angefahren, und ein Schaffner ruft lauthals die Endhalte-

Reisetips von A bis Z [361]

stelle aus. Manchmal treffen sich vier, fünf Fahrzeuge verschiedener Richtungen gleichzeitig. Nur trainierte und geübte Ohren verstehen die Ausrufe. Hat man seine Linie gefunden, steigt man ein. Es passen weit mehr Passagiere hinein, als laut Fahrzeugpapieren zugelassen sind. Will man dieses durchaus effektive Verkehrsmittel nutzen, sollte man sich seine ›Heimatstation‹ und die des Ziels gut merken oder mit kyrillischen Buchstaben aufschreiben lassen und bei Bedarf nennen.

Öffnungszeiten

Fast alle **Läden** haben montags bis samstags von 9 bis 18 Uhr geöffnet, einige auch bis 20 Uhr. Kleine private Lebensmittelläden sind ähnlich den Spätverkaufsstellen länger und häufig auch das Wochenende über geöffnet.

Banken bieten ihre Dienste in der Regel von 9.30 bis 16 Uhr an, am Wochenende sind sie geschlossen. Staatliche Ämter arbeiten montags bis freitags von 9 bis 13 Uhr und 14 bis 18 Uhr.

Orientierung

Wer es gewohnt ist, sich in der freien Natur zu bewegen, orientiert sich an Bergen, Flußbiegungen, Bäumen oder Lichtungen, am Lauf der Sonne oder am Stand der Sterne. Dieser Tatsache muß man sich bewußt sein, wenn man in der Mongolei nach dem Weg fragt. Sowohl auf dem Land als auch in der Stadt wird die **Wegbeschreibung** anhand auffallender Merkmale gegeben. Der gesuchte Ort befindet sich dann hinter dem kamelrückenartigen Bergen und zwei Täler bzw. 200 Meter südlich vom Regierungsgebäude oder rechter Hand vom ehemaligen Pionierpalast in einem bestimmten Bezirk.

Straßenschilder, Wegweiser und Entfernungstafeln sind auf dem Land so gut wie nicht vorhanden, und in der Stadt werden sie von den Einheimischen ignoriert. Wenn man also Hilfe braucht, nützt es, eine Karte dabeizuhaben, möglichst auch mit kyrillischen Lettern. Ist man auf dem Land vom Wege abgekommen, gibt es neben der Sonne weitere gute Orientierungshilfen, die Telegrafenmasten. Sie befinden sich meist in der Nähe einer Straße und führen zu einem Siedlungspunkt.

In den Läden gibt es jetzt auch GPS-taugliche Karten, und ein **GPS-Gerät** kann äußerst hilfreich für Standort- und Streckenbestimmung sein. Ein guter Kompaß, Lineal, Taschenrechner und Fernglas sind weitere wertvolle Utensilien, um während der Fahrt den Streckenverlauf mit der Karte zu vergleichen. Außerdem sollte man öfter den aktuellen Kilometerstand festhalten und ihn der geplanten Route gegenüberstellen.

Ortsbezeichnungen

Für den Touristen scheint erst einmal alles klar und eindeutig zu sein. Es gibt reichlich Sehenswürdigkeiten im Land, die man unbedingt besuchen sollte, und die haben auch alle einen Namen. Wenn man sich keiner organisierten Reisegruppe anschließt, sondern selbst Routen zusammenstellen möchte, ist es wichtig darauf zu achten, in welcher Region (Aimag) des Landes sich das gewünschte Reiseziel befindet und über welche Siedlungspunkte (Sum) man fahren möchte. So gibt es beispielsweise im Nordwesten des Landes ein wunderschönes, großflächiges und wenig erschlossenes Gebiet mit Sanddünen namens Mongol els. Auf dem Weg zwischen Ulan Bator und Kharkhorin liegt ein bei den Touristen beliebtes kleineres Sanddünengebiet: Mongol els. Bei

Namen von Siedlungspunkten, Seen und Bergen muß man davon ausgehen, daß sie im benachbartem Aimag auch vergeben wurden. Mancher Ort leitet seine Bezeichnung vom nahegelegenen See ab, ein anderer vom Zentrum des angrenzenden Aimags.

Erschwerend kommt hinzu, daß die Einheimischen nicht selten eigene Bezeichnungen verwenden. Diese wiederum sucht man vergeblich auf der Karte.

Pannenhilfe

Erstes Gebot vor Reiseantritt ist eine Überprüfung des Fahrzeugs, der notwendigen **Werkzeuge** und der benötigten **Ersatzteile**. Man muß immer davon ausgehen, daß man bei einer Panne auf das Geschick des Fahrers und das der Mitreisenden angewiesen ist. Einen ADAC oder ähnliches gibt es in der Mongolei nicht.

In Ulan Bator und in den Aimagzentren findet man **Reparaturwerkstätten** und Reifendienste. Ihr Aussehen und auch ihre Ausstattung entsprechen nicht den hiesigen Werkstätten. Das heißt aber nicht, daß das stotternde Auto nicht wieder flottgemacht werden kann. Die mongolischen Automechaniker sind häufig sehr versiert und geübt im Improvisieren.

Folgende **Ausrüstungsgegenstände** sollten stets mitgenommen werden: volle Kanister mit Benzin und Wasser, Ersatzreifen und Schläuche (bei Bedarf kann man auch in einen modernen Reifen einen Schlauch einziehen), Flickzeug, Wagenheber, Pumpe, Abschleppseil, kleine Schaufel, Ersatzteile für die Elektronik, Keilriemen, dem Fahrzeug entsprechendes Werkzeug, Feuerlöscher, Motoröl und Kühlmittel, Bleche oder Bretter, Zurrgurte, große Abdeckplane (Staubschutz).

Trifft man während der Reise auf ein **liegengebliebenes Fahrzeug**, ist es üblich, anzuhalten und seine Hilfe anzubieten. Ist unmittelbare technische Hilfe nicht möglich, kann man seine Dienste als Nachrichtenübermittler anbieten und im nächsten Sum oder Aimagzentrum Hilfe organisieren. Außerdem kann ein freundliches Gespräch, eine zurückgelassene Wasserflasche und ein wenig Proviant die mißliche Lage der Wartenden schon bedeutend verbessern.

Post

In der Mongolei gibt es keine Postzustellung per Briefkasten an die Wohnadresse. Briefe und Pakete werden an das Hauptpostamt oder an eine der vielen Filialen gesandt, entweder postlagernd oder an ein gemietetes Postfach. Bleibt man länger in der Mongolei, ist es am besten, sich ein Postfach zuzulegen. Die Urlaubsgrüße an Freunde und Verwandte gibt man im **Hotel** oder bei der **Hauptpost** ab, denn einen Briefkasten am Rande des Weges wird man auch in der Stadt vergeblich suchen.

Reifenpanne

Briefe zwischen Europa und der Mongolei benötigen durchschnittlich zehn Tage, mitunter länger.
Hauptpostamt
Peace Avenue, Ecke Sükhbaatar-Platz
Mo–Fr 7.30–21 Uhr, Sa/So 9–20 Uhr.

Bei Bedarf lassen sich wichtige Dokumente schnell und sicher über international agierende Unternehmen versenden und empfangen. In Ulan Bator sind ansässig:
DHL International
Peace Avenue
Tel. 31 09 19/31 33 31.
TNT International Express
Tel. 31 33 89 oder über TNT Express im Internet.
UPS
Zentrum, Nähe ›Ard‹-Kino
Tel. 32 01 01.
Fedex
Hotel ›Tuushin‹, 1. Etage
Tel. 32 05 91.

Radfahren

Radtouren sind nicht ganz einfach zu bewältigen. Die Pistenqualität und die damit verbundene fahrtechnische Herausforderung erfordern eine **gute körperliche Kondition**, und man muß sowohl im Falle eines technischen als auch eines gesundheitlichen Problems in der Lage sein, sich selbst zu helfen. Selbsthilfe- und Improvisationstalent ist grundsätzlich bei einer individuellen Radtour in der Mongolei mitzubringen! Das andere große Problem ist die Versorgung mit genügend **Proviant**. Eine individuell durchgeführte Radtour mit vollbepacktem Rad, jenseits von eingefahrenen Routen und vorhandener Infrastruktur, ist durchaus als Leistungssport zu bezeichnen.

Wer sich der aufgezählten Schwierigkei-

Flußdurchquerung per Rad

ten nicht im vollen Umfang stellen will und trotzdem das Land per Rad erfahren möchte, kann sich einer organisierten Tour anschließen. Einige Reisebüros in Ulan Bator bieten inzwischen **Fahrradtouren** an. Sie werden in der Regel mit Fahrzeugen begleitet, die Zelt, Feldküche, mobile Werkstatt sowie Teile des persönlichen Gepäcks transportieren.

Reiseapotheke

Abgesehen von den persönlichen Medikamenten, die man stets in ausreichender Menge mit sich führen sollte, gehören in die Reiseapotheke: Mittel gegen Durchfall, Verstopfung, Übelkeit, Augenentzündung, Erkältung, Hals- und Ohrenbeschwerden, Schmerzmittel, Wund- und Heilsalbe, Antiallergikum, Elektrolyt-Pulver, Desinfektionsmittel und auch ein Breitbandantibiotikum. Einwegspritzen, Blasenpflaster, sterile Verbandspäckchen, Baumwoll-Mullbinden und Kompressen, elastische Binden, kurze und lange Pflaster, Mückenschutz, Fieberthermometer, Klammerpflaster, spit-

ze Pinzette, Wattestäbchen, Watte und eine Nagelschere.
Grundsätzlich sollte jeder, der medizinisch nicht vorgebildet ist, die Reiseapotheke mit seinem Arzt vor der Reise absprechen.

Reisen mit dem Auto

Grundsätzlich ist es Ausländern erlaubt, sich selbst ans Steuer zu setzen. Dies ist jedoch mit einigen Herausforderungen verbunden. Zum einen ist es bisher kaum möglich, einen Wagen ohne Fahrer zu mieten, zum anderen sollten sich nur Kenner der Steppe an dieses Abenteuer wagen. Immerhin gilt es nicht nur, unterwegs mit den Tücken der mongolischen Straßen und fehlenden Wegweisern zurechtzukommen, sondern mit hochwasserführenden Flüssen, versteckten Sümpfen, fehlenden Brücken oder aufgeweichten Winterpisten. Auch nicht alle Fahrzeugführer aus Ulan Bator sind geübte Landfahrer. Man sollte vorab nachfragen, wo und wie oft der Fahrer schon der Steppe unterwegs war.

Autos mit Fahrer können in Ulan Bator und in den Aimagzentren angemietet werden. In Abhängigkeit vom Fahrzeug kostet der Kilometer zwischen 0,35 und 0,50 US-Dollar plus Treibstoff. Man kann die Fahrzeuge auch tageweise für etwa 28 bis 55 Euro anmieten. Unterkunft und Verpflegung des Fahrers kommen noch dazu. In den Informationszentren für Touristen liegen Namen und Telefonnummern von über 50 Fahrern vor.

AATM Tenuun Tour Co.ltd
Tel. 11/33 08 33, 99 19 91 99
aatm@magicnet.mn
www.toursmongolia.mn

Camel Tour
Tel. 11/30 29 98, 99 76 89 64
Cameltour@yahoo.com

Juulchin auto
Tel. 11/32 83 22, 99 09 69 13
www.juulchin.com

Sixt
In der Nähe des Sükhbaatar-Platzes
Tel. 11/31 84 82, 31 84 42
www.sixt.mn
Neue Vertretung des internationalen Autoverleihers.

Reisen mit dem Bus

Von Ulan Bator fahren **Überlandbusse** in die Vororte der Stadt und in die Aimagzentren. Wenn auch alle größeren Siedlungspunke mit diesem Verkehrsmittel zu erreichen sind, so sollte man sich doch überlegen, ob es die richtige Wahl ist. In manche Zentren wie Khovd oder Ölgii braucht man mehrere Tage, und eine Übernachtung im Hotel ist dabei nicht eingeplant. Darkhan oder Kharkhorin hingegen sind innerhalb eines Tages zu erreichen. Eine solche Fahrt verspricht eine authentische Erfahrung. Wer sich dafür entscheidet, muß sich erkundigen, wo die Busse abfahren, da in diesem Punkt ständig Veränderungen im Gange sind. Der zentrale Busbahnhof

Überlandbus im Töv-Aimag

befindet sich in der Nähe des Bahnhofs, Busse Richtung Norden fahren aus Amgalan, Richtung Süden aus Tolgoit.
Für größere Gruppen Individualreisender gibt es Anbieter, die Busse vermieten, unter anderem:
Atibus
Tel. 31 99 80, 91 91 79 99.
E-van
Tel. 91 91 78 11, 99 88 18 13.
Skytravel
Tel. 32 56 53, 91 11 79 00.

Reisen mit der Eisenbahn

Zwischen russischer und chinesischer Grenze verkehrt die **Transmongolische Eisenbahn**. Auf dieser Strecke liegen von Nord nach Süd die Städte Sükhbaatar, Darkhan, Ulan Bator, Sainshand und Zamyn Üüd. Nördlich von Ulan Bator gibt es noch zwei Gleiszweige, der eine führt nach Baganuur, der andere nach Erdenet. Eine Reise mit dem Zug kann durchaus eine Alternative zur anstrengenden Fahrt mit dem Auto sein. Fährt man mit dem Zug, ist zu bedenken, daß für die Weiterfahrt ein Fahrzeug vor Ort benötigt wird. Sowohl am Bahnhof als auch an den Busstationen beim Markt befinden sich jeweils die Anlaufpunkte. Auskünfte über die aktuellen Fahrpläne der Eisenbahn sind am besten am Bahnhof in Ulan Bator einzuholen.
Der Bahnhof Tömör Zamyn Töv buudal (төмөр замын төв буудал) liegt im Südwesten der Stadt. Fahrkarten erhält man im Büro gegenüber dem Bahnhof, Inlandsfahrkahrten Tel. 11/241 37, Internationale Fahrkarten 11/241 33.

Reisen mit dem Flugzeug

Viele Reiseziele sind für einen durchschnittlichen Urlaubsaufenthalt zu weit von Ulan Bator entfernt, als daß man die Strecke unter den gegebenen Straßenbedingungen mit dem Auto zurücklegen könnte. Deshalb empfiehlt es sich, in ein dem Ziel nahegelegenes Aimagzentrum zu fliegen und von dort aus die Reit-, Trekking-, Rad- oder Wandertour zu beginnen. Wenn es die Zeit erlaubt, kann man mit dem Auto nach Ulan Bator zurückfahren. Das Fliegen im Inland hat auch die angenehme Nebenerscheinung, daß man bei relativ niedriger Flughöhe einen wunderbaren Ausblick auf die Landschaft hat.
Die Hauptanbieter für Inlandsflüge sind Eznis Airways und Aero Mongolia.
Nicht alle fliegen alle Aimagzentren an, deshalb sollte man sich vor Ort erkundigen. Aktuelle Flugpläne unter www.eznis.com und www.aeromongolia.mn.
Die angegebenen Preise sind zur Orientierung (Preise für Hin- und Rückflug in Klammern):
Aero Mongolia
UB-Ölgii 200 840 Tg. (393 500)
UB-Khovd 198 570 Tg. (389 080
UB-Ulaangom 193 530 Tg. (382 620)
UB-Tavan Tolgoi 153 670 Tg. (299 850)
Eznis
UB-Ölgii 209 000 Tg. (418 00 0)
UB-Khovd 203 000 Tg. (406 000)
UB-Ulaangom 196 500 Tg. (393 000)
UB-Bayankhongor 144 100 Tg. (288 200)
UB-Altai 169 800 Tg. (339 600)
UB-Mörön 147 400 Tg. (294 800)
UB-Dalanzadgad 147 400 Tg. (294 800)
UB-Choibalsan 168 700 Tg. (337 400)
UB-Sükhbaatar 122 600 Tg. (229 200)
Aero Mongolia
Büro links vom ›Ulan Bator‹-Hotel
Tel. 11/33 03 73.
Eznis
Seoul Street
Tel. 11/33 33 11.
Mit **Central Mongolia Airways LLC** lassen sich Hubschrauberflüge organisieren, Tel. 11/31 84 18 Fax 11/ 31 84 80.

Reisen mit dem Motorrad

Immer öfter begegnet man bei Fahrten durch die Steppe verwegenen Motorradfahrern. Vereinzelt bieten Reiseveranstalter wie das Büro ›Off The Map Tours‹, www.mongolia.co.uk, organisierte Touren an. Wer auf eigene Faust fahren will, kann sich Motorräder unter anderem bei ›Crow international‹, Tel. 32 00 66, oder bei ›Storm rider‹, Tel. 99/19 77 52, ausleihen.

Reiseveranstalter

▶ **Unternehmen in der Mongolei:**

Ar Mongol Travel Group
ar_mongol_travel@magicnet.mn
www.mongoliatourism.info.
Organisiert Reisen für kleine Gruppen, auch Angel- und Jagdtouren.

Bolo Reisen
Ulan Bator
Tel. 009 76/99/00 53 48
Fax 009 76/11/30 03 40
www.boloreisen.com.
Gruppen- und Individualreisen, deutschsprachig.

Blue Wolf Expeditions
Tel. 014 22/22 7 72
Tel. 99/11 03 03, 97 60 14 22
mongol_altai@yahoo.com
www.mongoliaaltaiexpeditions.com.
Spezialist in Ölgii für Reisen in den westlichen Altai, Reit- und Kameltouren, Begegnung mit Kasachen, Adlerfestival.

Gobitours
Tel. 11/45 13 36
Tel. 99/82 15 98
gobitour@yahoo.com
www.gobitours.com.
Unternehmen im Ömnogov, das Reisen durch die Südgobi, auch per Kamel, organisiert, Vertretung in Ulan Bator.

Juulchin
www.juulchin.com.
Einer der größten Reiseanbieter, aus

Reitergruppe im Khangai-Gebirge

dem staatlichen Reisebüro hervorgegangen. Reit-, Kanu- und Wildwassertouren, Organisation von Jagd-Events.

Juulchin-Gobi/Ajnai
Tel. 99/11 73 99, 99/09 45 88
jgobi@magicnet.mn
www.juulchin-gobi.mn.
Organisieren die üblichen Touristenreisen, aber auch spezielle Touren durch die Gobi.

Khan-Khentii Ecotour Travel Company
Tel. 11/45 10 16
Tel. 976 99 18 30 67.
Organisiert Reisen durch den Khentii, Reit- und Angeltouren.

Legend Tours
tatiana@magicnet.mn
www.legendtour.ru.
Das russische Reisebüro mit Vertretung in Ulan Bator ist besonders für Kombinationsreisen mit Rußland geeignet.

Mongol Altai Club
PO Box 49-23
Ulan Bator
Tel. 11/45 52 46

anji@mongol.net.
Wer als Bergsteiger eine Herausforderung im Mongolischen Altai sucht, kann sich an die Organisation mongolischer Bergsteiger wenden.

Erlebnisreisen Mongolei
www.erlebnisreisen-mongolei.de
Tel. 11/68 55 03
Ungewöhnliche kulturelle Touren wie Reise zum weinenden Kamel oder ›Von Hirsch- und Menschensteinen‹ sowie Wander-, Mountainbike-, Jeep- und Reittouren.

Kanutouren Mongolei
www.kanutouren-mongolei.de
Tel. 11/68 55 03
Mobil 99/82 68 83
Einziger auf Kanutouren spezialisierter Reiseveranstalter der Mongolei.

Nature Tours
Tel. 11/31 23 92
www.naturetours.mn.
Langjährige Erfahrung mit Reisen in alle Gebiete der Mongolei. Organisiert Aktivitäten wie Reiten, Angeln, Fahrrad- oder Motorradfahren.

Nomads Tour and Expeditions
www.nomadstours.com.
Im Programm findet man von Bergsteigen, Reiten, Wandern, kulturellen Rundreisen bis hin zu Wüstenexpeditionen alles. Das Büro ist auch Ansprechpartner für Medienteams. Geleitet wird das Unternehmen von dem Deutschen Helge Reitz.

New Juulchin Group/Juulchin World Tours Corporation
Tel. 11/31 94 01
www.juulchinworld.com.
Von der Assoziation mongolischer Reiseveranstalter mehrfach als bester Veranstalter ausgezeichnet. Organisiert u. a. Motorrad- und Moutan-Bike-Touren.

Off the MapTours
info@steppenreise.de
www.mongolia.co.uk.
Das mongolische Reisebüro mit Repräsentanten in England und Deutschland verfügt unter anderem über gute Erfahrungen in der Umsetzung von Fahrrad- und Motorradtouren.

Steppenfuchs
P.O. Box 1437
211213 Ulaanbaatar
Tel. 11/701 11 23, 99/26 00 74
www.steppenfuchs.com
Individuelle Planung nach dem Baukastenprinzip. Organisation von Jeeptouren, Reit-, Wander- und Motorradreisen einschließlich Südgobi. Unterstützung bei der Zollabwicklung, wenn man mit eigenem Fahrzeug reist. Inhaber ist der Deutsche Vait Scholz.

Tseren Tours
Tel. 11/32 70 83, 99 11 18 32
tserentours@cs.com
www.tserentours.com.
Veranstalter für kleine Gruppen und Abenteuertourismus.

Tsolmon Travel
tsolmont@magicnet.mn
www.tsolmontravel.com.
Unterhält eigene Ger Camps, u. a. in der Region Khorgo Vulkan und im Gorkhi-Terelj-Nationalpark, letzteres beherbergt auch Wintergäste. Organisiert Reit-, Angel- und Vogelbeobachtungstouren.

▶ **Unternehmen im deutschsprachigem Raum:**

Auf und davon Reisen
Lebrechtstr. 35
51643 Gummersbach
Tel. 022 61/50199-0, Fax -16
www.auf-und-davon-reisen.de.
Mongolei-Rundreisen.

BaikalExpress
Unterholz 3
79235 Vogtsburg
Tel. 076 62/949 29-4 Fax -5
www.baikal-express.de.

Rundreisen, Trekking- und Radtouren.
biss-Reisen
Freiligrathstr. 3a
10967 Berlin
www.biss-reisen.de.
igelreisen
Kolberger Str. 41
28201 Bremen
Tel. 0421/3094543
www.igelreisen.de
Individuell geplante Kleingruppenreisen.
Knop Reisen
Hollerlander Weg 77
28355 Bremen
Tel. 0421/988 5030
Fax 35 09 628
www.knop-reisen.de.
Transsibirische/Transmongolische Eisenbahn.
Lernidee Erlebnisreisen
Eisenacher Str. 11
10777 Berlin
Tel. 030/786 00 00
Fax 786 55 96
www.lernidee.de.
Bahnreisen Transsibirische/
Transmongolische Eisenbahn, Mongolei individuell.
Olympia-Reisen
Siegburger Str. 49
53229 Bonn
Tel. 0228/400 03-0, Fax -33
www.olympia-reisen.com
Rundreisen, Trekkingtouren, Transmongolische Eisenbahn.
Ost & Fern Reisedienst
An der Alster 40
20099 Hamburg
Tel. 040/28 40 95 70
Fax 28 02 011
www.ostundfern.de.
Rund- und Themenreisen, individuell oder pauschal.
RW Tours GmbH

www.angelreisen.com
Spezieller Veranstalter für Angelreisen.
Sagarmatha Trekking
St.-Hubertusstr. 15
55774 Baumholder
Tel. 067 83/21 11
Fax 2401
www.sagarmatha-trekking.de.
Rund-, Reit- und Trekkingreisen.
Studiosus Reisen
Riesstraße 25
80992 München
www.studiosus.de.
TSA Travel Service Asia
Nelkenweg 5
91093 Hessdorf-Niederlindach
Tel. 091 35/73 60 78-0, Fax -11
www.tsa-reisen.de
Reiten, Kameltrekking und Jeeptouren.
Ventus Reisen
Krefelder Str. 8
10555 Berlin
Tel. 030/39 10 03 32
Fax 399 55 87
www.ventus.com.
Rundreisen, Reisen zum Naadam-Fest.
Wikinger Reisen
Kölner Str. 20
58135 Hagen
Tel. 023 31/90 46
Fax 904704,
www.wikinger.de.
Rundreisen.
Wildberry Tours
Postfach 130154
53061 Bonn
Tel. Deutschland 00 49/228/242 17 10
Tel. Schweiz 00 41/32/511 96 12
Fax 242 17 12
www.wildberrytours.com.
Herr Voßen vermittelt Reisen und hilft beim Besorgen von Tickets für die Transsib oder Flüge in die Mongolei.
One World
Reisen mit Sinnen

Roseggerstrasse 59
44137 Dortmund
Tel. 0231/58 97 92 0
Fax 16 44 70
www.reisenmitsinnen.de
Gruppen- und Individualreisen.

Reisezeit

Es fällt schwer, einen Tip für die beste Reisezeit zu geben. Gegenwärtig ist die **Hauptsaison** eindeutig der Sommer. Obwohl in dieser Jahreszeit die meisten Niederschläge fallen, sind die Reisebedingungen im Sommer am besten. Ab Ende Mai treffen die ersten Touristen ein, und im September beenden die meisten Reiseveranstalter ihre Angebote. Dabei haben Herbst und insbesondere der Winter durchaus ihre Reize: der blaue Himmel, die trockene Kälte, das absolute Einssein mit der Natur, Gebiete mit Möglichkeiten für Wintersport. Erst Ende 2009 wurde das unter ökologischen Gesichtspunkten umstrittene moderne Skigebiet ›Sky Resort‹ am Berg Bogd Khan eröffnet. Es liegt etwa zehn Kilometer von Ulan Bator entfernt, auf einer Höhe von 1300 bis 1600 Metern. In Ulan Bator selbst ist der Winter schwer zu ertragen, zu stark ist die Umweltbelastung durch Abgase und Rauch der brennenden Öfen in den Jurtensiedlungen.

Eine Reise im Frühjahr ist nicht zu empfehlen, zu extrem sind die klimatischen Bedingungen, zu stark die Belastung für die Gesundheit. Nicht umsonst sagen viele Mongolen: Hast du das Frühjahr überlebt, bleibt dir noch ein ganzes Jahr.

Reiten

In einem Land, das fast so viele Pferde wie Einwohner hat, ist Reiten wohl die ursprünglichste Art der Fortbewegung. Es gibt nichts Schöneres, als auf dem Rücken eines Pferdes durch die Steppe zu reiten und sich dem Rhythmus des Tieres anzupassen. Auf dem Rücken eines Pferdes läßt sich die Mongolei in einem gelassenen Reisetempo und auf eindrücklichere Art erkunden.

Reittouren werden praktisch von allen Reiseveranstaltern angeboten. Die Pferde werden von Nomadenfamilien gemietet, und einheimische Pferdeführer begleiten die Gruppe. Die mongolischen Pferde haben die Größe von Island-Pferden. Sie sind somit kleiner als die europäischen, dafür aber kräftig, ausdauernd, zutraulich und genügsam. Sie gewöhnen sich schnell an den neuen Reiter.

Wer sich einen mehrtägigen Ritt durch die Steppe nicht zutraut, kann die Angebote der Ger Camps nutzen und für einige Stunden auf gemieteten Pferden die Umgebung durchstreifen. Auch diejenigen, die noch nie auf einem Pferderücken saßen, sollten es wagen.

Etwas gewöhnungsbedürftig sind die mongolischen **Sättel**. Sie sind aus einem

Junge Reiterin

Holzrahmen gefertigt, der mit Filz und Leder bezogen ist. Die Sättel sind hart und teilweise mit Silberbeschlägen versehen, die schmerzhafte Druckstellen verursachen. Die Mongolen reiten mit extrem kurzen Steigbügeln und mit stark angewinkelten Knien, im Galopp stehen sie in den Bügeln. Meistens gibt es für die Touristen russische und westliche Sättel, die dann keine große Umstellung bedeuten.

In der Gobi und einigen anderen Regionen werden auch Kameltouren angeboten. Hier gilt das gleiche wie bei den Pferden, in vielen Camps ist ein Proberitt möglich.

Sicherheit

Um **Betrunkene** sollte man einen weiten Bogen machen und auf keinerlei Annäherung reagieren. In der Regel sind sie zwar nicht gefährlich, aber ausgesprochen lästig.

Taschendiebe sind in Ulan Bator eine wahre Plage, aber mit einigen Vorsichtsmaßnahmen dürfte man keine Probleme haben. Die wichtigste Regel ist, Geld und Papiere nie in einer Außentasche zu tragen und das Gepäck immer im Auge zu behalten. Im Gedränge und in öffentlichen Verkehrsmitteln sollte man kleine Rucksäcke nicht auf dem Rücken behalten, sondern sie über dem Bauch tragen. Viele Mongolen machen es auch so. Erwischt man einen Taschendieb, sollte man lieber kein Theater machen, solange man seine Habe zurückbekommt. Mongolische Gefängnisse sind furchtbar, und man sollte keine Verzweiflungsreaktionen des Ertappten hervorrufen.

Überfälle sind ausgesprochen selten. Nur nachts sollte man dunkle, unbelebte Ecken in der Innenstadt besser meiden. Vorsicht empfiehlt sich nachts auch deshalb, weil die Straßenbeleuchtung schlecht ist und viele Gullideckel fehlen.

Ist etwas passiert, so sollte man erst einen Dolmetscher engagieren, bevor man sich auf den Weg zur Polizei macht. An der Peace Avenue zwischen State Department Store und Sükhbaatar-Platz sowie in der Umgebung des Zanabazar-Museums gibt es eine Reihe von Übersetzungsbüros, die gut gekennzeichnet sind. Auch in den Reisebüros an der Peace Avenue kann man zur Not Hilfe finden. Bei der Polizei empfiehlt sich höfliches und ruhiges Auftreten. Lärmendes und aggressives Verhalten könnte unangenehme Konsequenzen haben. Im übrigen haben die Ordnungshüter strikte Anweisung, sich gegenüber Touristen hilfsbereit und engagiert zu zeigen.

Souvenirs

Vielgestaltig ist die Auswahl der Waren, die man als Erinnerung und als Mitbringsel erstehen kann. Je nach Vorliebe stöbert man auf dem Markt oder Antiquariat, in Buchhandlung oder Art-Shop, großem Kaufhaus oder Souvenirladen. Pullover und Westen aus Kaschmirwolle, Schmuck, diverse Lederwaren, Taschen, Hüte und Hauslatschen aus Filz, mit traditionellen Mustern bestickte Umhängetaschen, Schachspiele mit Kamelen als Bauern, CDs mit traditioneller oder moderner mongolischer Musik, Bildbände, Reflexbögen oder ein paar Knöchelchen zum Spielen sind beliebte Mitbringsel.

Vorsicht ist bei **altem Schmuck** und **Kultgegenständen** angeraten. Im Laden erworben, sollte man sich eine entsprechende Quittung ausstellen lassen, um Probleme bei der Ausfuhr zu vermeiden.

Straßennetz

Das Straßennetz in der Mongolei ist mit dem in Europa nicht zu vergleichen. Die Mehrzahl der auf den Landkarten ausgewiesenen Haupt- und Nebenstraßen sind Pisten, Feldwege oder Splittaufschüttungen. Gut befahrbar sind in der Regel nur die Straßen, die von Ulan Bator in die nächstliegenden Aimagzentren führen. Aktuell gibt es etwa 2000 Kilometer befestigte Straße, aber auch diese werden durch die extremen klimatischen Bedingungen stark in Mitleidenschaft gezogen, und die Straßenbauer haben alle Hände voll zu tun. Viele Aimagzentren haben die Hauptstraßen in ihrer nahen Umgebung ausgebaut. An einigen Stellen trifft dann der Autofahrer auf Maut-Punkte (Ш. Б.Т.). Will er weiterfahren, muß er zahlen. Ein Teil des gezahlten Betrages fließt in den Unterhalt der Straßen.

Für Fahrten durch die Steppe sind die allgemein schlechten Straßenbedingungen zu berücksichtigen. Bei der Planung einer Tour sollte man das großzügig berücksichtigen. Man kann davon ausgehen, daß man in den meisten Gebieten nur mit einer Durchschnittsgeschwindigkeit von 30 bis 40 Stundenkilometern vorwärtskommt. Für die Routenplanung kommt erschwerend hinzu, daß die Karten Sommer- und Winterwege nicht unterscheiden. Wählt man als Ortsunkundiger einen kleinen Weg, der die weite Strecke abkürzen soll, kann es durchaus passieren, daß man in sumpfiges Gelände fährt und lange auf Hilfe warten muß.

Taxi

siehe Ulan Bator, S. 140.

Toiletten

In Ulan Bator geht man, sollte es außerhalb der Unterkunft notwendig werden, in einem größeren Restaurant oder im Kaufhaus auf die Toilette. In den Ger Camps auf dem Land gibt es Sanitärtrakte, meist mit WC und Dusche. In den Weiten der Steppe, den Höhen der Berge und an den Ufern der Flüsse gibt es nichts, meist nicht mal den einfachen Busch. In einem Land, das wenig besiedelt ist und in dem die Landbevölkerung von Weidegebiet zu Weidegebiet zieht, existieren keine Raststätten mit Warmwasser und WC. Schnell hat man sich daran gewöhnt, und beim nächsten Halt des Fahrzeugs sucht man sich die nächste Bodendelle. Äußert ein Mongole, daß er nach den Pferden sehen geht, dann bewegt er sich zu diesem Ort.

Telefon

Die internationale Vorwahl für die Mongolei ist 009 76, Ulan Bator hat die nationale Vorwahl 11. Neben dem Festnetz hat sich auch in der Mongolei, insbeson-

Flußquerungen sind oft abenteuerlich

dere in Ulan Bator und den großen Ansiedlungen, das **Handy** einen festen Platz erobert. ›Mobicom‹ und ›Skytel‹ sind die Netzwerkbetreiber mit der größten Netzabdeckung im Landesinneren. Außerhalb Ulan Bators kann nur mit einem Empfang in großen Siedlungspunkten (Aimagzentren) und in deren Umkreis von ca 1,5 Kilometern gerechnet werden. Während einer Tour im Landesinneren hilft im Notfall das Handy also wenig!

Mobicom bietet **Pre-Paid-Karten** für 10 000, 25 000 und 50 000 Tugrig an. Diese sind mindestens einen Monat gültig (www.mobicom.mn). Vor dem Kauf einer mongolischen Handy-Nummer ist aber darauf zu achten, daß man über ein Dual-Mode/Triband Mobiltelefon mit automatischem Frequenzbandwechsel verfügt. Anderenfalls kann es passieren, daß das Handy nicht funktioniert und man bei Mobicom einen Tag damit verbringen muß, das Handy umstellen zu lassen.

Auch **Roaming** aus Deutschland ist möglich. Telefon und SMS-Service funktionieren, sind aber sehr teuer. Eine Alternative sind internationale Telefonkarten, die für ein bestimmtes Land vorgesehen sind, beispielsweise Deutschland, Frankreich, Korea und USA. Mit der Karte wird eine Vorwahlnummer vergeben, die den preisgünstigeren Zugang zum Netz des gewählten Landes ermöglicht. Man kauft immer eine bestimmte Menge von Einheiten, die nach und nach genutzt werden können. Diese Karten funktionieren im Festnetz, einige auch mit mongolischem Mobilfunk.

Öffentliche Münz- bzw. Kartentelefone gibt es in Ulan Bator kaum, dafür viele Ein-Personen-Anbieter, die mit Ihren Funktelefonen an allen stark bevölkerten Punkten zu finden sind. Fax-Service bieten das Hauptpostamt und die großen Hotels an.

Tankstellen

In den vergangenen Jahren hat sich die Versorgung mit Treibstoff wesentlich gebessert. Verkauft wird Diesel, Benzin mit 90/93 Oktan bzw. 76 Oktan. Diesel und das einfache Benzin gibt es überall auf dem Land, das Benzin mit der höheren Oktanzahl bekommt man nur in Ulan Bator und den Aimagzentren. Bei modernen Fahrzeugen reagiert der Motor zwar mit Leistungsverlust, aber gefahren werden kann zur Not trotzdem. Diesel kostet in Ulan Bator etwa 1315 Tugrik, Benzin 93 1395 bzw. 1205 Tugrik, unterwegs ist der Treibstoff in der Regel noch teurer als in Ulan Bator. Ist man in der Steppe unterwegs, sollte man, trotz verbesserter Bedingungen, immer einen vollen Kanister dabei haben und stets nachtanken. Das gilt besonders für Reisen in der Gobi-Region.

Tankstelle

Die Tankstellen außerhalb von Ulan Bator und den Aimagzentren haben die wunderlichsten Erscheinungsbilder, davon sollte man sich aber nicht irritieren lassen. So haben die etwas altertümlich ausschauenden, mit Handkurbel angetriebenen Tankstellen in den Sumzentren einen großen Vorteil gegenüber den moderneren Zapfsäulen: Sie funktionieren ohne Strom.

In den kleinen Siedlungspunkten kann es durchaus passieren, daß der Tankwart nicht am Platze ist. Es ist üblich, sich nach seinem Aufenthaltsort zu erkundigen, ihn dort abzuholen und dann auch wieder zurückzubringen.

Trinkgeld

Trinkgeld war in der Mongolei eigentlich kaum verbreitet. Heute hat es sich in den Restaurants und Gaststätten eingebürgert, in denen viele Touristen verkehren. Die Höhe liegt zwischen fünf und zehn Prozent des zu zahlenden Betrages.

Unterkunft

In Ulan Bator übernachtet der Reisende in der Regel in einem Hotel. Verschiedene Preisklassen stehen zur Verfügung, vom vollklimatisierten Kempinski-Hotel ›Khan Palace‹ für 100 Euro pro Nacht im Standardzimmer bis hin zum kleinen Hostel, in dem man für drei bis fünf Euro unterkommen kann. Im Sommer sind die Hotels in der Regel mit Reisegruppen belegt und völlig ausgebucht. Individualreisende sollten sich entweder rechtzeitig um eine Reservierung kümmern oder einen örtlichen Reisveranstalter um Unterstützung bitten. Viele Hotels bieten Buchungen per Internet an.

Die **Jurten- oder Ger Camps**, wie sie auf mongolisch heißen, findet man überall an den beliebtesten Touristenzielen. Sie sind ideal für die Reisenden. In der Sommerhitze wird die Filzbedeckung an den Seiten etwas hochgezogen, der Wind streift durch die Jurte, und es wird angenehm kühl, bei Kälte wird der Ofen angeheizt, und eine wohlige Wärme breitet sich aus. Die Jurten in den Camps sind gewöhnlich mit einigen niedrigen bunt bemalten Möbelstücken, einem Ofen und, je nach Wunsch oder Bezahlung, mit zwei, drei oder vier Betten ausgerüstet. Zu den meisten Camps gehört ein festes Gebäude, in dem man Duschen mit (heißem) Wasser und ein richtiges WC findet, und praktisch überall gibt es entweder ein Gebäude oder eine große Jurte, in der ein Restaurant untergebracht ist. Das Essen ist im allgemeinen eine annehmbare Mischung aus mongolischer und europäischer Kost, nur **Vegetarier** sollten sich auf jeden Fall frühzeitig anmelden, wenn sie nicht nur fleischlose Beilagen essen möchten.

Die Übernachtungspreise schwanken zwischen 25 und 50 Euro die Nacht und beinhalten drei Essen. Wenn man darum

Das Ger Camp »Anar« bei Karakorum

bittet, wird einem auch oft ein Lunchpaket gepackt. Meist kann man auch einfach nur für die Übernachtung bezahlen und das Essen extra abrechnen. Übernachtungspreise beginnen bei umgerechnet ca. zwölf Euro.

In der Regel werden die Camps **nur im Sommer** betrieben. Die Jurten werden im Oktober abgebrochen und erst im Frühjahr wieder aufgestellt. Leider sind die Ger Camps in ihrer Kontinuität nicht immer zuverlässig. Zum einen werden stetig neue eröffnet und alte geschlossen. Zum anderen wechselt auch der Mitarbeiterstab und damit möglicherweise der Betreuungsservice. Um Probleme zu vermeiden, vertraut man sich am besten einem Reiseveranstalter in Ulan Bator an, erfragt den neuesten Stand in Sachen Camps und läßt ihn auch die Buchungen erledigen.

Sollte die Übernachtung im Ger Camp wegen fehlender freier Betten nicht möglich sein, kann man im gehörigen Abstand zum Camp sein Zelt aufschlagen. Nach Absprache mit der Campleitung ist die Nutzung der Sanitäranlagen und des Restaurants eigentlich immer möglich.

Vegetarische Kost

Auch Vegetarier können in der Mongolei einen erholsamen Urlaub verbringen, auch wenn es nicht immer einfach ist. Die Reiseveranstalter fragen in der Regel, ob vegetarische Kost gewünscht wird. In Ulan Bator haben sich viele Restaurants darauf eingestellt, daß Touristen nicht ausschließlich Fleisch essen wollen, und bieten Salate an. Selbstversorger können sich in Ulan Bator und den Aimagzentren mit Produkten eindecken. Das Angebot ist nicht ganz so vielseitig und frisch wie gewohnt.

Für Vegetarier seien als **Empfehlung** die Restaurants ›Hanamasa‹ und ›Hazara North Indian‹ genannt. Ein guter Anlaufpunkt in Ulan Bator ist das von Mongolen geführte ›Soyolj‹. Hier werden in Glasvitrinen Tofu, Sojabohnen, verschiedene Gemüsesorten und andere Produkte ausgestellt. Die Kost ist nicht ausschließlich vegetarisch, jedoch ernährungsbewußt und gesund gekocht. Bekannt ist das ›Soyolj‹ auch für seine Kurse über gesunde Ernährung, die sich wachsender Beliebtheit erfreuen.

Verhaltensregeln

Man nehme sich Zeit. Nirgendwo in der Mongolei ist Eile geboten, manchmal ist sie sogar unhöflich. Ist man auf dem Land und will nur nach dem Weg fragen, so sollte man nicht mit der Tür ins Haus fallen. Zuerst erkundigt man sich nach dem Wohlbefinden der Tiere und der Familie, fragt nach dem Wetter, nach dem Woher und Wohin, tauscht die Schnupftabakdosen, ersatzweise die Zigarette. Erst dann kommt die Frage nach dem Weg. Möglichweise erfolgt nun die Einladung in die Jurte.

Beim **Betreten der Jurte** ist darauf zu achten, daß man nicht auf die Schwelle tritt oder mit den Kopf an den oberen Türbalken stößt, es würde Unglück bedeuten. Betritt man die Jurte, begibt man sich als Gast immer in die linke Hälfte. Wird man dann vom Gastgeber aufgefordert, gegenüber der Tür Platz zu nehmen, so ist das eine besondere Ehrerweisung. Beim Hineingehen schaut man, ob nicht eventuell ein älterer männlicher Verwandter des Gastgebers anwesend ist, er würde der Jurtentür direkt gegenübersitzen. Er wäre als erster zu grüßen, erst danach die Hausfrau in der rechten Jurtenhälfte. Dabei führt man die rechte Hand Richtung Herz und verneigt sich leicht. Bewegt man sich in

Nicht auf die Schwelle treten!

einer Jurte, sollte man immer daran denken, daß der gedachte Kreis um Ofen, Dachkranzstützen und Tischchen undurchdringbar ist. Beim Hinsetzen sollten nie die Füße in Richtung Herd ausgestreckt werden, und nur kleinen Kindern ist es erlaubt, mit ausgestreckten Beinen zu sitzen.

Zum **Begrüßungszeremoniell** gehört, daß der Hausherr die Schnupftabakflasche anbietet. Dabei ist wichtig zu wissen, daß alles mit der rechten Hand gegeben wird, wobei die linke die rechte leicht unterstützt. Genommen wird eher mit beiden Händen, manchmal auch mit der rechten. Möchte man etwas verschenken, so gibt man unbedingt mit beiden Händen. Im Falle der Tabakflasche reicht es, ein wenig am Verschluß zu riechen, wenn man selbst kein Verlangen nach einer Prise hat.

Ist man dann zu Gast, wird erst einmal Tee gekocht, und die Hausfrau stellt weiße Speisen und Gebäck auf den Tisch. Es wäre unhöflich, wenn man nicht **wenigstens probieren** würde. Bleibt man länger, kommt häufig eine Schüssel mit gekochtem Fleisch auf den Tisch. Der Hausherr schneidet dem Gast die saftigsten und fettesten Stücke ab. Manchmal wird man aufgefordert, sich selbst ein Stück abzuschneiden. Will man jemandem ein Messer reichen, so ist darauf zu achten, daß die Spitze auf den Gebenden zeigt und der Nehmende den Griff fassen kann. Wenn das Messer in die Schüssel mit Fleisch zurückgelegt werden soll, darf weder Spitze noch Schneide auf einen Anwesenden weisen.

Beim Essen zu **schlürfen** und zu **schmatzen** gehört in der Mongolei zum guten Ton. So gibt man dem Gastgeber zu verstehen, daß es einem mundet. Sagt einem das Essen überhaupt nicht zu, so ist eine **symbolische Kostprobe** ausreichend. Etwas Dargebotenes völlig abzulehnen kann den Gastgeber zutiefst verletzen.

Händeschütteln zur Begrüßung/Verabschiedung ist in der Mongolei eigentlich unüblich, auch wenn es sich der eine oder andere in Ulan Bator angewöhnt hat. Allerdings ist der Handschlag ein Muß, wenn man jemandem auf den Fuß getreten ist. Es ist also kein plumper Annäherungsversuch, wenn sie von jemandem getreten wurden und dann auch noch seine Hand in die Ihre gedrückt bekommen.

In der Mongolei hat die **Verwendung von Du und Sie** etwas mit Verehrung und Respekt zu tun. Generell kann man sagen, daß alle Älteren und Fremde, etwa Gleichaltrige, gesiezt und Kinder geduzt werden. Auch innerhalb der Familie werden die Eltern und älteren Geschwister mit Sie angesprochen. Für unbekannte jüngere Erwachsene gibt es eine Vielzahl von Floskeln, mit denen man am Anfang der Bekanntschaft das Du oder Sie umschifft. Als Gast in einer Jurte oder bei einer Familie in Ulan Bator ist man mit dem Sie also gut beraten.

Taschentücher werden von den Mongolen kaum benutzt. Auch wenn man die Gepflogenheiten des Landes nicht übernehmen muß, so sollte man doch beachten, daß es nicht gerade höflich ist, beim Essen lautstark in sein Tuch zu schneuzen.

Visum

Für die Einreise in die Mongolei wird ein Visum benötigt. Das einfache **Touristenvisum** berechtigt zu einem Aufenthalt von 30 Tagen und ist ab Ausstellungsdatum 90 Tage gültig (Einmalige Ein- und Ausreise 60 Euro, zweifache Ein- und Ausreise 90 Euro). Dieses Visum erhält man unkompliziert. Benötigt wird ein ausgefülltes und persönlich unterschriebenes Antragsformular, ein Paß, der mindestes sechs Monate über den Aufenthalt hinaus gültig ist, und ein Paßbild. Visaanträge, Bankverbindung und weitere Details findet man unter www.botschaft-mongolei.de.

Touristen, die länger als 30 Tage im Land bleiben wollen, können ihr Visum vor Ort für weitere 30 Tage verlängern. Dies beantragt man bei der **Ausländerbehörde** in der Nähe der Friedensbrücke. Dafür werden zwei Paßbilder, eine Kopie des Passes und des aktuellen Visums, eine schriftliche Begründung und eine Meldeadresse benötigt. Die Verlängerung kostet etwa 60 US-Dollar, und eine Bearbeitungsgebühr von 5000 Tugrik wird zusätzlich erhoben.

Wer bereits in Deutschland ein über 30 Tage hinaus geltendes Visum beantragen möchte, braucht dazu eine Genehmigung der Ausländerbehörde der Mongolei. Diese kann nur vom einladenden Gastgeber eingeholt werden. Innerhalb von sieben Tagen nach Ankunft

Reiter in Ölgii

muß man sich dann bei der Ausländerbehörde anmelden, siehe ›Meldepflicht‹.

Reist man über **andere Länder** in die Mongolei – Rußland, Kasachstan, China etc. –, ist auch für diese Länder ein Visum einzuholen. Für kurze Transitaufenthalte auf dem Flughafen trifft das nicht zu. Kurzentschlossene, die ihre Reise in die angrenzenden Länder ausdehnen wollen, können sich entsprechende Visa auch in den Botschaften der Länder in Ulan Bator besorgen.

Wassersport

In Seen und Flüssen kann man gut schwimmen, sich etwas Abkühlung bei Hitze verschaffen oder sich nach ein paar wasserknappen Tagen richtig einweichen. Die Mehrzahl der Mongolen wird auf Wassergeister und anderes verweisen, um den Besucher vom Baden abzuhalten. Das liegt zum einen darin begründet, daß viele nicht schwimmen können und selber sehr vorsichtig mit den Gewässern umgehen. Ein anderer Grund besteht darin, daß man, wie überall, fremden Flüssen und Seen respektvoll gegenübertreten soll. Die Flüsse in der Mongolei sind häufig schnellfließend und mit Stromschnellen und Strudeln versehen, der Boden ist steinig. Selbst ein geübter Schwimmer kann in Schwierigkeiten geraten. Dafür bieten sie sich aber für **Kanu- und Wildwassertouren** an. Diese Form des Tourismus verbreitet sich langsam im Land (siehe ›Reiseveranstalter‹).

Zahlungsmittel

Die Landeswährung ist der **Tugrik** (MNT), 1 Euro entspricht 1700 Tugrik. Der US-Dollar fungiert als Nebenwährung. Von Ausländern wird nicht selten das Eintrittsgeld für Museen, Natur-

1000 Tugrik

schutzgebiete oder Theater in Dollar verlangt. Man kann aber trotzdem auch mit Tugrik zahlen. Seit einigen Jahren wird der Euro immer beliebter. Auch in den öffentlichen Wechselstuben wird der Euro dem Dollar mehr und mehr vorgezogen.

Da der Tugrik international nicht gehandelt wird, kann man ihn nur in der Mongolei erhalten. Am **Flughafen** in Ulan Bator kann man Geld tauschen. Fährt man mit der Bahn, so werden mit Grenzübertritt die ersten Mongolen durch die Abteile ziehen und den Touristen den Währungstausch anbieten. Wenn man unbedingt ein paar Tugrik haben möchte, kann man tauschen, aber eigentlich ist es vor Ulan Bator nicht notwendig. Im Zentrum von Ulan Bator gibt es viele **Wechselstuben**, und auch die **größeren Hotels** bieten den Tauschservice für ihre Gäste an. Die ›Golomt Bank‹ und ›Trade & Development Bank‹ lösen auch Reiseschecks ein. Es ist kein Problem mehr, sich gegen Kreditkarte (VISA, Master) und Vorlage des Reisepasses Bargeld auszahlen zu lassen. Das gleiche gilt für die Filialen der großen Banken wie ›Khas Bank‹, ›Khaan Bank‹ und ›Golomt Bank‹ in den Aimagzentren. Allerdings muß man sich darauf einstellen, daß es ein ›Schalterdienst‹ ist: Öffnungszeiten beachten! In vielen Hotels, Restaurants und Kaufhäusern kann man mit Kreditkarte bezahlen. Auch Geldautomaten werden immer gängiger. Die Automaten der Golomt Bank und der Trade & Development Bank akzeptieren Visa-, EC- sowie Master Card.

Zeitverständnis

Die Nomaden in der Steppe leben in vielen Bereichen noch wie ihre Ahnen. Sie ziehen von Weide zu Weide, immer damit beschäftigt, genügend Nahrung für ihre Herden zu finden. Sie leben im Hier und Jetzt, ihr Handeln wird von der Gegenwart bestimmt. Die Erfahrung sagt, wann welche Verrichtungen zu erledigen sind. Auf unvorhergesehene Veränderungen wird reagiert, wenn sie eintreffen.

Auch die Mongolen in der Stadt sind von dieser Mentalität geprägt. Kommt die Zeit für ein Vorhaben, wird es kurzfristig umgesetzt, vorbereitet wird nur das Nötigste. Während wir gern alles detailliert im voraus planen, belasten sich die Mongolen nicht mit Eventualitäten. Sie sind darauf eingestellt, daß man irgendwann gezwungen sein wird zu warten, zu verschieben, abzusagen oder umzuplanen, also geduldig und flexibel zu sein. Als Gast im Land tut man gut daran, es ebenso zu tun. So kann man sich den Streß ersparen, den man hat, wenn man Dinge ändern will, die man nicht ändern kann. Das ist aber nur der eine Grund, der andere besteht darin, daß man während einer Reise durch die Mongolei durchaus Augenblicke hat, in denen man den Zeitplan über Bord werfen möchte, weil man einfach eine tiefe innere Ruhe empfindet, die man festhalten möchte. Und warum sollte man das dann nicht tun?

Zeitzonen

Der Zeitunterschied zwischen Mitteleuropa und der Mongolei beträgt sieben Stunden. Derzeit werden in der Mongolei die Uhren zur Sommerzeit nicht mehr umgestellt, so daß in diesem Zeitraum der Unterschied nur sechs Stunden beträgt. Innerhalb des Landes gibt es zwei Zeitzonen. Die westlichen Aimags Uvs, Bayan-Ölgii und Khovd sind gegenüber der Zeit von Ulan Bator eine Stunde zurück. Für das tägliche Leben sind die Zeitunterschiede nicht relevant, vergewissern sollte man sich nur, wenn es um Flug- bzw. Zugreisen geht oder wenn man sich im betreffenden Aimag verabredet.

Zoll

Besondere Zollvorschriften gelten für die Mongolei nicht. Bei der Ausreise wird jedoch insbesondere sehr häufig und streng nach **Antiquitäten, wertvollen Mineralien, Metallen** und **Jagdtrophäen** gesucht. Kauft man wertvolle Gegenstände im Laden, sollte man sich dafür eine Quittung geben lassen. Jäger dürfen ihre persönlichen Jagdwaffen inklusive Munition ein- und wieder ausführen. Bargeldmittel im Wert über 10 000 Euro müssen bei der Ausfuhr beim Zoll angemeldet werden.

Seit 2007 haben Reisende bei der Ausreise aus der EU mitgeführte Barmittel im Wert von 10 000 Euro oder mehr bei der für den Grenzübertritt zuständigen Zollstelle anzumelden. Die Anmeldung erfolgt schriftlich. Anmeldevordrucke werden in Papierform und elektronisch in deutscher und englischer Sprache zur Verfügung gestellt. Die Pflicht zur Abgabe einer Anmeldung führt zu keiner Einschränkung des freien Kapitalverkehrs. Barmittel dürfen auch in Zukunft in unbeschränkter Höhe genehmigungsfrei mitgeführt werden. Mehr Infos und Anmeldeformulare unter www.zoll.de.

Glossar

Aimag Größte administrative Einheit in der Mongolei.

Animismus Glaube an die Belebtheit von Gegenständen und Naturereignissen, Geisterglaube.

Arate Mongolischer Viehzüchter.

Besbarmak Kasachisches Nationalgericht aus Lamm- oder Pferdefleisch und Nudelteig, Der Name ›Fünf Finger‹ weist darauf hin, daß es mit der Hand gegessen wurde.

Bogd Gegen Oberhaupt der mongolischen Buddhisten.

Bogd Khan Insbesondere nach der Übernahme der weltlichen Macht 1921 verwendeter Titel für den Bogd Gegen.

Bodhisattva Erleuchtetes Wesen, das auf seine Buddhaschaft aus Mitleid mit denen, die die Erkenntnis noch nicht erlangt haben, verzichtet.

Buuz Mit Fleisch gefüllte Teigtaschen, traditionelles Gericht.

Deel Mantelartiges traditionelles Kleidungsstück.

Dharma Buddhistische Lehre.

Jebsundamba Titel des Bogd Gegen

Landschaft im Mongolischen Altai

(›Heiliger, ehrwürdiger Herr‹). Der erste Jebsundamba war Zanabazar. Acht Inkarnationen wurden bis 1924 bestimmt, danach verbot die revolutionäre Regierung das Aufsuchen und Bestimmen der neunten Inkarnation.

Gelbmützen Bezeichnung für die Gelugpa-Schule des tibetischen Buddhismus, abgeleitet von den gelben Zeremonialmützen. Die drei älteren Schulen Nyingmapa, Sakyapa und Kagyüpa verwenden rote Mützen und werden deshalb auch als ›Rotmützen‹ bezeichnet.

Ger Mongolische Bezeichnung für Jurte, Filzzelt.

Janraisig Mongolisch für Avalokiteshvara, den Bodhisattva des Mitgefühls, der Dalai Lama ist eine Wiedergeburt Avalokiteshvaras.

Karma Ergebnis des Handelns des Menschen. Das Karma folgt dem Prinzip der Abfolge von Ursache und Wirkung und bestimmt die Art der Wiedergeburt im Samsara.

Khural Versammlung der mongolischen Stammesfürsten. Das Parlament der heutigen Mongolei wird als Ikh Khural, ›Großer Khural‹, bezeichnet.

Khutagt Auch Khutugtu, Bezeichnung für die Wiedergeburt eines hohen geistlichen Würdenträgers.

Kurgan Prähistorischer Grabhügel.

Khadag Langes schmales Seidentuch, wird an heiligen Stätten niedergelegt oder an Äste geknüpft. Bei Zeremonien wird es einer zu ehrenden Person überreicht.

Moriin khuur Traditionelles Musikinstrument. In der Übersetzung bedeutet es Pferdegeige, wird jedoch häufig auch als Pferdekopfgeige bezeichnet, da das Ende des Geigensteges von einem Pferdekopf geziert wird.

Ovoo Steinsetzung an besonderen Plätzen, vorwiegend an Pässen, um den örtlichen Geistern und Gottheiten zu huldigen.

Reinkarnation Wiedergeburt.

Rotmützen Siehe Gelbmützen.

Samsara Im Buddhismus Kreislauf der leidvollen Existenzen (Wiedergeburt).

Shambhala Mythisches Königreich, das nördlich von Tibet liegen soll.

Skythen Bei den Skythen und ihnen kulturell nahestehenden Völkern handelt es sich um nomadische Reitervölker, deren Siedlungsgebiet sich in vorchristlicher Zeit von der Mongolei bis an die Oder erstreckte.

Stupa Kuppelförmiges Bauwerk mit einer Spitze als Abschluß, Stupas können Reliquien von Erleuchteten enthalten oder heilige Gegenstände wie beispielsweise Texte.

Sutra Lehrreden des Buddha.

Sum Administrative Einheit, ein Aimag ist in Sum aufgeteilt.

Takhi Nach seinem Entdecker Nikolai M. Przewalski benanntes Wildpferd (Equus ferus przewalskii). Seit Anfang der 1990er Jahre wird das Takhi in der Mongolei wieder angesiedelt.

Taij Unterster Adelsrang in der feudalen Mongolei.

Thangkas Auf textilem Untergrund gemaltes oder durch Applikationen hergestelltes Rollbild mit buddhistischen Motiven. Wichtige Hilfsmittel für Meditierende bei der Visualisierung von Eigenschaften Buddhas.

Urga Bis 1924 Name Ulan Bators.

Vajra Mongolisch Ochir, Donnerkeil; wichtiges Symbol und Ritualinstrument.

Vajrapani ›Der mit dem Vajra in der Hand‹, Schutzgottheit der Mongolen. Eine seiner irdischen Verkörperungen ist Dschingis Khan.

Weiße Speisen Aus Milch gewonnene Lebensmittel.

Die Mongolei im Internet

www.mongolei.de Eine Seite mit vielen Informationen, aktuellen Nachrichten aus der Mongolei und nützlichen Links.

www.botschaft-mongolei.de Seite der mongolischen Botschaft in Deutschland, Landes,- Reise- und Visainformationen.

www.embassymon.at Botschaft der Mongolei in Österreich.

www.uma.mn Guter Überblick über die mongolische Kunstszene (Maler und Bildhauer).

www.face-music.ch/mainpages/about artists.html Viele Informationen über Tsam-Tänze, Masken und Buddhismus.

www.mongolcostumes.com Mongolische Trachten und Gewänder.

www.tanemahuta.com/mongolia 2004 Für Pflanzenliebhaber: eine Übersicht über die mongolische Flora.

www.takhi.org Viele Informationen rund um das Urpferd (dt., engl.).

www.taimen.org Der Taimen Conservation Fund unterhält Projekte zur Erhaltung des seltenen Fisches (engl.).

Jurte im Gov-Altai-Aimag

Literaturhinweise

Reiseführer/Landkarten/Sprache

Geu, Jens, Mongolei. Wanderungen, Trekkingtouren-, Bergtouren, Panoco Alpinverlag 2008

Mongolei Landkarte, 1:1 600 000, Reise Know-How Verlag, Bielefeld 2005.

Mongolia, GIZI Map 1:2 000 000

Günther, Arno, Mongolisch für Globetrotter, Reise Know-How 1993. Leider ohne kyrillische Schreibweise.

Reiseberichte

Hutter, Andreas/Mesarosch, Veronika, Abenteuer Mongolei. Zu Pferd durch das Land Dschingis Khans. Neumann-Neudamm Verlag, Würzburg 2005.

Mühlenweg, Fritz, Mongolische Heimlichkeiten, Libelle-Verlag 2002. Zwischen 1927 und 1932 bereiste der Drogist aus Konstanz dreimal die Innere Mongolei (China). Er beobachtete, lernte die Sprache und war ganz nahe am Leben der Nomaden.

ders., In geheimer Mission durch die Wüste Gobi, Libelle-Verlag 1993.

ders., Drei Mal Mongolei, Libelle 2006.

Plano Carpini, Johannes von, Kunde von den Mongolen 1245–1247. Thorbecke, Sigmaringen 1997. Von Papst Innocenz IV. in den Osten gesandt, schildert von Plano Carpini die Lebensweise der Mongolen, ihre Sitten und Gebräuche.

Rohrbach, Carmen, Mongolei. Zu Pferd durch das Land der Winde. Frederking & Thaler, München 2006.

Rubruk, Wilhelm von, Beim Großkhan der Mongolen 1253–1255. Edition Erdmann, Stuttgart 2003. Zwei Jahre lang reiste der Franziskanermönch im Auftrag Ludwig IX. zum Hof des mongolischen Großkhans.

Bildbände

Goeting, D. (Hrsg.), Bilder aus der Ferne. Fotografien des Mongoleiforschers Hermann Consten, Druckverlag Kettler, Bönen. Der Katalog zur Wanderausstellung vermittelt einen Einblick in die Welt der Mongolen am Beginn der Moderne. Historisch einmalige Fotografien von Hermann Consten (1878–1957), vor und nach dem Ersten Weltkrieg in der Äußeren und Inneren Mongolei aufgenommen.

Moser, Achill/Meinhardt, Olaf, Mongolei. Im Land des Dschingis Khan, C.-J. Bucher 2005.

Schmid, Gregor M., Mongolei. Nymphenburger, München 2006.

Schubert, Olaf, Mongolei. Kahl, Dresden 2005.

Geschichte/Landeskunde

Barkmann, Udo B, Geschichte der Mongolei oder ›Die Mongolische Frage‹. Bouvier, Bonn 1999. Die Mongolei zwischen den Machtinteressen Rußlands, Chinas und Japans. Für alle, die sich für Geschichte und Politik interessieren, ein sehr aufschlußreiches Buch.

Dschingis Khan und seine Erben. Katalog zur Ausstellung, Bonn/München 2005/2006. Unter anderem mit Beiträgen zur Frühgeschichte, über das mongolische Großreich und die Mongolei nach dem Sturz der Yuan-Dynastie bis in die Gegenwart. Ausführliche und informative Begleittexte.

Heissig, Walter, Die Mongolen. Ein Volk sucht seine Geschichte. Gondrom Verlag, Bindlach 1989. Über viele Jahre reise der Wissenschaftler auf der Suche nach alten Manuskripten durch China und die Mongolei. Der Leser erfährt Sachkundiges über die Geschichte, die Sprache und die Glaubensvorstellungen der Mongolen.

Heissig, Walther/Müller, Claudius, (Hrsg.), Die Mongolen. Pinguin Verlag, Innsbruck/Umschau-Verlag, Frankfurt am Main 1989. Ein reichbebilderter Band mit Beiträgen anerkannter Mongoleiforscher zu Archäologie, Religion und Kultur.

Schenk, Amelie, Mongolei. H. Beck, München 2003. Einführung in die Kultur der Steppennomaden und ihre Glaubensvorstellungen. Die Ethnologin weist aber auch auf die durch Modernisierung und Industrialisierung entstehenden Probleme hin.

Schenk, Amelie/Tschinag, Galsan, Im Land der zornigen Winde. Unionsverlag 1999. Ein offener Gedankenaustausch zwischen Kennern beider Welten über Glaube, Traditionen und die kleinen Dinge des Alltags.

Taube, Manfred (Übers.), Geheime Geschichte der Mongolen. Beck, München 2005.

Taube, Erika und Manfred, Schamanen und Rhapsoden. Koehler&Amelang Verlag, Leipzig 1983. Beiträge zu religiösen Vorstellungen der Mongolen, Sitten und Bräuchen sowie ein ausführlicher Teil zur Volksdichtung. Auch wenn der ›sozialistische Blick‹ bemerkbar ist, so sind es insgesamt umfangreiche und kompetente Ausführungen.

Weiers, Michael (Hrsg), Die Mongolen. Beiträge zu ihrer Geschichte und Kultur. Darmstadt, 1986. Wissenschaftliche Beiträge zur Geschichte, Sprache, Literatur, Religion und Kunst.

Belletristik

Chaan, Solobo, Mongolische Märchen. Übersetzt und nacherzählt von Waltraut Fischer. Buchverlag Der Morgen, Berlin 1989.

Davaa, Byambasuren/Reisch, Lisa, Die

Der Orkhon-Wasserfall

Höhle des Gelben Hundes. Malik Verlag 2005. Ein Buch zum gleichnamigen Film. In der Geschichte über ein Nomadenmädchen und ihre Freundschaft zu einem herrenlosen Hund taucht der Leser ein in den Alltag einer Nomadenfamilie. Parallel zur erzählten Geschichte gibt die mongolische Autorin viele aufschlußreiche Informationen über die Mongolei.

Erkundungen – 20 mongolische Erzählungen. Volk und Welt, Berlin 1976.

Heissig, Walther (Übers.), Mongolische Erzählungen. Helden-, Höllenfahrts- und Schelmengeschichten. Manesse Bibliothek der Weltliteratur, München 1986.

ders., Mongolische Volksmärchen. Diederichs Verlag, München 1993.

Natsagdorj (Nazagdorsh), Sch., Mandchai die Kluge. Verlag Volk und Welt, Berlin 1988. Die Mongolei im 15. Jahrhundert – innenpolitische Zwistigkeiten und dynastische Kämpfe erschüttern das Land. Mandchai der Klugen gelingt es noch einmal, die mongolischen Stämme zu einigen.

Taube, Erika (Übers.), Volksmärchen der Mongolen. Aus dem Mongolischen, Russischen und Chinesischen. Biblion Verlag, München 2004.

Tschinag, Galsan, Die neun Träume des Dschingis Khan. Insel Verlag 2007. Der sterbende Dschingis Khan blickt auf sein Leben zurück. Der Autor zeichnet einen Weltherrscher mit

grandiosen Erfolgen und schmählichen Niederlagen.
ders., Das geraubte Kind. Suhrkamp, Frankfurt am Main 2005. Ein eindrucksvoller historischer Roman der Mongolei des 18. Jahrhunderts: Galsan Tschinag schildert einfühlsam den Kampf der Tuwa-Nomaden um Selbstbestimmung und Unabhängigkeit von China.
ders., Der blaue Himmel. Suhrkamp-Verlag, Frankfurt am Main 1997.
ders., Die graue Erde. Suhrkamp-Verlag, Frankfurt am Main 2001.
ders., Der weiße Berg. Suhrkamp-Verlag, Frankfurt am Main 2002. Eine Roman-Triologie mit stark autobiographischen Zügen.
ders.. Die Karawane. A 1 Verlag, München 1999. Ein Volk zieht um in angestammte Weidegebiete. Der Leser erfährt dabei allerlei Bemerkenswertes über Leben, Verhaltensweisen, Mythen, Gebräuche und Geschichte der Tuwa-Nomaden.
ders., Dojnaa. Erzählung. A1 Verlag, München 2001. »Eine fesselnde, eindringliche Geschichte über die Menschheitsthemen von Liebe und Sehnsucht, Verletzung und Heilung.« (Lesart)
ders., Nimmer werde ich dich zähmen können. Gedichte. Waldgut-Verlag, Frauenfeld (CH) 1996.

Religion
Gruschke, Andreas, Tibetischer Buddhismus. Diedrichs, 2003. Kompakte, sehr informative Einführung in den tibetischen Buddhismus.
Lindhorst, Raimund, Darstellungen des Buddha und ihre symbolische Bedeutung im tibetischen Buddhismus. Simon&Leutner Verlag, Berlin 1997.
Olvedi, Ulli, Wie in einem Traum. Knaur, München 2001. In dem Roman findet eine junge Frau in einem tibetischen Kloster eine weise Lehrerin. Doch auch im Kloster trifft sie auf die breite Palette der menschlichen Gefühle, einschließlich der Liebe ... Eine Einführung in den praktizierten Buddhismus.
Revel, Jean-Francois/Ricard, Matthieu, Der Mönch und der Philosoph. Kiepenheuer & Witsch, Köln 1999. Ein tiefgründiger Dialog zwischen Vater und Sohn. Der eine Philosoph, der andere seit 30 Jahren buddhistischer Mönch (und habilitierter Molekulargenetiker). Keine Nebenbei-Lektüre, aber eine außerordentliche Unterweisung in die Gedankenwelt des Buddhismus und der abendländischen Philosophie.
Ricard, Matthieu/Föllmi, Olivier und Danielle, Buddhismus im Himalaya. Knesebeck, München 2002. Ein mit hervorragenden Bildern illustriertes Buch, das dem Leser eine gute Einführung in den tibetischen Buddhismus gibt.
Tucci, Giuseppe/Heissig, Walther, Die Religionen Tibets und der Mongolei. Stuttgart 1970.

Danksagung

Die Autorin Marion Wisotzki bedankt sich bei Kh. Galshav und M. Khamnigan. Sie nahmen die Autorin vor mehr als 25 Jahren warmherzig in die Familie auf, ermöglichten ihr das Land und seine Menschen kennen und verstehen zu lernen. Jede Begegnung mit ihnen und den Angehörigen ihrer Familie ist eine Bereicherung, und vieles, was sie der Autorin gezeigt, erläutert und vorgelebt haben, fand Eingang in diesen Reiseführer.

Die Autoren

Marion Wisotzki wurde 1955 in Berlin geboren. Von 1974 bis 1979 Studium der Philosophie in Leningrad (St. Petersburg). Anschließend Lehrtätigkeit an der Humboldt-Universität in den Bereichen Philosophie und Soziologie. Promovierte 1987, nachdem sie vier Jahre in der Mongolei wissenschaftlich gearbeitet hatte. Seit über zehn Jahren als Projektleiterin und Sozialpädagogin bei einem freien Träger in Berlin tätig. Regelmäßig reist die Autorin in die Mongolei, lernt neue Regionen und Menschen kennen.

Erna Käppeli, 1973, in der Schweiz geboren, studierte Englisch und Journalismus. Erstmals führte ihr Weg in die Mongolei als Englischlehrerin im Jahre 2003. Beeindruckt und fasziniert von der Herzlichkeit der Menschen und der einzigartigen Natur, reiste sie anschließend durch das ganze Land und schrieb einige Artikel über die unvergeßlichen Begegnungen. Heute lebt sie in der Schweiz und begibt sich immer wieder auf neue Wege.

Ernst von Waldenfels ist ein freier Journalist, der seit Mitte der 90er Jahre für verschiedene Medien aus Rußland und seit 2004 auch aus der Mongolei berichtet. Nebenher führt er im Sommer Touristen per Kanu über die größeren Flüsse des Landes. Er lebt in Ulan Bator und Berlin. 2002 erschien die von ihm verfaßte Biographie des Seemanns Richard Krebs, ›Spion der aus Deutschland kam‹, im Aufbau-Verlag.

Kartenregister

A
Arkhangai-Aimag 199

B
Bayan-Ölgii-Aimag 321
Bayankhongor-Aimag 293
Bogd-Khan-Museum, Ulan Bator 150
Bulgan- und Orkhon-Aimag 220

D
Darkhan 215
Dornod-Aimag 259
Dornogov-Aimag 279
Dundgov-Aimag 273

E
Erdenet 226

G
Gov-Altai-Aimag 299

K
Khentii-Aimag 251
Khovd-Aimag 329
Khövsgöl-Aimag 230
Khövsgöl-nuur-Nationalpark 236

M
Mörön 232

O
Ömnögov-Aimag 287
Övörkhangai-Aimag 186

S
Selenge-Aimag und Darkhan-uul-Aimag 207
Sükhbaatar-Aimag 265

T
Töv-Aimag 173

U
Ulan Bator, Hotels und Restaurants 159
Ulan Bator, Zentrum 141
Uvs-Aimag 315

V
Vegetationszonen 20

Z
Zavkhan-Aimag 307

Ortsregister

A
Achit nuur 319, 327
Altai-Gebirge 19, 28, 31
Altai-Stadt 300
Altai Tavan Bogd 325
Altan Ovoo 268
Amarbayasgalant 211
Amur 23
Arkhangai-Aimag 197–203
Arvaikheer 184
Asralt Khairkhan 23, 182
Äußere Mongolei 58
Avarga Tosen 257

B
Baga Gazryn chuluu 276
Baga Gazryn uul 276
Baibalyk 222
Baidrag gol 292
Baikalsee 23
Bajan Zag 288
Baldan Bereeven khiid 254
Barga-Becken 24
Barlim khiid 277
Baruun Bayangyin gol 181
Baruun Urt 264
Batnoro 253
Bayan-Ölgii-Aimag 320–327
Bayangiin Nuruu 20
Bayangol 213
Bayangov 297

Bayankhongor-Aimag 292–297
Bayankhongor-Stadt 294
Bayan nuur 313, 318
Becken der Großen Seen 20, 22, 31
Benares 90
Binder 255
Bogd Khan uul 43, 175, 176
Böön Tsaagan nuur 22, 296
Böörög Deliin els 24, 318
Bugant 211
Bugat 219
Bugsei gol 235
Buir nuur 262
Bulgan-Aimag 219–228
Bulgan-Gebirge 43
Bulgan-Stadt 219
Bulgan uul 198
Bulnai 306
Bulnain rashaan 243
Bürdene-Quelle 283
Burengiin nuruu 219
Burkhan Khaldun 257
Büst nuur 312
Buyan Delegeruulegch khiid 198
Buyant 332

C

Chandman 334
Chandman Öndör 243
Chigestei 308, 310
Choibalsan 260
Choir 284
Chono Kharaikh 315, 330, 333
Chuluut gol 199, 235

D

Dadal 54, 253, 255
Dalai els 25
Dalai nuur 23, 333
Dalanzadgad 286
Danrig-Danjaalin-Kloster 260
Danzandarjaa-Kloster 231
Dariganga 25
Dariganga-Sum 267
Darkhad-Senke 242

Darkhan 214
Darkhan-uul-Aimag 214
Dashchoinkhorlon-Kloster 221
Dashinchilen 223
Dayan-Derkhiin-Höhle 243
Dechinravjaalin-Kloster 317
Delgeriin Choir 276
Delgerkhaan 256
Delger Mörön 235
Delgertsogt 276
Develiin aral 327
Dörgön-Sum 333
Dörgön nuur 22, 333
Dornod-Aimag 258–263
Dornogov-Aimag 278–284
Dschungarisches Becken 24
Dundgov-Aimag 272–277

E

Eej Khad 182
Eej Khairkhan uul 302
Eg Tarvagtain Belcher 222
Einhundertästige Lärche 200
Ekhiin Gol 297
Ekhiin Khevlii 196
Elsen Tasarkhai 185
Erdene Khamb 186
Erdenemandal khiid 266
Erdenet 75, 226
Erdenetsagaan 269
Erdene Zuu 59, 192
Ereen nuur 300
Ergeliin Zoo 282

F

Fischpaß 310
Fünfflußdelta 235

G

Galuutin khavtsal 295
Ganga nuur 267
Gänseschlucht 295
Gansu 18
Geierschlucht 290
Gobi 24, 43, 44

Gobi-Altai 19, 21, 24
Gorkhi-Terelj-Nationalpark 180
Gov-Altai-Aimag 298–303
Goviin Ikh Darkhan Gazar 303
Govsümber-Aimag 284
Großer Xinggan 24
Großes Gobi-Reservat 303
Gundgaravlin khiid 252
Günjin Süm 181
Gurvan nuur 255
Gurvan Saikhan Nuruu 21, 289

H
Hunuy 190

I
Iben 211
Ider 23, 235, 306
Ider-Fluß 310
Ikh Bogd uul 21, 296
Ikh Gazryn chuluu 274
Ikh Nart 284
Ikh Nartiin chuluu 35
Ikh Sevrei 291
Ikhtamir 199
Ikh uul 238
Innere Mongolei 58

J
Jalavch uul 222
Jaran Bogd uul 296
Jargalan 300
Jargalant 332
Jargalant Khairkhan 334
Jargaljuut 295
Javkhalant Tolgoi 309

K
Karakorum 52, 56, 188
Khagiin Khar nuur 182
Khairkhan 262
Khalkh-Ebene 22
Khalkhgol sum 263
Khalkhyn gol 64, 263
Khamariin khiid 280

Khanbalik (Peking) 192
Khangai 19, 22, 30, 31, 33, 306
Khankh 238
Khan Khentii 182
Khan Khökhiin nuruu 22
Khan Tashir 22
Kharaa-Fluß 213
Khar balgas 53, 190, 203
Khar Bukh balgas 223
Kharkhiraa 21, 318
Kharkhiraa (Ort) 319
Kharkhiraa-Paß 319
Kharkhiraa-Tal 317
Kharkhorin 187
Khar nuur 22, 312, 333
Khar Us 238
Khar Us nuur 21, 22, 332
Khasagat Khairkhany Nuruu 300
Khasagt Khairkhan 22
Khatanbulag 282
Khatgal 240
Khentii (Gebirge) 19, 23, 30, 31
Khentii-Aimag 250–257
Khentii Khan 257
Kherlen 19, 23, 24, 257
Kherlen Bars khot 261
Khermen Tsav 291
Kheven Üüriin Saridag 20
Khogno Khan uul 185
Khökh nuur 253, 262, 309, 319
Khökh Serkh 43
Kholboo 312
Khomyn-Ebene 313
Khongoryn els 24, 290
Khööshöö tsaidam 201
Khordol Saridag 20
Khorgo 201
Khorgo Terkhiin Tsagaan nuur 200
Khoridol Saridag 236, 238
Khoton nuur 326
Khotont sum 203
Khovd-Aimag 328
Khovd-Stadt 330
Khovd gol 21, 326
Khövsgöl-Aimag 229–247

Ortsregister [389]

Khövsgöl-nuur-Nationalpark 235
Khövsgöl-See 19, 20, 30, 236
Khuiten uul 19, 21, 325
Khujirt 194
Khükh Burd 277
Khunt 312
Khurgiin-Tal 268
Khurgiin Khöndii 268
Khustain nuruu 37, 183
Khutag Öndör 222
Khutagt khiid 277
Khyargas nuur 22, 319, 333

L
Lkhachinvandad uul 269

M
Maidriin khiid 333
Mandalgov 272
Mandalin Khar Ovoo 272
Mankhan 334
Mankhan-Senke 334
Manzushiryn khiid 173
Menengiin-Steppe 262
Moltsog els (Sükhbaatar) 25, 268
Moltzog els (Ömnögöv) 289
Mongol Daguur 262
Mongol els 24, 300, 333
Mongolischer Altai 19, 20, 30, 31
Mönkh Khairkhan 335
Mönkh Saridag 20
Mörön 231

N
Nalaikh 284
Naran Daats 291
Nemegt nuruu 291
Nömrög-Nationalpark 263
Norovlin 253

O
Ögii nuur 202
Öglögchiin kherem 255
Ölgii-Stadt 323
Olon Golyn Belchin 235
Ölziid 297

Ömnögov-Aimag 285–291
Öndörkhaan 252
Ongiin Gol 277
Onon 23, 257
Oran Dosh uul 238
Orkhon 19, 23, 31
Orkhon (Ort) 208
Orkhon-Aimag 226
Orkhon-Wasserfall 195
Orkhontal 190, 195
Orog nuur 296
Ostmongolische Ebene 24
Ostmongolische Gobi 24
Ostmongolische Senke 23
Ostsajan-Gebirge 20
Otgon Tenger 22, 309
Otgon Tenger (Siedlung) 309
Otgon Tenger uul 309
Övörkhangai-Aimag 184–196
Oyu Tolgoi 286

P
Potanin-Gletscher 21, 325
Pre-Altai-Gobi 24

R
Rashaan khad 255
Rashaant 186
Renchinlkhumbe 242

S
Saikhan-Ovoo 277
Sainshand 278
Sajan 19
Sangiin Dalai 277, 301
Sangijn Dalaj nuur 235
Santmargats 313
Schilka 23
Seeriyn Adigyn Bugan
  Khoshoo 223
Selenge (Fluß) 19, 23, 31, 235
Selenge-Aimag 206–218
Senke der Gobi-Seen 296
Shanagiin Khünkher 326
Shankh khiid 196

Sharga-Gobi 302
Sharin Gol 214
Shataar chuluu 184
Shiliin Bogd uul 268
Shishgid 243
Siilkhemiin Nuruu 326
Solongot-Paß 310
Songino Khairkhan uul 180
Steinerner Wald von Süikhent 282
Süikhent 282
Sükhbaatar 207, 266
Sükhbaatar-Aimag 264–269
Sümber 284
Sutai uul 302

T

Taikhaar chuluu 199
Takhi-Tal 303
Tal der Gobi-Seen 22
Taliin agui 269
Tannu-Ola 19
Tantsagbulag 49
Tariat 310
Tarvagatai 306
Tavan Bogd uul 21
Tavan Tolgoi 286
Telmen nuur 312
Terelj-Nationalpark 180
Terelj (Ort) 180
Terkh 200
Terkhiin Tsagaan nuur 200
Tes 23, 306
Tianshan 24
Togoo 222
Tögs Buyant Javkhlant 309
Tökhömiin-Ebene 24
Tolbo nuur 326
Tömörbulag 235
Tonkhil 302
Tosontsengel 232, 310
Töv-Aimag 172–183
Tövkhönii khiid 196
Trans-Altai-Gobi 19, 24, 297
Tsagaan gol 326
Tsagaan Khairkhan uul 326

Tsagaan Shuvuu 319
Tsagaan suvraga 275
Tsagaan Us gol 326
Tsagannuur 243
Tsambagarav uul 326
Tsast uul 326
Tsengel 325
Tsenkher 200
Tsenkher-Höhle 334
Tsenkheriin agui 334
Tsenkhermandal 253
Tsetsee Gün 175, 178
Tsetserleg 197
Tsulganai 291
Tügemeel Amarshuulagch 331
Tüin gol 292
Tulga 222
Türgen 318
Türgen-Gebirge 21
Türgen uul 318
Tuul 23, 133, 180, 257
Tuul-Fluß 214
Tuwa 224, 229

U

Ugtam 262
Ugtam uul 262
Ulaan 312
Ulaangom 315
Ulaan suvraga 275
Ulan Bator 130–171
    (s. Ortsregister Seite 389)
Uliastai 61, 308
Ulz 262
Uran Darkhni agui 196
Urantogoo Tulga 222
Uran uul 221
Urga 190
Urga (Ulan Bator) 59, 61
Üüreg nuur 319
Uushigiin Uver 233
Uvs-Aimag 314–320
Uvs-nuur-Becken 44, 317
Uvs nuur 19, 318

W
Wall des Dschingis 262
Wüste Gobi 32
Wüste Taklamakan 24

X
Xinggan 19
Xinjiang 18

Y
Yamaat-Paß 319
Yestii 182
Yolyn Am 290
Yöröö 211
Yöröö Bayan gol 211

Z
Zagastain davaa 310
Zagiin Us 274
Zamyn Üüd 283
Zavkhan 306
Zavkhan (Fluß) 23, 307
Zavkhan-Aimag 306–313
Zayain Khuree 197
Zhongdu (Peking) 55
Züil 302
Zuun Bayan 25
Zuunbayan-Sum 278
Züüngov 318
Züünkharaa 214
Zuun Khöl nuur 319
Zuun Mod 297
Zuunmod 172
Zuun Turuuniy Khun chuluu 219

Ortsregister Ulan Bator

A
Ausrüstung 169

B
Bahnhof 160
Bakula Rinpoche Süm 153
Banken 157
Bars 165
Bogd-Khan-Museum 149
Buddha-Park 146
Busbahnhöfe 160

C
Cafés 165
Chojin-Lamyn-Museum 151

D
Dambadarjaa khiid 154
Dashchoilin khiid 153

E
Eisenbahnmuseum 156

F
Flughafen 160

G
Galerien 167
Gandan-Kloster 92, 147
Gastronomie 164
Geldwechsel 157
Gesar Süm 153

H
Hotels

I
Intelligenzmuseum 156
Internetcafés 157

K
Kinderpark 145

L
Lebensmittel 169

M
Märkte
Militärgeschichtliches Museum 156
Mongolian National Art Gallery 143
Museum für die Opfer der politischen Repression 155

Museum für Geschichte 155
Museum für Naturgeschichte 154

N
Nachtleben 165
Naturkundemuseum 144

O
Oper 167
Opernhaus 143
Otochmaaramba khiid 154

P
Post 157

R
Restaurants 164

S
Schukow-Museum 156
Stadtführungen 161
Stadtmuseum 156
State Department Store 140
Sükhbaatar-Platz 142

T
Taxi 161
Theater 167
Theatermuseum 156

U
Unterkunft 162

Z
Zaisan-Denkmal 146, 176
Zanabazar-Museum 144, 154

Personen- und Sachregister

A
Abadai 192
Abadai Khan 192, 193
Ackerbau 73
Adlerfest 322
Airag 124
Alkohol 351
altaische Sprachen 82
Altan Khan 58, 136, 192
Angeln 39, 344
Anreise 344
Apotheken 347
Araten 46
Argali-Wildschaf 328
Arigböge 56
Artenvielfalt 44
Ausrüstung 347
Ayuush 331

B
Baasansuren, T. 118
Bagabandi, N. 308
Bakula Rinpoche 153
Barga 79
Batbold, Sükhbaataryn 70
Batmönkh Dayan 81
Bayar, Sanjaagiin 70
Bayat 79, 83, 315
bedrohte Tierarten 32
Bekleidung 349
Bergbau 69
Berkutshis 320
Bevölkerungsdichte 78
Bildung 77
Bilge 202
Bodenschätze 75
Bogd Gegeen 59
Bogd Gegeen (Bogd Khan) 61
Bogd Khan 61, 62
Bogenschießen 95
Bogin Duu 112
Boldbaatar 207, 209
Bön-Religion 90
Boshgot, Galdan 331
Buddhismus 88
Bumtsend, Gonchigiin 81
Burdukow 61
Burjaten 61, 78, 219, 222
Burjatisch 82
Buuz 123

Personen- und Sachregister [393]

C

Camping 349
Caprini, Giovanni 111, 188
Carpini, Plano de 80
Chapman-Andrews 288
Chapman-Andrews, Roy 285
Cheng, Jong 211
Chimeddorj, Shagdarjav 115
Chogsom, Badamjavin 115
Choibalsan, Khoroogiin 63, 94, 259
Chöömij 111

D

Dadu (Peking) 57
Dagzmaa 233
Dalai Lama 58, 91
Damdinsüreen 256
Damdinsüren, Ts. 118
Danzanravjaa 280
Dariganga 79, 83, 264, 267
Dariganga (Sprache) 82
Darkhad 79
Darkhads 83, 242
Davaa, Byambasuren 120
Davaadorj 232
Dazanravjaa 277, 281
Deel 106
demokratische Wende 67
Devisenbestimmungen 350
Dinosaurier 32
Diplomatische Vertretungen 350
Dongxiang 82
Dörvöd-Mongolen 315
Dörvöt 79, 83
Drogen 352
Dschingisiden 190, 192
Dschingis Khan 43, 48, 53–55, 83, 243, 250, 255, 257, 276
Dukha, s. Tsaatan 242
Dürre 46

E

Einkaufen 352
Elektrizität 352
Enkhsaikhan, Mendsaikhan 69

Entfernungen 352
Entwicklungshilfe 72
Erdene, S. 118
Erlik Khan 87
erster Haarschnitt 100
Essen und Trinken 353

F

Feiertage 353
Felsmalereien 334
Felszeichnungen 49
Film 120
Fotografieren 354
Frauen alleine unterwegs 354

G

Galdan 173
Gazellen 34
Gebirgstaiga 30
Gebirgswaldsteppe 31
Gegi 114
Gelbmützen 91, 187, 223, 281
Gelugpa 91
Gelugpa-Schule 58, 223, 281
Genden, Peljidiin 63
Gesang 110
Geschenke 354
Geser-Saga 112
Gesundheit 354
Glasnost 66
Gobibär 32, 33, 328
Goldabbau 76
Gombodorj 193
Grenzzonenschein 356
Gushri Khan 223
Güyük 188
Gyatsho, Sönam 58
Gyatso, Ngawang Losang 151
Gyatso, Sonam 136

H

Han-Dynastie 52
Haslund, Henning 235
Herodot 50
Hirschsteine 49, 50, 224

Hochgebirgszone 30
Hochzeit 98
Hölun 243
Hosoo 114
Hunnenperiode 225

I

Impfungen 357
Industrialisierung 66
Industrie 76
Internet 357

J

Jagen 39
Jassa 81
Jebe 55
Jochi 56
Jurchen 53
Jurte 103

K

Kagyüpa 91
Kalmücken 48, 78
Kalmükisch 82
Kangxi 151, 173
Kanjur 91
Kara Kitai 223
Kasachen 79, 320
Kasachisch 83
Kaschmir 77
Khalka-Mongolen 264
Khalkha 59
Khalkha-Fürsten 276, 331
Khalkha-Mongolen 79
Khalkha-Mongolisch 82
Khöömi 332
Khormusta 87
Khotgoid 79
Khoton 79
Khurelbaatar, B. 118
Khutagts 59
Kitan 53, 223, 261
Kollektivierung der Herden 66
kontinentales Klima 26
Koppe, Klaus 267

Kosel, Gerhard 120
Kriminalität 357
Kublai Khan 56, 83, 189
Kul-Tegin 202
Kunsthandwerk 108
Kupfer 69
kurze Lieder 112

L

Lama Pandita 83
Landkarten 357
Landreform 65
lange Lieder 111
Literatur 117
Lubsankhaidav 151
Luftfeuchtigkeit 27

M

Magsarjav, Khatanbaatar 221
Mahayana 90
Maiski, Ivan 175
Maiskii, Ivan 77
Malerei 115
Mandkhaj, die Kluge 81
Mandschu 58–60, 267
Manduul Khan 81
Mantras 90
Medien 358
medizinische Versorgung 65, 356
Meldepflicht 359
Menschensteine 224
Merkit 53
Messner, Reinhold 284
Miangat 79
Ming-Dynastie 57, 58, 192
Moghul 82
Mongol 78
Mongoleigazelle 31, 258, 263
Mongolisch 82
mongolische Küche 123
Mongolische Medizin 42
Mongolische Revolutionäre Volkspartei
    (MRVP) 62, 67, 93
Mönkhe 189
Monod, Theodore 24

Murmeltier 36
Musik 110

N
Naadam-Fest 94
Naadamfest 133, 209
Namensgebung 99
Nationaldenkmäler 45
Nationalkleidung 105
Nationalparks 45
Natsagdorj, Daschdorjiin 118
Natsagdorj, Sch. 118, 122
Naturdenkmäler 45
Naturreservat 45
Naturschutz 43
Naturschutzgebiete 43, 358
Naturschutzorganisationen 32, 40
Nauryz 320
Nazagdorj, D. 114
Neujahrsfest 97, 123
Niederschläge 27
Nikolaus II. 151
Ninjas 76, 214
Njamdavaa, N. 121
Nökhör 54
Nomaden 51
Notrufnummern 360
Nyingmapa 91

O
Obertongesang 111, 332, 334
Ochirbat, P. 308
Öffentliche Verkehrsmittel 360
Öffnungszeiten 361
Ögödei 56, 188
Oiraten 57, 58, 79, 136, 187, 192, 276
Oiratisch 82
Oper 119
Opfergaben 101
Orientierung 361
Orkhon-Runen 202
Ortsbezeichnungen 361
Otgonbayar, Ershuu 115
Ovoos 88, 100
Oyumaa, J. 41

P
Pannenhilfe 362
Perestroika 66
Permafrost 28
Permits 45
Pferdekopfgeige 113
Pferderennen 95
Poljakow, Semjonowitch 37
Przewalski, Nikolai 37, 183
Przewalskipferd 37, 183
Pürevdorj, D. 118

Q
Qin-Dynastie 52
Quabul Khan 53

R
Radfahren 363
Raschid ad-Din 42
Ravjaa, Danzan 119
Reich der Ilh Khane 56
Reinkarnation 91
Reiseapotheke 363
Reisen mit dem Auto 364
Reisen mit dem Bus 364
Reisen mit dem Flugzeug 365
Reisen mit dem Motorrad 366
Reisen mit der Eisenbahn 365
Reiseveranstalter 366
Reisezeit 369
Reiten 369
RGW 68
Ringkämpfe 95
Rinschin, B. 118
Rituale 88
Rote Armee 62
Rothirsch 37
Rotmützen 91, 281
Rubruk, Wilhelm von 56, 188
Rudenko, Sergei 50

S
Saiga-Antilope 31, 35, 334
Saken 50
Sakyapa 91

Sakya Pandita 91
Sartuul 79
Sauromaten 50
Saxaul 32
Schamanismus 84, 230
Schlacht am Khalkhyn gol 232, 259, 260, 263
Schneeleopard 30, 32, 322, 328
Schulbildung 65, 66
Schutzgebiete 45
Sengetsokhio, Adjaagijn 115
Sengüünjar 59
Shagdarin, Otgonbilegiin 227
Shakyamuni 89
Shakyas 89
Sharav, Balduugiyn 115
Sharav, Marsan 326
Sicherheit 370
Siddharta, Gautama 88
Skythen 50, 323
sogdisch 198
Sojombo-Schrift 83, 136
Sonnen-Hainag 311
Souvenirs 370
Spiele 102
Stalin 63
Steppe 31
Sternberg, Roman Ungern von 61
Straßennetz 369
strenggeschützte Gebiete 45
Sükhbaatar, Damdiny 62, 81, 142, 264, 266
Sums 65

T

Taimen 238, 242, 344
Takhi, s. Przewalskipferd 37
Tang-Dynastie 202
Tangkhas 115
Tankstellen 372
Tataren 53
Tatatunga 83
Tayj, Tsogt 223
Telefon 371
Temperaturen 26

Temüjin, s. Dschingis Khan 53
Theater 119
Tibetischer Buddhismus 90
Tierlieder 112
Togtokhtur, Bat-Ochiriin 263
Toiletten 371
Tolui 56
Tömör-Otschir, D. 255, 256
Toroibandi 267
Transmongolische Eisenbahn 206
Transsibirische Eisenbahn 207
Trinkgeld 373
Tsaatan 79, 83, 242, 244–247
Tsagaan Sar (Neujahr) 97
Tsagadai 56
Tsam-Tanz 152
Tsam-Tänze 231
Tschinag, Galsan 118
Tsedenbal, Yumjaagiin 64, 233, 256, 316
Tserendorj, Ts. 122
Tsetsen Khaan 252
Tsogsol 121
Tugs-Ojun, Sodnomin 115
Tujue 52
Turksprachen 52
Tuwa 79, 83

U

Udval, S. 118
Uiguren 202, 203, 225
uiguro-mongolische Schrift 83
Üizemchin 79, 83, 264
UNESCO 44, 303
UNO 64
Unterkunft 373
Uranchimeg, N. 121
Urtin Duu 111
Ussuri-Elch 263, 269

V

Vajrayana 90
Vegetarische Kost 374
Vegetationsperiode 27, 40
Verhaltensregeln 374
Viehsterben 46

Viehwirtschaft 74
Visum 376
Vögel 38
Volksgötter 87
Volksrepublik 62

W

Waldbrände 47
Wasserscheide 19
Wassersport 377
Weltkulturerbe-Stätten 44
Wilderei 33, 39
Wildesel 32, 35, 328
Wildkamel 32, 34, 328
Wildschaf 36, 326
Winde 26
Wüstensteppe 31

X

Xiongnu 50, 190, 262

Y

Yaandjmaa, Sükhbaataryn 81
Yak 311
Yuan-Dynastie 91, 262

Z

Zahlungsmittel 377
Zakhchin 79, 83
Zanabazar 83, 133, 152, 194, 196, 254, 273
Zanabazar, Öndör Gegeen 136–137
Zeitverständnis 378
Zeitzonen 375
Zoll 378
Zud 46
Zweiter Weltkrieg 64

Bildnachweis

Titelbild: Nomade im Nationalpark Altai Tavan Bogd
S. 16/17: Im Nationalpark Tsambagarav
S. 130/131: Blick auf Ulan Bator
S. 170/171: Am Orkhon-Wasserfall
S. 204/205: Am Orkhon-Fluß
S. 248/249: Herde am Onon-Fluß
S. 270/271: Kamelreiter im Gov-Altai-Aimag
S. 304/305: Berge im Bayan-Ölgii-Aimag

Catherine Darjaa: 109, 185, 224, 270/271, 349, 353, 363, 366
Sabine Fach: 351
Alexandre Hartig: 10, 79, 111, 311
Erna Käppeli: 15, 18, 27, 38, 63, 67, 68, 74, 80, 89, 96, 98, 101,107, 130/131, 133, 139, 144, 145, 147, 161, 170/171, 174, 184, 191, 204/205, 210, 222, 223, 233, 235, 239, 245, 248/249, 344, 364, 375, 381
Paul Laws: Titelbild, 44, 138, 180, 254, 286, 304/305, 320, 322, 323, 325, 352, 355, 376, 379
Ueli Minder: 93
Mongolische Botschaft: 57, 146
Gert Schmidt: 36, 114, 122, 132, 135, 143, 149, 165, 189, 201, 209, 231, 240, 274, 275, 276, 277, 282, 283, 289, 298
Hansjörg Seiwald: S. 137, 258, 261, 263
Bodo Thöns: 142, 154
E. Tserendolgor und R. Idema: 85, 121, 193, 194, 246, 285, 290, 296
Ernst von Waldenfels: 177, 218
Marion Wisotzki: 16/17, 21, 23, 29, 30, 33, 41, 42, 47, 49, 54, 60, 65, 73, 76, 91, 102, 104, 113, 119, 125, 127, 129, 158, 175, 197, 213, 216, 225, 227, 252, 256, 257, 294, 301, 302, 306, 313, 314, 317, 327, 328, 330, 332, 333, 335, 345, 346, 347, 348, 353, 360, 361, 362, 369, 371, 372, 373, 383
Aranjinbaatar Yadamjav: 51, 70, 148, 153, 203, 266, 267, 269, 309

Lebendige Erlebnisreisen durch die Mongolei

Intensives Reisen in kleinen Gruppen oder individuell.
Deutsch sprechende lokale Reiseleiter!
www.reisenmitsinnen.de
info@reisenmitsinnen.de
Fon: (0231) 58 97 92-0

Partner von
ZEIT REISEN

Mongolei entdecken

Ventus Reisen GmbH
Spezialist für anspruchsvolle
Gruppen- und Individualreisen

www.ventus.com
office@ventus.com

Fon 030-391 00 332/-333, 030-398 49 641
Fax 030-399 55 87, Krefelder Str. 8, D 10555 Berlin

www.boloreisen.com Tel: (+976) 99005348
bolo@boloreisen.com Fax: (+976-11) 300340
Ihr Spezialist für Gruppen- und Individualreisen in der Mongolei
BOLO REISEN

MONGOLEI
DIE HEIMAT DSCHINGIS KHANS ENTDECKEN

Informationen & Programme: www.tsa-reisen.de
Katalog anfordern: info@tsa-reisen.de

* Nationalpark Terelj - Ein Erlebnis in der Jurte
* Wüste Gobi erleben - ehem. Lebensraum von Dinosauriern, heute von Steinböcken und Adlern
* Mit dem Jeep nach Karakorum, der Hauptstadt Dschingis Khans
* Südgobi - „Singende Dünen" und zu Gast bei Pferdezüchtern
* Chorgo Vulkan - atemberaubende Landschaften, bizarre Felsformationen
* Kombitour: Die grossen 3: Chuwsgul See & Chorgo Vulkan & Gobi
* Reiten im Nationalpark Chustajn Nuruu - Heimat der Przewalskipferde
* Reiten im Hogno Han Gebirge - Sanddünen und Mischwälder
* Kameltrekking - Schlafen unterm Sternenhimmel
* Touren im privaten Jeep mit Fahrer und deutschsprechenden Reiseleiter
* Fachkundige Beratung aufgrund eigener Erfahrung
* Individuelle Ausarbeitung Ihrer Wunschreise

Individuelle Vor- und Nachprogramme:

* Transsibirische Eisenbahn * Baikalsee * China * Tibet * Seidenstrasse
* Flugtickets ab Deutschland und Bahnfahrkarten für die Transib

TSA-Travel Service Asia Reisen e.K.
Inh. Hans-Michael Linnekuhl
Nelkenweg 5 * D 91093 Hessdorf-Niederlindach
Tel.: 09135 - 736078-0 * Fax: 09135 - 736078-11

individuell*reisen*

→ **Transsib**
→ **Baikalsee**
→ **Mongolei**
→ **China**
→ **Seidenstrasse**
→ **Tibet**
→ **Vietnam**

Individuelles Reisen ist kein Problem! Voraussetzung: intensive Beratung und umfangreiche Vorbereitung. Wir schicken Sie perfekt »ausgerüstet« auf die Reise! Wir bieten auch Gruppenreisen an!

Knop Reisen GmbH
Hollerlander Weg 77
28355 Bremen

Telefon +49 0421.988 50 30
Fax +49 0421.350 96 28
Internet: www.knop-reisen.de
e.mail: info@knop-reisen.de

Knop*reisen*
GmbH *individuell*

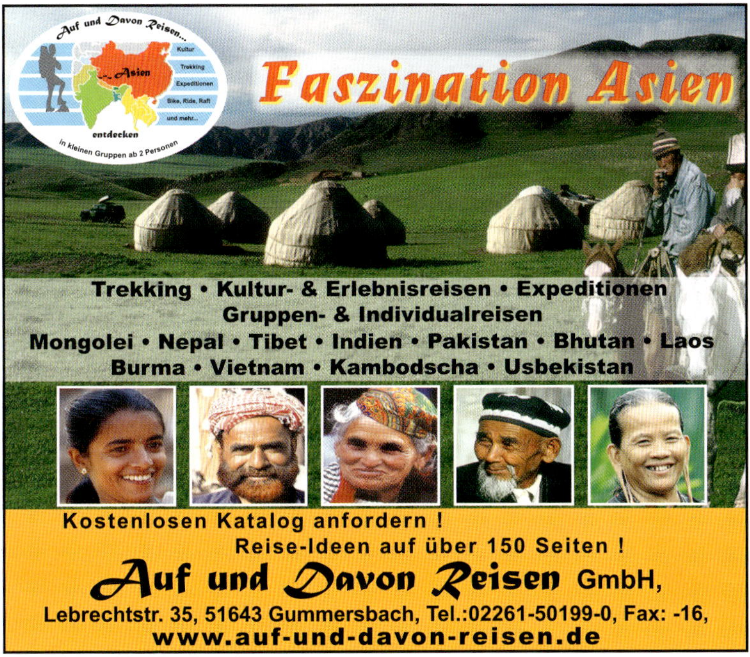
Auf und Davon Reisen...
Kultur
Trekking
Expeditionen
Bike, Ride, Raft
und mehr...
...Asien
entdecken
in kleinen Gruppen ab 2 Personen
Faszination Asien
Trekking • Kultur- & Erlebnisreisen • Expeditionen
Gruppen- & Individualreisen
Mongolei • Nepal • Tibet • Indien • Pakistan • Bhutan • Laos
Burma • Vietnam • Kambodscha • Usbekistan
Kostenlosen Katalog anfordern !
Reise-Ideen auf über 150 Seiten !
Auf und Davon Reisen GmbH,
Lebrechtstr. 35, 51643 Gummersbach, Tel.:02261-50199-0, Fax: -16,
www.auf-und-davon-reisen.de

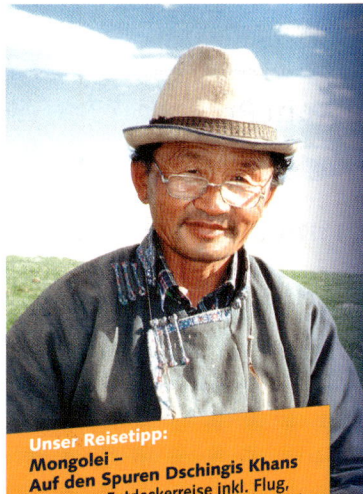

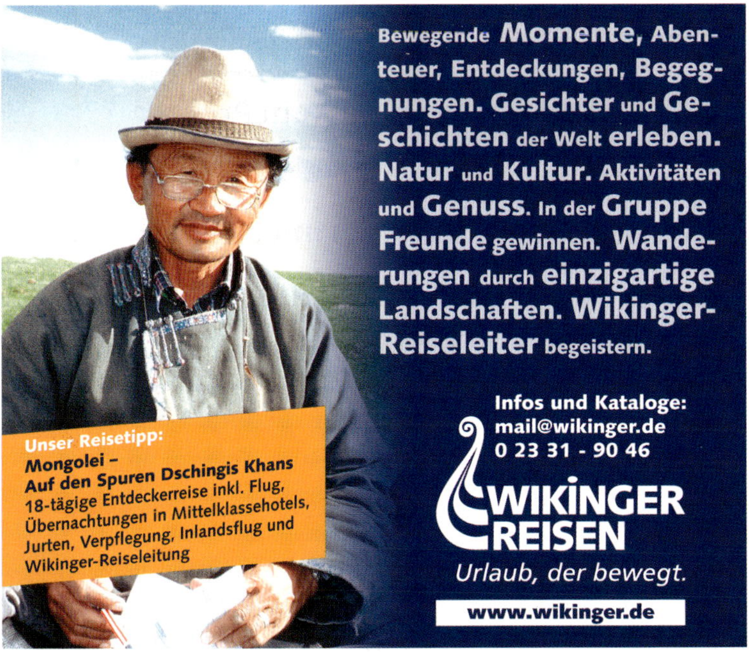
Bewegende Momente, Abenteuer, Entdeckungen, Begegnungen. Gesichter und Geschichten der Welt erleben. Natur und Kultur. Aktivitäten und Genuss. In der Gruppe Freunde gewinnen. Wanderungen durch einzigartige Landschaften. Wikinger-Reiseleiter begeistern.
Unser Reisetipp:
Mongolei –
Auf den Spuren Dschingis Khans
18-tägige Entdeckerreise inkl. Flug, Übernachtungen in Mittelklassehotels, Jurten, Verpflegung, Inlandsflug und Wikinger-Reiseleitung
Infos und Kataloge:
mail@wikinger.de
0 23 31 - 90 46
WIKINGER REISEN
Urlaub, der bewegt.
www.wikinger.de

Trescher Verlag
Der Spezialist für den Osten

Judith Peltz

Usbekistan

Auf der Seidenstraße nach Samarkand, Buchara und Chiwa

Trescher Verlag

**Reiseführer aus dem Trescher Verlag
– Ihre zuverlässigen Begleiter**

ASIEN   Kasachstan, Kirgistan, Mongolei, Usbekistan, Tibet, Turkmenistan, Transsib-Handbuch, Transsib-Lesebuch

EUROPA   Georgien, Riga-Tallinn-Vilnius, St. Petersburg

ÄGYPTEN   Flußkreuzfahrten auf dem Nil

Voransicht und Onlineshop:
www.trescher-verlag.de

Trescher Verlag
Der Spezialist für den Osten

Donaukreuzfahrt
2. Auflage, 408 Seiten
15.95 Euro, 29.00 SFr
ISBN 978-3-89794-132-8

Flußkreuzfahrten auf dem Dnepr
3. Auflage, 276 Seiten
14.95 Euro, 26.00 SFr
ISBN 978-3-89794-146-5

Flußkreuzfahrten auf dem Nil
2. Auflage, 320 Seiten
15.95 Euro, 29.00 SFr
ISBN 978-3-89794-142-7

Flusskreuzfahrten in Russland
1. Auflage, 384 Seiten
16.95 Euro, 31.00 SFr
ISBN 978-3-89794-172-4

Flußkreuzfahrten auf dem Yangzi
1. Auflage, 408 Seiten
15.95 Euro, 29.00 SFr
ISBN 978-3-89794-069-7

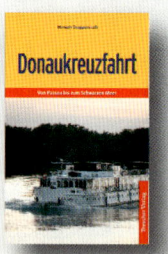

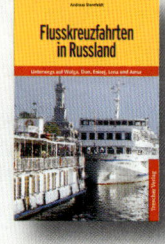

Flusskreuzfahrten

Unsere Reiseführer für Ihre Kreuzfahrt

www.trescher-verlag.de

Trescher Verlag

Der Spezialist für den Osten

Auswahl Reiseführer

Albanien entdecken
Auf den Spuren Skanderbegs
17.95 Euro, 32.90 SFr*

Algerien
Zwischen Algier und Sahara
19.95 Euro, 33.90 SFr*

Armenien
3000 Jahre Kultur zwischen West und Ost
19.95 Euro, 35.90 SFr*

Aserbaidschan
Unterwegs im Land der Feuer
18.95 Euro, 34.50 SFr*

Baikalsee entdecken
Die blaue Perle Sibiriens
15.95 Euro, 29.00 SFr*

China-Handbuch
Erkundungen im Reich der Mitte
19.95 Euro, 33.90 SFr*

Dalmatien
Unterwegs zwischen Zadar und Dubrovnik
13.95 Euro, 25.90 SFr*

Estland entdecken
Landschaft, Natur und Kultur im nördlichen Baltikum
16.95 Euro, 31.00 SFr*

Georgien entdecken
Unterwegs zwischen Kaukasus und Schwarzem Meer
18.95 Euro, 34.50 SFr*

Iran
Islamischer Staat mit jahrtausendealter Kultur
18.95 Euro, 32.90 SFr*

Kamtschatka entdecken
Zu den Bären und Vulkanen im Nord-osten Sibiriens
17.95 Euro, 32.90 SFr*

Trescher Verlag im Internet unter www.trescher-verlag.de
mit ausführlichen Infos über alle unsere Bücher und Onlineshop

Trescher Verlag
Der Spezialist für den Osten

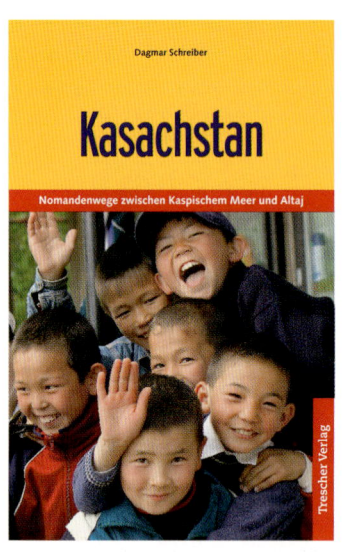

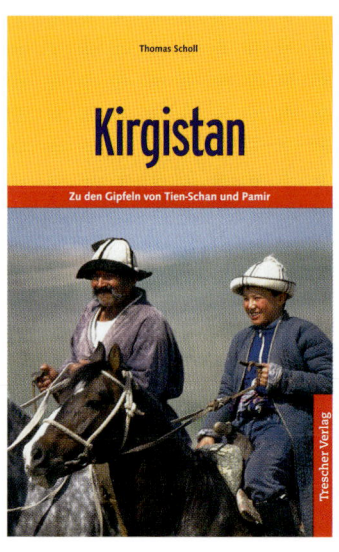

Kasachstan
Nomadenwege zwischen Kaspischem Meer und Altaj
19.95 Euro, 35.90 SFr*

Kirgistan
Zu den Gipfeln von Tien-Schan und Pamir
16.95 Euro, 31.00 SFr*

Kosovo
Unterwegs im Herzen des Balkans
16.95 Euro, 29.90 SFr*

Krim entdecken
Unterwegs auf der Sonneninsel im Schwarzen Meer
15.95 Euro, 29.00 SFr*

Makedonien
Unterwegs auf dem südlichen Balkan
16.95 Euro, 31.00 SFr*

Masuren entdecken
Mit Königsberg, Danzig und Thorn
13.95 Euro, 25.90 SFr*

Montenegro
Zwischen Adria und Schwarzen Bergen
14.95 Euro, 27.90 SFr*

Nordkorea-Handbuch
Unterwegs in einem geheimnisvollen Land
14.95 Euro, 27.90 SFr*

Rumänien entdecken
Kunstschätze und Naturschönheiten
19.95 Euro, 35.90 SFr*

Die Russische Schwarzmeerküste
Unterwegs zwischen Soči und Anapa
17.95 Euro, 32.90 SFr*

Trescher Verlag im Internet unter www.trescher-verlag.de
mit ausführlichen Infos über alle unsere Bücher und Onlineshop

Trescher Verlag
Der Spezialist für den Osten

Serbien
Unterwegs zu verborgenen Klöstern und Kunstschätzen
19.95 Euro, 33.90 SFr*

Steiermark
Das grüne Herz Österreichs
14.95 Euro, 26.90 SFr*

Tibet
Reisen auf dem Dach der Welt
19.95 Euro, 33.90 SFr*

Transsib-Handbuch
Unterwegs mit der Transsibirischen Eisenbahn
19.95 Euro, 35.90 SFr*

Turkmenistan entdecken
Versunkene Wüstenstädte an der Seidenstraße
16.95 Euro, 31.00 SFr*

Ukraine
Zwischen den Karpaten und dem Schwarzen Meer
19.95 Euro, 33.90 SFr*

Usbekistan
Entlang der Seidenstraße nach Samarkand, Buchara und Chiwa
18.95 Euro, 32.90 SFr*

Auswahl Städteführer

Bukarest
Die rumänische Hauptstadt und ihre Umgebung
14.95 Euro, 27.90 SFr*

Dresden
Mit Meißen, Radebeul und Sächsischer Schweiz
11.50 Euro, 20.80 SFr*

Kiev entdecken
Rundgänge durch die Metropole am Dnepr
16.95 Euro, 31.00 SFr*

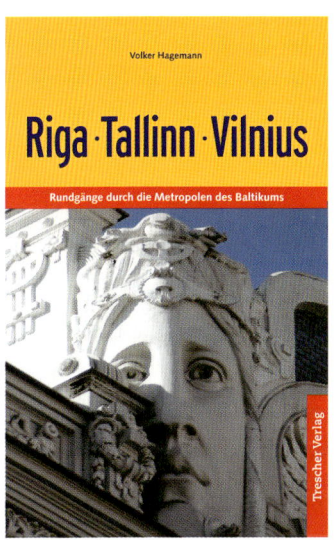

Trescher Verlag im Internet unter **www.trescher-verlag.de**
mit ausführlichen Infos über alle unsere Bücher und Onlineshop

Trescher Verlag
Der Spezialist für den Osten

Lemberg
Das kulturelle Zentrum der Westukraine
16.95 Euro, 31.00 SFr*

Moskau und St. Petersburg
Streifzüge durch die russischen Metropolen
16.95 Euro, 31.00 SFr*

Ostseestädte entdecken
Erkundungen am Schnittpunkt europäischer Kulturen
16.95 Euro, 29.90 SFr*

Peking und Shanghai
Unterwegs in Chinas Metropolen
18.95 Euro, 34.50 SFr*

Riga, Tallinn, Vilnius
Rundgänge durch die Metropolen des Baltikums
17.95 Euro, 32.90 SFr*

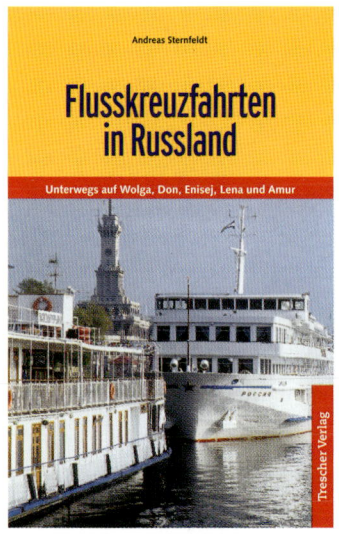

Auswahl Flusskreuzfahrten

Donaukreuzfahrt
Von Passau bis zum Schwarzen Meer
15.95 Euro, 27.90 SFr*

Flußkreuzfahrten Nil
Unterwegs zwischen Kairo und Abu Simbel
15.95 Euro, 29.00 SFr*

Flusskreuzfahrten Russland
Unterwegs auf Wolga, Don, Jenissej, Lena und Amur
16.95 Euro, 29.90 SFr*

Flußkreuzfahrten Yangzi
Von der Quelle bis zur Mündung
15.95 Euro, 29.00 SFr*

Trescher Verlag im Internet unter **www.trescher-verlag.de**
mit ausführlichen Infos über alle unsere Bücher und Onlineshop